# हिन्दी भाषा चिन्तन

# हिन्दी भाषा चिन्तन

प्रो. दिलीप सिंह

वाणी प्रकाशन

वाणी प्रकाशन का 'लोगो'
विख्यात चित्रकार मक़बूल फ़िदा हुसेन की
कूची से



**ISBN : 978-81-8143-988-8**

वाणी प्रकाशन
21-ए, दरियागंज, नयी दिल्ली-110002
द्वारा प्रकाशित

फोन : 0091#11#23273167, 23275710
फैक्स : 0091#11#23275710
ई-मेल : vaniprakashan@gmail.com
vani_prakashan@yahoo.com
वेबसाइट : www.vaniprakashan.com
प्रथम संस्करण : 2009

मूल्य : 400.00
आवरण : वाणी प्रकाशन
आर. टेक ऑफसेट प्रिंटर्स, शाहदरा दिल्ली-32
द्वारा मुद्रित

---

HINDI BHASHA CHINTAN
*by* : Prof. Dileep Singh

हिन्दी भाषा के अतीत और वर्तमान के व्याख्याता
हिन्दी की भाषाई अस्मिता के संरक्षक तथा
सजग भाषा-चिन्तक परमपूज्य
प्रो. कैलाश चन्द्र भाटिया
को सादर समर्पित।

**–प्रो. दिलीप सिंह**

# अनुक्रम

# धरोहर

हिन्दी का शब्द-संसार : डॉ. रघुवीर के बहाने

हिन्दी व्याकरण : भूत, वर्तमान और भविष्य

लिखित भाषा का सन्दर्भ

देवनागरी लिपि का सन्दर्भ

हिन्दी भाषाविज्ञान के विकास में महिलाओं का योगदान

# हिन्दी का शब्द-संसार : डॉ. रघुवीर के बहाने

हिन्दी भाषा और साहित्य के क्षेत्र में अनेक रचनाकार तथा विचारक जीते-जी मिथ बन गये थे। अधिकांश के व्यक्तिगत जीवन के साथ सच्ची-झूठी कथाएँ गढ़ कर प्रचारित की गयीं—जैसे निराला, उग्र, फिराक तो कुछ के लेखन को उनके वैयक्तिक जीवन का प्रतिबिम्ब मान कर मिथ गढ़े गये जैसे महादेवी, अज्ञेय, प्रेमचन्द। डॉ. रघुवीर के साथ प्रचारित मिथक उनके बृहत् कोश-कार्य के सन्दर्भ में निर्मित किये गये। इनकी संस्कृतनिष्ठता या संस्कृत शब्दावली के प्रति उनके आग्रह को हंसी-मजाक का विषय तक बनाया गया। उनके कोश पर कृत्रिमता, जटिलता के आरोप तो लगे ही उनका नाम ले-लेकर कंठ लँगोट (टाई), लौहपथगामिनी (रेल), अग्निरथ गमन-आगमन सूचक लोहपट्टिका (सिग्नल) जैसे उदाहरण दे-देकर (जिनका अस्तित्व भी उनके कोश में नहीं है) उनके गम्भीर कोश कार्य को अति शुद्धतावादी वृत्ति से प्रेरित बतलाया जाता रहा। इसमें सन्देह नहीं कि डॉ. रघुवीर के कोश का मूलाधार संस्कृत की शब्दावली है। पर क्या संस्कृत शब्दावली के पारिभाषिक शब्दावली में ढलने को 'जटिलता' माना जाएगा। एक ओर सभी प्रमुख भारतीय भाषाओं में संस्कृत शब्द-समूह की प्रचुरता की स्वीकार्यता की बात करना और दूसरी ओर इन्हीं शब्दों के पारिभाषिक बनने पर इनके निर्माता को अतिवादी, संस्कृतवादी, शुद्धतावादी कह कर अपमानित करना, बुद्धि की बलिहारी ही कहा जाएगा। संस्कृत शब्दों की प्रजनक शक्ति को जाने बिना, संविधान के अनुच्छेद 351 में संस्कृत भाषा से शब्द और अभिव्यक्तियाँ ग्रहण करते हुए (प्रमुखतः) हिन्दी भाषा की प्रसार वृद्धि करने के सूत्र को देखे बिना और डॉ. रघुवीर की शब्दावली का समग्र अवलोकन किये बिना उनके और उनके कोश कार्य के निमित्त जो मिथक रचे गये हैं उन्हें यदि तार्किक और भाषावैज्ञानिक दृष्टि से देखा जाये तो वे किसी कमजोर फतवे से अधिक अपना कोई महत्त्व नहीं रखते। 'शब्द' पूरी भाषा नहीं होते और पारिभाषिक शब्द संकल्पनात्मक होते हैं—इस कथन के परिप्रेक्ष्य में पारिभाषिक शब्द

की जटिलता या कृत्रिमता का तो प्रश्न ही नहीं उठना चाहिए, चाहे वे किसी भी स्रोत से क्यों न लिये गये हों।

भारतीय भाषा चिन्तन में यह बार-बार कहा गया है और सच कहा गया है कि निश्चित ही इस दुनिया की सृष्टि किसी ईश्वरीय शक्ति ने की है लेकिन इसमें निहित वस्तुओं को नाम मनुष्य ने दिये हैं जिनके कारण ये वस्तुएँ हमारी चेतना का अंग बनती हैं। जैसे-जैसे हमारा बाह्य और आन्तरिक संसार विकसित होता है, हमारी शब्दावली को भी उसके साथ कदम से कदम मिलाकर चलना पड़ता है अन्यथा हमारी संकल्पनात्मक शक्ति धुँधली या अस्पष्ट होने लगती है। आधुनिक भाषाविज्ञान भी यह मानता है कि जितने भी प्रगतिशील और सृजनशील समाज हैं, उनकी भाषा भी उतनी ही प्रगतिशील और सृजनशील होती है। अर्थात् हमारी प्रगति हमारी भाषा के आधुनिकीकरण से ही निर्धारित और निर्दिष्ट होती है। यह तो हमें स्वीकार कर के चलना ही चाहिए कि भारतीय भाषाओं के आधुनिकीकरण में संस्कृत भाषा का अवदान प्रमुख है, और होना भी चाहिए।

भारत की विकासशील प्रवृत्ति ने उसकी भाषाओं को आधुनिक ज्ञान-विज्ञान की अभिव्यक्ति में समर्थ बनाया है। नये युग के साथ चलने के लिए हमारी भाषाएँ विकास की सभी सम्भव दिशाएँ हर युग और काल में तलाशती रही हैं। आधुनिक युग में भी उन्होंने अंग्रेजी भाषा के समस्त शब्द-अभिव्यक्ति संसार के समतुल्य अपना भाषिक संसार निर्मित किया है। इस कार्य में जो सबसे पहला नाम हमारे मन में हिन्दी भाषा के सन्दर्भ में उभरता है वह डॉ. रघुवीर का है। उन्होंने हिन्दी की पारिभाषिक शब्दावली का निर्माण उसकी समस्त रचनात्मक प्रविधियों का इस्तेमाल करते हुए किया। इसका एक बहुत बड़ा भाग उन्होंने स्वतन्त्रता के पहले तैयार किया था जिसे हम 'ग्रेट इंग्लिश इंडियन डिक्शनरी' (1944) के नाम से जानते हैं। इसे ही बाद में विस्तार देकर 'ए कॉम्प्रीहेंसिव इंग्लिश हिन्दी डिक्शनरी ऑफ गवर्नमेंटल एंड एजुकेशनल वर्ड्स् एंड फ्रेज़ेज़' नाम से प्रकाशित किया गया जिसके निर्माण में पूरे भारत के विभिन्न विषयों के सत्तर शीर्षस्थ विद्वानों ने योगदान दिया। यह कार्य 'निष्पादन' और 'ग्राह्यता' दोनों ही दृष्टियों से विशाल और अनुकरणीय है। इसकी भूमिका लिखते हुए श्री एस.एस. भटनागर के उद्गार हैं कि : 'इस कोश की भूमिका लिखकर मैं धन्य हो गया हूँ। डॉ. रघुवीर ने अनेक उत्साही जनों की मदद से यह एक विलक्षण कार्य किया है। हम सब यह मानते हैं कि ज्ञान के विस्तार में रुकावट उपयुक्त पारिभाषिक शब्दावली के अभाव में होती है। इस अभाव की डॉ. रघुवीर ने पूर्ति की है।'

निश्चित ही यह संकलन अपने आप में बेजोड़ है। यह पारिभाषिक शब्दावली निर्माण की एक ऐसी प्रक्रिया हमें प्रदान करता है जो आज भी हमारे लिये प्रेरक बनी

हुई है। यह उचित ही हुआ है कि इसे भारत के दो मूर्धन्य वैयाकरणों पाणिनि और पतंजलि को समर्पित किया गया है। यह संकलन लगभग पच्चीस विषयों की पारिभाषिक शब्दावली उपलब्ध कराता है, जिसमें विज्ञान और मानविकी की सभी शाखाओं, गणित, भाषाविज्ञान, औषधि विज्ञान, कानून, प्रशासन, कृषि, वाणिज्य आदि के साथ-साथ खेल, शतरंज, नृत्य, संगीत, पत्रकारिता, फिल्म, मूर्ति और चित्रकला जैसे विषयों की शब्दावली भी दी गयी है।

इससे यह प्रमाणित होता है कि इस कोश का लक्ष्य शैक्षिक और वैज्ञानिक विकास के समस्त व्यवहार (domains) को हिन्दी भाषा के माध्यम से सिद्ध करना रहा है। इसकी रचना के सम्बन्ध में डॉ. रघुवीर ने अनेक महत्त्वपूर्ण बातें कही हैं जिन्हें पारिभाषिक शब्दावली निर्माण और विकास की दृष्टि से सैद्धान्तिक जामा भी पहनाया जा सकता है। 1955 में प्रकाशित इस कोश में उन्होंने स्पष्ट कहा है कि 'भारतीय संविधान ने जो आधार हिन्दी भाषा के विकास के लिए निर्धारित किये हैं उनका हम पालन कर रहे हैं, हमारी शब्दावली मुख्यतः संस्कृत से ली गयी है जिसमें व्युत्पादक, संयुक्त और पदबन्ध स्तर पर उन सभी तत्त्वों को शब्द रचना का आधार बनाया गया है जो हिन्दी की पारिभाषिक शब्दावली को अखिल भारतीय स्तर पर प्रयोजनीय और स्वीकार्य बना सकें।' उनके अनुसार 1943 में यह प्रयत्न पूरा हुआ जिसमें एक के बाद दूसरे विषय को लेकर काम किया गया। इस कार्य के लिए उन्होंने अनेक स्रोतों का इस्तेमाल किया। अंग्रेजी के सामान्य और विशिष्ट कोश देखें। डॉ. रघुवीर ने ऑक्सफोर्ड इंग्लिश डिक्शनरी (तेरह वॉल्यूम), वेबस्टर डिक्शनरी, न्यू इंटरनेशनल डिक्शनरी ऑफ इंग्लिश लैंग्वेज (दो वॉल्यूम) की विशेष चर्चा की है और कहा है कि इनकी प्रपत्ति पद्धति अद्भुत है। इसी प्रकार उन्होंने भारतीय कोशों का भी जिक्र किया है। उनके इस कार्य में संस्कृत, पालि, प्राकृत के साथ आधुनिक भारतीय भाषाओं के कोशों की सहायता भी ली गयी। राधाकान्त देव के संस्कृत कोश 'शब्द कल्पद्रुम', मोनियर विलियम के 'संस्कृत-इंग्लिश डिक्शनरी' तथा फ्रैंकलिन एडगर्टन के 'बुद्धिस्ट हाईब्रिड संस्कृत डिक्शनरी' की उन्होंने विशेष चर्चा की है। उनके अनुसार 'इन कोशों के बिना अंग्रेजी में उपलब्ध ज्ञान को सम्पूर्णता और सटीकता के साथ हिन्दी में ला पाना कठिन था।' कोश निर्माण प्रक्रिया पर प्रकाश डालते हुए उन्होंने लिखा है कि इसके लिए हजारों कार्ड बनाये गये और लगभग डेढ़ लाख पारिभाषिक शब्दावली और अभिव्यक्ति का कोश (G E I D) तैयार हुआ। इसी प्रकार भारतीय भाषाओं के उन्नीसवीं-बीसवीं शताब्दी में निर्मित सभी एकभाषी और द्विभाषी कोशों को देखा गया। इसके साथ ही वैज्ञानिक और तकनीकी शब्दावली की तह तक पहुँचने के लिए कई यूरोपीय और एशियाई भाषाओं की शब्दावली भी सामने रखी गयी। इस प्रकार डॉ. रघुवीर के बृहत् शब्दावली निर्माण

के कार्य को वास्तविकता का मार्ग मिला।

कोशों के साथ विषय की सम्बद्धता अनिवार्यतः रहती है अतः कोश निर्माण के समय उन पुस्तकों का भी उल्लेख डॉ. रघुवीर ने किया है जिनके अभाव में शब्दावली को समन्वित और सन्दर्भानुकूल बनाना कठिन होता। कोश-निर्माण की पूर्व तैयारी में ये बातें डॉ. रघुवीर की गम्भीर और गहरी दृष्टि का परिचायक हैं।

इस कोश (1955) की उपादेयता अनेक दृष्टियों से देखी जा सकती है–

1. यह प्रत्येक विषय की स्वतःपूर्ण शब्दावली है।
2. इसमें मात्र किसी एकल या संयुक्त शब्द का ही उल्लेख नहीं है बल्कि उससे जुड़े अन्य शब्दों का भी उल्लेख है।
3. हर विषय की शब्दावली के साथ उसकी संकल्पना भी व्याख्यायित की गयी है।
4. इस पूरे कोश में चार लाख शब्द हैं, जिन्हें सहयोजित करने में पाँच साल का समय लगा। पहले संस्करण में इसकी चार हजार प्रतियाँ प्रकाशित की गयीं। एक प्रति का मूल्य तीस रुपये रखा गया।
5. यह शब्दावली अखिल भारतीय है, विशिष्ट रूप से तकनीकी है और विशेष प्रयोजन के लिए तैयार की गयी है।

इसका लक्ष्य उस समर्पण में भी दिखाई देता है जो पाणिनि और पतंजलि के सम्बन्ध में डॉ. रघुवीर ने इन शब्दों में किया है–'Who cast the eternal linguistic mould of India out of which flow in unbounded measure the expressions for the minutest and wastest percepts and concepts which man has or will grasp in his persuit of knowledge of the texture of the universe.'

डॉ. रघुवीर ने हिन्दी की पारिभाषिक शब्दावली को ऐसा सुदृढ़ आधार प्रदान किया कि आज हिन्दी भाषा गौरवपूर्ण ढंग से ज्ञान के विस्तृत क्षेत्र में खड़ी हो सकी है। उन्होंने ज्ञान के विस्तृत होते हुए समस्त क्षेत्रों को समेट कर यह धरोहर आनेवाली पीढ़ी को सौंपी है। हिन्दी भाषा के आधुनिकीकरण में इस कोश का अपना महत्त्व है। यह कोश आकार की दृष्टि से पूरे एशिया में सबसे बड़ा है और इसकी उपादेयता असंदिग्ध है। डॉ. रघुवीर ने हिन्दी भाषा के आधुनिकीकरण का बीड़ा उठाया और बड़े शान से पूरा करके दिखाया भी।

हिन्दी भाषा के इस आधुनिकीकरण में एक ओर अभिव्यक्ति परक संस्कृति की भाषा के रूप में संस्कृत भाषा का अवदान है तो दूसरी ओर एक धातु या शब्द से अनेक शब्द प्रजनित करने की उसकी अद्भुत शक्ति का योगदान। शब्दों का प्रयोग (चाहे वे सामान्य हों अथवा पारिभाषिक) किसी सन्दर्भ से जुड़ा होता है–वाक्य और प्रोक्ति के सन्दर्भ में ही इनका स्थान और अर्थ निश्चित-निर्धारित होता है,

सम्प्रेषित होता है। पारिभाषिक शब्द क्योंकि प्रगतिपरक संस्कृति के द्योतक होते हैं इसलिए उनकी पहचान उनके सामान्य अर्थ के धरातल पर ही सम्पन्न नहीं होती, विशेष या संकल्पनात्मक अर्थ के धरातल पर भी (ही) होती है। ये अर्थ विषय या व्यवहार क्षेत्र (डोमेन) द्वारा नियन्त्रित होते हैं अतः किसी एक 'डोमेन' में किसी पारिभाषिक शब्द का 'एक ही' अर्थ होता है। पारिभाषिक शब्दावली की यह अभिधार्थता प्रयोक्ता के लिए आसानी पैदा करती है। उसे शब्द की लक्षणा, व्यंजना को समझने-पकड़ने या उनसे भ्रमित होने का खतरा नहीं होता। अतः यदि डॉ. रघुवीर की संस्कृतनिष्ठ शब्दावली को उसकी अक्षमता और सीमा के रूप में देखा जाता रहा है तो इसे उनके कोश की नहीं, प्रयोक्ता की सीमा और अक्षमता मानना चाहिए।

ये सभी बातें शब्द वैज्ञानिक (रूप वैज्ञानिक) विवेचन में और प्रयोजनमूलक भाषा में पारिभाषिक शब्दावली निर्माण और निर्धारित की प्रक्रिया में भी भाषाविज्ञान अनेक बार कह चुका है कि शब्द और विचार अटूट रूप में एक-दूसरे से जुड़े होते हैं। इतना ही नहीं, नये विचार सदैव नये शब्दों की अपेक्षा भी रखते हैं। शब्द पारदर्शी हो सकते हैं। वे दूसरी भाषाओं से उधार भी लिये जो सकते हैं या उसी भाषा में गढ़े, रचे, निर्मित और सृजित भी किये जा सकते हैं। इतना ही नहीं, भाषा में उपलब्ध सामान्य शब्दों को सामाजिक दायित्वों और आधुनिक ज़रूरतों के मुताबिक नयी अर्थछटाएँ भी प्रदान की जा सकती हैं। इस प्रकार उधार लेना, अनुकूलन करना, आत्मसात करना ये सभी शब्द ग्रहण की प्रक्रियाएँ हैं। प्रत्येक मानव भाषा में ये प्रक्रियाएँ प्रकृतितः निहित होती हैं; किसी में कम, किसी में ज्यादा। यह अन्तर भाषाओं की अपनी प्रकृति, भौगोलिक संरचना, उसकी अभिवृत्ति तथा उसकी शक्ति एवं सामर्थ्य के भेद पर निर्भर करता है। लेकिन यह एक सच्चाई है कि किसी नई संकल्पना के लिए उधार लिये गये शब्द अपने मूल रूप में (या कहें अपनी मूल भाषा में) जितने पारदर्शी होते हैं उतने ग्रहीता भाषा में आकर नहीं रह जाते। ग्रहीता भाषा में वे रूढ़ बन जाते हैं अर्थात् अपनी प्रजनक क्षमता खो देते हैं। यह भी सच है कि कुछ भाषाएँ नये सन्दर्भों और नयी दिशाओं में प्रयुक्त होने का अवसर मिलते ही बड़ी तेजी से अपना रूप बदल लेती हैं तो कुछ उतनी जल्दी या सभी सन्दर्भों-दिशाओं में नहीं बदल पातीं। कुछ भाषाएँ उधार के शब्द खुल कर लेती हैं क्योंकि वे अपना निर्माण करने में समर्थ होती हैं और कुछ भाषाएँ ऐसा लजाते-सकुचाते हुए ही कर पाती हैं। इस प्रकार सभी भाषाओं में अपने को बनाने, गढ़ने, विकसित करने और समर्थ बनने की क्षमता होती है—पर अलग-अलग। इसीलिए विश्व में कुछ एक भाषाएँ ही ऐसी हैं जिनमें निरन्तर बनने और बनते-बदलते जाने की सामर्थ्य होती है या साहस होता है। हिन्दी एक ऐसी ही भाषा है। वह अपने को बनाने के लिए

बदलाव के लिए भी सदैव तैयार और तत्पर रही है। उसकी यह क्षमता मात्र थोड़े-से शब्दों तक ही सीमित नहीं है, पूरी भाषा-व्यवस्था तक फैली हुई है।

डॉ. रघुवीर ऐसी ही कुछ भाषाओं में संस्कृत को स्थान देते हैं। उनके मत में 'ऐसी तीन विश्व भाषाएँ हैं जिनका अस्तित्व अर्वाचीन समय से बना हुआ है। इनमें सदियों से निरन्तर परिवर्तन और परिवर्धन होता रहा है। ये भाषाएँ हैं—भारत में संस्कृत, सुदूर पूर्व में चीनी और पश्चिम में लैटिन (ग्रीक के साथ)।' डॉ. रघुवीर के इस मत में यह भी जोड़ा जा सकता है कि भारत में संस्कृत भाषा का प्रदीर्घ इतिहास है और वह एक वैविध्यपूर्ण भाषा भी है (इस कथन से उन मिथकों के निर्माताओं को झटका लग सकता है जिन्होंने संस्कृत को एक रूढ़ हो चुकी, अपरिवर्तनशील, यहाँ तक कि मृत भाषा भी घोषित कर रखा है)। संस्कृत एक अखिल भारतीय भाषा है और उसका साहित्य भी अखिल भारतीय है। आज की भाषावैज्ञानिक शब्दावली में कहें तो संस्कृत एक 'अक्षेत्रीय' भाषा है। अर्थात वह किसी क्षेत्र विशेष की भाषा नहीं है, और न कभी रही है। संस्कृत भाषा की इस अक्षेत्रीयता को पहचानते हुए ही डॉ. रघुवीर ने अपनी बात बड़े ही स्पष्ट शब्दों में रखी है कि 'भारत के सभी प्रान्तों ने संस्कृत के विकास में अपना योगदान दिया है। उत्तर में पंजाबी, हिन्दी, नेपाली, पूर्व में असमिया, बंगाली, उड़िया, पश्चिम में सिंधी, गुजराती, मराठी और दक्षिण में सागर पार श्रीलंका की भाषा सिंहली, सभी संस्कृत भाषा की प्रपौत्रियाँ हैं। संस्कृत के बोलने वाले ही इन भाषाओं के पूर्वज रहे हैं।' इसके साथ ही उन्होंने 'सदियों में संस्कृत भाषा में अनेक परिवर्तन हुए, इसने पालि, प्राकृत, अपभ्रंश में ढलते हुए आधुनिक भारतीय भाषाओं के रूप में विस्तार पाया। यह परिवर्तन दैनंदिन बोलचाल की भाषा में ही आते रहे, जबकि संस्कृत का साहित्य अपने मूल रूप में ही चतुर्दिक व्याप्त और स्वीकृत रहा' कह कर जहाँ उसकी परिवर्तनशीलता तथा साहित्यिक अभिव्यक्ति में उसकी मानकता पर प्रकाश डाला वहीं संस्कृत भाषा की वैश्विक स्वीकार्यता पर भी दृष्टिपात करते हुए जताया कि 'आधुनिक भारत के बाहर भी संस्कृत का विस्तार है अफगानिस्तान, मध्य एशिया और तुर्किस्तान एक समय संस्कृत भाषा और उससे सम्बन्धित सभ्यता के अध्ययन केन्द्र रहे हैं। सिंहली और मराठी के बीच द्रविड़ भाषा क्षेत्र में संस्कृत का महत्त्व बहुत अधिक था—शंकराचार्य एवं शपणाचार्य का नाम लेना ही पर्याप्त होगा। मलय, सुमात्रा, जावा, बर्मा में भी संस्कृत भाषा व्यापारियों और विद्वानों के साथ पहुँची।'

इस बात को स्पष्ट करने के लिए ही डॉ. रघुवीर ने इस कोश के प्रारम्भ में संस्कृत भाषा की क्षमता को भाषिक मूल (verbal roots), उपसर्ग (prefix) और प्रत्यय (suffixes) की चर्चा करते हुए और इनकी सूची देते हुए प्रमाणित किया है। उन्हीं के शब्दों में—'इस कोश में हमने संस्कृत के तीन तत्त्वों को केन्द्र में रखा

है–क्रिया धातुएँ, उपसर्ग और प्रत्यय। पाणिनि जैसे महान वैयाकरण ने क्रियाधातुओं की संख्या लगभग दो हजार निर्धारित की है पर प्रयोग में सात सौ ही प्रचलित हैं। इनमें से हम यहाँ सर्वाधिक प्रचलित 520 की सूची दे रहे हैं। ये वे धातुएँ हैं जिनकी इस कोश में आधार भूमिका है। नये-पुराने कोशों में भी ये महत्त्वपूर्ण हैं। नये कोश तो इनके बाहर जा ही नहीं पाते।' उन्होंने इन 520 भाषिक मूल की सूची देते हुए उनसे निर्मित एकार्थी या भिन्नार्थी शब्द रचना को उनके अंग्रेज़ी पर्याय के साथ दिया है जैसे अंश (to devide) = अंक (share) अर्थ (to request) अर्थ (money), प्रार्थना (request - प्रअर्थना), भृ (to carry) = भार (load)। इसी प्रकार उन्होंने सभी उपसर्गों और प्रत्ययों को भी मूल धातु से जोड़ते हुए और एक-दूसरे के साथ सम्बन्ध स्थापित करते हुए उदाहरण दिये हैं। इनमें लगभग 80 प्रत्यय और 20 उपसर्गों का विस्तार से विवेचन है। यह विवेचन अत्यन्त वैज्ञानिक ढंग से उदाहरणों और उनके अंग्रेज़ी पर्यायों के साथ दिया गया है। संस्कृत शब्दों में (कोश में आये) इनकी आवृत्ति भी बताई गयी है, जैसे–अति = 600, अनु = 1000, उप = 2000, वि = 5000, सम् = 7000, प्र = 35000 आदि। एक महत्त्वपूर्ण पक्ष इस कोश का यह भी है कि अर्थ को इसमें सर्वाधिक महत्त्व दिया गया है। इसमें सन्देह नहीं कि शब्दावली के साथ अर्थ का सम्बन्ध शरीर और आत्मा की तरह होता है और यदि अर्थ की दृष्टि से शब्द स्पष्ट हो तो उसका प्रयोग भी सहज हो जाता है और मानव मस्तिष्क के लिए उसे धारण करना (Detention) आसान हो जाता है। उदाहरण के लिए डॉ. रघुवीर द्वारा प्रस्तुत कुछ उपसर्गों को देखा जा सकता है–

अति–Excessive (अतिकृश), Surpassing (अतिपित), Over (अतिसपति), Beyond (अतींद्रिय)।

अधि–Above (अधिमात्र), Additional (अधिमास), Upon (अधिग्रीव)।

अनु–After (अनुकरोति), Orderly (अनुकथन), Behind (अनुदेह), Along (अनुपथ)।

अप–Down (अपनथ), Negation (अपपाठ), Bad-wrong (अपतीर्थ)।

अपि–Placing over (अभिधान)।

अभि–Intensive (अभिकम्प), Towards (अभिदक्षिण)।

अव–Down (अवकृत्)।

आ–Limit (आकंठ), Diminutive (आपक्व)।

उप–Near (उपगम्), Inferior-subordinate (उपकथा)।

दुः–Bad (दुःशील), Difficult (दुःसह), Inferior (दुर्बल)।

निः–Nagative (निःशंक), Intensive (निःशून्य)।

परा—Away (पराकाश), off (पराहृत)।

परि—Round (परिनामि), About (परिमुख), Fully (परितृप्त)।

प्र—Onword (प्रदक्षिण), Very (प्रचंड), Great (प्रपौत्र)।

प्रति—Towards (प्रत्यग्नि), Against (प्रतिकूल), Every (प्रतिदिन)।

वि—Away (विगत), Intensive (विकम्प), Different (विचित्र)।

सम्—With (संयुध्), Completely (सम्पूर्ण)।

सु—Good (सुगति/सुकुल), Easy (सुकर)।

इस कोश का विश्लेषण करने पर अनेक महत्त्वपूर्ण तथ्य हमें प्राप्त होते हैं। इन तथ्यों के प्रकाश में हम उन मिथकों या गलत धारणाओं से भी मुक्त हो सकते हैं जो बिना जाने-समझे डॉ. रघुवीर के नाम पर थोपी जाती रही हैं। इन भ्रांतियों ने न केवल डॉ. रघुवीर की संस्कृत केन्द्रित शब्दावली का मजाक बनाया बल्कि इसके बहाने से हिन्दी भाषा की अभिव्यक्ति क्षमता को भी जटिल तथा अबोधगम्य घोषित करने की साज़िश रची गयी। यदि डॉ. रघुवीर के इस कोश को ध्यान से देखा जाए तो इसमें अनेक ऐसे शब्द हैं, जिनका संस्कृत रूप भी दिया गया है और साथ ही नामिक क्रिया के माध्यम से उनका प्रचलित रूप भी प्रविष्ट है। कई स्थानों पर संस्कृत शब्द प्रयोग के अर्वाचीन सन्दर्भ भी बताये गये हैं और अनेक शब्दों के लिए तो मात्र प्रचलित लोक शब्दावली को स्थान दिया गया है। इससे यह पता चलता है कि डॉ. रघुवीर की संस्कृत भाषा के प्रति जिस अतिरिक्त मोह की बात कही जाती है वह सच नहीं है। उनकी दृष्टि व्यापक थी और वे अकारण तथा अपनी संकीर्ण दृष्टि के चलते, (जिसे डॉ. रघुवीर का पर्याय ही मान लिया गया है) हिन्दी की पारिभाषिक शब्दावली को असम्प्रेषणीय बनाने को तो सोच भी नहीं सकते थे, अन्यथा वे इतने बड़े काम का बीड़ा उठाते ही क्यों! कुछ उदाहरण देखें :

## 1. संस्कृत शब्द + नामिक क्रिया

| | | |
|---|---|---|
| Attached | - | संलग्न, **लगा हुआ** |
| Abonden | - | परित्यजन, **परित्याग करना** |
| Abase | - | अधःपतन, **नीचा करना, नीचा गिराना** |
| Abalinate | - | वर्जन, **वर्जित करना** |
| Abet | - | अनुत्तेजन, **उकसाना** |
| Affix | - | अनुबन्धन, **चिपकाना** |

## 2. स्रोत + सामान्य भाषा

abash - विलक्षीकरण (कथा सरित सागर), **लज्जित करना**
abhor - अपवीभत्सन (ऐतरेय ब्राह्मण), **घृणा करना**
abide - अवस्थान (महाभारत), **ठहरना, रहना**

### 3. मात्र सामान्य प्रयोग

to close an account - खाता उठाना
deficiency account - घटती खाता
post an account - खतौनी करना
wright off account - बट्टे खाते डालना
to abdicate - गद्दी छोड़ना
failure - चूक
levy - उगाही
allowance - भत्ता

विभिन्न प्रयोग क्षेत्रों में आज अनेक शब्द वही चल रहे हैं जिन्हें डॉ. रघुवीर ने स्थिर किया था। इनमें से कुछ उदाहरण देखे जा सकते हैं :

abbreviation - संक्षेपण
ablative - अपादान
acceptance - स्वीकृति
adhoc - तदर्थ
adjustment - समायोजन
advance - अग्रिम
agency - अभिकरण
bill - विपत्र
commissioner - आयुक्त
corporation - निगम
engeenier - अभियंता
liability - देयता
manager - प्रबन्धक
note - टिप्पण
transfer - स्थानान्तरण

इस कोश की प्रविष्टियों के विवेचन-विश्लेषण से यह बात भी साफ होती है कि यह कोश मात्र शब्द सूची नहीं है, एक प्रकार का बोधात्मक कोश (Pedagogical

Dictionary) है जो पर्यायों के निर्धारण के साथ ही भाषा प्रयोग को भी अपना लक्ष्य बनाता है। पारिभाषिक शब्दावली कोशों का कार्य भाषा प्रयोग को विस्तार देना होता है। आज हम जिन पारिभाषिक शब्दावलियों (Glosseries) का प्रयोग विभिन्न सरकारी संगठनों में कर रहे हैं वे मात्र शब्द सूचियाँ हैं। प्रयोग और सन्दर्भ की ओर उनका ध्यान बिल्कुल नहीं है। सम्भवतः इसीलिए उनके वास्तविक प्रयोग में अवरोध उत्पन्न हो रहा है। इसके लिए डॉ. रघुवीर ने अनेक पद्धतियाँ अपनाई हैं जो हमारे लिए मार्गदर्शक हो सकती हैं। इस पद्धति का अनुप्रयोग करते हुए हम भारत सरकार द्वारा निर्मित शब्द सूचियों को संशोधित करते हुए अधिक उपयोगी बना सकते हैं।

## 1. शब्दार्थ के साथ संदर्भानुकूल प्रयोग को रेखांकित करना

**abide**

| | | |
|---|---|---|
| to abide without yielding | - | सहन करना। |
| his name will abide | - | उसका नाम रहेगा। |
| their guilt still abides on you | - | उनका अपराध अभी तक आप के सिर पर है। |
| who can abide a fool | - | मूर्ख को कौन सहन कर सकता है? |
| I must abide by you | - | मुझे आपका साथ देना चाहिए। |

## 2. एक शब्द के आने पर उससे मिलते-जुलते समस्त शब्दों को वहीं प्रविष्ट करना

| | | |
|---|---|---|
| ability | - | योग्यता |
| capacity | - | सामर्थ्य |
| competence | - | दक्षता |
| proficancy | - | प्रवीणता |
| power to performance | - | क्षमता |
| duty | - | शुल्क |
| custom | - | सीमा शुल्क |
| exise | - | उत्पाद शुल्क |
| tarrif | - | प्रशुल्क |
| tax | - | कर |
| toll | - | पथकर |
| defect | - | त्रुटि, न्यूनता |

| | | |
|---|---|---|
| error | - | भूल |
| fault | - | दोष |
| lapse | - | चूक |
| mistake | - | अशुद्धि |
| slip | - | स्खलित |

## 3. एक शब्द के समस्त प्रयोगों को रेखांकित करना

| | | | |
|---|---|---|---|
| (क) | home | - | गृह, घर |
| | abode | - | आवास, निवास |
| | hut | - | कुटी, झोंपड़ी |
| | cabin | - | कोष्ठिका |
| | cottage | - | कुटीर |
| | dormatiry | - | शयनागार |
| | flat | - | वास, कक्ष |
| | room | - | कमरा |
| (ख) | alley | - | उपवीथि |
| | street | - | वीथि |
| | lane | - | वीथिका, गली |
| | highway | - | राजपथ |
| | road | - | सड़क |
| | by road | - | छोटी सड़क |
| | way | - | मार्ग |
| | throughfare | - | जनमार्ग |
| | footway | - | पदमार्ग |

इस कोश में इस बात का भी ध्यान रखा गया है कि यदि किसी अंग्रेजी शब्द की हिन्दी में एकाधिक अर्थ छवियाँ (shades of meaning) हैं तो उन सब को उस शब्द की प्रविष्टि के साथ ही दे दिया जाए। ऐसा करने से एक ओर उस शब्द के सभी अर्थ सन्दर्भ खुल जाते हैं तो दूसरी ओर हिन्दी की शैलीगत प्रयोग क्षमता का भी उद्घाटन होता है। और तीसरे यह भी प्रमाणित होता है कि हिन्दी की अभिव्यक्ति क्षमता अंग्रेजी की तुलना में कहीं अधिक सशक्त और बहुआयामी है। कुछ उदाहरण देखें–

1. afford — सामर्थ्य होना, शक्ति होना, समर्थ होना, समायी होना, उपजाना, से उपजाना,

से निकलना, से प्राप्त होना।

2. to bake - भर्जन, भूजना, सूखी आँच पर सेंकना, कोयलों पर सेंकना, तवे पर सेंकना, तंदूर में सेंकना

- baked - भर्जित, सेंका हुआ, पक्व, भृष्ट, भुना हुआ

- baked brick - पकी ईंट

- bite - दंशन, डसना, कुतरना, काटना, दाँत से काटना, काट खाना

3. Bad - coin - निकृष्ट टंक

- Conduct - कुव्यवहार

- debt - अशोध्य ऋण

- feeling - दुर्भावना

- language - अपशब्द

Burrning - effect - दाहन प्रभाव

- ground - श्मशान भूमि

- oil - जलाने का तेल

- pain - ज्वलन पीड़ा

अब यह कहा जा सकता है कि अपने प्रस्तुतीकरण और वैज्ञानिक पद्धति के कारण यह कोश अत्यन्त बोधगम्य है। संस्कृत शब्दावली को अनेक स्थानों पर लोक शब्द के साथ भी दिया गया है। इससे दो लाभ हुए हैं—एक तो यदि हम संस्कृत शब्द से अपरिचित हैं तो उससे हमारा परिचय होता है और दूसरे कोश के प्रयोक्ता की शब्द संपदा बढ़ती है, जैसे—

tobacco - ताम्रकूट, तमाखू

boat man - नाविक, खेवट

shore - तट, तीर

calf - गोवत्स, बछड़ा

carpet - आस्तरण, दरी, गलीचा

capital letter - बृहदक्षर, बड़े अक्षर

circulate (V) - परिचलन, घुमाना

cook - पाचक, रसोइया

crab - कर्कट, केकड़ा

delay - विलम्ब, देरी

division - विभाजन, बँटवारा

drip (V) - द्रप्सन, टपकना

डॉ. रघुवीर के इस कोश में पारिभाषिक शब्दावली निर्माण के कुछ सिद्धान्त भी प्रविष्टियों की व्याख्या करते समय मिलते हैं। उन्होंने इन वक्तव्यों को सिद्धान्त की तरह नहीं दिया है लेकिन आज पारिभाषिक शब्दावली निर्माण के जो सिद्धान्त वैज्ञानिक और तकनीकी शब्दावली आयोग (C S T T) ने निर्धारित किये हैं अथवा अनेक भाषाविदों और कोश-निर्माताओं ने देने का प्रयास किया है, उनके सन्दर्भ में जगह-जगह से उठाये गये डॉ. रघुवीर के इन कथनों को एक सिद्धान्त की तरह देखने से उनकी गहन दृष्टि और भाषावैज्ञानिक रुझान का परिचय मिलता है। इसके साथ ही उनकी शब्दावली पर गढ़े गये भ्रामक मिथक भी टूटते हैं—

1. एक शब्द को एक ही मूल अर्थ व्यक्त करना चाहिए और हमें यह प्रयास करना चाहिए कि एक मूल अर्थ के लिए हम एक अलग शब्द निर्धारित करें।
2. शब्द विशिष्ट होते हैं, इस अर्थ में कि वे उसी दिशा में जाते हैं जिस दिशा में वस्तु या विचार का अस्तित्व होता है। शब्द इसी अस्तित्व को लक्षण रूप में व्यक्त करा देते हैं।
3. सामान्य अंग्रेजी शब्दों का अनुवाद सामान्य हिन्दी शब्दों के माध्यम से ही करना चाहिए, पदबंध के रूप में नहीं। यदि ऐसा किया जाता है तो उसका कोई ठोस कारण होना चाहिए—जैसे बजट के लिए आय-व्यय या गजट के लिए राजपत्र।
4. शब्द निर्माण में सामान्य शब्द की रचना सीमा निर्धारित करनी होगी दो या तीन और अधिक से अधिक चार अक्षरों के शब्द आदर्श माने जा सकते हैं।
5. नये विचारों को एक पदबन्ध में व्यक्त करने की पद्धति से जहाँ तक हो बचें क्योंकि पदबंध/अभिव्यक्तियाँ पारिभाषिक शब्द नहीं हो सकते। अग्निरथ, गमन-आगमन-सूचक-लौहपट्टिका जैसा पदबन्ध 'सिग्नल' के लिए चाहे जितना ही चित्रात्मक हो इसे पारिभाषिक शब्द नहीं कहा जा सकता, अतः 'सिग्नल' के लिए 'संकेत' शब्द ही ठीक रहेगा जो छोटा भी है और सटीक भी।

**(यहाँ यह भी ध्यान दें कि उपरोक्त पदबन्ध को लेकर डॉ. रघुवीर के कोश पर व्यंग्य किये जाते हैं जबकि यहाँ उन्होंने अपनी बात कहने के लिए इसे एक उदाहरण की तरह अपनाया है।)**

6. ज्ञान की किसी भी शाखा में भेदक उपसर्गों या प्रत्ययों का अनुवाद स्पष्ट होना चाहिए जैसे sub के लिए अनु (subgener)—अनु प्रजाति, (deputy) के लिए (deputy director)—उपनिदेशक।
7. यदि किसी अंग्रेजी शब्द के एक से अधिक भेदक विचलन हों तो उन्हें उसी भेद के साथ बनाने का प्रयास करना चाहिए जैसे विधि-विधिसंगत, वैध, अवैध, विधान, विधायी, विधायक, विधेय, अविधेय, विधिहीन, विधिहीनता।

8. कोई भी शब्द अकेले विचारणीय नहीं होता, अपने व्याकरणिक भेदक तत्त्वों से उसकी पहचान होती है, जैसे—संज्ञा, क्रिया, विशेषण आदि। उसकी पहचान का एक आधार अर्थ-सम्बन्धी भी है जहाँ पर्याय और विलोम मूल में होते हैं। व्याकरणिक विभेद के रूप में हम डॉ. रघुवीर के कोश से ही एक उदाहरण ले सकते हैं—Acid शब्द का—

| | | |
|---|---|---|
| Acid | - | अम्ल |
| Acidic | - | अम्लिक |
| Acidification | - | अम्लन |
| Acidifier | - | अम्लक |

• इसी प्रकार अर्थीय सम्बन्धों को भी डॉ. रघुवीर के कोश के सहारे तीन श्रेणियों में बाँटकर देखा जा सकता है :

1. Suprintendent—अधीक्षक, इंस्पेक्टर, निरीक्षक
2. Motion—प्रस्ताव, resolution—संकल्प, bill—विधेयक Act—अधिनियम
3. Right—अधिकार, authority—प्राधिकार, privilage—विशेषाधिकार

इनके अतिरिक्त डॉ. रघुवीर के कोश में अभिव्यक्तियों की बड़ी संख्या है। इनके अनुवाद में भी उन्होंने भिन्न-भिन्न पद्धतियाँ अपनाई हैं और मिले-जुले भाषा प्रयोग द्वारा इन्हें सहज और सम्प्रेषणीय रूप में देने का प्रयास किया है—

| | | |
|---|---|---|
| despite the fact that | - | यद्यपि ऐसा है कि, ऐसा होने पर भी, ऐसा होते हुए भी, यद्यपि यह सत्य है कि |
| avoid such mistakes in future | - | आगे से ऐसी भूलें न हों |
| 'eyes' have it | - | 'हाँ' वाले जीत गये |
| day fixed for hearing | - | सुनवाई के लिए नियत दिन |
| to bargain | - | मोल ठहराना, सौदा करना |
| by ordinary mail | - | साधारण डाक से |
| to back out | - | पीछे हट जाना |
| at his peril | - | अपनी जोखिम पर |

डॉ. रघुवीर ने संस्कृत भाषा की व्यापकता तथा उसकी स्वीकार्यता को रेखांकित करते हुए ही अपने कोश में संस्कृत शब्दावली को बहुतायत से लेने या ग्रहण करने के कारण बताये हैं। हमें यह भी ध्यान देना चाहिए कि भारत की जिन आधुनिक भाषाओं की विकास-यात्रा को साहित्येतिहासकार चार सौ से एक हजार साल पुराना बताते हैं वे सभी भाषाएँ इन सालों में बराबर संस्कृत भाषा पर आश्रित रही हैं—उसी

से अपना जीवन-रस खींचती रही हैं। ठीक यही बात दक्षिण भारत की भाषाओं कन्नड़, तेलुगु और मलयालम के साहित्य के बारे में भी कही जा सकती है। यदि इन भाषाओं के शब्दकोश देखे जायें (जैसा कि विविध अध्ययनों में देखा भी जा चुका है) तो यह स्पष्ट पता चलता है कि इनमें संस्कृत शब्दावली की बहुलता है। इन तीनों दक्षिणांचलीय भाषाओं में सत्तर से अस्सी प्रतिशत शब्द संस्कृत के हैं, कुछ भिन्नार्थी, अधिकांश समानार्थी। तमिल (जो शुद्धतावादी भाषा है) में भी चालीस प्रतिशत शब्द संस्कृत के हैं। इन तथ्यों को ध्यान में रखते हुए ही डॉ. रघुवीर ने बल दे कर यह कहा था कि "उच्च विचारों, ज्ञान-क्षेत्रों तथा तकनीकी प्रयोजनों के लिए संस्कृत ने उत्तर-दक्षिण तथा पूर्व-पश्चिम की भाषाओं को अनेक समान पारिभाषिक शब्दावली दी है। काव्य, धर्म, दर्शन, औषध, नक्षत्र और कई अन्य ऐसे विषय क्षेत्र हैं जिन्हें संस्कृत शब्दावली ने ही वैचारिक और चिन्तनपूरक गहराई तथा ऊँचाई प्रदान की है। इतना ही नहीं आज भी इन विषयों के रूपाकार का आधार संस्कृत भाषा ही है।" इस यथार्थ को स्वीकारते हुए ही भारतीय संविधान ने भी स्पष्ट कहा है कि राजभाषा हिन्दी के गठन एवं निर्माण में मूलतः संस्कृत से ही शब्द और अभिव्यक्तियाँ ली जाएँगी। संस्कृत भाषा के इस महत्त्व के पीछे निहित कारणों पर डॉ. रघुवीर ने वैज्ञानिक ढंग से विचार करते हुए कुछ महत्त्वपूर्ण तथ्य रेखांकित किये हैं—"संस्कृत भाषा की प्रजनक शक्ति अद्भुत एवं अपूर्व है। उसकी यह क्षमता लैटिन और चीनी भाषा की तुलना में कहीं अधिक है। नयी पारिभाषिक शब्दावली बनाने में संस्कृत के शब्द तद्विषयक विचार या संकल्पना को क्रम से ला पाते हैं।" अतः यदि संस्कृत के उपसर्ग-प्रत्यय के सहारे नये पारिभाषिक शब्द निर्मित किये जाते हैं तो उनकी बाह्य आकृति की जटिलता पर प्रश्न चिह्न लगाने के पहले उनकी रचना-प्रक्रिया को समझने का प्रयत्न करना चाहिए। डॉ. रघुवीर के कोश से कुछ उदाहरण देखें जो संस्कृत भाषा की प्रजनक क्षमता का लाभ उठाते हुए निर्मित किये गये हैं। ये सभी शब्द अपनी अर्थवत्ता में सटीक और रूपाकार में संक्षिप्ततम हैं—

| | | |
|---|---|---|
| Arro shaped | - | बाणाकार |
| Banded | - | पट्टित |
| Bottle (v) | - | कूपीयन |
| Coated | - | रोपित |
| Consignee | - | परेषणी |
| Cooler | - | शीतल |
| Copperization | - | ताम्रायण |
| Cyclical | - | चक्रीय |

| | | |
|---|---|---|
| Dotted | - | बिंदुकित |
| Endorsee | - | पृष्ठांकिती |
| Enter up | - | प्रवेशन |
| Spineer | - | कर्तक |
| Stainer | - | रंजक |

संरचनात्मक भाषाविज्ञान की दृष्टि में धातुएँ, उपसर्ग और प्रत्यय व्याकरण के अर्थ साधित तत्त्व होते हैं। संज्ञाएँ, विशेषण और क्रिया विशेषण धातुओं से ही व्युत्पन्न होते हैं। यह देखकर आश्चर्य होता है कि संस्कृत की पाँच सौ धातुएँ ज्ञान-विज्ञान की नयी-पुरानी परम्पराओं को बड़ी सहजता के साथ अपने भीतर समेट लेती हैं। इसमें उपसर्गों का भी योगदान होता है। उपसर्ग जब धातुओं से जुड़ते हैं तो उन्हें नयी दिशा देते हैं। इस प्रकार कुछ सौ धातुएँ हजारों-लाखों शब्दों में ढलने लगती हैं। इनकी जानकारी के अभाव में ही संस्कृत के व्युत्पन्न पारिभाषिक शब्द अगम्भीर प्रयोक्ता को कठिन या अबूझ लगने लगते हैं।

डॉ. रघुवीर का यह कोश कार्य इस बात को सिद्ध करता है कि पारिभाषिक शब्दावली के निर्माण का कार्य कोश निर्माता से गहन-गम्भीरता की अपेक्षा रखता है। डॉ. रघुवीर का भी यह कहना है कि "इस कार्य को सोच-समझकर, धीमी गति से, दृढ़ता के साथ और व्यवस्थित ढंग से करना चाहिए। यह कार्य हम एक निश्चित उद्देश्य से करते हैं इसलिए इसका लक्ष्य आधुनिक ज्ञान को अपनी भाषा में व्यक्त कर पाना ही नहीं बल्कि उसे आम आदमी तक पहुँचाना भी होना चाहिए।" इस कथन के आलोक में डॉ. रघुवीर के पारिभाषिक कोश पर लगने वाले आक्षेप नितान्त बचकाने लगने लगते हैं।

इसमें सन्देह नहीं कि पारिभाषिक शब्दावली हमारी विशिष्ट आवश्यकताओं की पूर्ति करती है। हिन्दी आज राजभाषा के रूप में अक्षेत्रीय बन चुकी है। उसने अनेक भाषाओं और अपनी बोलियों के सहयोग से अपना पारिभाषिक शब्द भंडार बढ़ाया है। यह भी कहा जा सकता है कि हिन्दी के इस विकास में संस्कृत से लेकर अंग्रेजी भाषा तक ने अपना-अपना योगदान दिया है। इस आदान-प्रदानवादी प्रवृत्ति के व्यापक प्रतिफलन को भी डॉ. रघुवीर के इस कोश में देखा जा सकता है। आज हिन्दी पारिभाषिक शब्दावली की भीड़ में डॉ. रघुवीर के इस कार्य को हमने भुला-सा दिया है। इसे अपेक्षित सम्मान देने और पुनः जीवन प्रदान करने की आवश्यकता है। यदि हम स्थिर मन से इस बृहत् कोश का मंथन करें तो हम कई ठोस नतीजों तक पहुँच सकते हैं और जिन शब्द सूचियों की हम मदद ले रहे हैं उनकी रचना और बनावट को पुनः रेखांकित कर सकते हैं। उन्हें अधिक व्यावहारिक बना सकते हैं।

# हिन्दी व्याकरण : भूत, वर्तमान और भविष्य

हिन्दी-व्याकरण-रचना का सन्दर्भ कई दृष्टियों से अगर महत्त्वपूर्ण है तो उतने ही या उससे भी अधिक धरातलों पर विचारणीय भी। क्योंकि हिन्दी को मातृभाषा, द्वितीय भाषा और विदेशी भाषा (भाषा शिक्षण के सन्दर्भ में) के समन्वित आधार देते हुए तथा हिन्दी के क्षेत्रीय, राष्ट्रीय और अन्तर्राष्ट्रीय प्रयोजन एवं दायित्वों की पहचान करते हुए 'बृहत् व्याकरण' रचना यदि आवश्यक है तो अब तक हिन्दी व्याकरण लेखन की दिशा में जो कुछ हुआ है और जो छूट रहा है; उसके आकलन की भी ज़रूरत है और उपलब्ध व्याकरणों (चाहे वे किसी भी प्रकार के हों, नये हों, पुराने हों; किसी भी मॉडल पर आधारित हों, किसी भी प्रयोजन से निर्मित हों) की सीमाओं को पहचानते हुए उन दरारों को भरने की भी जो इनमें किन्हीं कारणों से सम्मिलित या समाहित नहीं हो पाये हैं। आज की हिन्दी के व्याकरण की बात करें तो कई बिन्दुओं को इसमें समेटना अभीष्ट होगा। भाषा शिक्षण की सहायक सामग्री के रूप में इसकी उपादेयता भी यदि सिद्ध करनी हो तो कई पक्षों पर विचार करना पड़ेगा। इन सभी पर संक्षिप्त विचार यहाँ करने का प्रयास है, एक स्पष्ट चित्र उभरे, यह भी कोशिश है। काफी सामग्री देखी-परखी गयी है जिसका संकेत 'सन्दर्भ' में मिलेगा।

(1)

सबसे पहले हिन्दी भाषा की विषमरूपी प्रकृति और इससे सम्बन्धित मुद्दों पर चर्चा कर लें। भारत की सामासिक संस्कृति मूलतः क्षेत्रीय संस्कृतियों के ताने-बाने पर आधारित है। यह समय की माँग है कि हिन्दी का एक ऐसा व्याकरण तैयार हो जो उसकी स्थानीय विशिष्टताओं को पुनः जाग्रत करे। स्वाधीनता के बाद हिन्दी अनेक दिशाओं में विकासोन्मुख बनी है (व्यावहारिक, प्रयोजनमूलक, साहित्यिक, जन-संचार आदि) इसका प्रसंग भी व्याकरण में आना चाहिए। साहित्य और संस्कृति का सशक्त वातावरण पिछले पचास वर्षों में उभरा है, हिन्दी भाषा पर इसका सीधा प्रभाव पड़ा है—कोड-मिश्रण, नये शब्द सम्बन्ध, भिन्न स्रोतों के भाषिक तत्त्वों का जोड़-तोड़

आदि ऐसे ही कुछ विचारणीय स्तर हैं। हिन्दी भाषा के रचनाकारों, पोषकों, अनुवादकों (चाहे वे किसी प्रान्त या क्षेत्र के हों) ने हिन्दी भाषा के भीतर विशाल जन-जीवन की आत्मा से बराबर तालमेल बनाये रखा है। इनको अब हिन्दी व्याकरण में उकेरना होगा। बनावटी, अनुवाद आश्रित, जन-सम्पर्क से दूर होती जा रही सामर्थ्यहीन हिन्दी का तिरस्कार करना भी इस व्याकरण के लिए ज़रूरी होगा। भाषा की शुद्धता या मानकता की दुहाई दे कर हिन्दी भाषा के स्वाभाविक विकास और प्रयोग को; कहा जाय उसकी लचीली प्रकृति या ग्रहणवादी प्रवृत्ति की आलोचना करने वाले शुद्धतावादियों से सावधान रहे बिना और भाषा-सम्पर्क एवं भाषा-विकास की स्वाभाविक व्याकरणिक परिणतियों का संकेत दिये बिना हिन्दी व्याकरण की परतों (lairs) को नहीं टटोला जा सकता है। हिन्दी भाषा मात्र, 'एक' व्याकरणिक व्यवस्था नहीं है, वह हिन्दी भाषा समुदाय में व्यवस्थाओं की व्यवस्था के रूप में प्रचलित और प्रयुक्त है; इस तथ्य के प्रकाश में निर्मित हिन्दी-व्याकरण ही भाषा के उन उपेक्षित धरातलों पर विचार कर सकेगा जो वास्तव में भाषा प्रयोक्ता के 'भाषाई कोश' की धरोहर हैं। कोई भी जीवन्त शब्द और जीवन्त भाषा एक नदी की तरह विभिन्न क्षेत्रों से गुजरती और अनेक रंग-गंध वाली मिट्टी को समेटती आगे बढ़ती है। हिन्दी भी एक ऐसी ही जीती-जागती भाषा है। इसके व्यावहारिक विकल्पों को व्याकरण में उभारना, यही एक तरीका है कि हम हिन्दी को उसकी राष्ट्रीय-अन्तर्राष्ट्रीय भूमिका में आगे ले जा सकते हैं। संसार की सभी महान भाषाओं और हिन्दी का विकास भी इसी प्रकार हुआ है —हिन्दी की जीवन्तता को नया व्याकरण प्रकाशित करे।

हम संस्कृतनिष्ठ अथवा मानक हिन्दी के एक रूढ़ रूप को ही व्याकरण में महत्त्व देते आये हैं। इसमें कोई दोष नहीं है, पर यह हिन्दी के अत्यन्त सीमित 'भाषा रूप' का व्याकरण है, इस पर दो राय नहीं हो सकती। हमारी साहित्यिक परम्परा भी इस बात की गवाह है कि उसने भाषा के जन-प्रचलित रूपों का सृजनात्मक रचाव करके अनुपम कृतियाँ दी हैं। तुलसी, मीरा, कबीर, प्रेमचन्द, रेणु की रचनाएँ उनकी भाषाई क्षमता का स्वतः प्रमाण हैं। ऐसी भाषा रचनाकार की सर्जनात्मक शक्ति और स्वयं भाषा की व्यापकता का भी विस्तार करती है। आज यह स्वीकृत है कि भाषा अपने प्रयोजन में समाज संदर्भित होती है। ऐसे में भाषा के अध्ययन-अध्यापन और व्याकरण निर्माण को सही दिशा तभी मिल सकती है जब हम उसे समाज की व्यवस्था के साथ जोड़कर देखें। प्रयुक्ति (रजिस्टर) या उपकोड का जो कार्य हिन्दी की विभिन्न उप-व्यवस्थाएँ कर रही हैं उन्हें व्याकरण में स्थान देना आज समय की आवाज़ है। यह इसलिए भी समीचीन है क्योंकि विभिन्न प्रयोजन सिद्धियों का निर्वाह करने वाली सम्प्रेषण व्यवस्था समाज की प्रकृति द्वारा ही नियन्त्रित होती है। अतः सबसे

पहले हमें बोलचाल की भाषा, प्रयुक्तियों की भाषा और साहित्य की भाषा के भेद को साफ़-साफ़ समझना होगा। फिर इनकी अभिव्यक्तिपरक, समान-असमान उक्तियों की 'केटेगरीज़' बनाना होंगी। यहाँ यह भी उल्लेखनीय है कि हिन्दी के उपलब्ध व्याकरणों में रूप और सामग्री पर ज़्यादा बल दिया गया है, भाषा और अभिव्यक्ति की समस्याओं पर बहुत ही कम, नहीं के बराबर। उप-प्रयुक्तियों (सब-रजिस्टर्स) के अन्तर पर, इनकी संरचना करने वाले तत्त्वों पर और प्रयोजनमूलक हिन्दी की रचना-प्रक्रिया पर प्रकाश डाले बिना हिन्दी के नये व्याकरण की रचना अधूरी ही रहेगी। यहाँ यह कह देना भी जरूरी है कि भाषा की प्रयोजनसिद्ध शैलियों और सामान्य भाषा में कोई विशेष अन्तर नहीं है। हिन्दी की प्रयुक्तियाँ वास्तव में सामान्य हिन्दी का ही आधुनिकीकृत रूप हैं। प्रयोजनमूलक हिन्दी के संरचनात्मक विकास की अनदेखी निरन्तर हमारे व्याकरणों में की जाती रही है। पर इनके विस्तार और वैविध्य पर नज़र डाले बिना, उसका विश्लेषण किये बिना, व्याकरण में इन्हें स्थान दिये बिना, हिन्दी व्याकरण की व्यावहारिक उपादेयता संदिग्ध ही बनी रहेगी।

अगर हम किसी भाषा समाज को एक इकाई मानते हैं तो उसके द्वारा अपनाई जानेवाली भाषा और संस्थागत भाषा भेद, चाहे वह शैली के स्तर पर हो या भाषा के स्तर पर; व्याकरण में उभरने चाहिए क्योंकि ये उसी सामाजिक व्यवस्था के उपांग हैं जिसकी हिन्दी 'भाषा' है। जिस प्रकार व्यक्ति पर्यायवाची शब्दों का चयन विकल्प से करता है उसी प्रकार चुनाव में वह शैली-भेद को भी स्वीकार करता है और जिस प्रकार वह शैलीभेद को पहचानता है और अपने व्यवहार में निर्वाह करता है उसी प्रकार भाषा भेद को भी विकल्प से अपनाता है। हिन्दी भाषा समाज प्रयोजनसिद्ध भाषा भेदों को सहज स्वाभाविक भाव से मान्यता देता आया है—पारिवारिक एवं आत्मीय प्रयोजनों में बोलियों, स्थानीय सामाजिक सन्दर्भों में जनपदीय बोलियों, व्यापक सामाजिक सन्दर्भ के लिए हिन्दी का मिश्रित रूप, शैक्षिक सन्दर्भ में हिन्दी के मानक रूप का प्रयोग हिन्दी भाषा समाज की बहुभाषिकता का प्रमाण है। अगर हमें दूसरे राष्ट्रों से सम्पर्क स्थापित करना है, दूसरे समाज के लोगों से विचार सम्प्रेषण करना है या सामाजिक-सांस्कृतिक धरातल पर हिन्दी के माध्यम से भारत की पहचान करानी है तो हमें हिन्दी भाषा को **मानक रूप** के सीमित दायरे से बाहर निकालना होगा। 'व्याकरण' की इस समर्थ संकल्पना के साथ ही हम अन्य भाषा हिन्दी शिक्षण को नये आयाम दे सकते हैं। इसके सिवा हमारे सामने और कोई रास्ता नहीं है। जितनी जल्दी हम इस राह पर चल सकें, उतना ही अच्छा होगा।

हमें यह नहीं भूलना चाहिए कि भाषा का प्रश्न एक वास्तविक सामाजिक प्रश्न है। खासकर हिन्दी जैसी व्यापक व्यवहार की भाषा के लिए। यह प्रश्न किसी

न किसी रूप में सामाजिक व्यवहार, सांस्कृतिक चेतना और शैक्षिक ढाँचे आदि की विभिन्न समस्याओं से जुड़ा होता है। समाज-सांस्कृतिक धरातल पर हिन्दी भाषा में जो विभिन्नताएँ हैं और भारतीय समाज में वह जिन विभिन्न भूमिकाओं को निभाती है उन्हें हिन्दी के व्याकरण में स्थान देने की जरूरत है। हिन्दी भाषा के अनेक अछूते पहलुओं और उसकी संरचना की प्रयोजनीयता को लेते हुए नये हिन्दी व्याकरण की रचना में समेटना भी जरूरी है। मानक हिन्दी के व्यावहारिक दायरे में रहते हुए उपयोगी व्याकरण रचना का कार्य एक गुरुतर दायित्व है जिसके लिए कई दिशाओं में और कई स्तर पर एक साथ अनुसन्धान करना होगा, सामग्री संकलित करनी होगी। हमें एक ओर व्यापक सम्प्रेषण की भाषा के रूप में अखिल भारतीय हिन्दी की शैली और उसके भाषापरक प्रभेदक-लक्षणों को निर्धारित करना है तो दूसरी ओर सामाजिक व्यवहार के समाज-सांस्कृतिक भेदों को भी वर्गीकृत करना है। यह जान लें कि व्यावहारिक, शैलीगत, प्रयोजनमूलक, समाज-सांस्कृतिक विकल्पों को उभारने वाले व्याकरण का तात्पर्य क्षेत्रीय अथवा अमानक भाषा रूप से नहीं है। मानक हिन्दी के ही सामाजिक, सांस्कृतिक और व्यावहारिक तीनों रूपों को आत्मसात करने वाला व्याकरण इस चर्चा का अभिप्रेत है।

(2)

हिन्दी व्याकरण रचना की विविध रंगी परम्परा हमारे सामने है। यह तथ्य भी रोचक है कि हिन्दी के प्रथम तीन व्याकरण विदेशी विद्वानों द्वारा डच या लैटिन में लिखे गये। 18वीं शताब्दी में भारत यूरोपीय सम्पर्क (पुर्तगाली, डच, फ्रेंच, अंग्रेज) में आया। इस सम्पर्क ने उनके भीतर हमारी लोक भाषाओं (वर्नाक्युलर्स) के प्रति उत्सुकता उत्पन्न की। इस प्रकार हमें हिन्दी का पहला व्याकरण मिला—J.J.Ketelaer का, जो डच ईस्ट इण्डिया कम्पनी का कर्मचारी था। इस व्याकरण का मूल डच में 1698 में लिखा गया और इसका लैटिन रूपान्तर D.Mill. ने किया—De lingua Hindustania (1743)। दो अन्य व्याकरण दो मिशनरियों Benjamin Schuts और Cassiano Beligati ने रचे; Grammatica Hindustanica (1745) और Alphabetum Bramhanium (1771)। ये दोनों व्याकरण लेटिन में लिखे गये। तीनों ही व्याकरणों में बाइबिल के कुछ अंशों के अनुवाद भी दिये गये थे।

जॉर्ज हेली पहला ब्रिटिश था जिसने अंग्रेजी में हिन्दी व्याकरण लिखा—Grammatical Remarks on the Practical and Vulgar Dialect of Indostan (1772)। इसी प्रकार एक रूसी जी. लेबेदवे ने A Grammar of the Pure and Mixed East India Dialects with Dialogues Affixed (1801) लिखा। दोनों ही ने

हिन्दुस्तानी के मिश्रित/अशिष्ट बोली रूप को 'मूरिश' या 'मूर्स' कहा। व्याकरण की पुस्तक के रूप में ये सभी अपर्याप्त सामग्री लिये हुए हैं फिर भी इनके विवरण और उदाहरण एक दस्तावेज़ हैं जिनसे उनके समय की प्रचलित हिन्दी का व्यावहारिक/जन प्रचलित रूप उद्घाटित होता है।

19वीं शताब्दी और उसके बाद लिखे हिन्दी व्याकरणों को मोटे तौर पर पाँच वर्गों में बाँटा जा सकता है— (1) परम्परागत, (2) विवरणात्मक/संरचनात्मक, (3) ऐतिहासिक, (4) भाषावैज्ञानिक और (5) बोधात्मक/शैक्षिक। इन वर्गों में सौ के लगभग व्याकरण हिन्दी और उसकी बोलियों पर केन्द्रित आज उपलब्ध हैं। यहाँ सभी पर अलग-अलग टिप्पणियाँ दे पाना सम्भव नहीं है। उन्हीं की चर्चा की जाएगी जिन्होंने व्याकरण लेखन की परम्परा में कुछ नया दिया और हिन्दी व्याकरण लेखन का मार्ग प्रशस्त किया।

**1. परम्परागत हिन्दी व्याकरण** : प्रारम्भिक हिन्दी व्याकरण दो परम्पराओं के प्रभाव में लिखे गये—अर्वाचीन ग्रीक परम्परा और भारतीय संस्कृत व्याकरण परम्परा। जॉन ग्रिलक्राइस्ट ने A Grammar of the Hindustanee Language (1796) लिख कर पाश्चात्य प्रारूप पर व्याकरण लिखने की परिपाटी प्रारम्भ की। इस परम्परा और पद्धति में कई हिन्दी व्याकरण आये—चार्ल्स स्टुअर्ट (1808), थॉमस रीबक (1810), एल. शेक्सपियर (1813), डब्ल्यू.एथरिंगटन (1828), विलियम चाट्स (1824), डकन फोर्ब्स (1846), सर विलियम मोनियर (1856), जॉन प्लेट्स (1874), संशोधित-परिवर्धित संस्करण (1920), एस.एच.केलॉग (1875), एम.केम्पसन (1880), संशोधित-परिवर्धित संस्करण (1923), आई.ई.ग्रीव्ज़ (1896)। यह सभी व्याकरण अंग्रेजी में लिखे गये। एम.टी. ऐडम (1827) ने अपना व्याकरण हिन्दी में और द तासी (1829) ने फ्रेंच में लिखा।

इस अवधि में कई भारतीय विद्वानों ने भी हिन्दी व्याकरण तैयार किये। इन्हें हम कामता प्रसाद गुरु पूर्व की हिन्दी व्याकरण परम्परा कह सकते हैं। इनमें प्रमुख हैं—पं. श्रीलाल (1856), रामजतन (1858), शीतल प्रसाद गुप्त (1870), हरि गोपाल पाध्येय (1870), शिवप्रसाद सितारे हिन्द (1875), अयोध्या प्रसाद खत्री (1877), गोविंद देव शास्त्री (1879), देवी प्रसाद (1881), मोहन लाल (1886), दीनानाथ डे (1886), रामचरन सिंह (1887), कालिका प्रसाद तिवारी (1892), पं. गोकुल प्रसाद (1893), राम नारायण सिंह (1897), श्री नारायण शास्त्री (1897), मोहन लाल वर्मा (1901), केशव राम (1903), बाबू श्याम सुन्दर दास (1906), गंगा प्रसाद (1907), माणिक्य चन्द्र जैन (1907), बद्रीनारायण सिंह (1910), कन्हैया लाल उपाध्याय (1910) और रामअवतार शर्मा (1910)।

परम्परागत व्याकरण के अन्तर्गत लिखे गये ये व्याकरण सीमित 'कॉर्पस' के साथ हैं और हिन्दी/हिन्दुस्तानी के उस रूप पर आधारित हैं जो तब तक मानकीकृत न हो सका था। इन परम्परागत व्याकरणों में केलॉग का A Grammar of the Hindi Language (1875) सर्वोत्तम है–अपनी सामग्री में भी और रूप में भी। एथरिंगटन के व्याकरण का हिन्दी रूपान्तर 'भाषा भास्कर' स्कूली स्तर पर अत्यन्त लोकप्रिय रहा है। शिवप्रसाद सितारे हिन्द का 'हिन्दी व्याकरण (1875) ऐसा पहला प्रयास है जिसमें सम्पर्क भाषा (वर्नाक्युलर) के दोनों रूपों (हिन्दी-उर्दू) का संयुक्त (composite) व्याकरण, सामान्य व्याकरणिक शब्दावली का प्रयोग करते हुए लिखा गया है। कामता प्रसाद गुरु का 'हिन्दी व्याकरण' (1920) हिन्दी का पहला मानक और बोधात्मक (comprehensive) व्याकरण है जिसमें पहली बार पाश्चात्य और भारतीय व्याकरण लेखन परम्परा का सन्तुलन रखते हुए हिन्दी व्याकरण लिखने का प्रयास किया गया और जो एक लम्बे अर्से तक आगे के वैयाकरणों के लिए आदर्श प्रारूप बना रहा। गुरु के व्याकरण ने ही किशोरीदास वाजपेयी को 'राष्ट्रभाषा का प्रथम व्याकरण' (1949) लिखने के लिए प्रेरित किया और बाद में भी वे गुरु से प्रभावित रहे और अपनी अति चर्चित और विचारोत्तेजक व्याकरण पुस्तक दी–'हिन्दी शब्दानुशासन' (1957)।

**2. विवरणात्मक/संरचनात्मक हिन्दी व्याकरण** : रूस में हिन्दी के विवरणात्मक और बोधात्मक व्याकरण रचना के अच्छे प्रयास हुए हैं। ए.पी. बारान्निकोव ने व्याकरणिक तथ्य 'हिन्दुस्तानी : हिन्दी और उर्दू' (1934) में बड़े ही वैज्ञानिक ढंग से प्रस्तुत किये हैं। उनके पुत्र पी.ए. बारान्निकोव ने इस पुस्तक का संशोधित संस्करण 1951 में प्रकाशित किया। टी.ए. कौटेनीना का 'हिन्दी लैंगुएज' (1960) एक मोनोग्राफ़ है जो Language of Asia and Africa में प्रकाशित है–यह शृंखला ओरियण्टल लैंग्वेजेज़ के हिन्दी छात्रों के लिए तैयार की गयी है।

जर्मनी में ट्रिसडाल ने Conversational Grammar of the Hindustani language (1911) तैयार की जो आज भी जर्मनी के हिन्दी कार्यक्रमों में इस्तेमाल की जाती है। वाजपेयी के 'शब्दानुशासन' के बाद एक व्याकरण ऐसा भी आया जिसे भारत के हिन्दी-हिन्दीतर क्षेत्र में ही नहीं, विदेश में भी छात्रों का प्यार मिला–आर्येन्द्र शर्मा का A basic Grammar of Modern Hindi (1958) जिसे भारत सरकार ने प्रकाशित किया है। हिन्दी के संरचनात्मक व्याकरणों में आज भी इसे आदर्श माना जाता है। हिन्दी के कुछ विवरणात्मक व्याकरण और भी हैं जो किसी न किसी रूप में महत्त्वपूर्ण और प्रासंगिक हैं और जिन्हें किसी भी नयी व्याकरण परियोजना के लिए प्राप्त करना और इनका आकलन करते हुए इनके उपयोगी अंशों को इस नये

व्याकरण में समाहित करना जरूरी होगा। इनमें प्रमुख हैं–दुलीचन्द का 'हिन्दी व्याकरण' (1952), धीरेन्द्र वर्मा का 'नवीन हिन्दी व्याकरण' (1955), मिश्रा और आप्टे का 'हिन्दी व्याकरण' (1958), एम.सी.सिंहल का 'Modern Hindi Grammar' (1958), रामचन्द्र वर्मा का 'मानक हिन्दी व्याकरण' (1961), लोकनाथ द्विवेदी का 'हिन्दी व्याकरण कौमुदी' (1966), दीमशित्स का 'हिन्दी व्याकरण की रूपरेखा' (1966), एम.डी. श्रीवास्तव का 'The elements of Hindi Grammar' (1969), के. सी. अग्रवाल का 'आधुनिक हिन्दी व्याकरण' (1970), ब्रुस प्रे का 'Topics in Hindi-Urdu Grammar' (1970) और सुधा कालरा का 'हिन्दी वाक्य विन्यास' (1971)।

3. **ऐतिहासिक हिन्दी व्याकरण** : हिन्दी व्याकरण को उसके ऐतिहासिक परिप्रेक्ष्य में गहराई से अभी तक नहीं देखा गया है। सुनीता कुमार चटर्जी के प्रख्यात कार्य Origin and Development of Bengali Language (1926), से प्रेरणा लेकर धीरेन्द्र वर्मा ने La language Braj (1935), बाबूराम सक्सेना ने The evolution of Awadhi (1938), उदय नारायण तिवारी ने 'भोजपुरी भाषा और साहित्य' (1954) और एस. झा ने The formation of the Maithili language देकर एक नयी परम्परा कायम की। ऐतिहासिक व्याकरण लेखन के लिए ये सभी कार्य एक उदाहरण बने। इसी प्रारूप पर कुछ हिन्दी व्याकरण भी सामने आये। इनमें धीरेन्द्र वर्मा का 'हिन्दी भाषा का इतिहास' (1933), उदय नारायण तिवारी का 'हिन्दी भाषा का उद्‌गम और विकास' (1955), भोलानाथ तिवारी का 'हिन्दी भाषा' (1956), आर.डी. त्रिपाठी और डी.एन. शर्मा का 'हिन्दी भाषा का विकास' (1971), एस.वी.आर्य और आर. मिश्रा का 'हिन्दी भाषा का उद्‌भव और विकास' (1971) तथा एस.एन. द्विवेदी का 'हिन्दी भाषा का इतिहास' (1971) उल्लेखनीय हैं।

4. **भाषावैज्ञानिक हिन्दी व्याकरण** : 1950-1960 के दशक में हिन्दी व्याकरण लेखन पर भाषावैज्ञानिक प्रभाव पड़ता दिखायी देने लगता है। भाषावैज्ञानिकों ने यह महसूस किया कि परम्परागत व्याकरणों में ध्वनिवैज्ञानिक और रूपवैज्ञानिक तथ्यों का व्यवस्थित विवरण शामिल नहीं है और इनमें हिन्दी भाषा के वाक्य-विन्यास का भी वैज्ञानिक विश्लेषण नहीं किया जा सका है। उनके अनुसार संस्कृत के विवरणात्मक वर्गों को हिन्दी पर ढाल देने से हिन्दी के भाषावैज्ञानिक पक्ष या तो छूट गये हैं, या अनछुए ही रह गये हैं। इस दृष्टि के तीन विद्वान आगे आये जिन्होंने हिन्दी भाषा का भाषाविज्ञान केन्द्रित व्याकरण देने का प्रयास किया। यमुना काचरू ने An Introduction to Hindi Syntax (1960) और Aspects of Hindi Grammar (1980) तैयार किया। यमुना काचरू का फ़ार्मेट पूरी तरह चॉम्स्की के रूपान्तरणपरक

प्रजनक व्याकरण प्रारूप (T G Model) से प्रभावित है। वास्तव में उनका पहला कार्य हिन्दी-वाक्य-रचना के भाषावैज्ञानिक प्रारूप तैयार करने का उद्देश्य लिये हुए है न कि हिन्दी भाषा के व्याकरणिक तथ्यों के स्पष्टीकरण (Explication) का। एन.वी. राजगोपालन ने भी इसी मॉडल पर हिन्दी व्याकरण लिखने का प्रयास किया—'हिन्दी का भाषावैज्ञानिक व्याकरण।' के.सी. बहल ने A reference Grammar of Hindi (1967) की रचना संरचनात्मक और रूपान्तरण पद्धति को मिला कर की, जिसमें परम्परागत वर्गीकरण को ही महत्त्व दिया गया। मिल्टर का व्याकरण एकमात्र ऐसा प्रयास है जो हिन्दी वाक्य-रचना को एक ऐसा विवेचन प्रदान करता है जो भाषावैज्ञानिक अध्ययन के संरचनात्मक सिद्धान्त पर आधारित है। उनकी पुस्तक Hindi Syntax : Descriptive, Generative Transformational (1970) हिन्दी वाक्य रचना की गहरी विवेचना करता है। इधर भाषाविज्ञान के विभिन्न सम्प्रदायों में दीक्षित कई विद्वानों ने हिन्दी भाषा के भिन्न-भिन्न पक्षों को विश्लेषित करने का प्रयास किया है। पर इन कार्यों की अपनी सीमा है जिनमें हिन्दी व्याकरण की सम्पूर्ण सत्ता नहीं समा पाती।

**5. हिन्दी के बोधात्मक/शैक्षिक व्याकरण** : हिन्दी के बोधात्मक व्याकरण अपनी प्रकृति में अधिक वैविध्यपूर्ण और उद्देश्य बाधित हैं। इन्हें दो वर्गों में बाँटा जा सकता है : एक जिन्हें हिन्दी भाषी स्कूली छात्रों के लिए तैयार किया गया है और दूसरे जिन्हें अन्य भाषा के रूप में हिन्दी शिक्षण-अधिगम की आवश्यकता को ध्यान में रखकर तैयार किया गया है। वे व्याकरण जो अन्य भाषा हिन्दी शिक्षण को ध्यान में रखकर तैयार किये गये हैं, कई वर्गों-श्रेणियों में बाँटे जा सकते हैं—

### (क) स्वयं शिक्षक सामग्री

| | | |
|---|---|---|
| A. H. Harley | : | Colloqinal Hindustani (1944) |
| T. Graham Baily | : | Teach Yourself Hindustani (1950) |
| Satyanarain&Awadhanand | : | Hindi-English Self-Instructor (1953) |
| A.P. Srivastava | : | Learn Hindi by Yourself (1960) |

### (ख) व्याकरणिक विवरण (अभिक्रमित अभ्यास के साथ)

| | | |
|---|---|---|
| E. Bender | : | Hindi Grammar and Reader (1967) |
| R.S. Mc Gregor | : | Outline of Hindi Grammar with Exercises (1972) |
| F.C. Southworth | : | The student's Hindi-Urdu Reference Manual (1971) |
| H. Van Olphen | : | Elementry Hindi Grammar with |

| | | |
|---|---|---|
| | | Exercises (1972) |
| P.E. Hook | : | Hindi Structures : Intermediate level (1979) |
| T. Mizokami | : | Hindi (1980) |

**(ग) भाषा आधारित शिक्षण सामग्री**

| | | |
|---|---|---|
| O. Spies & E. Banneth | : | A Text book of Hindustani Language (1945) |
| J. M. Harter | : | Hindi Basic Course (1950) |
| V. Parizka | : | Hindi language Course (1963) |
| Z. M. Dimshits | : | Hindi language Course (1969) |
| S. B. Singh | : | Manual of Hindi language (1981) |

**(घ) विषय केंद्रित वार्तालाप सामग्री**

| | | |
|---|---|---|
| G.H. Fairbanks and B.G. Misra | : | Spoken & Written Hindi (1966) |
| J.J. Gumperz and J.Rumery | : | Conversational Hindi-Urdu (1967) |
| V.R. Jagannathan and U.S. Bahari | : | An Introductory course in spoken Hindi (1973) |

मातृभाषा के रूप में हिन्दी शिक्षण के लिए प्रचलित व्याकरण जल्दबाज़ी में और अर्थ-भाषावैज्ञानिक पद्धति से निर्मित हैं। लोकनाथ द्विवेदी (1966), कोमल सिंह सोलंकी (1966), हरदेव बाहरी (1974), भोलानाथ तिवारी और बी.डी. पन्त (1977) के व्याकरण में कोई नयी बात नहीं है। 1972 में भोलाशंकर व्यास, भोलानाथ तिवारी और रवीन्द्रनाथ श्रीवास्तव की 'हिन्दी व्याकरण और रचना' में व्यवस्थित और योजनाबद्ध सामग्री दी गयी है। रवीन्द्रनाथ श्रीवास्तव, बालगोविंद मिश्र और भोलानाथ तिवारी की 'हिन्दी का शैक्षिक व्याकरण' (1980) में हिन्दी शिक्षण के लिए उपयोगी व्याकरण तैयार करने की नयी दिशा दिखाई देती है। इन दोनों व्याकरणों में हिन्दी भाषा के जीवन्त रूप को मानकीकरण और आधुनिकीकरण की प्रक्रिया के सन्दर्भ में देखा गया है।

(3)

व्याकरण लेखन में **बीज वाक्य** की संकल्पना ने वैज्ञानिक आधार प्रदान किया है। इसकी सैद्धान्तिक पृष्ठभूमि ठोस भाषावैज्ञानिक तथ्यों पर आधारित है। इसके कुछ महत्त्वपूर्ण बिन्दुओं पर चर्चा करें :

- मूल वाक्य : मोहन अखबार पढ़ता है/रोज़ सुबह, अंग्रेजी।

❖ सरल कथात्मक वाक्य ही बीज वाक्य माने जाएँगे, संयुक्त या मिश्र नहीं।
❖ नकारात्मक, प्रश्नवाचक, आज्ञार्थक वाक्यों को भी बीज वाक्य में शामिल नहीं किया जाता, क्योंकि ऐसे सभी वाक्य बीज वाक्य से ही व्युत्पन्न या रूपान्तरित किये जा सकते हैं।
❖ मात्र पूर्णांग वाक्य ही बीज वाक्य माने जाएँगे, अल्पांग नहीं—मैं सुन्दर हूँ (✓), और आप? (✗)।
❖ बीज वाक्य में क्रिया की प्रकृति को आधार बनाया जाता है।
❖ 'मरना' क्रिया (अकर्मक) एक पात्र (कर्ता) की अपेक्षा करती है, 'मारना' (सकर्मक) दो पात्रों (कर्ता-कर्म) की और 'देना' (द्विकर्मक) क्रिया तीन पात्रों (कर्ता-कर्म-सम्प्रदान) की अपेक्षा करती है। अतः ये तीनों क्रियाएँ अलग-अलग बीज वाक्य साँचों का निर्माण करती हैं।
❖ बीज वाक्य सन्दर्भ निरपेक्ष होते हैं पर इनसे सन्दर्भ-संगत वाक्य भिन्न पद्धतियों द्वारा व्युत्पन्न किये जा सकते हैं। उदाहरण के लिए—

| | | |
|---|---|---|
| —पदबन्ध के विस्तार द्वारा | : | लड़की सुन्दर है → आपकी बड़ी लड़की तीनों बहनों में सबसे सुन्दर है। |
| —ऐच्छिक घटकों के योग द्वारा | : | मरीज खाना खा रहा है → मरीज अभी तक पलंग पर बैठे हुए धीरे-धीरे खाना खा रहा है। |
| —रूपान्तरण पद्धति द्वारा | : | सुरेश अंग्रेजी समझता है → समझ सकता है/नहीं समझता/समझता है? |

हॉर्नबी, लिफ्त्रे ने वाक्य साँचों पर वैज्ञानिक रीति से काम किया है जो भाषा शिक्षण के सन्दर्भ में अत्यन्त उपयोगी सिद्ध हुआ। जगन्नाथन-बाहरी ने दस, महावीर सरन जैन ने चार, रवीन्द्रनाथ श्रीवास्तव ने चार, शिवेन्द्र किशोर वर्मा ने कारक व्याकरण के आधार पर पाँच मूल वाक्य साँचे निर्धारित किये हैं। इसके साथ ही लक्ष्मीबाई, चतुर्भुज सहाय, रमेश चन्द्र महरोत्रा, सूरजभान सिंह के बीज वाक्यों (मूलभूत साँचों) की समीक्षा करते हुए नये व्याकरण में इनका उपयोग करना चाहिए। दृष्टिकोण में अन्तर के कारण अपने मॉडल में ये साँचे भिन्न ज़रूर हैं पर मूलतः ये ढाँचे भाषा के संरचनात्मक घटकों और उसकी प्रकार्यात्मक कोटियों (कर्ता, कर्म, पूरक, क्रिया आदि) के वितरण और वैशिष्ट्य पर आधारित हैं। सन्देश-सम्प्रेषण, सामाजिक व्याकरण, परिवेश-सन्दर्भ के धरातल यहाँ निश्चित ही अछूत रह गये हैं। अतः हमें इन साँचों का उपयोग करते हुए नये व्याकरण में संरचना, अर्थ और सन्दर्भ

तीनों को समेटते हुए प्रयोग को केन्द्र में रखते हुए व्याकरण का सन्तुलित प्रारूप निर्मित करने की जरूरत होगी। यहाँ हम क्रमशः श्रीवास्तव (रवीन्द्रनाथ) वर्मा (शिवेन्द्र किशोर) और सिंह (सूरजभान) के प्रारूप पर दृष्टिपात करेंगे।

**प्रारूप : I श्रीवास्तव**

1. कोप्यूला वाक्य साँचे (Copulative)

| | | |
|---|---|---|
| (i) S + va | : | ईश्वर है |
| (ii) S + C + va | : | मोहन बीमार है। |
| | | मोहन घर में है। |
| | | मोहन डॉक्टर है। |
| (iii) S + (ps.)+va | : | मोहन के एक दोस्त है। |
| S + (pd.)+va | : | मोहन को बीमारी है। |
| | | मोहन में साहस है। |
| | | मोहन के पास एक कलम है। |
| 2. S + vi (Intransitive : अकर्मक) | : | मोहन रोता है। |
| 3. S + O + Vt (Transitive : सकर्मक) | : | मोहन किताब पढ़ता है। |
| 4. $S + O^1 + O^2$ + vt. (Ditransitive : द्विकर्मक) | : | मोहन सोहन को किताब देता है। |

**प्रारूप : II वर्मा**

| | |
|---|---|
| 1. निर्दिष्ट क्रिया (Direct action) | (क) उसने कपड़े धोए।<br>(ख) कपड़े धोए गये। |
| 2. अनिर्दिष्टि क्रिया (Undirected action) | (क) लड़के दौड़े।<br>(ख) पेड़ से पत्ते गिरे। |
| 3. प्रत्यक्षण प्रकार (Perception Type) | (क) मोहन ने गाना सुना है।<br>(ख) उसने मोहन की बात समझी है।<br>(ग) सुधा ने राधा को देखा। |

---

S = Subject—कर्ता, O = Object—कर्म, ps = Post Position, pd = Predicate—निर्धारक, vi = verb intransitive—अकर्मक क्रिया, Vt = Verb transitive—सकर्मक क्रिया, Va = Auxiliary Verb —सहायक क्रिया

| | | |
|---|---|---|
| 4. | सम्बन्धात्मक प्रकार (Relation Type) | (क) मीरा सुन्दर है। |
| | | (ख) मीरा कमरे में हैं। |
| | | (ग) ईश्वर है। |
| | | (घ) मोहन शिक्षक है। |
| 5. | —को प्रकार | (क) मोहन को बुखार है। |
| | | (ख) मोहन की दो टाँगे हैं। |
| | | (ग) मेरे पास एक कलम है। |
| | | (घ) मोहन को यह मालूम है। |
| | | (च) मोहन को रुपये चाहिए। |
| | | (छ) मोहन को वहाँ जाना है/जाना होगा। |

**प्रारूप : III सिंह***

| | | |
|---|---|---|
| 1. | कोप्यूला वाक्य साँचे | (1) संज्ञात्मक : रफी मेरा ड्राइवर है। |
| | | (2) विशेषणात्मक : राधा सुन्दर है। |
| | | (3) क्रिया विशेषणात्मक : सतीश घर में है। |
| 2. | को वाक्य साँचे | (4) पूरक प्रधान : सुधीर को बुखार है। |
| | | (5) कर्म प्रधान : सीता को मकान चाहिए। |
| | | (6) स्वामित्ववादी : मोहन के पास तीस रुपये हैं। |
| | | (7) कर्मपूरक प्रधान : राधा को नौकर चोर लगता है। |
| 3. | क्रिया प्रधान वाक्य साँचे | (8) सामान्य अकर्मक : ईश्वर है/राधा नाच रही है। |
| | | (9) सह अव्ययात्मक अकर्मक : प्रताप गाँधी नगर में रहता है। |
| | | (10) सहपात्रीय अकर्मक : गोपाल राधा से लड़ता है। |
| | | (11) सामान्य सकर्मक : हरि पानी पीता है। |
| | | (12) सह अव्ययात्मक सकर्मक : मोहन गाड़ी में रखता है। |
| | | (13) सहपात्रीय सकर्मक : सेठ जी ने नौकर को पैसे दिये। |
| | | (14) कर्मपूरक : मैं चम्पा को नर्स समझता था। |

* सिंह ने आर्थी, संरचनात्मक तथा अंतर्निहित लक्षणों के आधार पर इन बीज वाक्य साँचों के पैंतालीस उप साँचें दिये हैं।

आज व्याकरण की संकल्पना तीन सन्दर्भों में फलीभूत होती दिखाई देती है–भाषावैज्ञानिक सिद्धान्तों की सिद्धि के रूप में निर्मित व्याकरण, भाषा विवरण की सिद्धि के रूप में 'भाषा विशेष का व्याकरण' और विद्यार्थी की अधिगम प्रक्रिया और अध्यापक की शिक्षण विधि की सिद्धि के रूप में 'शैक्षणिक व्याकरण' (Pedagogical Grammar)। अन्य भाषा के रूप में हिन्दी के फैलते-विस्तार पाते सन्दर्भ में शैक्षणिक हिन्दी व्याकरण की आज नितान्त आवश्यकता है। भाषा विशेष के व्याकरण इस प्रश्न का उत्तर देते हुए कि भाषा की प्रकृति और उसकी संरचनात्मक व्यवस्था क्या है, भाषा विशेष की संरचनात्मक व्यवस्था का तो वैज्ञानिक विवरण प्रस्तुत करते हैं पर कई व्यावहारिक तथ्य इसमें छूट जाते हैं। शैक्षणिक व्याकरण 'भाषा क्या है' प्रश्न का उत्तर नहीं देता। क्योंकि यह भाषा सीखने और सिखाने की प्रक्रिया और पद्धति सम्बन्धी व्यावहारिक भाषा प्रयोग को केन्द्र में रखता है। यह भी कहा जा सकता है कि किसी भाषा का शैक्षणिक व्याकरण उस भाषा विशेष के वैज्ञानिक व्याकरण का शैक्षणिक उद्देश्य से रूपान्तरित और पुनर्लिखित रूप होता है। शैक्षणिक उद्देश्य ही इस व्याकरण को अनुप्रयोगात्मक बनाता है। भाषावैज्ञानिक सिद्धान्तों का अनुप्रयोग होने के कारण यह व्याकरण संक्रियात्मक (Operational) भी होता है। आज भाषा शिक्षण को (विशेष रूप से अन्य भाषा शिक्षण) दो दृष्टियों से देखा जा रहा है–(1) भाषा अधिगम प्रक्रिया, इससे सम्बद्ध व्याकरण को 'सामान्य शैक्षणिक व्याकरण' कहा गया है और (2) भाषा शिक्षण व्यापार, इससे सम्बन्धित व्याकरण को 'अनुप्रयुक्त शैक्षणिक व्याकरण' कहा गया है। अब इनसे सम्बन्धित दो महत्त्वपूर्ण बातें, पहली यह कि **सामान्य शैक्षणिक व्याकरण** भाषा विशेष की संभाव्य संरचना का भाषा अधिगम प्रक्रिया के आधार पर पुनर्लेखन है और दूसरी यह कि अनुप्रयुक्त शैक्षणिक व्याकरण भाषा शिक्षण के उद्देश्य से नियन्त्रित चयन, अनुस्तरण, प्रस्तुतीकरण का व्यावहारिक रूप होता है जो तीन तथ्यों पर आधारित होता है–

**1. उद्देश्य एवं प्रयोजन** : अर्थात् भाषा शिक्षण का उद्देश्य और भाषा अध्येता का प्रयोजन। ये दोनों ही शैक्षणिक व्याकरण की प्रकृति निर्धारित करने के साथ ही भाषा शिक्षण पद्धति को भी नियन्त्रित करते हैं। इसीलिए **मातृभाषा शिक्षण** और **अन्य भाषा शिक्षण** के लिए लिखे गये व्याकरण एक-दूसरे के लिए व्यावहारिक हो भी नहीं सकते। दोनों का एक-दूसरे से भिन्न होना जरूरी है।

**2. नियोजन** : सैद्धान्तिक स्तर पर भाषा की प्रकृति **एकरूपी** (Homogeneous) होती है पर अपने व्यक्त व्यावहारिक रूप में वह प्रयुक्ति (Register)

माध्यम, शैली आदि सन्दर्भगत प्रयोगों के कारण विषमरूपी (Heterogeneous) हो जाती है। सन्दर्भगत परिस्थितियों की भिन्नता ही भाषाभेद का कारण बनती है। यही कारण है कि भाषाभेद को कभी प्रयुक्तिभेद, कभी माध्यम भेद और कभी शैलीभेद के रूप में देखा जाता है। यह एक तथ्य है कि हिन्दी के 'भाषा विशेष' संदर्भित व्याकरण इन्हें छूते भी नहीं। साथ ही तथ्य यह भी है कि भाषाशिक्षण के सन्दर्भ में न तो अध्यापक लक्ष्य भाषा के सभी भाषिक भेदों या उसके व्याकरण के सभी भाषिक नियमों को एक साथ प्रस्तुत कर सकता है (और उसे ऐसा करने का प्रयास भी नहीं करना चाहिए) और न ही शिक्षार्थी इन सभी नियमों को एक साथ ग्रहण कर सकता है। अतः इस व्याकरण में शिक्षण की व्यावहारिकता को ध्यान में रखते हुए नियमों का चयन और अनुस्तरण सावधानी के साथ करना होगा।

**3. चयन और अनुस्तरण** : चयन का तात्पर्य है भाषा की उपव्यवस्थाओं या विकल्पों में से व्यावहारिकता के आधार पर उपयुक्तों (appropriates) का चयन और अनुस्तरण का अर्थ है भाषा शिक्षण को क्रमशः चरण-दर-चरण ज्ञात से अज्ञात की ओर ले जाना तथा सहज से कठिन की ओर बढ़ना। नये व्याकरण में इस तथ्य को सहेजने का प्रयत्न होना चाहिए कि भाषावैज्ञानिक सिद्धान्त जिसे 'सहज' नियम या स्थिति कहता है वह भाषा अधिगम या भाषा शिक्षण के लिए भी सहज हो यह अनिवार्य नहीं है।

## (5)

हिन्दी में अलग से शैक्षिक व्याकरण लिखने का गम्भीर प्रयास अभी तक नहीं किया गया है। अन्य भाषा शिक्षण के लिए इस प्रकार के कुछ व्याकरण हैं। विवरणात्मकता और व्याख्यात्मक दृष्टि से इनकी पर्याप्तता का परीक्षण करते हुए नये व्याकरण सामग्री की सन्तुलित रूपरेखा बनायी जा सकती है। इन व्याकरणों के मूल्यांकन के कुछ मापदंड तेज के. भाटिया ने निर्धारित भी किये हैं। उन्होंने शैक्षिक व्याकरण की दृष्टि से काचरू (1966), वर्मा (1966) के व्याकरण को आदर्श नहीं माना है क्योंकि ये भाषाविज्ञान प्रधान व्याकरण हैं और बहल (1967) के व्याकरण को परम्परागत होने के कारण शैक्षिक व्याकरण का आदर्श प्रारूप भी वे नहीं स्वीकारते। उनके मत में साउथ वर्थ (1971), मैकग्रेगर (1972), वॉन आल्फ़न (1977) और पीटर हुक (1979) के व्याकरण हिन्दी के शैक्षिक व्याकरण के प्रारूप माने जा सकते हैं। भाटिया ने इन व्याकरणों के पाठों, खण्डों का परिचयात्मक विवरण इनमें विवेचित भाषाई तत्त्वों/इकाइयों के सन्दर्भ में दिया है। इन व्याकरणों की विस्तृत समीक्षा उन्होंने भिन्न-भिन्न बिन्दुओं को समेटते हुए की है जिनका संक्षिप्त ढंग से

प्रस्तुतीकरण यहाँ किया जा रहा है।

**1. लिपि** : इन सभी व्याकरणों में स्वर-व्यंजनों के मुख्य और वैकल्पिक* दोनों रूप दिये गये हैं। स्वरों में प्रत्येक स्वर के मुख्य रूप (जिसे मैकग्रेगर ने आक्षरिक रूप, साउथ वर्थ ने आरंभिक रूप और वॉन आल्फन ने पूर्ण रूप कहा है) और इनसे भिन्न (जिसे मैकग्रेगर ने अन्तः आक्षरिक, साउथ वर्थ ने अनाद्य रूप और वॉन आल्फन ने मात्रा रूप कहा है।) रूप दिये गये हैं। इनमें स्वरों के मुख्य रूपों के प्रयोग स्पष्ट नहीं किये गये हैं। मैकग्रेगर भी अपने लिपि अभ्यास में 'गी और गयी', 'गे और गये' को रखते हैं पर स्वरों के मुख्य रूपों के प्रयोग की पूर्ण सूचना नहीं देते।

**2. उच्चारण** : ये सभी व्याकरण हिन्दी ध्वनियों के उच्चारण का पूर्ण विवरण देते हैं 'ए' और 'औ' इन दो स्वरों के उच्चारण में भी ये सभी यह बताते हैं कि इनके एकस्वरीय उच्चारण पश्चिमी हिन्दी क्षेत्र में मान्य हैं पर किसी भी व्याकरण में इस ओर ध्यान नहीं दिया गया है कि स्वनाश्रित वातावरण में इन स्वरों का उच्चारण संध्यक्षर में होता है। भैया-कौआ शब्दों में 'ऐ' और 'औ' का उच्चारण संध्यक्षर हैं, स्वनिक रूप में वे क्रमशः (अइ) और (अउ) हैं। इन व्याकरणों में उच्चारण के शुद्ध रूप को ही रिकार्ड किया गया है जबकि मध्याक्षर लोप नियम हिन्दी में सामान्य है–समझ, समझा।

**3. व्याकरण :**

- स्त्रीवाचक, पुरुषवाचक संज्ञा के दो वर्ग सभी ने बनाए हैं। साउथवर्थ ने अचिह्नित संज्ञाओं–आ ending पुरुषवाचक और ई–ending स्त्रीवाची संज्ञाओं पर विस्तृत चर्चा की है–उन्होंने धोबी, मोची, माली (अपवाद) और भाषा, जनता, मानवता (अपवाद) के उदाहरण भी दिये हैं।
- व्याकरण में व्यतिरेक के सहारे कुछ अतिरिक्त नियमों पर प्रकाश केवल मैकग्रेगर के व्याकरण में डाला गया है जैसे : I am sitting = मैं बैठा हूँ, (मैं बैठ रहा हूँ)।
- निषेधवाचक रूपों का सभी व्याकरणों में अभाव है लेकिन पीटर हुक ने इस पर विस्तृत चर्चा की है। उन्होंने निपातों को भी लिया है। अधिकांश कालों में निषेधात्मक का विवरण देते हुए सहायक क्रियाओं और निपातों के लोप या अलोप का विवेचन भी हुक ने किया है।

---

*मुख्य = Primary, वैकल्पिक = Alternat , आक्षरिक रूप = Syllabic, आरंभिक रूप = Initial form, पूर्ण रूप = Full form, अंत आक्षरिक = Inter Syllabic, अनाद्य रूप =,... मात्रा रूप = mora form, मध्याक्षर लोप = Syllable loss

- मैकग्रेगर, साउथ वर्थ और काचरू में 'को' परसर्ग के वैकल्पिक प्रयोगों पर भी चर्चा है जैसे मैंने ये बात सुनी/जानी ↑ मैंने इन बातों को सुना/जाना, साथ ही इनमें मैंने साहित्य को पढ़ा जैसे प्रयोगों पर भी चर्चा है।
- मैकग्रेगर ने प्रेरणार्थक क्रियाओं पर व्यापक चर्चा की है। इस स्तर पर साउथवर्थ का कार्य भ्रामक है। उन्होंने उठना-उठाना, बिकना-बेचना, कटना-काटना, पढ़ना-पढ़ाना में दूसरी को पहली क्रिया का प्रेरणार्थक माना है। दूसरी क्रियाएँ प्रेरणार्थक हैं, इसमें सन्देह नहीं, पर साउथ वर्थ की सूची से यह पता नहीं चलता है कि वे प्रथम प्रेरणार्थक है या द्वितीय प्रेरणार्थक। इनका समुचित वर्गीकरण भी साउर्थ वर्थ में नहीं है कि उठना, बिकना अकर्मक हैं तथा उठाना, बेचना सकर्मक/ प्रेरणार्थक हैं।
- मैकग्रेगर और वान ऑल्फ़न में सम्बन्धवाचक वाक्यांश पर पर्याप्त विचार है।
- साउथ वर्थ ने क्रियाओं, संयुक्त क्रियाओं तथा कालों पर सूक्ष्म चर्चा की है।
- मैकग्रेगर ने निजवाचक सर्वनामों पर पूर्ण चर्चा की है। वान ऑल्फन ने निजवाचकता में बल प्रधान निजवाचकों को नहीं समेटा है जैसे, 'यह मेरी अपनी किताब है'। मैकग्रेगर ने इसे सम्मिलित किया है।
- इन सभी व्याकरणों में अभ्यास भिन्न प्रकार के है। अनुवाद के पैरा हैं— हिन्दी-अंग्रेजी-हिन्दी, रिक्त स्थान पूर्ति, प्रश्नोत्तर, रूपांतर स्थानापत्ति अभ्यास भी सटीक रूप में हैं। साउथ वर्थ ने मात्र अनुवाद, वह भी केवल अंग्रेजी-हिन्दी को स्थान दिया है। मैकग्रेगर में भी अभ्यासों की प्रकृति अनुवाद आश्रित है—लेकिन अंग्रेजी-हिन्दी, हिन्दी-अंग्रेजी दोनों के साथ।
- इन व्याकरणों की कुछ स्पष्ट अपर्याप्तताएँ हैं :
  - (i) तुम लड़का हो—तुम लड़के हो, भेद पर किसी ने ध्यान नहीं दिया है।
  - (ii) कर्मवाच्य रूपों का प्रयोग अपर्याप्त है। मैकग्रेगर ने मात्र सकर्मक क्रियाओं के कर्मवाचीकरण के उदाहरण दिये हैं। वान ऑल्फन ने भी अकर्मक क्रियाओं की कर्मवाच्य प्रक्रिया को पूर्णतया छोड़ दिया है।
  - (iii) हिन्दी में 'पड़ना' और 'होना' का सांदर्भिक महत्त्व है। मैकग्रेगर ने 'पड़ना' के प्रयोग को विवशता/अनिवार्यता से जोड़ा है। 'होना' आन्तरिक विवशता और 'पड़ना' बाह्य विवशता को व्यक्त करता है, ऐसे विवरण कहीं नहीं दिये गये हैं।
  - (iv) नामिक क्रियाओं में पता होना, जानकारी होना, मालूम होना के भेद स्पष्ट नहीं किये गये हैं जैसे, यह बात पता हुई/यह बात मालूम हुई/इस बात की जानकारी थी।

(v) कर—का विवरण मैकग्रेगर में अच्छा है—जाकर, न जाकर/खा कर सो गया—खा कर नहीं सोया। देखकर बोला—देखकर नहीं बोला के साथ ही मैकग्रेगर ने **बिना खाये, बिना देखे** भी दिया है।

(vi) सकना, पाना पर मैकग्रेगर और वॉन ऑल्फन ने विस्तृत चर्चा की है।

❖ और कुछ विशेषताएँ

(i) साउथ वर्थ ने हर प्रकार की सामग्री ली है—मानक, बोलीगत, समाजपरक, शैलीगत, परिवर्तगत।

(ii) वार्तालाप के अलग-अलग रजिस्टर इन व्याकरणों में हैं। साउथ वर्थ का वार्तालाप अधिकतर लिखित भाषा रूप पर आधारित है इसलिए सन्दर्भ की दृष्टि से दोषपूर्ण वाक्य रचनाएँ भी उनके व्याकरण में मिलती हैं।

❖ साउथ वर्थ और मैकग्रेगर दोनों के व्याकरण निजवाचीकरण की प्रक्रिया पर रोचक विवरण देते हैं।

**(6)**

व्यावहारिक व्याकरण की रचना में हिन्दी के सामान्य व्याकरणों की पड़ताल करते हुए भाषा की एकरूपी प्रकृति को उद्घाटित करने वाले इन व्याकरणों को प्रयुक्ति, माध्यम, शैली और सन्दर्भगत प्रयोगों की वास्तविकता से जोड़ते हुए हिन्दी भाषा की वैविध्यपूर्ण प्रकृति या उसकी सामाजिक यथार्थता को उद्घाटित करने वाले व्याकरण में रूपांतरित करने की आज बड़ी ज़रूरत है। श्रीवास्तव ने इसे **अनुप्रयुक्त शैक्षिक व्याकरण** कहा है और इसके स्वरूप को इस आरेख द्वारा समझाया है—

| | | | |
|---|---|---|---|
| भाषा विशेष का सामान्य व्याकरण | ग्रहीता की आवश्यकताएँ | चयन का सिद्धान्त | प्रयोजन सिद्ध व्याकरण |
| शैक्षणिक व्याकरण (पाठ्यक्रम बद्ध व्याकरण) | अनुस्तरण का सिद्धान्त | | शिक्षण इकाइयों की आवश्यकताएँ |
| शिक्षण विधि और प्रणाली की आवश्यकताएँ | प्रस्तुतीकरण का सिद्धान्त | | अनुप्रयुक्त शैक्षणिक व्याकरण (व्यावहारिक व्याकरण) |

व्यावहारिक अथवा सम्प्रेषण परक व्याकरण की रचना हिन्दी के उपलब्ध सामान्य और शैक्षणिक व्याकरण के गहरे पड़ताल की माँग करती है। इस व्याकरण में यह निर्धारित करना होगा कि किस व्याकरणिक बिन्दु को किस सीमा तक और सूक्ष्मता के किस स्तर तक खोला जाय। और यह भी ध्यान रखना होगा कि व्याकरण के किस बिन्दु

को प्रारम्भ में उभारा जाय और फिर उसे किस केन्द्र में रखकर विवेचित किया जाय। व्याकरणिक संरचनाओं के प्रयोगगत सन्दर्भ/भेद को तो निरन्तर देते ही चलना होगा, इस बात पर विचार करते हुए कि ये सन्दर्भ/भेद किस रूप में दिये जायँ और किन व्याकरणिक संरचनाओं के साथ कितनों को, कब और किस तरह व्याकरण में समाहित किया जाय। इस तरह के व्यावहारिक अथवा उपयोगी व्याकरण के लेखन के समय यह भी सोच रखना होगा कि व्याख्या के लिए नितान्त व्याकरणिक तकनीकी शब्दावली का प्रयोग किया जाय या संरचनात्मक इकाई को ही आधार बनाया जाय। हिन्दी व्याकरण के इस प्रारूप के अनिवार्य मुद्दे ये बनेंगे, ऐसा व्याकरण–

- ❖ जो संकुचित आयाम को बृहत्तर बनाये,
- ❖ जो हिन्दी भाषा के समाज-सांस्कृतिक तंतुओं को भी अपने में समेटे,
- ❖ जो भाषाबद्ध संवेदनाओं की भी व्याख्या कर सके,
- ❖ जो 'शाब्दिक कला' के रूप में ढली भाषा को अध्ययन-अध्यापन के केन्द्र में ला सके,
- ❖ जो हिन्दी भाषा समाज की सम्प्रेषण-व्यवस्था को दर्शा सके,
- ❖ जो हिन्दी भाषा के समाजपरक प्रयोजनों (न कि व्यक्तिपरक) को स्पष्ट कर सके,
- ❖ जो सामाजिक स्तर भेद तथा व्यवहार क्षेत्र के सन्दर्भों को भी संकेतित कर सके,
- ❖ जो स्वाधीनता के बाद हिन्दी की विकासोन्मुखी प्रक्रिया का परिचय दे सके, (बहुमुखी विकास, साहित्य और संस्कृति का विकास 50 वर्षों में)
- ❖ जो विशाल जन-जीवन की आत्मा से तोलमेल बना सके, (हिन्दी रचनाकार)
- ❖ जो हिन्दी को एक जीवन्त भाषा के रूप में प्रस्तुत करे, विभिन्न क्षेत्रों से गुज़रती, अनेक रंग-गंध समेटती हिन्दी, तभी हिन्दी की राष्ट्रीय-अन्तर्राष्ट्रीय भूमिका को हम आगे ले जा सकते हैं,
- ❖ जो हिन्दी भाषा की भाषाई क्षमता को उभार सके, (कबीर, रेणु, प्रेमचन्द) जिसमें भाषा की सृजनात्मक शक्ति का क्षय न हो,
- ❖ जो अपने को समाज की व्यवस्था से जोड़ कर देखें, 'रजिस्टर' या 'उपकोड' के निर्माण का जो कार्य हिन्दी की विभिन्न उप-व्यवस्थाएँ कर रही हैं, उन्हें इस व्याकरण में स्थान दिया जाय,
- ❖ जो भाषा और शैली दोनों स्तरों पर 'विकल्प' को समेट कर चले,
- ❖ जो हिन्दी के मानक रूप, उसके मिश्र रूपों और बोली प्रभावों का सम्प्रेषणीय

ढाँचा बन सके,

- जो दूसरे भाषा समाजों के विचार-सम्प्रेषण को सम्भव बना सके या भारत की पहचान हिन्दी के माध्यम से कराने में समर्थ हो, अतः इस व्याकरण को सीमित भाषाई दायरे से बाहर निकालना होगा,
- जो हिन्दी भाषा के अनेक अछूते पहलुओं (हिन्दी भाषा की प्रकृति और संरचना के स्तर पर) को प्रकाशित कर सके,
- जो हिन्दी भाषा के सामाजिक, सांस्कृतिक और व्यावहारिक तीनों रूपों को आत्मसात किये हो।

## हमें बचना होगा

- केवल स्थितियों को नियन्त्रित करनेवाले भाषा के कामचलाऊ स्तर से,
- संकीर्ण गलियों में भटकनेवाली सामर्थ्यहीन, बनावटी और निर्जीव भाषा से और शुद्धतावादी दृष्टिकोण से।

## सन्दर्भ


ऑस्टिन, जोस, 1988, हिन्दी के विकास में विदेशी विद्वानों का योगदान, दिल्ली : अनुराग प्रकाशन।

कपूर, बदरीनाथ, 1978, परिष्कृत हिन्दी व्याकरण, मेरठ, मीनाक्षी प्रकाशन।

काचरू, यमुना, 1980, हिन्दी का समसामयिक व्याकरण, दिल्ली, मैकमिलन।

गुरु, कामता प्रसाद, 1952, हिन्दी व्याकरण, वाराणसी, नागरी प्रचारिणी सभा।

तिवारी, भोलानाथ, 1966, हिन्दी भाषा, इलाहाबाद, किताब महल।

दीमशित्स, ज.म., 1966, हिन्दी व्याकरण की रूपरेखा, दिल्ली, राजकमल प्रकाशन।

भाटिया, तेज के., 1976, 'हिन्दी के आधुनिक शैक्षिक व्याकरण : एक मूल्यांकन' रवीन्द्रनाथ श्रीवास्तव, गोस्वामी (सं.) अनुप्रयुक्त भाषाविज्ञान में, दिल्ली, आलेख

मिश्र, बालगोविन्द, 1986, हिन्दी : स्वरूप और प्रयोग, भोपाल : मध्य प्रदेश हिन्दी ग्रन्थ अकादमी।

राजगोपालन, न.वी., 1973, हिन्दी का भाषावैज्ञानिक व्याकरण, आगरा, केन्द्रीय हिन्दी संस्थान।

रोहरा, सतीश कुमार, सूरज भान सिंह, 1988, हिन्दी शिक्षण : अंतर्राष्ट्रीय परिप्रेक्ष्य, आगरा, केन्द्रीय(सं.) हिन्दी संस्थान।

वर्मा, ब्रजेश्वर एवं अन्य, 1986, भाषा शिक्षण तथा भाषाविज्ञान, आगरा, केन्द्रीय हिन्दी संस्थान।

वर्मा, शिवेन्द्र किशोर, 1973, भाषाविज्ञान की अधुनातन प्रवृत्तियाँ और हिन्दी भाषा शिक्षण, आगरा, केन्द्रीय हिन्दी संस्थान।

वाजपेयी, किशोरीदास, 1949, राष्ट्रभाषा का प्रथम व्याकरण, वाराणसी, नागरी प्रचारिणी सभा।
1966, हिन्दी शब्दानुशासन, वाराणसी, नागरी प्रचारिणी सभा।
श्रीवास्तव, रवीन्द्रनाथ, 1992, भाषा शिक्षण, दिल्ली, वाणी प्रकाशन।
1995, हिन्दी भाषा : संरचना के विविध आयाम, दिल्ली, राधाकृष्ण प्रकाशन।
1999, अनुप्रयुक्त भाषाविज्ञान : सिद्धान्त एवं प्रयोग, दिल्ली राधाकृष्ण प्रकाशन।
1983, प्रयोजनमूलक हिन्दी व्याकरण, आगरा, केन्द्रीय हिन्दी संस्थान।
श्रीवास्तव, तिवारी एवं गोस्वामी 1976, अनुप्रयुक्त भाषाविज्ञान, दिल्ली, आलेख प्रकाशन।
श्रीवास्तव, व्यास, तिवारी, 1980, हिन्दी का व्यावहारिक व्याकरण, दिल्ली, आलेख प्रकाशन।
श्रीवास्तव, मिश्र, तिवारी, 1980, हिन्दी का शैक्षिक व्याकरण, दिल्ली, आलेख प्रकाशन।
सहाय, चतुर्भुज, 1978, हिन्दी वाक्य रचना, वाराणसी, संजय बुक सेंटर।
सिंह, सूरजभान, 1985, हिन्दी का वाक्यात्मक व्याकरण, दिल्ली, साहित्य सहकार।
" 1991, हिन्दी भाषा : संदर्भ और संरचना, दिल्ली, साहित्य सहकार।
Allen, JPB, 1975, Readings for applied linguistics, London, S.Pit Corder (eds.) OUP
Bahl, K.C., 1967, A reference grammar of Hindi, Michigan, University of Chicago.
Bhatia, Tej K., 1996, 'The Oldest grammar of Hindustani' in Perspectives on language in society Vol.I.
S.K.Verma, Dilip Singh (eds.) Delhi, Kalinga
Crystal, D., 1981, Directions in applied linguistics, NY : Academic Press.
Fairbanks, G.H. and, 1966, Spoken and Written Hindi : NY : Cornell B.G. Misra University Press. Faircloagh, N., 1992, Discourse and Social change, Oxford, Polity press.
Gumperz, J.J. and, 1967, Conversational Hindi-Urdu, Delhi, J. Rumery, Radhakrishna.
Halliday, M.A.K., 1978, Language as a Soccial semiotic, London, Edward Arnold.
1973, Explorations in the function of language, London, Edward Arnold.
Hymes, D.H., 1971, On communicative competence, Philedelphia University of Pennsylvania.
Kachru, Yamuna, 1966, An Introduction to Hindi Syntax, Illinois, Illinois Universiry.
Kellog, Samuel H., 1893, A grammar of Hindi language, London, Routledge.
Kelly, G., 1966, The Status of Hindi as a linguafranca, IN W.Bright (ed.) Sociolinguistics, The Hague Mouton.
Kumar, Suresh, 1988, Stylistics and language teaching, Delhi, Kalinga.
Lamb, Sydney M., 1962, Outline of Stratificational Grammar, Washington,

D.C. : Georgetown University.
Lyons, J. (ed.), 1970, New horizons in linguistics, Penguin books.
Mcgrager, R.S., 1972, Outline of Hindi grammar, Oxford Clarendon Press.
Miltner, V., 1970, Theory of Hindi Syntax : Descriptive, generative, Transformational, The Hague, Mouton.
Olephen, H.V., 1972, Elementary Hindi grammar and exercises, Austin, Centre of Asian studies.
Pray, Bruce., 1970, Topics in Hindi-Urdu grammar, Berkley, University of California.
Preston, B.R., 1989, Sociolinguistics and Second language acquistition, NY : Basil Blackwell.
Roulet, E., 1972, Linguistics theory, Linguistic description and Language teaching, London, Longman.
Srivastava, R.N. and, R.S. Gupta, 1990, Dimensions of applied linguistics, Mysore, CIIL.
Southworth, F.C., 1971, The student's Hindi-Urdu reference Manual, Arizona, UAP.
Verma, S.K, 1974, Semantics of 'Chahie'. F L 12: 127-36
1974, Note on some spurious causitives in Hindi, Osmania Papers in Linguistics, 1 : 45-52
'भाषा' हिन्दी भाषाविज्ञान अंक, 1973 दिल्ली, केन्द्रीय हिन्दी निदेशालय।

# लिखित भाषा का सन्दर्भ

पिछले कुछ सालों में लिखित भाषा, उच्चरित भाषा और इन दोनों के परस्पर अन्तः-सम्बन्धों पर काफ़ी विचार हुआ है, प्रसिद्ध आधुनिक भाषावैज्ञानिक सस्यूर के बाद से पिछले कुछ सालों तक केवल उच्चरित भाषा पर ही बल एवं ध्यान दिया जाता रहा। ऐसे में भाषावैज्ञानिक अध्ययन की मूलधारा में उच्चरित और लिखित भाषा तथा वाक् और लेखन के सम्बन्धों की अवहेलना होती रही।

हिन्दी की बात करें तो पुनर्जागरण युग (भारतेंदु युग) का साहित्य लेखन भाषा-संप्रदाय द्वारा व्यवहृत मौखिक भाषा रूप पर ही निर्भर था और लिखित भाषा को नियन्त्रित-निरूपित करने के लिए सामग्री (Corpus) और व्याकरण दोनों उच्चरित भाषा पर ही आधारित थे।

मानव जीवन में भाषा के लेखन का आविष्कार सर्वाधिक महत्त्वपूर्ण प्रतीक व्यवस्था है। एक अतिवादी इस बात से असहमत भी हो सकता है और अपनी बात मनवाने के लिए यह इंगित कर सकता है कि वाक् (Speach) भी तो अन्ततः एक प्रतीक व्यवस्था ही है, एक ऐसी प्रतीक व्यवस्था जो लेखन (writing) से कहीं ज़्यादा महत्त्वपूर्ण है। इस प्रकार की आपत्ति मूल भाषिक बिन्दु को अनदेखा कर जाती है या वह उससे छूट जाता है। वाक् प्रकृति-प्रदत्त है अथवा मानव-मस्तिष्क की उपज, यह बहस अनन्त काल से चली आ रही है। पर इस बात पर सामान्य सहमति है कि लेखन एक 'आर्टिफ़ैक्ट' है। भाषा विकास का जीता-जागता प्रमाण है।

अनेक भाषावैज्ञानिक यह मानते हैं कि मनुष्य का जन्म ही बोलने के लिए हुआ है—इस मान्यता को इस तथ्य से भी बल मिलता है कि ऐसे किसी समाज का अस्तित्व इस भूमंडल पर नहीं है जिसमें वाक् न हो। अतः जहाँ कहीं भी मानव-समाज के समूह परस्पर जुड़ते हैं, वे सम्प्रेषण के लिए वाक् का ही प्रयोग करते हैं। ऐसा कर के ही वे अपने सामाजिक जीवन को संगठित करने में समर्थ बनते हैं अथवा समाजीकरण की प्रक्रिया को पूरा करते हुए सामाजिक बनते हैं। जबकि इसके विपरीत लेखन अनेक भाषा-समुदायों में शून्य होता है अथवा लेखन का इन

समाजों में अस्तित्व नहीं होता। लेखन की इस अनुपस्थिति को किसी समाज के लिए न तो अजूबा ही माना जाता है और न ही उसकी सीमा या कमजोरी।

हम यह मानकर चलते हैं कि लेखन एक सांस्कृतिक उपलब्धि है, मानव समाज की सार्वभौमिक सम्पत्ति नहीं; और इसीलिए वाक् की तुलना में लेखन का महत्त्व अपेक्षाकृत निश्चित ही कम है। यह भी कहा जाता है कि वाक् की तुलना में लेखन की उपलब्धि मानव समाज को हाल में ही हुई है अर्थात् लेखन का उद्भव सामाजिक और सांस्कृतिक इतिहास की दृष्टि से काफ़ी बाद में हुआ है। लेकिन इसमें कोई सन्देह नहीं है कि समाज के विकास पर लेखन का इतना गहरा प्रभाव है कि हम सभी के लिए; जो साहित्यिक संस्कृति के बीच पले-बढ़े हैं, एक ऐसे संसार की कल्पना कर पाना भी कठिन होगा जहाँ लेखन का अभाव हो। आधुनिक समाज के इनमें से कोई भी लक्षण लेखन की शून्यता को बर्दाश्त नहीं कर सकते—क्या आप और हम ही अपने इर्द-गिर्द ऐसे माहौल की व्यवस्था कर सकते हैं और उसमें सन्तुष्ट रह सकते हैं जिसमें न तो किताबें हों, न अखबार, न ही पाती-चिट्ठियाँ, न तो वेतन-चिट्ठा और न ही परिचय.पत्र। जहाँ लेक्चर नोट न हों, रास्तों के पते न हों, बैनर, पोस्टर और विज्ञापन न हों और न हों डॉक्टर की पर्चियाँ, कर और बीमा-पत्र और ऐसी शिक्षा पद्धति हो जिसमें इमला (dication) न हो, अभ्यास और निर्देश पुस्तिकाएँ न हों—आदि-आदि। हमारी पूरा सभ्यता लेखन के बीच ही जीती है। इसका यह तात्पर्य कदापि नहीं लगाया जाना चाहिए कि लेखन ने ही सभ्यता को सम्भव बनाया लेकिन लेखन को कम महत्त्व देकर मात्र वाक् को ही महत्त्व देना भी गलत होगा। हमें लेखन को सभ्यता का परिणाम और कंडीशन मानना चाहिए, एक ऐसा उत्पाद मानना चाहिए जिसे सभ्यता ने आकार दिया है और ऐसा औजार मानना चाहिए जिसने सभ्यता को निखारा है। लेखन का आविष्कार साहित्यिक प्रयोजन के लिए नहीं हुआ, लेकिन इसने साहित्य को सम्भव किया कुछ विशेष प्रकार के साहित्य को। साथ ही इसने सम्प्रेषण की अनेक जटिल क्रियाओं को भी सम्भव बनाया जिनका वाचिक परम्परा वाले समाज में अभाव था। इस उपलब्धि को मिथक और पौराणिक सन्दर्भ से भी जोड़ कर देखा गया है। भारत में ही देखें तो हम 'गणेश' को लिखित भाषा का आविष्कारक मानते हैं। ऐसी मान्यता है कि इन्होंने अपना एक दाँत तोड़कर लेखनी की तरह इस्तेमाल किया। पवित्र वैदिक पाठों के एक पीढ़ी से दूसरी पीढ़ी तक मौखिक सम्प्रेषण के कारण उसके महत्त्व के बावजूद प्राचीन भारत में लेखन का भी अत्यन्त महत्त्व था, जैसा कि हमारी गाथाएँ कहती हैं। लेकिन लेखन को सामान्य जन की क्षमता से बाहर रखा गया—तभी तो इसका आविष्कारक स्वयं ईश्वर को माना गया। पूरे विश्व में लेखन को दैवीशक्ति से जोड़ने से इसके उद्भव

और इतिहास पर थोड़ा-बहुत प्रभाव तो पड़ता ही है। एक पूर्ण व्यवस्था के रूप में विकसित होने तक प्रारम्भिक लिपियाँ अपनी प्रकृति में अपेक्षाकृत अधिक जटिल थीं। इस जटिलता के कारण लेखन पर पूर्ण अधिकार प्राप्त कर पाना कठिन होता था और इसीलिए यह सामान्य-जन की पहुँच के बाहर थी। इसका प्रचलन सीमित सुविधा सम्पन्न वर्ग में ही था, विशेषकर पुजारियों में। सामान्य-जन के लिए लेखन एक रहस्य था, एक गुप्त कोड; इसके देवत्व से जुड़ने के दो कारण हैं : (1) अधिकतर लोगों के लिए इसे सीख पाना अत्यन्त कठिन था इसलिए यह मान्यता बनी कि इसे मनुष्य तो निर्मित कर ही नहीं सकता, ईश्वर ही द्वारा प्रदत्त हो सकता है ये (2) इसीलिए केवल या अधिकतर इसका प्रयोग वे ही कर सकते हैं जो ईश्वर के निकट हों, अर्थात् पुजारी। आज भी इस स्थिति की दूसरे रूप में परिणति देखी जा सकती है—जो लोग पढ़ना या लिखना नहीं जानते वे समाज में अपने को कमज़ोर समझते हैं और समाज भी उन्हें कम सुविधाएँ देता है—अर्थात् पढ़ने-लिखने में असमर्थ समूह पढ़े-लिखे समूह की तुलना में शक्ति-विहीन होता है और पढ़ा-लिखा वर्ग इस शक्ति-विहीन समूह का शोषण करने लगता है। इस प्रकार लेखन सामाजिक नियंत्रण का भी एक शक्तिशाली औजार है।

लेखन का सर्वाधिक प्रत्यक्ष प्रकार्य यह है कि सम्प्रेषण के रेंज को यह व्यापक विस्तार दे देता है। यह विस्तार ही इसे शक्ति सम्पन्न बनाता है इसके विपरीत वाक् सम्प्रेषण का रेंज अत्यन्त सीमित होता है। मौखिक सम्प्रेषण मात्र कान की सीमा तक ही हो सकता है। बिना किसी उपकरण के मानव-स्वर बहुत दूर तक नहीं पहुँच सकता, वह भी सीमा में। जब लिखित सन्देश देना सम्भव हुआ तो सन्देशवाहक की मध्यस्थता समाप्त होने लगी, मौखिक संप्रेषण पूर्णतः सन्देशवाहक पर निर्भर था। लिखित सन्देश हज़ारों मील दूर तक पहुँचाया जा सकता है—उनके लिए। लिखित सन्देश को ऐसे सन्देश वाहकों द्वारा हजारों मील तक पहुँचाया जा सकता है जो स्वयं नहीं जानते कि सन्देश क्या है? पर लिखने-पढ़ने वालों के लिए उस भाषा को जानना-समझना ज़रूरी है जिसमें वह लिखा गया है (Phrased)। लेखन किसी भी अन्य उस साधन (tool) की तरह ही है जो मानव की शक्ति का अन्य लोगों तक विस्तार करता है। लेखन के आविष्कार ने अनेक सामाजिक ज़रूरतों की आपूर्ति को सम्भव ही नहीं किया बल्कि नयी दिशाएँ भी खोलीं और सामाजिक सम्प्रेषण तथा आर्थिक परिवर्तन में अलग भूमिका निभाई।

## लेखन के प्रकार्य

**1. स्मृति में सहायक (Memory supportive)**—सांस्कृतिक नृतत्त्वशास्त्रियों ने

वायियक परम्परा से जुड़े लोगों की स्मरणशक्ति को बड़े ही आश्चर्य से देखते हुए उसे महान सिद्ध किया है। यह बताया कि उनमें यह क्षमता थी कि वे लम्बे आख्यानों/महाकाव्यों को याद कर लेते थे। यह बात वास्तव में महत्वपूर्ण है पर उतनी नहीं जितनी कि किसी विश्वविद्यालय की पुस्तक सूची। लेखन के विकास में उसका स्मृति प्रकार्य सबसे महत्वपूर्ण था। यहाँ-वहाँ क्या हुआ इसे हम कुछ समय तक ही याद रख सकते हैं और यदि अतीत की इन सूचनाओं को कुछ पीढ़ियों तक हस्तांतरित करना हो तो पूरी सूचना में निरन्तर परिवर्तन आता जाएगा (पाठालोचन)। यदि इसे लिखित रूप में देखा जाय तो इसे कभी भी उसके मूल रूप में देखा जा सकता है। हमेशा के लिए यथावत् सुरक्षित रखा जा सकता है।

## दूरी-प्रकार्य

**2. संप्रेषण क्षेत्र का विस्तार**—मौखिक संप्रेषण में वक्ता और श्रोता दोनों की उपस्थिति अनिवार्य है। इसके विपरीत लेखन दूर, और काल की सीमा को पार कर देता है (दूरी, बदलाव, काल यथावत्) लेखन दूरी का माध्यम है जिसमें न सिर्फ़ लेखक-पाठक की दूरी मिट जाती है बल्कि लेखक और सन्देश की भी।

**3. Transmission (प्रसारण का माध्यम)**—सन्देश को भेजने वाले से दूर उपलब्ध कराना या जरूरत पड़ने पर खुद सन्देश देनेवाले को बाद में उपलब्ध करा देने की क्षमता लेखन को प्रसारण माध्यम के रूप में स्थापित करती है। इससे यह स्पष्ट होता है कि मौखिक सन्देश अपने श्रोता तक पहुँचने के बाद ही समाप्त हो जाता है जबकि लिखित सन्देश एक वस्तु की तरह सुरक्षित रहता है। इसे हम लेखन का R.F. कह सकते हैं, बोले गये शब्द अपनी प्रकृति में अल्पजीवी (Ephenmeral) और स्वतः स्फूर्त (Spontenceous) होते हैं। लेखन में शब्द स्थिर (Stable) और गोचर (Tangible) बनते हैं। मौखिक अभिव्यक्ति (उक्ति) का interpration मूलतः वक्ता के intended meaning का ही interpration होता है। यहाँ केन्द्रीय प्रश्न यह होता है कि वक्ता उक्ति से क्या अर्थ ग्रहण करता है। एक बार जब स्थिर होकर अपने भौतिक रूप में आते हैं तब उनके interpretation से जुड़ा। केन्द्रीय प्रश्न होता है कि शब्द से क्या तात्पर्य है। अब अर्थ वक्ता में नहीं पाठ में निहित हो जाता है।

**4. सामाजिक नियंत्रण का प्रकार्य**—लेखन के स्थायित्व का दूसरा महत्त्वपूर्ण पक्ष है—सामाजिक आचरण-व्यवहार (conduct) को नियमित-नियन्त्रित करने की उसकी शक्ति। यही उसका सामाजिक नियंत्रण का प्रकार (Social Controlling Factor-SCF) है। 'आप यह मुझे लिखित रूप में दीजिए' 'can I have this in writing' जैसी अभिव्यक्तियाँ बड़े ही स्पष्ट ढंग से इस तथ्य को प्रमाणित करती हैं कि लोग मौखिक शब्दों की तुलना में लिखित शब्दों पर अधिक विश्वास करते हैं। SCF के दूसरे पक्ष का सम्बन्ध भाषा से है। भाषा-व्यवहार सामाजिक नियन्त्रण का एक अंग है। आभिजात्य वर्ग स्वाभाविक है स्वभावतः अपनी भाषा (अपने द्वारा प्रयुक्त भाषा) रूप को ही लिखता है। उनकी सामाजिक गरिमा और लिखित दस्तावेजों की स्थायी प्रकृति के कारण इसी भाषा रूप को अन्य लोगों का भी पूरा समर्थन मिलने लगता है और इस प्रकार आभिजात्य वर्ग द्वारा निर्धारित और प्रयुक्त यही लिखित भाषा रूप मानक के रूप में स्थापित हो जाता है। और इस प्रकार लेखन वाक् का प्रारूप (Model) बन जाता है।

**5. प्रतिक्रिया (Intraction) प्रकार्य**—भाषाई संप्रेषण को वाक् की सीमाओं (Constrains) से स्वतन्त्र करते हुए लेखन कई प्रकार के सम्भव सह-क्रियाएँ (Co-ordinated action) निर्मित करता है। पत्र और वसीयत एक निर्धारित पते या व्यक्ति के लिए होता है—इनमें निहित सन्देश इनके व्यवहार को प्रभावित करता है। इसी प्रकार Instructional Manual पाक विधियाँ बुनाई-कढ़ाई के नमूने आदि किसी विशिष्ट पाठक वर्ग को सम्बोधित नहीं होते पर यदि वे इनके अनुसार प्रतिक्रिया करें (भोजन बनाना चाहें या कढ़ाई करना चाहें) तो ये उनके व्यवहार को नियन्त्रित करते हैं।

**6. सौन्दर्यशास्त्रीय प्रकार्य**—साहित्य शब्द ही उसे शाब्दिक कला माध्यम के रूप में सामने लाता है। इसमें सन्देह नहीं कि मौखिक कविता भी होती है और इस बीच साहित्य की वाचिक परम्परा तथा उसकी भाषिक अभिव्यंजना को लिखित साहित्य की तुलना में देखने की प्रवृत्ति भी बढ़ी है। आज एक ही रचना में भाषा के मौखिक और लिखित रूपों की पड़ताल भी की जा रही है। फिर भी कुछ ऐसी विधाएँ (Genres) हैं—जैसे उपन्यास, नाटक और कुछ विशेष कविताएँ जिनके स्वरूप की कल्पना भी उनके लिखित रूप के बिना नहीं की जा सकती। इसके साथ ही लेखन माध्यम को इतने स्तरों पर विकसित किया गया है कि उसे लिपि शास्त्र (Calligraphy) की अति विकसित और समृद्ध कला के रूप में इस्तेमाल किया जा सकता है। इससे शाब्दिक कला को सुन्दर रूप मिलता है जो देखने में अच्छा लगे। लेखन की यह साजसज्जा बौद्धिक स्तर पर भी हमें प्रभावित करती है (अज्ञेय की कविताएँ) और दृश्य-सौन्दर्य-बोध भी हमारे भीतर कहीं उत्पन्न होता है।

प्रकार्यात्मक दृष्टि से संप्रेषण में वाक् और लेखन प्रतिपूरक (Complementry) व्यवस्थाएँ हैं। लेखन और वाक् के व्याकरण में ज़रूर भेद होता है। लेखन और वाक् की तुलना करते हुए जो अध्ययन किये गये हैं उनसे यह सिद्ध होता है कि लेखन वाक् की तुलना में अधिक जटिल है। वाक् से हमारा तात्पर्य है उच्चरित मोड और

लेखन से तात्पर्य है लिखित मोड। यह ध्यान रखना चाहिए कि सम्प्रेषण का उच्चरित मोड हमेशा मौखिक (Verbal) नहीं होता--इसे कागज़ पर रिकार्ड किया जा सकता है--जैसे किसी नाटक या फिल्म की पटकथा अथवा रेडियो-टीवी समाचार आदि। इसी प्रकार सम्प्रेषण के लिखित मोड के लिए यह ज़रूरी नहीं है कि वह हमेशा कागज पर ही हो वह एक औपचारिक भाषण या विश्वविद्यालय में क्लास लेक्चर के रूप में भी सामने आ सकता है।

# देवनागरी लिपि का सन्दर्भ

राष्ट्रभाषा आन्दोलन के साथ ही 'राष्ट्रलिपि' की भूमिका पर भी चर्चाएँ और बहसें होने लगी थीं। राष्ट्रीय अस्मिता के रूप में जिस तरह हिन्दी को राष्ट्रभाषा के रूप में अपनाया गया, उसी तरह राष्ट्रलिपि के रूप में देवनागरी को अपनाने की भी अपील की गयी। सभी ने यह माना और बताया कि आजादी की लड़ाई और राष्ट्रीय पुनर्जागरण में 'राष्ट्रभाषा' से भी अधिक प्रभावी भूमिका राष्ट्रलिपि के रूप में देवनागरी निभा सकती है। विनोबा जी का यह कथन सभी बहसों, अपीलों और चर्चाओं का निचोड़ है—**हिन्दुस्तान की एकता के लिए हिन्दी भाषा जितना काम देगी उससे बहुत अधिक काम देवनागरी लिपि देगी।**

यह केवल एक सर्वमान्य लिपि की बात नहीं थी। राष्ट्रीय अस्मिता की स्थापना के लिए देखा गया एक सपना था। ऐसा सपना जिसकी बुनियाद हकीकत पर टिकी थी। एक सदी बीत चली इन सपनों और हकीकतों को बयां करते। लोकामान्य बालगंगाधर तिलक के भाषण से इस सपने की शुरुआत मानी जाती है। यह भाषण नागरी प्रचारिणी सभा में दिया गया था अंग्रेजी में—**ए स्टैंडर्ड कैरेक्टर फॉर इंडियन लैंग्वेजेज,** जो मद्रास में छपा था और बाद में इसका अनुवाद वासुदेव शरण अग्रवाल ने किया, जो 'सम्मेलन पत्रिका' में प्रकाशित हुआ। पर इसके पहले भी सभी भारतीय भाषाओं की लिपि एक हो, यह माँग भारतेन्दु और प्रतापनारायण मिश्र के निबन्धों में दिखाई देती है। **महावीर प्रसाद द्विवेदी** ने 1903 में 'सरस्वती' के सम्पादन का कार्य सँभाला और लगातार यह कहते रहे कि **देश में एक भाषा और एक लिपि होने की बड़ी जरूरत है, और हिन्दी भाषा और देवनागरी लिपि ही इस योग्य है। बालमुकुन्द गुप्त** के तीन लेख भी इस सपने का जोरदार आगाज़ हैं—'देवनागरी अक्षर' (1902), 'एक लिपि की जरूरत' (1905) और 'हिन्दुस्तान में एक रस्मुलखत' (1907)। गुप्त जी ने पहली बार यह संकेत दिया था कि 'यूरोप में भाषाओं के पार्थक्य के बावजूद लिपि की एकता है।' द्विवेदी जी ने इस

बात को अधिक स्पष्ट शब्दों में कहा था–'एक लिपि हो जाने से दूसरे प्रान्तों की भाषाएँ सीखने में बहुत दिन नहीं लगते। यूरोप में एक ही लिपि है। यही कारण है जो थोड़े ही परिश्रम से वहाँ वाले फ्रेंच, इटालियन, पोर्चुगीज, इंग्लिश और जर्मन आदि भाषाएँ सीख लेते हैं।' इस समय हिन्दी-उर्दू के भेद को लिपि-भेद के रूप में देखने पर भी बल था। गुप्त जी ने भी लिखा है कि 'मुख्यतः लिपि भेद के कारण ही हिन्दी और उर्दू भाषाओं में भिन्नता है। यदि आदि से ही उर्दू भाषा की लिपि देवनागरी होती तो यह भाषा भेद नहीं हो पाता।' बाद में इस पक्ष पर देश के सभी भाषावैज्ञानिकों ने चिन्तन किया।

देवनागरी लिपि की संरचनागत वैज्ञानिकता पर तो और भी पहले से विवरणात्मक अध्ययन मिलने लगता है। मोनियर विलियम्स (1859), एडवर्ड (1858), डफ़े (1834) ने इस दिशा में उल्लेखनीय कार्य किया। मोनियर विलियम्स ने तो यह भी निष्कर्ष दिया कि 'यह लिपि प्रत्येक वर्ण के स्तर पर सर्वाधिक पूर्ण और व्यवस्थित है। यदि देवनागरी में कोई दोष है तो यह कि यह दोष रहित है।' देवनागरी लिपि अक्षर आधारित लिपि है इसलिए उसे 'अक्षरात्मक लिपि' कहा जाता है। देवनागरी का यह गुण ही उसे संसार की अन्य भाषाओं की लिपियों से अधिक वैज्ञानिक बना देता है। द्विवेदी जी ने देवनागरी को 'संस्कृत लिपि' भी कहा है और जिस लिपि में संस्कृत जैसी भाषा को अंकित करने की क्षमता हो वह सर्वगुण विशिष्ट, सरल और निर्दोष तो होगी ही। उन्हीं के शब्दों में–'संस्कृत लिपि की सरलता और शुद्धता सबको स्वीकार करनी पड़ेगी। संसार में संस्कृत के समान शुद्ध और स्पष्ट लिपि दूसरी नहीं।' लिपि की वैज्ञानिकता के परीक्षण के लिए विद्वानों ने कुछ विशेषताएँ निर्धारित की हैं–एक ध्वनि के लिए एक वर्ण हो, एक वर्ण एक ही ध्वनि को व्यक्त करे, मात्रा एवं वर्ण चिह्नों में भिन्नता हो, लेखन और उच्चारण में एकरूपता हो, सरल एवं स्पष्ट हो, व्यवस्थित हो, ध्वन्यात्मक हो; ये सभी विशेषताएँ देवनागरी में हैं। भाषा, वर्णमाला तथा लिपि में अभिन्न सम्बन्ध होता है, देवनागरी इस गहरे अन्तःसम्बन्ध का आदर्श उदाहरण है। यह एक ऐसी लिपि है जिसमें ध्वनि विज्ञान की पूर्णता है अतः यह केवल भारत की ही नहीं, विश्व की किसी भी भाषा को अंकित कर सकती है। 'राष्ट्रलिपि' के रूप में ही नहीं, 'विश्वलिपि' के रूप में भी देवनागरी के विस्तार पर अब विमर्श होना चाहिए।

भारतीय भाषाओं के लिए देवनागरी सर्वथा उपयुक्त लिपि है, इस तथ्य पर कई पहलुओं से विचार किये गये हैं। तिलक ने ऐतिहासिक पहलू को केन्द्र में रख कर व्यापक और गहन चर्चा की है। उनके विचारों का सार यहाँ देखते चलें। उनके

अनुसार भारतवर्ष की प्राचीनतम राष्ट्रीय लिपि ब्राह्मी से ही समस्त आधुनिक भारतीय लिपियाँ विकसित हुई हैं। यही कारण है कि आधुनिक भारतीय लिपियाँ देवनागरी से कम या अधिक मिलती-जुलती हैं। तिलक ने अपने इस मत की पुष्टि भाषावार आधार पर भी यह कहते हुए की है कि 'गुजराती, बंगला, असमी तथा गुरुमुखी लिपियों और देवनागरी में बहुत अधिक साम्य है। उड़िया तथा दक्षिण भारत की लिपियों का उद्‌गम भी ब्राह्मी है। अतः इनमें और देवनागरी लिपि में वर्ण-माला क्रम और अक्षरों के रूप में बहुत कुछ साम्य है।' लोकमान्य के इस नीर-क्षीर-विवेकी विवेचन पर अलग से किसी टिप्पणी की जरूरत नहीं है। सिर्फ एक छोटा-सा क्षेपक कि किसी समय ब्राह्मी भारत की राष्ट्रीय लिपि थी। इसने पूरे राष्ट्र को एक सूत्र में पिरो रखा था। भिन्न लेखन-प्रणालियाँ ब्राह्मी से ही विकसित हैं। ब्राह्मी आठवीं से दसवीं शताब्दी के बीच अपेक्षित पूर्णता पा चुकी थी। देवनागरी भी हर मायने में एक 'सम्पूर्ण लिपि' है, अतः एक सदी से हम सब वही सपना सँजोते आ रहे हैं जो कभी ब्राह्मी के माध्यम से साकार हो गया था और जिसके प्रकाश में भारतीय भूखंड एकता का शंखनाद कर रहा था।

भारतीय भाषाओं के लिए देवनागरी लिपि का महत्त्व सिर्फ इतना नहीं है कि वह इन भाषाओं को अंकित करने में समर्थ है बल्कि इसमें है कि वह 'एक लिपि' के माध्यम से शब्द-समानता से ओतप्रोत भारतीय भाषाओं के परस्पर बोधन अधिगम का मार्ग प्रशस्त कर सकती है। महावीर प्रसाद द्विवेदी ने हमें आगाह भी किया था कि 'लिपि की एकता के बिना पारस्परिक प्रेम, ऐक्य और घनिष्ठता की संस्थापना नहीं हो सकती।' गाँधी जी ने भी यह व्यावहारिक सुझाव दिया था कि 'अनेक लिपियाँ जानने का बोझ और आग्रह आसानी से छोड़ा जा सकता है।' उन्होंने यह भी कहा था कि वे कई भाषाएँ बोल सकते हैं पर उतनी लिपियाँ नहीं जानते। अगर उन्हें देवनागरी में लिखी भारतीय भाषाएँ मिलें तो दस-पाँच शब्दों को छोड़ कर वे पाठ का मूलभाव तो समझ ही जाएँगे। गाँधी जी की बात में दम है। 'भाषा' पत्रिका भारतीय भाषाओं की कविताओं का बायीं ओर देवनागरी में लिप्यंतरण और दाहिनी ओर हिन्दी अनुवाद देती है। जहाँ अर्थ मेरे लिए लगभग सम्प्रेषणीय हो जाता है उन लिप्यंतरित पंक्तियों को मैं एक डायरी में नोट कर लेता हूँ। वैसे भी भिन्न भाषाओं की कविताओं की लय-ध्वनि को गुनगुनाने का अपना आनन्द है। अनुवाद पढ़ने के बाद यह नाद अर्थ-लय में बदलने लगता है। डायरी में अंकित कुछ पंक्तियाँ देखें जिनकी बोधगम्यता मेरे लिए देवनागरी में लिप्यंतरण के कारण ही बन सकी। **असमिया** (1) कात्यायनी माँ हे धूरि आइला आपुनि/तोमार चरणत बर मागो आमि/कि बर मागरे आयती सकल/स्वामी बर

मागरे अजय अमर हक/(2) ए दुर्गा तारिणी ए दुर्गति नाशिनी/दुर्गतकि नाश करा भैरव भवानी। ए दुर्गा ए शक्ति शरणागत के रक्षा करा नारयणी। **बंगला** : (1) आइसो होरि वंशीधारी/खेलबो होरी तोमार सने। (2) धान काटि कचाकच धान काटि/माथाए निये धानेर आँटि/फिरबो बाड़ी मचामच। (3) जननी आसियाछे/रूपेते भुवन आलो कोरेछे। देखा हे मायेर कतो शोभा/सिंघो पृष्ठो महामाया/बामे हेइले रई छे (जननी का आगमन हुआ है। उसके रूप में भुवन आलोकित हो उठा। देखो, माँ की कितनी शोभा। सिंह की पीठ पर सवार महामाया बाईं ओर झुकी हुई हैं)। **उड़िया** : (1) दुख दृश्य रे, दुख भोग रे, (2) गीत गाअ/महम रे पाषाण बदलिब/तटत मरुभूमि रे/नाचिब तरल रस र जुआ (गीत गाओ/पाषाण मोम बन जाएगा। तप्त मरुस्थल में तरल रस ज्वार नाचेगा), (3) कोड धन तरु शाखा/उहालरे। गीत गाउथिले बी/एकता पक्षी (किसी घने पेड़ की शाखा की ओट में गीत गाते हुए भी अकेला पंछी)।

इन तीनों भाषाओं में हिन्दी-बोलियों का रूप-रंग रचा-बसा है इसलिए मेरे लिए इनकी संप्रेषणीयता पचास प्रतिशत से ऊपर रही है। पंजाबी, गुजराती और सिंधी के लिए यह प्रतिशत कुछ ज्यादा ही रहा। अचरज की बात यह है कि दक्षिण भारत की भाषाओं में भी दस-पन्द्रह प्रतिशत सम्प्रेषणीयता मिल गयी। अर्थात् ऐसी लिप्यंतरित पंक्तियाँ जिनका अर्थ बिना अनूदित पाठ देखे स्वतः स्पष्ट हो गया। **मलयालम** : (1) मेघावृत माणाका शम/तथागत! तिरमालक लाल सागरम। एन दुःख निवारकत्तिनेताणोरू मार्गम? (बादलों से घिरा है आकाश/लहरों से सागर/ तथागत!/ क्या है मेरे दुख निरोध का मार्ग?)। (2) धन कामनयो, मरण मयमो, जनकन वृद्धन, जननियों जंजर, प्रियतम रोगग्रस्त, (3) राजपथ मातिरि अनंत वीथिमुटे/अत्पूर्व आनंद नित्रिवम। **तमिल** : तरुणि! पुण्यपुरुषुलु स्त्रीलनु एडबापिने पूर्वजन्मुन मनमु (हे उर्मिला! पूर्वजन्म में हमने किहीं पुण्य पुरुषों को, स्त्रियों से अलग किया होगा) यहाँ यह भी उल्लेखनीय है कि कुछ स्थलों पर एक-दो भाषिक इकाइयों को यदि अनुवाद से समझ लिया जाये तो पूरा लिप्यंतरित अंश बोधगम्य हो जाता है।

यह तो मानी हुई बात है कि तमाम व्यवहार्य और राष्ट्रीय कार्यों के लिए यदि इन तमाम लिपियों के स्थान पर देवनागरी का उपयोग होने लगे तो यह एक भारी प्रगति होगी। कई जगह इसकी चर्चा हुई है कि अगर हिन्दीतर प्रान्तों की बसों पर, रेलवे स्टेशनों पर, दुकानों, होटलों, सड़कों पर जन-सूचनाएँ देवनागरी में लिखी हों तो परस्पर एकता की भावना कितनी पुष्ट हो सकती है। महाराष्ट्र और गोवा में 'जेवण तयार आहे', 'चालू चा', 'गणेश औषधालय' जैसे बोर्ड देवनागरी लिपि जानने वाले को अपनेपन से भर देते हैं। तिलक ने इस अपनेपन को परवान चढ़ाने के लिए

ही पाँचवीं कक्षा तक सभी प्रान्तों के बच्चों को देवनागरी लिपि अनिवार्यतः सिखाने का प्रस्ताव रखा था। व्यक्ति, स्थान, सड़कों, दुकानों, होटलों, रास्तों, गलियों के नाम देश के कोने-कोने में देवनागरी में हों तो राष्ट्रीय अस्मिता के लिए किसी नारे की जरूरत शायद ही कभी हमें पड़े।

ईश्वर चन्द्र विद्यासागर, शारदा चरण मित्र, विनोबा भावे और गाँधी ने पूरे देश के लिए एक सामान्य लिपि अपनाने की अपील अपने हृदय की अतल गहराइयों से की थी। महावीर प्रसाद द्विवेदी की यह उद्घोषणा कि 'हिन्दी ही हमारी जातीय भाषा और देवनागरी ही हमारी जातीय लिपि है' राष्ट्रीय एवं भावात्मक एकता का सपना देखने वालों के दिल की आवाज है। इसी सपने को यथार्थ में ढालने के लिए तिलक ने सभी भारतीय भाषाओं से यह अनुरोध किया कि वे 'राष्ट्रीय एकता के यज्ञ में देवनागरी को अपना कर अपना योगदान दें।' समन्वित राष्ट्र की संकल्पना को समन्वित लिपि के माध्यम से प्रत्यक्ष बनाना इन सभी महानुभावों का परम लक्ष्य था।

उर्दू-हिन्दी की एकता हो जाती तो सम्भवतः देश का विभाजन रुक सकता था। हिन्दी-उर्दू का प्रश्न भी मूलतः लिपि के प्रश्न से ही जुड़ा हुआ है। रमजान अली कादरी ने यह मानने में संकोच नहीं किया कि देवनागरी ही एक ऐसी लिपि है जो एशिया को और कम-से-कम हिन्दुस्तान को एक धागे में बाँधने की ताकत रखती है। नूरुल हसन ने भी यह बात पुरजोर ढंग से कही कि राष्ट्रीय एकता और भाईचारा स्थापित करने का काम सिर्फ और सिर्फ देवनागरी ही कर सकती है। सैयद अली बिलग्रामी ने तो निधड़क हो कर यह भी लिखा है कि 'फारसी अक्षरों में, थोड़ा बहुत लिखना-पढ़ना आने में, दो वर्ष लग जाते हैं, परन्तु देवनागरी लिपि में हिन्दी पढ़ने-लिखने के लिए तीन महीने बस हैं।'

देवनागरी लिपि सब दृष्टियों से उपयुक्त बन सके, इसके लिए स्वतन्त्रता के बाद कई प्रयत्न किये गये। राजभाषा हिन्दी के लिए 'राष्ट्रीय लिपि' अथवा 'अखिल भारतवर्षीय लिपि' देवनागरी होगी, यह घोषणा भारतीय संविधान के अनुच्छेद 343 में की गयी है। देवनागरी लिपि में सभी भारतीय भाषाएँ अपनी कुछ ध्वन्यात्मक विशेषताओं के साथ उतर सकें इसके लिए हिन्दी की वर्तनी और वर्णमाला का मानक रूप विकसित किया गया। इस मानक रूप को दोषमुक्त बनाने के लिए देवनागरी में उपयुक्त प्रतीकों या चिह्नों का समावेश भी किया गया है (परिवर्धित देवनागरी : केन्द्रीय हिन्दी निदेशालय, नई दिल्ली)। मराठी, गुजराती, असमिया, बंगला, पंजाबी और उड़िया में लिपिग्राम हिन्दी लिपिग्रामों के समान हैं अतः इनके लिए अक्षरशः लिप्यंतरण को पर्याप्त माना गया पर एक-दो विशेष चिह्नक भी दिये गये। तमिल, कन्नड़, मलयालम, तेलुगु, कश्मीरी और सिंधी भाषाओं में देवनागरी से भिन्न या

अतिरिक्त लिपिग्राम हैं अतः इन ध्वनियों के लिए कुछ विशेष संकेत-चिह्न अपनाये गये–

**परिवर्धित देवनागरी वर्णमाला**

**स्वर** : अ आ इ ई उ ऊ ऋ ए ऐ

**मात्राएँ** : ा ि ी ु ू ृ े ै

**स्वर** : ओ औ अं अः

**मात्राएँ** : ो ौ ं ः

**व्यंजन** : क ख ग घ ङ

च छ ज झ ञ

ट ठ ड ढ ण ड़ ढ़

त थ द ध न

प फ ब भ म

य र ल व ळ

श ष स ह

**संयुक्त व्यंजन** : क्ष त्र ज्ञ श्र

**हल चिह्न** : ्

**विशेष चिह्न**

**स्वर**

(i) ह्रस्व ए और ओ ए ओ

मात्राएँ - ो

(ii) कश्मीरी के विशिष्ट उ उ अ आ अ आ

स्वर

मात्राएँ ु ू ा ो ै ौ

**व्यंजन** : (i) कश्मीरी चवर्ग च़ छ़

(ii) सिंधी अन्तः सफोटी व्यंजन ग ज ड ब

(iii) तमिल और मलयालम ऴ ष

(iv) बंगला-असमिया य़

(v) दक्षिण भारतीय भाषाओं

के 'ऱ्' का कठोर

उच्चारण ऱ

(vi) तमिल, मलयालय () ऩ

(vii) फारसी-अरबी, अंग्रेजी से ग्रहीत स्वन

क़ ख़ ग़ ज़ झ़ फ़

(viii) उर्दू और () अ़

स्थिति के अनुसार आ (आ़दत),

अि़ (अि़बादत)

ओ़ (ओ़ढ), अु (अुमर)

अ़ै (अ़ैब), औ (औरत) आदि

एक लिपि और एक भाषा होने से सब प्रकार लाभ ही लाभ है; हानि नहीं। इस यथार्थ को बहुविध सामने रखने के बावजूद संशयी मनों में कुछ प्रश्न भी खड़े होते रहे हैं। इसमें से तीन प्रश्नों की गूँज एक सदी पहले भी सुनी गयी और इनके उत्तर भी दिये गये—तर्क के साथ, प्रमाणों के साथ और राष्ट्रीय सम्वेदना के साथ। एक प्रश्न जो बार-बार सर उठाता रहा कि राष्ट्रलिपि देवनागरी के व्यवहार में आने के बाद क्या अन्य लिपियाँ क्रमशः लुप्त नहीं हो जाएँगी? यह उसी तरह का बचकाना प्रश्न है कि राजभाषा हिन्दी के क्रियान्वयन से क्या अन्य भारतीय भाषाएँ दब नहीं जाएँगी? इसका उत्तर यह दिया गया कि लिपि बदलने से भाषा नहीं बदलती। एक ही भाषा एकाधिक लिपियों को अपना सकती है और एक ही लिपि एकाधिक भाषाओं के अंकन का माध्यम बन सकती है। दुनिया में इन दोनों ही स्थितियों के अनेक उदाहरण मौजूद हैं। भारत में ही सिंधी, पंजाबी और 'हिन्दुस्तानी' भी एकाधिक लिपियों में लिखी जाती रही हैं तो दूसरी तरफ संस्कृत, मराठी, नेपाली, हिन्दी देवनागरी को अपनाती हैं। सबसे बड़ी बात यह है कि 'एक लिपि' का प्रयोग भाषाओं के बीच की अनावश्यक दूरी को खत्म करता है। अजनबीपन को पहचान में बदलता है। इसकी तो जरूरत ही नहीं कि लोग अपनी-अपनी लिपियों को बिल्कुल भूल जायँ या उनमें कोई पुस्तक ही न लिखें। देश-व्यापक लिपि के लिए केवल इतना ही आवश्यक है कि विस्तीर्ण व्यवहार के स्तर पर उसका प्रयोग करना चाहिए।

दूसरा प्रश्न कि प्रान्तीय लिपियों में लिखे विपुल साहित्य का क्या होगा? का सरल उत्तर यही है कि लिपि परिवर्तन या राष्ट्रीय लिपि को स्वीकारने का तात्पर्य अन्य लिपियों के प्रयोग या उनमें मौलिक लेखन पर अंकुश लगाना नहीं है। तीसरा प्रश्न कि जब भाषा को लेकर पहले से ही अलगाव की भावना है तो लिपि का एक नया आन्दोलन क्यों अंकुरित किया जाए? के उत्तर में मदन गोपाल (1959), जगन्नाथन (1966), जोगलेकर (1966), विनोबा भावे (1974) के विचारों पर दृष्टिपात किया जा सकता है। भारत में भाषा या लिपि का प्रश्न संवेदनशील बनता

रहा है। पर यह भी एक हकीकत है कि बहुभाषी कई राष्ट्रों ने एक भाषा और एक लिपि को अपनाने की नीति का पालन किया है और ऐसा करने से उन देशों की अन्य भाषाओं और लिपियों का भी आशातीत विकास हुआ है। उर्दू का साहित्य देवनागरी में आने से लेखन में फारसी का चलन खत्म नहीं हो गया बल्कि उर्दू साहित्य को अखिल भारतीय स्वीकृति मिली। किसी भी स्वाभिमानी राष्ट्र के लिए एक प्रामाणिक लिपि चाहिए ही चाहिए। अपनी प्रान्तीय संकीर्णताओं को त्याग कर ही हम ऐसा कर सकते हैं। क्षुद्र सीमाओं को तोड़े बिना असीम का वरण नहीं हो सकता। हर भारतीय तथा प्रत्येक भारतीय भाषा का यह कर्तव्य बनता है कि वह उन सभी रास्तों का अवलंबन करे जो एकता की स्थापना में सहायक हो सकते हैं। राष्ट्रलिपि का रास्ता एक ऐसा ही रास्ता है।

द्विवेदी युग में रोमन लिपि को आगे बढ़ा कर देवनागरी तथा अन्य भारतीय लिपियों को गौरवहीन करने की जबरदस्त साजिश चली थी। द्विवेदी जी ने शंका जाहिर की थी कि 'रोमन लिपि के आक्रमण का सूत्रपात हो रहा है।' अंग्रेज़ी और रोमन लिपि की श्रेष्ठता का भ्रम भारत के पढ़े-लिखे, नौकरीपेशा मध्यवर्ग के भीतर ब्रिटिश साम्राज्य ने इस तरह बो दिया था कि राष्ट्रीय, जातीय और सामाजिक पहचान का उसका अपना विवेक धूमिल और कुंद पड़ गया था। आज फिर हम इस आक्रमण के रूबरू हैं। रोमन लिपि में हिन्दी जोर-शोर से लिखी जा रही है। बाजारवाद का दबाव और संचार माध्यमों के दानव हिन्दी के रोमनीकरण की प्रवृत्ति को बढ़ावा दे रहे हैं। कहीं पढ़ा था कि 'कला और बूढ़ा चाँद' को आकाशवाणी से 'काला और भूरा चाँद' उद्घोषित किया गया। 'नया ज्ञानोदय' के ताज़ा अंक के सम्पादकीय में प्रभाकर श्रोत्रिय ने हिन्दी के बढ़ते रोमनीकरण पर चिन्ता जताई है। नयी पीढ़ी को भाषा, संस्कृतिविहीन करने के बाद लिपि-विहीन करने का षड्यन्त्र जारी है। अशोका, बुद्धा, रामा, वाली पीढ़ी उरोज पर है। द्विवेदी जी ने देवनागरी को 'हीरा' और रोमन को 'कांच' कहते हुए टिप्पणी की थी 'यह लिपि कोहेनूर हीरा है; अनमोल रत्न है। इसे छोड़कर हमको काँच से क्यों तृप्त होना चाहिए,' पर उनकी आज सुनने वाला कौन है।

देवनागरी उत्तर दक्षिण की लिपियों के बीच ही नहीं, आर्य और द्रविड़ भाषा-परिवारों के बीच भी सेतु बन सकती है। इनके व्याकरणिक भेदों का भ्रम अब टूट चुका है। लिपि की एकता इनकी आन्तरिक समानता को भी स्वर देगी। जब सभी भाषाएँ अपने भाषा और साहित्य के विकास को देवनागरी से जोड़ कर देखने लगेंगी, जब हम सब देवनागरी के विकास को राष्ट्रीय विकास का पर्याय मानने लगेंगे और जब पूरा राष्ट्र तथा उसके हर प्रान्त के लोग राष्ट्रीय एकता को अपनी अन्य आकांक्षाओं से अधिक महत्त्व देने लगेंगे तो 'राष्ट्रलिपि देवनागरी' का सपना हकीकत

बनेगा ही बनेगा। एक सदी बाद हम सब पुनः आइए, आचार्य महावीर प्रसाद द्विवेदी के इस आशावादी स्वर को दुहराएँ और कुछ संकल्प भी लें क्योंकि 'सर्व' में कहीं 'हम' भी शामिल हैं—

**कल्याणि! नागरि! तो विनती सुनीजै।**
**माता! दयावति! दय न कमी करीजे।**
**हूजै अधीर जनि, यद्यपि होति देरी**
**सेवा अवश्य करि हैं, अब सर्व तेरी।**

# हिन्दी भाषाविज्ञान के विकास में महिलाओं का योगदान

भारतीय चिन्तन में नारी-शक्ति का बहु आयामी चित्रण हुआ है। उसकी शक्ति का समवेत स्वर बराबर हमें सुनाई देता है, चाहे किसी काल विशेष की सामाजिक रूढ़ियों ने उसे कितना ही पीछे ढकेलने का प्रयास क्यों न किया हो। बीसवीं शताब्दी के प्रारम्भिक चरण में नारी अपने समस्त बन्धनों को तोड़ती हुई सामने आयी और इस शताब्दी के उत्तरार्द्ध में उसका स्वर बड़ी शिद्दत से सुनाई देने लगा।

सदी के प्रारम्भ में घर की चारदीवारी में सहमी-सकुचायी नारी स्वतन्त्रता संग्राम में पहली बार अपने घर के और मन के सभी दरवाज़े खोल कर निकल पड़ी और सामूहिक स्तर पर उसने अपने अस्तित्व, अपनी मौजूदगी और अपनी दृढ़ता का अहसास करवाया। सरोजिनी नायडू, दुर्गाबाई देशमुख, राजकुमारी अमृतकौर, दुर्गा भाभी, अरुणा आसफ़ अली के माध्यम से आम औरत ने स्त्री-शक्ति का सार्वजनिक प्रदर्शन किया, जिसे सबने पहचाना और सराहा।

सदी का उत्तरार्द्ध इस पहचान को व्यापक क्षेत्रों तक स्थापित करता है। स्त्री को इस सदी के प्रारम्भ में शिक्षा के जो अवसर मिले उसका भरपूर लाभ उच्च और मध्य वर्गीय महिलाओं ने उठाया। इन सुशिक्षित महिलाओं ने ज्ञान, सृजन और चिन्तन के क्षेत्र में नये-नये क्षितिज तलाशे और उन्हें छूने का साहस दिखाया। राजनीति हो या साहित्य, व्यापार हो या समाज सेवा, फिल्म हो या पत्रकारिता, फैशन हो या संस्कृति, कलाएँ हो या भाषा महिलाओं की सजग प्रतिभागिता आज हर तरफ दिखाई दे रही है।

हिन्दी साहित्य और भाषा के क्षेत्र में भी महिलाओं की विशिष्ट मेधा ने अलग और विशिष्ट रचनाएँ दी हैं। साहित्य के क्षेत्र में बंग महिला से लेकर महादेवी वर्मा और सुभद्रा कुमारी चौहान तक, मन्नू भण्डारी, उषा प्रियंवदा, दीप्ति खण्डेलवाल से लेकर ममता कालिया, सूर्यबाला, मेहरुन्निसा परवेज़ और मैत्रेयी पुष्पा, अलका सरावगी, कात्यायनी, अनामिका तक नारी प्रतिभा की एक अटूट श्रृंखला है, जिसकी

संवेदना भी और जिसका सामाजिक दृष्टिकोण भी अपने समकालीन पुरुष रचनाकारों से नितान्त अलग और नारी गरिमा को उकेरने वाला है।

हिन्दी भाषा विज्ञान के क्षेत्र में भी महिला भाषावैज्ञानिकों और भाषा के प्रति जागरूक दृष्टि रखनेवाली महिलाओं का योगदान उल्लेखनीय है। सामान्य रूप से यह धारणा है कि भाषा विश्लेषण और भाषाविज्ञान सम्बन्धी अध्ययन नीरस, गणनाओं पर आधारित और शुष्क होते हैं। यह भी धारणा है कि भाषा और साहित्य के बीच कोई सीधा सम्बन्ध नहीं है। इसीलिए सर्जक साहित्यकार भाषावैज्ञानिक अध्ययनों से अपने को काट कर रखने का प्रयास करता है और भाषावैज्ञानिक सृजनात्मक साहित्य के अध्ययन से बचने का। ऐसी परिस्थिति में भी विदुषी महिलाएँ भाषावैज्ञानिक अध्ययन की ओर प्रवृत्त हुईं। यह बात कम महत्त्वपूर्ण नहीं है कि भारत के विभिन्न विश्वविद्यालयों के हिन्दी साहित्य विभागों में हिन्दी भाषा और भाषावैज्ञानिक चिन्तन पर केन्द्रित अनेक शोध प्रबन्ध महिलाओं ने ही प्रस्तुत किये हैं।

भाषाविज्ञान का सन्दर्भ और क्षेत्र पाँचवें-छठे दशक में बहुत तेज़ी से बदला और विकसित हुआ है। आधुनिक भाषाविज्ञान मात्र भाषावैज्ञानिक सिद्धान्तों तथा भाषा के व्याकरणिक विश्लेषण तक ही सीमित नहीं रह गया है। आज भाषा को पूर्णतः समाज-सापेक्ष स्वीकार कर लिया गया है। इसके साथ ही भाषा के सामाजिक दायित्वों ने अनुप्रयुक्त भाषाविज्ञान के अन्तर्गत उसकी अनेक शाखाओं को चिन्तन की गहरी पृष्ठभूमि के साथ ला खड़ा किया है। अनुप्रयुक्त भाषाविज्ञान भाषा सिद्धान्तों के अनुप्रयोग से सम्बन्धित ज्ञान-क्षेत्र है जहाँ विविध ज्ञान क्षेत्र इससे सम्बद्ध होते हैं और तब इसकी अनेक शाखाएँ जैसे समाज-भाषाविज्ञान, मनोभाषाविज्ञान, शैलीविज्ञान, भाषा शिक्षण, कोश विज्ञान, अनुवाद विज्ञान आदि अपने सार्थक और वैज्ञानिक रूप में एक भाषावैज्ञानिक पीठिका के साथ प्रस्तुत होती हैं।

महिला भाषावैज्ञानिकों ने हिन्दी भाषा को केन्द्र में रखकर इन सभी दिशाओं में गम्भीर अध्ययन प्रस्तुत करके अपनी प्रतिभा का परिचय दिया है। कई महिलाओं ने एकाधिक क्षेत्र में अपनी लेखनी चलाई है। हिन्दी भाषाविज्ञान के विकास में महिलाओं के इस योगदान को रेखांकित करने के लिए प्रस्तुत अध्ययन में हमने कुछ वर्गीकरण किये है, जिससे कि उनके इस योगदान को सम्पूर्णता में देखा जा सके और उनके कार्यों का आकलन और विवेचन किया जा सके—

## 1. महिला भाषावैज्ञानिकों का वर्गीकरण

मूलतः इस अध्ययन में भारतीय महिलाओं के योगदान को ही रेखांकित किया गया

है। वैसे हिन्दी भाषा और उसके अनुप्रयुक्त पक्षों पर अनेक विदेशी महिलाओं ने भी बहुत महत्त्वपूर्ण कार्य किये हैं। भारतीय महिला भाषावैज्ञानिकों के दो वर्ग बनाये जा सकते हैं–

(क) जिनका आवास भारत में है और (ख) जो विदेश में हैं।

भारत में रहनेवाली महिला भाषावैज्ञानिकों ने निरन्तर महत्त्वपूर्ण कार्य करते हुए हिन्दी भाषाविज्ञान की दिशा में होनेवाले हर परिवर्तन को अपने लेखन द्वारा रेखांकित किया है तथा यह सिद्ध किया है कि उनकी मेधा पुरुष भाषावैज्ञानिकों की तुलना में किसी भी स्तर पर कम नहीं है। इनमें से कुछ प्रमुख महिला भाषावैज्ञानिकों का संक्षिप्त परिचय एवं उनके प्रमुख कार्य का विवरण इस तथ्य की पुष्टि करेगा :

**1. प्रो. बी. लक्ष्मी बाई** : लक्ष्मी बाई उस्मानिया विश्वविद्यालय के भाषाविज्ञान विभाग में वरिष्ठ प्रोफ़ेसर के पद पर कार्यरत थीं। इनका प्रमुख कार्य हिन्दी व्याकरण पर केन्द्रित है। आठवें दशक में फिलमोर द्वारा प्रस्तावित 'केस ग्रामर' के परिप्रेक्ष्य में हिन्दी व्याकरण की कारक व्यवस्था को केन्द्र में रखकर इन्होंने कार्नेल विश्वविद्यालय से पी-एच.डी. की उपाधि (1971) प्राप्त की। इसी पक्ष को उद्घाटित करते हुए इन्होंने केन्द्रीय हिन्दी संस्थान, आगरा में व्याख्यान दिये जो 1974 में पुस्तकाकार रूप में 'हिन्दी का कारक व्याकरण' नाम से प्रकाशित हुआ। प्रो. लक्ष्मी बाई ने हिन्दी की व्याकरणिक संरचना के विविध पक्षों पर अंग्रेज़ी में कई आलेख लिखे हैं जिन्हें अन्तर्राष्ट्रीय स्तर पर सराहना मिली है। संप्रति वे ट्रिपल आई टी, हैदराबाद की व्याकरण परियोजना में कार्य कर रही हैं।

**2. डॉ. सुधा कालरा** : डॉ. कालरा दिल्ली के मॉडर्न कॉलेज में हिन्दी प्राध्यापिका थीं। अल्पायु में ही इनका निधन हो गया। इनकी रुचि का प्रमुख क्षेत्र हिन्दी व्याकरण था। सातवें दशक में समाजभाषावैज्ञानिक भाषा अध्ययन के विकास के परिप्रेक्ष्य में इन्होंने हिन्दी व्याकरण के कुछ पक्षों पर हिन्दी भाषा समाज की प्रकृति के सन्दर्भ में भी अध्ययन प्रस्तुत किये। डॉ. सुधा कालरा ने अपना सम्पूर्ण लेखन हिन्दी में ही किया है। इनके अनेक आलेख और कुछ पुस्तकें भी हिन्दी में प्रकाशित हैं।

**3. डॉ. अन्विता अब्बी** : डॉ. अब्बी जवाहर लाल नेहरू विश्वविद्यालय, नयी दिल्ली के अंग्रेज़ी एवं भाषाविज्ञान विभाग में प्रोफ़ेसर के पद पर कार्यरत हैं। वे प्रसिद्ध हिन्दी कवि श्री भारत भूषण अग्रवाल की पुत्री हैं। हिन्दी भाषा के विभिन्न अनछुए संरचनात्मक पक्षों पर इन्होंने जो कार्य किया है वह सटीक उदाहरणों एवं तार्किक प्रस्तुति के कारण अतुलनीय बन गया है। इनका प्रमुख कार्य हिन्दी की विभिन्न भाषिक इकाइयों में पुनरुक्ति के विवेचन से सम्बन्धित है। प्रमुख भारतीय भाषाओं

में पुनरुक्ति रचना को लेकर इनकी अंग्रेज़ी में प्रकाशित पुस्तक ने भाषाविज्ञान के क्षेत्र में सभी का ध्यान आकर्षित किया है। हिन्दी के समाज भाषावैज्ञानिक सन्दर्भों को भी इन्होंने अपने कई आलेखों में उभारा है। 'अर्थ' पर इनकी गहरी दृष्टि ने इन्हें अनुप्रयुक्त भाषाविज्ञान के विविध क्षेत्रों में भी कार्य करने की प्रेरणा दी है। इनका अधिकांश लेखन अंग्रेज़ी भाषा में है, पर इनके विश्लेषण की सामग्री हिन्दी भाषा है।

**4. डॉ. किरण बाला** : इनका प्रिय विषय शैलीविज्ञान रहा है। आपने दिल्ली विश्वविद्यालय से एम.ए., पीएच.डी. की और स्वतन्त्र लेखन करती रहीं। डॉ. किरण बाला प्रसिद्ध भाषावैज्ञानिक और हिन्दी भाषाविज्ञान के प्रमुख हस्ताक्षर डॉ. भोलानाथ तिवारी की पुत्री हैं। शैलीविज्ञान भी आधुनिक पृष्ठभूमि में इन्होंने तुलसी की भाषा के शैलीवैज्ञानिक विश्लेषण पर जो कार्य लगभग बीस वर्ष पहले किया था, वह आज भी महत्त्वपूर्ण है और इनकी विश्लेषण क्षमता तथा अभिव्यक्ति के भावात्मक पक्ष पर इनकी गहरी पकड़ को प्रतिबिंबित करता है। तुलसी की भाषा को विवेचित करनेवाली इनकी दो पुस्तकें भी प्रकाशित हैं।

**5. डॉ. उषा सिंहल** : डॉ. उषा सिंहल ने एक सफल गृहिणी की भूमिका निभाते हुए अपनी रचनात्मक साध पूरी की है। आप कुरुक्षेत्र विश्वविद्यालय में संस्कृत, पालि एवं प्राकृत विभाग में प्रवक्ता हैं। भाषाविज्ञान में इन्होंने स्नातकोत्तर डिप्लोमा केन्द्रीय हिन्दी संस्थान दिल्ली (1975) तथा दिल्ली विश्वविद्यालय (1977) से प्राप्त किये। इनकी रुचि के प्रमुख क्षेत्र शैलीविज्ञान और भाषा-शिक्षण रहे हैं। शैलीविज्ञान पर इनकी एक बहुत ही महत्त्वपूर्ण पुस्तक 1983 में प्रकाशित हुई। उस समय तक शैलीवैज्ञानिक आलोचना की दृष्टि मूलतः हिन्दी कविताओं तथा गौणतः कथा साहित्य पर ही केंद्रित थी। उषा सिंहल ने पहली बार प्रसाद के प्रसिद्ध नाटक 'स्कन्दगुप्त' का शैलीवैज्ञानिक विश्लेषण इस पुस्तक में प्रस्तुत किया। इस पुस्तक की भूमिका लिखते हुए हिन्दी में शैलीविज्ञान के प्रवर्तक भाषाविद् रवीन्द्रनाथ श्रीवास्तव ने लिखा था कि "अभी तक हिन्दी के किसी नाटक विशेष का सुचिंतित शैलीवैज्ञानिक अध्ययन नहीं हुआ है। इस कमी को न केवल यह पुस्तक पूरा करती है बल्कि 'नाटक' के सन्दर्भ में सन्देश और अभिव्यक्ति के बीच भाषा में पाये जाने वाले गत्यात्मक सम्बन्धों की प्रकृति पर भी प्रकाश डालती है।" उषा जी के कई लेख भी प्रकाशित हैं।

**6. लक्ष्मी कुट्टी अम्मा** : दक्षिण भारतीय हिन्दी प्रेमी के रूप में लक्ष्मी कुट्टी अम्मा की दृष्टि हिन्दीतर भाषाभाषी हिन्दी शिक्षार्थी की हिन्दी भाषा अधिगम से सम्बन्धित समस्याओं की ओर रही है। उनके कार्य का महत्त्व राष्ट्रभाषा के रूप में हिन्दी के प्रचार-प्रसार से जुड़ने के कारण भी है और द्वितीय भाषा के रूप में हिन्दी

व्याकरण शिक्षण को संप्रेषणपरक बनाने की दृष्टि से भी उनके लेखन की भूमिका महत्त्वपूर्ण हो जाती है। उनके अनेक लेख 'भाषा', 'गवेषणा' जैसी प्रतिष्ठित पत्रिकाओं में निरन्तर छपते रहे हैं। सरल हिन्दी में मूल समस्याओं पर केन्द्रित उनके आलेख प्रभावशाली भी हैं और हिन्दी भाषा के प्रति उनकी कोमल भावनाओं से ओत-प्रोत भी।

**7. उषा माथुर** : छठें-सातवें दशक में खड़ीबोली के स्वरूप को भारतेन्दु युग के परिप्रेक्ष्य में, विशेषकर भारतेन्दु की रचनाओं को केन्द्र में रख कर उषा माथुर ने एक बहुत ही महत्वपूर्ण कार्य किया है। लखनऊ विश्वविद्यालय से 'भारतेन्दु की खड़ीबोली का भाषा विश्लेषण' विषय पर पीएच.डी. (1967) की उपाधि प्राप्त करने के बाद इसी विषय से सम्बद्ध पक्षों पर उनके कई आलेख स्तरीय शोध-पत्रों में प्रकाशित हुए। लखनऊ विश्वविद्यालय से ही डी.लिट्. (1978) की उपाधि के लिए प्रस्तुत उनके शोध प्रबन्ध 'भारतेन्दु पूर्व खड़ीबोली का भाषा विश्लेषण' ने मानक हिन्दी के विकास क्रम को समझने की जो दृष्टि हमें दी है वह उषा जी की विवेचनात्मक दक्षता का स्वतः प्रमाण है।

**8. राजेश्वरी शांडिल्य** : भोजपुरी बोली के महत्त्व कौ रेखांकित करने तथा हिन्दी भाषा के विकास में भोजपुरी के योगदान को विवेचित करने का राजेश्वरी जी ने महत्त्वपूर्ण कार्य किया है। लोकजीवन तथा लोक भाषा के महत्त्व और भोजपुरी के मानकीकरण पर उनका तथ्यपरक लेखन सराहनीय है। 'सदानीरा' नामक उनके लेखों का संकलन उनकी बहुआयामी चिन्तन प्रक्रिया को उद्घाटित करता है। अखिल भारतीय भोजपुरी परिषद, लखनऊ द्वारा प्रकाशित 'भोजपुरी लोक' मासिक की वे प्रधान सम्पादिका हैं।

**9. डॉ. गार्गी गुप्त** : अनुवाद चिन्तन को भारतीय सन्दर्भ में नये-नये धरातल प्रदान करने में डॉ. गार्गी गुप्त की भूमिका महत्त्वपूर्ण है। अनुवाद के विविध आयामों पर उन्होंने गहराई से सोचा और उस पर एक वैचारिक माहौल तैयार किया है। भारतीय अनुवाद परिषद द्वारा प्रकाशित प्रतिष्ठित पत्रिका 'अनुवाद' के माध्यम से उन्होंने न केवल देश-विदेश के साहित्य को हिन्दी माध्यम से पाठकों के सामने लाने का प्रयास किया, बल्कि अनुवाद के सन्दर्भ में आनेवाली विविध समस्याओं पर भी खुली चर्चा करवाई। 'अनुवाद' के अनेक विशेषांक उनकी सम्पादकीय प्रतिभा के द्योतक हैं। अब वे हमारे बीच नहीं हैं पर अनुवाद अध्ययन की दिशा में उनका योगदान सदैव याद किया जाता रहेगा।

**10. डॉ. रीतारानी पालीवाल** : अनुवाद के धरातल को व्यावहारिक सन्दर्भों में विवेचित करते हुए डॉ. रीतारानी पालीवाल ने उल्लेखनीय कार्य किया है।

आधुनिक उद्देश्यों एवं सामाजिक दायित्वों को हिन्दी भाषा अनुवाद के माध्यम से कैसे पूरा कर रही है, इस प्रश्न पर उन्होंने महत्त्वपूर्ण पुस्तक लिखी है : अनुवाद की सामाजिक भूमिका। इस पुस्तक में इन्होंने अनुवाद के उन कतिपय कर्म उल्लिखित पक्षों को छूने का प्रयास किया है जिन पर लिखित रूप में कुछ छिटपुट लेख ही प्राप्त हैं। संप्रति वे इंदिरा गाँधी राष्ट्रीय मुक्त विश्वविद्यालय में प्रोफेसर के पद पर कार्यरत हैं।

इनके साथ ही विदेश में प्रवासी भारतीय के रूप में रह रही भारतीय महिलाओं ने भी हिन्दी भाषा के अध्ययन-विवेचन पर व्यापक कार्य किया है। इन महिला भाषावैज्ञानिकों का विवेचनात्मक धरातल अत्यन्त गहरा तथा अधुनातन भाषावैज्ञानिक सिद्धान्तों, मॉडलों से सम्बद्ध है। ये सभी महिलाएँ हिन्दी भाषा के शिक्षण-अध्यापन से सम्बद्ध हैं। हिन्दी भाषा की संरचनात्मक व्याख्या इन्होंने भाषिक इकाइयों के प्रत्येक स्तर पर की है। इन सभी महिला भाषाविदों ने अनुप्रयुक्त भाषाविज्ञान के विविध पक्षों पर उच्च स्तरीय लेखन किया है। कुछ ने विदेशी भाषाओं में हिन्दी के महत्त्वपूर्ण साहित्य का अनुवाद प्रस्तुत किया है तो कुछ ने विदेशी अध्येताओं के लिए हिन्दी शिक्षण के लिए प्रयोजनमूलक सामग्री निर्मित की है। कहने की आवश्यकता नहीं कि इन महिलाओं के कार्य को विदेशों में ही नहीं, भारत में भी मान्यता, ख्याति एवं स्वीकृति मिली है। इनमें से प्रमुख हैं :

**1. यमुना काचरू** : यमुना जी छठे दशक से निरन्तर शोध कार्य में संलग्न हैं। वे इलिनॉय विश्वविद्यालय (अमरीका) के भाषाविज्ञान विभाग में प्रोफेसर थीं। वैसे तो उनका प्रमुख कार्य हिन्दी भाषा पर ही केन्द्रित है पर उनकी दृष्टि दक्षिण-एशिया के भाषा परिदृश्य पर भी निरन्तर रही है। हिन्दी व्याकरण की सूक्ष्मतम पड़ताल में यमुना जी का कार्य अप्रतिम है। अंग्रेज़ी में ऑसपेक्ट्स ऑफ हिन्दी ग्रामर (1980) तथा हिन्दी में 'हिन्दी का समसामयिक व्याकरण' (1975) पुस्तकें उनकी इस अतुलनीय मेधा और विश्लेषण क्षमता का प्रमाण हैं। इनके अतिरिक्त हिन्दी भाषा के सरंचनात्मक प्रश्नों पर उनके अनेक लेख देश-विदेश की शोध पत्रिकाओं में प्रकाशित हैं। यमुना जी ने कोशविज्ञान, भाषा शिक्षण, समाज भाषाविज्ञान के सन्दर्भ में भी हिन्दी भाषा की प्रमुख समस्याओं का अवलोकन अपने कई लेखों में किया है। हिन्दी शिक्षण के एक स्तर के लिए उन्होंने 'इंटरमीडियट हिन्दी' (1981) पुस्तक भी डॉ. राजेश्वरी पंढरीपांडे के साथ तैयार की है।

**2. राजेश्वरी पंढरीपांडे** : राजेश्वरी जी भी अमरीका के इलिनॉय विश्वविद्यालय के भाषाविज्ञान विभाग से सम्बद्ध हैं। हिन्दी भाषा के व्याकरणिक विश्लेषण में उनकी विशेष रुचि है। इसके साथ ही उन्होंने हिन्दी-मराठी व्याकरण के व्यतिरेकी विश्लेषण पर भी अनेक विवेचनात्मक आलेख लिखे हैं। समाज भाषावैज्ञानिक चिन्तन की

आधुनिक धुरी से अपने को जोड़ते हुए भी उन्होंने अनेक शोध-लेख लिखे हैं।

**3. विजय गम्भीर** : आप अमरीका के प्राचीन एवं प्रतिष्ठित पेंसिल्वेनिया विश्वविद्यालय के हिन्दी कार्यक्रम से सम्बद्ध हैं। विजय जी ने हिन्दी में भी आलेख लिखे हैं। इनकी मूल दृष्टि हिन्दी के शैक्षिक व्याकरण पर रही है। अतः इन्होंने 'लगना' क्रिया पर भी लिखा है और हिन्दी के समाजभाषावैज्ञानिक या सम्प्रेषणपरक व्याकरण पर भी।

**4. शीला वर्मा** : शीला जी अमरीका के विसकॉन्सिन विश्वविद्यालय के हिन्दी कार्यक्रम से सम्बद्ध हैं। इनकी पुस्तक 'मगही भाषा की क्रिया संरचना का भाषावैज्ञानिक अध्ययन' अपने ढंग की अनूठी पुस्तक है जो एककालिक बोली विज्ञान के वैचारिक पक्ष को व्यावहारिक जामा पहनाती है। शीला जी ने मिशिगन विश्वविद्यालय (ऐन आर्बर) से भाषाविज्ञान में एम.ए. किया तथा पटना विश्वविद्यालय से पीएच.डी. उपाधि प्राप्त की। इसके साथ ही हिन्दी शिक्षण के लिए इनकी पुस्तक 'इंटरमीडिएट हिन्दी' अपने में एक उत्कृष्ट शैक्षिक व्याकरण तैयार करने का प्रयास है जिसमें इन्होंने हिन्दी के अध्यापन में विविध प्रकार की सामग्री (साहित्येतर) को स्थान देते हुए उस आवश्यकता की पूर्ति की है जो हिन्दी के विदेशी अध्येता की प्राथमिक आवश्यकता बनता जा रहा है।

**5. निकोल बलबीर** : श्रीमती बलबीर मूलतः फ्राँसीसी महिला हैं पर एक भारतीय से वैवाहिक बंधन में बँध कर तथा भारत के प्रति उनके अगाध प्रेम ने उन्हें पूर्णतः भारतीय बना दिया है। वे वर्षों तक इनाल्को (1976-1992), पेरिस की निर्देशिका रहीं। 'मैनुअल द हिन्दी ए ला यूसेज' (दो खण्ड) उनकी महत्त्वपूर्ण पुस्तक है जिसमें फ्रेंच भाषाभाषी शिक्षार्थियों को फ्रेंच भाषा के माध्यम से हिन्दी शिक्षण के बिन्दुओं को भाषा शिक्षण की अधुनातन पद्धतियों के सन्दर्भ में प्रस्तुत किया गया है। आपने हिन्दी-फ्रेंच कोश का निर्माण भी किया है तथा टैगोर (चित्रा), तक षिपिल्लई (चेम्मीन), भैरव प्रसाद गुप्त (गंगा मैया), महाभोज (मन्नू भण्डारी) आदि का फ्रांसीसी भाषा में अनुवाद भी किया है। हिन्दी भाषा, शैली, मानक हिन्दी, हिन्दी प्रयोग पर इनके अनेक लेख अंग्रेज़ी व फ्रांसीसी भाषा में प्रकाशित हैं। डॉ. निकोल बलबीर ने हिन्दी साहित्य के मध्यकालीन वैभव को ही नहीं 'प्रेमसागर' जैसे ग्रन्थ को भी खंगाल कर अपने अध्ययन को बहुआयामी बनाया है। हिन्दी-उर्दू-हिन्दुस्तानी के भेद एवं ऐक्य पर इन्होंने हिन्दी में भी लिखा है।

## 2. विषय क्षेत्र के आधार पर वर्गीकरण

आधुनिक भाषाविज्ञान के जिन विविध क्षेत्रों पर, हिन्दी भाषा के जिन पक्षों पर तथा

अनुप्रयुक्त भाषाविज्ञान की जिन शाखाओं पर महिला भाषावैज्ञानिकों ने कार्य किया है उन्हें विषय क्षेत्र के आधार पर इस प्रकार वर्गीकृत किया जा सकता है :

(क) ऐतिहासिक भाषाविज्ञान

(ख) हिन्दी व्याकरण

(ग) शैलीविज्ञान

(घ) समाज भाषाविज्ञान

(च) भाषा शिक्षण

(छ) अनुवाद

(ज) व्यतिरेकी भाषाविज्ञान

(झ) कोश विज्ञान

इन विषय क्षेत्रों में महिला भाषावैज्ञानिकों ने जो कार्य किये हैं वे भिन्न रूपों में हमारे सामने आते हैं :

पहले विवेचित विषयवार वर्गीकरण को केन्द्र में रखकर महिला भाषा वैज्ञानिकों के कुछ महत्त्वपूर्ण कार्यों को रेखांकित किया जा सकता है। विस्तृत विवरण तीसरे बिन्दु के विवेचन के समय दिये जाएँगे जहाँ ऊपर परिचय के अन्तर्गत आयी महिलाओं के साथ उन अनेक महिलाओं के हिन्दी भाषाविज्ञान के विकास में योगदान का परिचय भी मिलेगा जिन्होंने शोध उपाधि के माध्यम से तथा छिटपुट लेखों के माध्यम से महत्त्वपूर्ण कार्य इस क्षेत्र में किया है। प्रमुख क्षेत्रों के उल्लेखनीय कार्य प्रतिनिधि रूप में इस प्रकार हैं :

## (क) ऐतिहासिक भाषाविज्ञान

- ❖ उन्नीसवीं शताब्दी में भारत में हुए भारतीय आर्य भाषा सम्बन्धी कार्यों का सर्वेक्षण (शारदा सिंह—शोध प्रबन्ध, 1968, बनारस हिन्दू विश्वविद्यालय)।
- ❖ जॉर्ज अब्राहम ग्रियर्सन और बिहारी भाषा साहित्य (आशा गुप्त, 1970 आत्माराम एंड संस : दिल्ली)।
- ❖ सत्रहवीं शताब्दी में खड़ी बोली का भाषावैज्ञानिक अध्ययन : संत कवियों के आधार पर (आशा गुप्त, शोध प्रबन्ध, 1974, इलाहाबाद विश्वविद्यालय)।

## (ख) हिन्दी व्याकरण

- ❖ हिन्दी व्याकरण—एच. सरस्वती अम्मा, 1966, नेशनल : दिल्ली।
- ❖ हिन्दी वाक्य विन्यास—सुधा कालरा, 1971, लोकभारती : इलाहाबाद
- ❖ हिन्दी का कारक व्याकरण—बी. लक्ष्मीबाई, 1990, केन्द्रीय हिन्दी संस्थान :

आगरा।
- सीमेंटिक ग्रामर ऑफ हिन्दी : ए स्टडी इन रीडुप्लीकेशन–अन्विता अब्बी, बाहरी पब्लिकेशंस : दिल्ली।
- आसपेक्ट्स ऑफ हिन्दी ग्रामर–यमुना काचरू, 1980, मनोहर पब्लिकेशंस : दिल्ली।
- ऑसपेक्ट्स ऑफ हिन्दी फोनेलॉजी–मंजरी ओहाला, बाहरी पब्लिकेशंस : दिल्ली।
- हिन्दी क्रियापदों का विवरणात्मक एवं ऐतिहासिक अध्ययन–उर्मिला मिश्र, 1977, शोध प्रबन्ध, पटना विश्वविद्यालय।
- हिन्दी वाक्य रचना का सम्बन्धपरक अध्ययन–डॉ. चित्रा, 1989, कलिंग प्रकाशन : दिल्ली।


## (ग) शैलीविज्ञान

- तुलसी की भाषा का शैलीवैज्ञानिक अध्ययन–किरण बाला, 1978, अलंकार प्रकाशन : दिल्ली।
- तुलसी की भाषा का व्याकरण–किरण बाला, 1978, अलंकार प्रकाशन : दिल्ली।
- शैलीविज्ञान और नाटक–उषा सिंहल, पीतांबर पब्लिशिंग कम्पनी : दिल्ली।
- तुलसीकृत गीतावली का भाषाशास्त्रीय अध्ययन–सरोजिनी शर्मा, 1979, शोध प्रबन्ध, राजस्थान विश्वविद्यालय, जयपुर।
- हिन्दी में अभिव्यक्ति के भावात्मक और प्रभावात्मक उपादान–किरण रानी, 1971, शोध प्रबन्ध, इलाहाबाद विश्वविद्यालय।
- द प्रासेस ऑफ क्रिएटिविटी : हिन्दी–मराठी, 1982 (लेख) राजेश्वरी पंढरीपांडे।
- लैंग्वेज वेरिएशन इन हिन्दी पोएट्री : इंप्लीकेशंस फॉर स्टाइलिस्टिक एनालिसिस, 1982 (लेख), यमुना काचरू।


## (घ) समाज भाषाविज्ञान

- भाषा सम्पर्क सिद्धान्त के सन्दर्भ में हिन्दी में ग्रहीत प्रभाव–उषा निगम, 1975, शोध प्रबन्ध, लखनऊ विश्वविद्यालय।
- सम आसपेक्ट्स ऑफ हिन्दी-इंग्लिश कोड-मिक्सिंग एण्ड कोड-स्विचिंग–इरा पण्डित, 1983, बाहरी पब्लिकेशंस : दिल्ली।
- हिन्दी भाषा की सामाजिक भूमिका–मुकुल प्रियदर्शिनी (भोलानाथ तिवारी के

साथ), 1984, नेशनल : दिल्ली।

- 'हिन्दी आप'—सुधा कालरा, 1969 (लेख), भाषा : 8
- मुरादाबाद जिले के स्थान नामों का भाषावैज्ञानिक अध्ययन—उषा चौधरी, 1967, शोध प्रबन्ध, लखनऊ विश्वविद्यालय।

## (च) भाषा शिक्षण

- हिन्दी शिक्षण—उषा सिंह, 1977, पीतांबर पब्लिशिंग कम्पनी : दिल्ली।
- इंटरमीडिएट हिन्दी—यमुना काचरू और राजेश्वरी पंढरीपांडे, 1981, इलिनॉय विश्वविद्यालय, अमरीका।
- इंटरमीडिएट हिन्दी—उषा नेल्सन, मनींद्र के. वर्मा, रमेश गौड़, 1967, विस्कांसिन विश्वविद्यालय, अमरीका।
- हिन्दी का व्याकरण शिक्षण—लक्ष्मी कुट्टी अम्मा, 1969, भाषा : 8
- लैंग्वेज टीचिंग : मेथड्स एण्ड प्रॉबल्म्स, 1980 (लेख), राजेश्वरी पंढरीपांडे।

## (छ) अनुवाद

- अनुवाद चिन्तन के सैद्धान्तिक आयाम : गार्गी गुप्त (ओम प्रकाश सिंहल के साथ), 1991, भारतीय अनुवाद परिषद : दिल्ली।
- बैंकों में अनुवाद प्रविधि : सीता कुंचितपादम।
- अनुवाद : सिद्धान्त और व्यवहार—मंजुला दास।
- अनुवाद : मूल्य और मूल्यांकन—शशि मुदिराज, 1988, रुचिर प्रकाशन : नागपुर।
- अनुवाद प्रक्रिया—रीतारानी पालीवाल, 1982, साहित्य निधि : दिल्ली।
- अनुवाद सूक्तियाँ—गार्गी गुप्त (कुसुम अग्रवाल के साथ), 1984, भारतीय अनुवाद परिषद : दिल्ली।
- अनुवाद की सामाजिक भूमिका—रीतारानी पालीवाल, 1991, सचिन प्रकाशन : दिल्ली।

## (ज) व्यतिरेकी भाषाविज्ञान

- हिन्दी तथा पंजाबी मुहावरों का तुलनात्मक अध्ययन—पुष्पलता अवस्थी, 1974, शोध प्रबन्ध, कुरुक्षेत्र विश्वविद्यालय।
- हिन्दी और कन्नड़ की वाक्य संरचना का तुलनात्मक अध्ययन—के. गिरिजा बाई, 1972, केन्द्रीय हिन्दी संस्थान : आगरा।

- मलयालम भाषियों की हिन्दी वर्तनी विषयक त्रुटियों का विश्लेषणात्मक अध्ययन–एन. मनोरमा, केन्द्रीय हिन्दी संस्थान : आगरा।
- भोजपुरी और हिन्दी सर्वनामों का व्यतिरेकी अध्ययन–मंजु गुप्ता, 1979, आलेख प्रकाशन : दिल्ली।

## (झ) कोश विज्ञान

- Towards a bilingual dictionary of idioms : Hindi-English, यमुना काचरू, 1982
- हिन्दी-फ्रांसीसी कोश–निकोल बलबीर (जे.के.बलबीर के साथ), 1992, ल एसियाथिक : पेरिस।
- डिक्शनरी ऑफ लिटरेचर–निकोल बलबीर, 1994, पी यू एफ : पेरिस।

## 3. लेखन विधि का वर्गीकरण

(क) शोध प्रबन्ध–(भारत और विश्व के विभिन्न विश्वविद्यालयों में एम.फिल. तथा पी-एच.डी. उपाधि के लिए प्रस्तुत)

(ख) आलेख–(भिन्न शोध-पत्रिकाओं तथा सम्पादित पुस्तकों में प्रकाशित)

(ग) पुस्तक–

ऊपर दो स्तरों पर किया गया आकलन यह स्पष्ट करता है कि महिला भाषाचिन्तकों ने हिन्दी भाषा को केन्द्र में रखकर सैद्धान्तिक एवं अनुप्रयुक्त भाषाविज्ञान की भिन्न दिशाओं एवं शाखाओं में कार्य किया है। वे कार्य शोध प्रबन्ध, आलेख और पुस्तकों के रूप में प्रकाश में आये हैं। इन तीनों ही रूपों में उल्लेखनीय कार्यों की सूची यहाँ दी जा रही है–यह सूची अपने में पूर्ण है, यह दावा नहीं किया जा सकता। स्थान और विस्तार की सीमा के कारण अधिकांश सन्दर्भों के साथ मात्र शीर्षक दिये जा रहे हैं क्योंकि इस आकलन का उद्देश्य सन्दर्भ ग्रंथ सूची उपलब्ध कराना न होकर यह देखना है कि महिला भाषा वैज्ञानिकों ने हिन्दी भाषा के कितने वैविध्यपूर्ण पक्षों पर कितना बहुमुखी व बहुआयामी अध्ययन, विवेचन और विश्लेषण प्रस्तुत किया है। जिन कार्यों को पहले दिया जा चुका है, उनके दुहराव से यहाँ बचा गया है। यह सूची तीनों रूपों के लिए संकेत चिह्नों का उपयोग करते हुए बनाई गयी है–(क) शोध प्रबन्ध, (ख) लेख और (ग) पुस्तक। इनका संकेत शीर्षक के सामने कोष्ठक में किया गया है–

1. हिन्दी भाषा, व्याकरण और साहित्य को पाश्चात्य विद्वानों की देन–कौशल्या गिडवानी, 1969, विक्रम विश्वविद्यालय।–(क)

2. हिन्दी में शब्द और अर्थ का मनोवैज्ञानिक आधार–उमा माडवेल, 1960, बनारस हिन्दू विश्वविद्यालय।–(क)
3. भारतेन्दु की ब्रजभाषा–सुधा शर्मा, 1973, लखनऊ विश्वविद्यालय।–(क)
4. वर्तनी, कुछ समस्याएँ और सुझाव–कुसुम लता मेहरा, भाषा : 2, 1962–(ख)
5. नाउन प्ल्यूरलाइजेशन इन हिन्दी–सुधा कालरा, 1976, (लैंग्वेज फोरम)–(ख)
6. हिन्दी की प्रेरणार्थक क्रियाएँ–सुधा कालरा, 1973 (भाषा, हिन्दी भाषाविज्ञान अंक)–(ख)
7. द साइकोलिंग्विस्टिक सेटिंग ऑफ फंक्शनल हिन्दी–तिलोत्तमा दासवानी, 1975 (प्रयोजनमूलक हिन्दी, केन्द्रीय हिन्दी संस्थान, आगरा)–(ख)
8. पैसिव सेंटिन्सेज़ इन हिन्दी–ल़क्ष्मी बाई, 1974–(ख)
9. मॉडल ऑग्ज़िलरीज़ इन हिन्दी–लक्ष्मी बाई, 1978–(ख)
10. द फॉर्म्स एण्ड फंक्शन्स ऑफ कोड मिक्सिंग इन हिन्दी फ़िल्म्स–ज्योत्स्ना वैद, 1980, (इंडियन लिंग्विस्टिक्स)–(ख)
11. फॉर्म्स ऑफ एड्रेस एण्ड टर्म्स ऑफ रिफ़रेंस इन हिन्दी–अन्विता अब्बी, 1982–(ख)
12. राष्ट्रभाषा हिन्दी : महत्त्व और अहिन्दी भाषियों को हिन्दी शिक्षण के कुछ सुझाव–लक्ष्मी कुट्टी अम्मा, 1976 (गवेषणा)–(ख)
13. हिन्दीतर प्रदेश की माध्यमिक शालाओं में हिन्दी शिक्षण की समस्याएँ और समाधान–लक्ष्मी कुट्टी अम्मा, 1966 (भाषा : 6)–(ख)
14. हिन्दी भाषा और नागरी लिपि–स्वर्णलता अग्रवाल, 1954, किताब महल, इलाहाबाद–(ग)
15. फ़ोनोलाजिकल फ़ीचर्स ऑफ हिन्दी स्टाप्स–मंजरी ओहाला, 1979, साउथ एशियन लैंग्वेल एनालिसिस-1–(ख)
16. नेज़ल्स एण्ड नेज़लाइज़ेशन इन हिन्दी–मंजरी ओहाला, 1975, स्टैनफ़ोर्ड लैंग्वेज युनिवर्सल्स प्रोजेक्ट–(ख)
17. द प्रॉबलम्स ऑफ ऐस्पिरेशन इन हिन्दी फोनेटिक्स–मंजरी ओहाला (जॉन ओहाला के साथ) 1972, यूनिवर्सिटी ऑफ टोकियो–(ख)
18. टॉपिक्स इन हिन्दी-उर्दू फोनोलॉजी–मंजरी ओहाला, 1972, यू सी एल ए–(क)
19. क्या हिन्दी की प्रगति संतोषजनक है? - सुधा चौहान, 1974, भाषा-18–(ख)
20. हिन्दी के प्रश्नवाचक वाक्य–डॉ. चित्रा, 1987–(क)
21. रिडुप्लीकेटेड एडवर्ब्स इन हिन्दी–अन्विता अब्बी, 1977, इंडियन

लिंग्विस्टिक्स—38—(ख)

22. को-ऑर्डिनेशन इन हिन्दी—अन्विता अब्बी, 1979, लैंग्वेज फोरम-5—(ख)
23. ट्रान्ज़िटिविटी इन हिन्दी—राजेश्वरी पंढरीपांडे, 1981—(ख)
24. सिनटैक्स एण्ड सिमेंटिक्स ऑफ द पैसिव कंसट्रक्शन इन सेलेक्टेड साउथ एशियन लैंग्वेज़ेज—राजेश्वरी पंढरीपांडे, 1981 (इलिनॉय विश्वविद्यालय)—(क)
25. स्टडीज़ इन हिन्दी लिंग्विस्टिक्स—यमुना काचरू (ब्रज काचरू के साथ), 1968—(ग)
26. सिंटेक्टिक रिस्ट्रिक्शंस एण्ड डिसकोर्स फंक्शंस ऑफ वर्ड ऑर्डर इन स्टैंडर्ड हिन्दी—विजय गम्भीर, 1981, पेंसिल्वेनिया विश्वविद्यालय—(क)
27. ए फ़ोनोलॉजिकल एण्ड सिमेंटिक स्टडी ऑफ हिन्दी लोन वर्ड्स इन तेलुग—बी. अनुराधा, 1969, वेंकटेश्वर विश्वविद्यालय—(क)
28. सम आसपेक्ट्स ऑफ हिन्दी—इंग्लिश कोड मिक्सिंग एण्ड कोड स्विचिंग - राजेश्वरी पंढरीपाण्डे, 1978, यॉर्क विश्वविद्यालय—(क)
29. लैंग्वेज कांटेक्ट एण्ड लैंग्वेज चेंज—राजेश्वरी पंढरीपाण्डे, 1980—(ख)
30. हिन्दी के कृदंत विशेषण पद—यमुना काचरू, 1973—(ख)
31. ऑ रिलेटिव क्लॉज़ फ़ॉर्मेशन इन हिन्दी-उर्दू—यमुना काचरू, 1978—(ख)
32. सदानीरा—राजेश्वरी शांडिल्य, 1993, अ.भा. भोजपुरी परिषद, लखनऊ—(ग)
33. नॉमिनल कांप्लीमेंट कंसट्रक्शन इन हिन्दी—यमुना काचरू, 1969, केंद्रीय हिन्दी संस्थान, आगरा—(ख)
34. प्रोक्ति : संरचना, स्वरूप और शैली—इंदु शीतांशु, 1989, प्रतिभा प्रकाशन, होशियारपुर—(ग)
35. हिन्दी के पूर्वकालिक कृदंत—यमुना काचरू, 1986—(ख)
36. स्वनिम विज्ञान और हिन्दी की स्वनिम व्यवस्था—शारदा भसीन, 1983, आर्य बुक डिपो : दिल्ली—(ग)
37. सामान्य भाषाविज्ञान—वैश्ना नारंग, 1981, प्रकाशन संस्थान : दिल्ली—(ग)
38. हिन्दी स्वन विज्ञान में महाप्रणत्व की समस्या—मंजरी और जॉन ओहाला, 1973, भाषा—(ख)
39. हिन्दी का समसामायिक व्याकरण—यमुना काचरू, 1979, मैकमिलन : दिल्ली—ग)
40. व्यावहारिक हिन्दी भाषाविज्ञान—शारदा भसीन, 1988, मनीषा प्रकाशन : दिल्ली—(ग)
41. हिन्दी रूपांतरणात्मक व्याकरण के कुछ प्रकरण—यमुना काचरू, 1973,

केन्द्रीय हिन्दी संस्थान, आगरा–(ग)

42. शुद्धिपरक हिन्दी शिक्षण–शारदा भसीन, 1988, मनीषा प्रकाशन : दिल्ली–(ग)
43. कारक सिद्धान्त–बी. लक्ष्मी बाई, 1973, भाषा–(ख)
44. भाषा अधिगम–मनोरमा गुप्त, 1984, केन्द्रीय हिन्दी संस्थान, आगरा–(ग)
45. मनोभाषाविज्ञान : एक परिचय, 1992, पुष्पा श्रीवास्तव, केन्द्रीय हिन्दी संस्थान, आगरा–(ग)
46. प्रयोजनमूलक हिन्दी व्याकरण–शारदा भसीन (रवींद्रनाथ श्रीवास्तव के साथ), 1993, केन्द्रीय हिन्दी संस्थान, आगरा–(ग)
47. हिन्दी-तेलुगु : व्याकरणिक संरचना–शकुंतलम्मा, 1988, केन्द्रीय हिन्दी संस्थान, आगरा–(ग)
48. प्राकृतिक भाषा संसाधन–वशिनी शर्मा (रवींद्रनाथ श्रीवास्तव के लेख का अनुवाद), 1995, गवेषणा–(ख)
49. प्रयोजनमूलक हिन्दी : विविध आयाम–मंजु गुप्ता, 1995, गवेषणा–(ख)
50. फ़र्स्ट पर्सन प्रोनॉमिनल्स इन हिन्दी : फ़ॉर्मल एंड सोशियो–डॉयनेमिक एनालिसिस–विजय गम्भीर, 1996, पर्सपेक्टिव ऑन लैंग्वेज इन सोसाइटी–एस के वर्मा, दिलीप सिंह (सं.) में–(ख)
51. द मॉडर्नाइज़ेशन ऑफ हिन्दी–निकोल बलबीर, 1996, पर्सपेक्टिव ऑन लैंग्वेज इन सोसाइटी–एस.के.वर्मा, दिलीप सिंह (सं.) में–(ख)
52. डोंट किल माई मदर (टंग) अगेंस्ट एक्सेसिव स्टैंडर्डाइजेशन–अन्विता अब्बी, 1996, पर्सपेक्टिव ऑन लैंग्वेज इन सोसाइटी–एस.के.वर्मा, दिलीप सिंह (सं.) में–(ख)

# हिन्दी भाषा का सामाजिक सन्दर्भ

समाज भाषाविज्ञान : सैद्धान्तिक परिप्रेक्ष्य–एक

समाज भाषाविज्ञान : सैद्धान्तिक परिप्रेक्ष्य–दो

भाषा प्रयोग की दिशा–एक

भाषा प्रयोग की दिशा–दो

# समाज भाषाविज्ञान : सैद्धान्तिक परिप्रेक्ष्य–एक

संरचनात्मक व्याकरण वस्तुतः भाषाविज्ञान के वैज्ञानिक पक्ष का पहला चरण माना जा सकता है। यह चरण विश्लेषणात्मक पद्धति से सम्बद्ध था जिसे एक तरफ़ हैरिस ने संक्रियात्मक तकनीक (ऑपरेशनल टेकनिक) से सम्बद्ध किया और दूसरी तरफ लैंगेकर ने संधान पद्धति (डिस्कवरी प्रोसीजर) से जोड़ा।

इस बात को तथ्य के रूप में स्वीकार किया जा सकता है कि संरचनात्मक व्याकरण कई दृष्टियों में परम्परावादी भाषाचिन्तन से भिन्न था। परम्परावादी व्याकरण की सीमाओं से परिचित, संरचनात्मक दृष्टिकोण को मानने वाले इन भाषाविज्ञानियों ने निम्नलिखित उद्देश्यों को अपने सामने रखा :

1. भाषा के मौखिक रूप की प्रधानता,
2. (क) भाषा तथ्य के स्थान पर भाषा रूप का अध्ययन,
   (भाषावैविध्य अथवा अर्थ को इन्होंने गौण महत्त्व दिया)
   (ख) 'पेरोल' के स्थान पर 'लांग' को अध्ययन वस्तु बनाना।
   (ग) अर्थ को गौण स्तर पर रखना।
3. पद्धति को वैज्ञानिक बनाने की माँग–जिसका उद्देश्य अज्ञात था बहुत कम परिचित भाषा को समझना, उसका व्याकरण लिखना (इस कार्य की प्रामाणिकता के लिए शर्तें थीं कि विवरण व्यवस्थाबद्ध और वस्तुपरक हो और भाषाविवरण की पद्धति यांत्रिक हो), इस पूरी प्रक्रिया को उन्होंने चार अलग-अलग क्रमों में बाँटा :
   (क) अध्ययन के लिए चुनी गयी भाषा का फील्ड रिकार्डिंग से प्राप्त तथ्य-सामग्री (कार्पस/डाटा) के अनुरूप अध्ययन।
   (ख) उक्ति या उच्चारण का खंडीकरण (सेगमेंटेशन ऑफ़ दि अट्टरेंसेज)
   (ग) रूपों का संकलन (लिस्टिंग ऑफ ऐन इन्वेंटरी ऑफ फ़ॉर्म्स)
   (घ) रूपों एवं उच्चारणों का वर्गीकरण (क्लासीफ़ाइंग दि फ़ॉर्म्स एंड अट्टरेन्सेज)

उपर्युक्त उद्देश्यों की विवेचना भी यहाँ आवश्यक लगती है। भाषा के मौखिक रूप (भाषा व्यवहार) की विविधता एवं वास्तविकता के द्वारा ही 'भाषा व्यवस्था' की स्थिति निश्चित करना संरचनावादी धारा का प्रथम उद्देश्य था। यही कारण था कि भाषा व्यवहार, जो कि बहुरूपी होता है, की सार्थकता 'भाषा व्यवस्था को व्यंजित करने' के क्षेत्र तक ही सीमित होकर रह गयी। इस यांत्रिक पद्धति ने 'भाषा व्यवस्था' और 'भाषा व्यवहार' के बीच की द्वन्द्वात्मक स्थिति की पहले ही उपेक्षा कर दी फिर 'भाषा व्यवस्था' की सत्ता इन्होंने स्वतन्त्र स्वीकार की और जिसको 'भाषा व्यवहार' से या कहें समाज और व्यक्ति के जीवन्त सम्बन्धों से अलग करते हुए 'भाषा व्यवहार' की विविधता को 'बेमानी' और 'अविवेच्य वस्तु' की संज्ञा से अभिहित किया। यद्यपि इस धारा के अधिकांश विद्वान भाषा विकास की इसी चिन्तनधारा से प्रभावित थे परन्तु सभी भाषा वैविध्य की प्रकृति से अपरिचित नहीं थे और वे भाषा की संस्थागत यथार्थता और उसके दबाव को स्वीकार भी करते थे। उनका विचार था कि किसी व्यक्ति की भाषा विभिन्न समयों पर समान नहीं होती और यह विभिन्नता भाषा के इतिहास में मुख्य भूमिका निभाती है। भाषा विज्ञानी इनका सूक्ष्म विश्लेषण करने के लिए बाध्य है, परन्तु वैज्ञानिक तथ्य प्राप्त करने के लिए वह इनकी उपेक्षा भी करता है।

उपर्युक्त कथन से ज्ञात होता है कि ब्लूमफ़ील्ड भाषा विविधता को भाषाविकास के लिए अनिवार्य और अपरिहार्य रूप में स्वीकार करते हैं, परन्तु वैज्ञानिक अनुसंधान के लिए वह इसे वस्तुतः सारहीन ठहराते हैं।

यह भी ध्यान देने की बात है कि इस धारा ने 'पेरोल' (भाषा व्यवहार) के स्थान पर 'लांग' (भाषा व्यवस्था) को ही अपने अध्ययन की वस्तु के रूप में स्वीकार किया। यद्यपि त्रुबेत्स्कोय ने सार्थक इकाइयों के प्रभेदक अभिलक्षणों (डिस्टिंक्टिव फ़ीचर्स) की सामाजिक अर्थवत्ता की बात उठाई थी परन्तु इस सम्प्रदाय ने भाषा की इस अर्थवत्ता को स्वीकार नहीं किया क्योंकि वह 'भाषा' को सामाजिक वस्तु न मानकर, स्वायत्त प्राकृतिक इकाई के रूप में स्वीकार करता है। सस्यूर ने भी भाषा व्यवस्था और उसकी इकाइयों को माध्यम मुक्त करने की बात की थी परन्तु इकाइयों और उनके बीच के सम्बन्धों से संदर्भित सामाजिक अर्थवत्ता की उपेक्षा उन्होंने कदापि नहीं की थी। इस धारा ने 'क्यों' और 'कैसे' के प्रश्नों से अपने को तटस्थ बना लिया और भाषा को समाजनिरपेक्ष बना दिया।

बोधात्मक प्रतीति के रूप में भाषा व्यवस्था व्यक्ति के अज्ञात मन के धरातल पर रहती है, अतः यह सहज रूप में परीक्षण योग्य नहीं है। इसलिए यह माना गया कि भाषा-सम्बन्धी सभी सूचनाएँ तथ्यसामग्री से ही प्राप्त की जाएँ। इस तकनीक

के विकास एवं परिष्कार पर इसीलिए विशेष बल भी दिया गया। इस पद्धति की चरम परिणति हैरिस की पुस्तक 'स्ट्रक्चरल लिंग्विस्टिक्स' (संरचनावादी भाषाविज्ञान) में देखी जा सकती है, जिसमें इस पद्धति के द्वारा व्यतिरेकी युग्मों की स्थापना, संधान पद्धति के द्वारा भाषिक इकाइयों की खोज और उनके वर्गीकरण और वितरण के माध्यम से सम्बन्धों के पता लगाते रहने को ही वैज्ञानिकता की अन्तिम कसौटी माना गया है। इस पुस्तक में 'रूपांतरण' एवं वाक्यबन्ध प्रोक्ति की बात भी की गयी हे पर उस समय भी पद्धति रूपवादी एवं यांत्रिक प्रक्रिया से मुक्त नहीं हो सकी।

इस धारा की प्रमुख विशेषताओं के सन्दर्भ में कहा जा सकता है कि इसने 'भाषा व्यवस्था' और 'भाषा व्यवहार' के अन्तर को मान्यता नहीं दी, भाषा की विश्लेषणगम्यता के लिए उसे समाजनिरपेक्ष व मानवतटस्थ बनाकर उसे तथ्य-सामग्री सापेक्ष बना दिया, विश्लेषण के लिए आवश्यक सूचनाओं को तथ्यसामग्री तक सीमित कर वितरण के रूपवादी फ्रेम को स्वीकार करके भाषिक अर्थ एवं सामाजिक अर्थवत्ता की उपेक्षा कर दी, संधान पद्धति को प्राथमिकता देने के कारण भाषा विवरण को 'वर्गकारी' (टेक्सानोमिक क्लासीफ़िकेटरी) के रूप में स्वीकार किया। इसीलिए यह 'टेक्सानोमिक' भी कहलाया। सामाजिक संस्थान की अपेक्षा भाषातथ्य का आग्रह किया जिसके कारण शैलीपरिवर्तन की यथार्थता को वैज्ञानिक विश्लेषण के लिए अवांछनीय और सारहीन माना।

भाषाविज्ञान की दूसरी क्रांति चॉम्स्की के 'सिंटेक्टिक स्ट्रक्चर' पुस्तक के साथ जुड़ी है जो उनकी अन्य पुस्तक 'ऐस्पेक्ट्स टू दि थ्योरी ऑफ सिंटेक्स' से होती हुई 'रिफ्लेक्शन्स ऑन लैंग्वेज' के सिद्धान्त रूप में प्रचलित है। चॉम्स्की की इस चिन्तनधारा पर ध्यान देने से यह स्पष्ट होता है कि चॉम्स्की ने अपनी पूर्ववर्ती दार्शनिक चिन्तनधारा की धारणाओं का विरोध किया और भाषा अधिगम के लिए मानवमन की सहजात वृत्ति को सामने रखा जो संरचनावादी धारा के विरुद्ध था। उन्होंने रूपान्तरण सिद्धान्त एवं सार्वभौमिक व्याकरण की संकल्पना को प्रस्तुत किया। चॉम्स्की का यह सिद्धान्त मानव को मात्र जैविक इकाई मानता है और सामाजिक एवं सम्प्रेषणपरक अभिलक्षणों को अपने में समाहित करने से इनकार करता है। अपने सिद्धान्त को और पुष्ट करने के लिए चॉम्स्की ने सस्यूर की 'लांग' और 'पेरोल' की संकल्पना के समानान्तर भाषिक क्षमता और भाषिक व्यवहार की संकल्पना को सामने रखा। परन्तु चॉम्स्की का सिद्धान्त सामाजिक अर्थवत्ता को भाषाविज्ञान के लिए सारहीन समझता है और भाषाभेद को भाषाविकार के रूप में देखता है। इस प्रकार चॉम्स्की ने भाषा की नियमव्यवस्था को समाज की नियमव्यवस्था से अलग कर अध्ययन किया। चॉम्स्की ने क्षमता और व्यवहार में भी अन्तर किया

है। चॉम्स्की दक्षता के स्रोत को मनुष्य के भीतर ही निहित मानते हैं इसीलिए वे भाषा के सामाजिक प्रयोग को आदर्श स्तर से नीचा मानते हैं।

चॉम्स्की के रूपान्तरण सिद्धान्त की यह मान्यता है कि भाषाविज्ञान का लक्ष्य सार्वभौमिक व्याकरण की खोज है, जिसके द्वारा मानव मन की भाषिक क्षमता पर प्रकाश पड़े और व्यावहारिक लक्ष्य है, कथ्य और अभिव्यक्ति के अन्तःसम्बन्धों की छानबीन।

सस्यूर के 'लांग' और 'पेरोल' की भाँति उन्होंने भी दो संकल्पनाएँ—भाषिक क्षमता और भाषिक व्यवहार—सामने रखीं। जिस तरह सस्यूर ने 'लांग' को ही केवल भाषावैज्ञानिक अध्ययन का क्षेत्र माना था, वैसे ही चॉम्स्की ने क्षमता को ही आधारभूत सामग्री के लक्ष्य के रूप में देखा। व्यवहार उनके मत में 'रद्दी की टोकरी की वस्तु' के समान था। इस दृष्टि से भाषा व्यवहार अथवा भाषा व्यवहार को नियन्त्रित करने वाले भाषाई सन्दर्भ भाषा की आभ्यंतर संरचना को विद्रूप बनाते हैं और व्यक्ति की भाषाई आदर्श क्षमता को दूषित करते हैं।

इसके विपरीत समाज भाषाविज्ञान यह मानकर चलता है कि भाषा एक सामाजिक वस्तु है जो क्षमता और व्यवहार के घात-प्रतिघात से जीवंत और स्पंदित बनती है। इस मत के अनुसार भाषा सहजात नहीं होती है और इसलिए उसे केवल मानव मन की जैविक प्रकृति के रूप में परिभाषित भी नहीं किया जा सकता। वह तो मानव मन की आभ्यन्तर संरचना और बाह्य यथार्थ के सामाजिक-सांस्कृतिक चेतना के अन्तर्द्वन्द्व से उद्भूत और विकसित होने के कारण अनिवार्यतः विषमरूपी होने के लिए बाध्य है।

समाज भाषाविज्ञान भाषा को न तो उसके प्रयोग की सामाजिक संप्रेषण की स्थितियों से काटकर देखता है और न भाषाई व्यवहार के महत्त्व को स्थगित ही करता है। वह मनुष्य को उसकी सम्पूर्णता में देखने का समर्थक है और यह मानकर चलता है कि भाषा मनुष्य के समाजीकरण का एक समर्थ माध्यम है।

रवीन्द्रनाथ श्रीवास्तव (1976) ने अपने लेख में समाज भाषाविज्ञान के निम्नलिखित मुख्य लक्षण बताये हैं जो सभी समाज भाषाविज्ञान के विद्वानों में असंदिग्ध रूप से मान्य हैं—

(1) केवल 'समाजशास्त्र' और भाषाविज्ञान के अवमिश्रण के परिणामस्वरूप ही 'समाज भाषाविज्ञान' का जन्म नहीं हुआ है। समाज भाषाविज्ञान का उद्देश्य भी सामाजिक व्यवस्था और भाषिक व्यवस्था की सहसंकल्पना पर प्रकाश डालना ही नहीं है, अपितु वह यह मानकर चलता है कि भाषा, समाजसापेक्ष प्रतीक व्यवस्था है और सामाजिक तथ्य उसकी प्रकृति में ही अन्तर्भुक्त रहते

हैं। प्रतीकीकरण की प्रक्रिया एक ओर उसके बाह्य वातावरण और दूसरी ओर मनुष्य और समाज के अन्तःसम्बन्धों की अनिवार्यता से संयुक्त रहती है इसीलिए लेबाव समाज भाषाविज्ञान को भाषाविज्ञान से अलग कोई वस्तु मानने से इनकार करते हैं।

(2) भाषिक क्षमता की चर्चा तब तक अधूरी है जब तक कि उसे मनुष्य की अन्य बोधात्मक सामर्थ्य से जोड़कर न देखा जाए। जिस तरह मनुष्य के किसी व्याकरण सम्मत वाक्य के निर्माण की क्षमता उसके सम्प्रेषण सामर्थ्य के केन्द्र में रहती है ठीक उसी प्रकार सामाजिक सन्दर्भों में उचित भाषाप्रयोग (भाषावैविध्य) की क्षमता भी उसमें रहती है जिसके द्वारा वह परिस्थिति, वक्ता, श्रोता, विषय वस्तु को ध्यान में रखते हुए भाषा प्रयोग करता है। इसलिए आवश्यक हो जाता है कि भाषिक क्षमता को संकुचित दायरे से निकालकर भाषाव्यवहार के बृहत्तर दायरे तक ले जाया जाए, जैसा कि हाइम्स (1981) की मान्यता है कि भाषा व्यवस्था सम्बन्धी क्षमता तो व्यापक संप्रेषण क्षमता का केवल एक अंश है।

(3) संप्रेषण क्षमता की संकल्पना के साथ ही सामाजिक और समग्र (टोटल) मानव की धारणा जुड़ी हुई है। तब यह आवश्यक हो जाता है कि संप्रेषण क्षमता का विस्तार इस सीमा तक किया जाए कि उसके भीतर कोड और शैलीपरिवर्तन की भाषिक दक्षता भी समाहित हो जाए।

सस्यूर ने भाषा को प्रतीकों की व्यवस्था कहकर उसे एक स्वायत्त इकाई माना था लेकिन सम्प्रेषण व्यापार की अन्य व्यवस्थाओं से आन्तरिक स्तर पर जुड़े होने के कारण इसके 'स्वायत्त' होने की स्थिति को पूर्णतः स्वीकार करने की स्थिति अब नहीं है क्योंकि अब सम्प्रेषण व्यवस्था को केवल समाजसापेक्ष ही न मानकर सामाजिक व्यापार की अनिवार्य आवश्यकता के रूप में देखने का आग्रह बढ़ रहा है। और इस समय किसी भी भाषा को सम्पूर्ण सम्प्रेषण व्यवस्था के सन्दर्भ में देखने के लिए भाषाभाषी समाज को इकाई मानकर देखना अधिक आवश्यक एवं सार्थक माना जाता है।

चूँकि भाषा प्रयोजनसिद्ध होती है इसलिए वह विभिन्न शैलियों के रूप में प्रतिफलित होती है और भाषा भाषासमाज की व्यापक सम्प्रेषण व्यवस्था का अंग है इसलिए उसका सम्बन्ध अन्य भाषाओं के प्रयोग के साथ भी जुड़ा हो, यह सम्भव है। इसलिए किसी भाषासमाज का सदस्य केवल एक ही भाषा का प्रयोग करता हो यह आवश्यक नहीं है। केवल एक 'समान भाषा' को जो संप्रेषणपरक अनेक उपव्यवस्थाओं के बीच सम्पर्क स्थिति के लिए एक पुल

हो, और इन उपव्यवस्थाओं के व्यावहारिक प्रयोग की उस समाज में समान दृष्टि हो, जो सम्प्रेषण व्यवस्था को समग्रता में देखने के लिए हो इस धारा ने भाषाई कोश (वर्बल रिपरटूवायर) और कोड मैट्रिक्स आदि अवधारणाओं और कोडशैली परिवर्तन (कोड/स्टाइल स्विचिंग) आदि प्रक्रियाओं को अपने सिद्धान्त में स्थान दिया है। उदाहरण द्वारा इन अवधारणाओं एवं प्रक्रियाओं को स्पष्ट किया जा सकता है। जिसे हम हिन्दी भाषा समाज कहते हैं उसका भाषाई कोश दो या दो से अधिक बोलियों (क्षेत्रीय और क्षेत्रीय स्तर की भाषा), हिन्दुस्तानी हिन्दी की दो आरोपित साहित्यिक शैलियों तथा उच्च वर्ग के शिक्षित समुदाय में अंग्रेजी से संक्रमित है। हिन्दी समाज की सम्प्रेषण व्यवस्था में बोली, शैली और भाषा इस प्रकार गुँथे हुए हैं कि उनमें कोड/शैली परिवर्तन भाषाव्यवहार की सहज प्रक्रिया के रूप में सिद्ध दिखलाई पड़ता है।

(4) भाषाविज्ञान की इस धारा के पूर्व 'वाक्य' को भाषा की महत्तम इकाई माना जाता रहा है। 'वाक्य' से ऊपर किसी इकाई की चर्चा भी की गयी तो 'वाक्य' की सत्ता को ध्यान में रखकर ही। इस धारा के पूर्व इसीलिए 'वाक्यबंध' की संकल्पना को भी वाक्य 'अनुबन्धित' संरचना कहा गया। परन्तु इस धारा की मान्यतानुसार 'शाब्दिक घटना' (स्पीच इवेंट) ही संप्रेषण व्यापार की आधारभूत सार्थक इकाई है, ठीक उसी प्रकार जिस प्रकार व्याकरण के लिए 'वाक्य' एक आधारभूत सार्थक संरचनात्मक इकाई है। यह इकाई 'भाषिक रुटीन' की उस संकल्पना को उभारती है जो वक्ता, श्रोता के बीच के उस प्रतीक व्यापार को शृंखलाबद्ध करती है जो वाक्य के स्तर से ऊँचा होता है और वाक्य जिसका मात्र एक घटक (कांस्टिच्यूएण्ट) होता है।

(5) भाषा की अपनी प्रकृति विषमरूपी होती है इसीलिए उसके अनिवार्य लक्षण के रूप में विकल्पन (वैरिएशन्स) और भाषाभेद (डिफ़रेन्शिएशन) की स्थितियाँ उसकी स्वाभाविक प्रकृति के परिणामस्वरूप उसमें विद्यमान रहती हैं। इसका तात्पर्य यह हुआ कि भाषाव्यवस्था के भीतर ही कुछ अवैकल्पिक (इनवैरिएबल) और कुछ वैकल्पिक (वैरिएबल) नियम होते हैं जो आपस में सम्बद्ध होकर स्तरीकृत समाज की संप्रेषण व्यवस्था से इस तरह बँधे होते हैं कि एक के सन्दर्भ के अभाव में दूसरे को समझना संप्रेषण व्यापार की समग्र दृष्टि को झुठलाने जैसा लगता है। पहले की विचारधारा ने इन वैकल्पिक नियमों को स्वतन्त्र विकल्पन की संज्ञा से अभिहित करके इन्हें यादृच्छिक क़रार दे दिया था परन्तु इस चिन्तनधारा द्वारा उसे व्यक्तियों के सामाजिक आचरण और भाषा के शैलीभेद से जोड़ा गया और उसे व्यवस्थापरक भी बताया गया, साथ

ही भाषा के जीवन्त इतिहास को समझने के लिए उसे एक महत्वपूर्ण उपकरण के रूप में भी देखा गया।

भाषा के सामाजिक सम्प्रेषण के अध्ययन की नवीनतम दृष्टि भाषा के नृजातिवर्णन (एथोनोग्राफ़ी ऑफ़ लैंग्वेज) के रूप में सामने आयी है। साधारणतया यह समझा जाता है कि भाषा केवल भाषाई सम्प्रेषण है। परन्तु मनुष्य के पास सम्प्रेषण के भिन्न-भिन्न स्तर हैं। इनका अध्ययन भाषा के उस प्रकार्य द्वारा किया जा सकता है जो समाज में होता है। इस मिश्र सम्प्रेषण व्यवहार का वर्णन ही नृजातिवर्णन का अभीष्ट विषय है। भाषाई सम्प्रेषण के रूप मिश्र सम्प्रेषण व्यवहार का मात्र एक क्षेत्र है।

इस संकल्पना के अनुसार मानव जीवन में सहयोग की भावना आवश्यक है। समाज विभिन्न समुदायों का समुच्चय है और विभिन्न समुदाय ही समाज के विभिन्न सहयोग-व्यवस्था के रूप में रहते हैं। सहयोग के लिए सम्प्रेषण भी आवश्यक है परन्तु सम्प्रेषण द्वारा सहयोग केवल मानव की ही धरोहर नहीं है; पशु-पक्षी भी सम्प्रेषण द्वारा जुड़े रहते हैं। मानव भाषा अन्य सम्प्रेषण माध्यमों से भिन्न है क्योंकि इसकी प्रकृति प्रजनक होती है।

सम्प्रेषण के लिए मनुष्य भाषा का प्रयोग करता है, यह सर्वविदित है परन्तु वह केवल भाषाई सम्प्रेषण का ही प्रयोग नहीं करता। 'सम्प्रेषण' के विषय में यह सोचना कि यह 'शब्द' या 'वाक्य' के अभाव में असम्भव है, यह सत्य नहीं है क्योंकि केवल ये ही मानव सम्प्रेषण के साधन नहीं हैं। ऐसे भी समाज है जहाँ केवल सीटी द्वारा सन्देश दे दिया जाता है। सम्प्रेषण के अन्य तरीकों में शाब्दिक अभिव्यक्तियों के साथ विभिन्न अंगविक्षेपों का भी मानव द्वारा प्रयोग होता है। अंगविक्षेपों से मानव टेलीफ़ोन पर बात करते समय भी नहीं छूट पाता यह तथ्य अंगविक्षेपों की प्रयोगशीलता को सिद्ध करता है। अंगविक्षेप एक समाज के लिए उतने ही आवश्यक हैं जितनी कि उस समाज की भाषा क्योंकि ये सामाजिक संकेत हैं। जिस प्रकार भाषा के रूप वक्ता, श्रोता, परिस्थिति आदि से प्रभावित होते हैं उसी प्रकार वे नृजाति के अन्य सन्दर्भों से भी तटस्थ नहीं रह सकते। यही कारण है कि विभिन्न समाज में समान अंगविक्षेप का अर्थ भिन्न हो सकता है। ग़लत स्थान पर इन अंगविक्षेपों का प्रयोग सम्प्रेषण को विद्रूप और हास्यास्पद भी बना सकता है।

'अंगविक्षेप' से तात्पर्य हाथ, पैर या सिर के विशेष संचालन से है। इनके अतिरिक्त मुखमुद्रा, शरीर की स्थिति या ध्वनि को प्रस्तुत करने की विशिष्ट शैली भी 'अंगविक्षेप' के अन्तर्गत ही आते हैं। हाँ, भिन्न समाज में इनका प्रयोग भिन्न सन्दर्भ में हो यह सम्भव है। समाज में 'सम्प्रेष्य' के आधार पर ही अंगविक्षेप प्रयुक्त

होते हैं, इनका संचालन सामाजिक समुदाय करता है। यदि कोई समाज अपनी भाषा की संरचना के अनुरूप इन सम्प्रेषण माध्यमों का प्रयोग नहीं करता तो उनमें रूपभेद या उनके विस्तार द्वारा इसे भाषा व्यवहार के अनुकूल बनाया जाना चाहिए। सामाजिक सन्दर्भ में भाषा को देखने के लिए यह जानना आवश्यक है कि भाषाई सम्प्रेषण किस तरह अन्य सम्प्रेषण माध्यमों से सम्बद्ध है।

संक्षेप में कहें तो समाज भाषावैज्ञानिक अध्ययन के तीन निम्नलिखित दृष्टिकोण देखने को मिलते हैं :

(1) **समानान्तरवादी दृष्टिकोण** : इस दृष्टिकोण के अनुसार भाषा और समाज के तथ्य अलग-अलग संरचनात्मक 'पैटर्न' में ढले होते हैं, न तो भाषा ही तथ्यों का मात्र संकलन है न समाज ही वैयक्तिक आचरणों का समूह (कोश) है। दोनों अपने रूप के सन्दर्भ में प्रयोजनबद्ध और रूपात्मक होते हैं। समाजभाषा वैज्ञानिक का काम भाषिक और सामाजिक समानान्तर संरचनाओं के भीतर सम्बन्ध स्थापन है। यह सम्बन्ध स्थापन कार्य-कारण के सिद्धान्त पर भी आधारित हो सकता है।

आज का समाजभाषावैज्ञानिक इस दृष्टिकोण को प्रायः छोड़ चुका है।

(2) **घात-प्रतिघातवादी दृष्टिकोण (इंटरऐक्शनल)**—यह दृष्टिकोण यह मानकर चलता है कि भाषा और समाज की संकल्पनाएँ एक-दूसरे में अन्तर्भुक्त तथा एक-दूसरे के घात-प्रतिघात के फलस्वरूप एक-दूसरे को प्रभावित करती चलती हैं। यह वक्ता की संप्रेषण क्षमता की अवधारणा को लेकर चलता है और उसमें वैयक्तिक क्षमता और सामुदायिक क्षमता (कॉम्पिटेन्स ऑफ़ ग्रुप) में भेद करता है। यह दृष्टिकोण मानकर चलता है कि वाक्य के सही प्रयोग के लिए सामाजिक नियमों का ज्ञान आवश्यक है। कौन, कब, कहाँ और किससे बोल रहा है, इस तथ्य की जानकारी के बिना वाक्यसंरचना का सही विश्लेषण सम्भव नहीं है।

(3) **(समाज) भाषावैज्ञानिक दृष्टि**—इस दृष्टिकोण को मानने वाले समाज और भाषा के सन्दर्भों को विलग करके देखने के पक्ष में नहीं हैं। इनके मत में भाषा स्वयं में सामाजिक वस्तु होने के नाते सामाजिक तत्व को अपनी प्रकृति में ही अन्तर्भुक्त किये होती है, इस कारण सामाजिक और भाषिक नियमों को एक-दूसरे से अलग कर न तो समानान्तरता की दृष्टि से अध्ययन किया जा सकता है और न ही उनके घात-प्रतिघात की प्रक्रिया के सन्दर्भ में। समाज भाषाविज्ञान भाषाविज्ञान से कोई अलग अध्ययन प्रणाली नहीं, वह तो स्वयं में भाषावैज्ञानिक प्रणाली है।

इन तीनों दृष्टिकोणों पर ध्यान देने से यह तथ्य स्पष्ट हो जाता है कि भाषाविज्ञान में जिस संक्रान्ति का अनुभव आज किया जा रहा है उसके मूल में भाषा को समाज से काटकर देखने की प्रवृत्ति मानी जा सकती है। आज का भाषाविज्ञानी

यह स्वीकार करने लगा है कि व्याकरणिकता अथवा सुसंगत वाक्यरूप रचना की चर्चा बिना सामाजिक सन्दर्भों के सम्भव ही नहीं है।

## सन्दर्भ


Allen, J.P.B. and S.Pitcorder (ed.). 1975. Papers in Applied Linguistics. London : O.U.P.

Bloomfield, L. 1933. Language. New York : Holt. Rinehart and Winston.

Bright, W. 1971. Sociolinguistics. The Hague : Mouton.

Chomsky, N. 1976. Reflections on Language. Fontana/Collins.

Cripper, C. and H.G. Widdowson. 1975. Sociolinguistics and Language Teaching. In Allen and Pitcorder.

Fillimore, C. 1972. A Grammarian Looks to Sociolinguistics. In S.G. Shuy.

—, 1972b. The Relationship between micro and macro sociolinguistics in the Study of who Speaks what language to whom and when. In Pride and Holmes.

Gumperz, J. 1974. Hindi Punjabi code-Switching in Delhi, Language in Social Group (ed. Anwar S.Dil) Stanford : University of Stanford.

—, and Dell Hymes (eds.) 1971. Directions in Sociolinguistics. New York : Holt. Rinehart and Winston.

Hymes, Dell 1971. Communicative Competence. In Pride & Holmes.

Labov, W. 1970. The Study of Language in its social setting. Stadium Generale 23, I : 30-87.

Pride, J.B. and J. Holmes. 1972. Sociolinguistics. Penguin.

Rulon, S. Wells. 1947. De Saussure's System of Linguistics. Joos (ed.) 1966. London & Chicago : The University of Chicago Press.

Shuy, R.G. (ed.) 1972. Sociolinguistics : Current Trends and Prospects (23rd Annual Round Table). Washington : Georgetown University Press.

रवीन्द्रनाथ श्रीवास्तव, 1986, हिन्दी का सामाजिक सन्दर्भ, आगरा : केन्द्रीय हिन्दी संस्थान।

# समाज भाषाविज्ञान : सैद्धान्तिक परिप्रेक्ष्य–दो

आधुनिक भाषा अध्ययन के अनेक दृष्टिकोणों में से उसकी भाषा अध्ययन, विश्लेषण और वर्गीकरण से सम्बद्ध व्यावहारिक दृष्टि ने भाषा अध्ययन को वैज्ञानिकता और व्यापकता ही नहीं प्रदान की बल्कि अनुप्रयुक्त भाषाविज्ञान की विभिन्न शाखाओं यथा भाषा शिक्षण, अनुवाद विज्ञान, शैलीविज्ञान आदि को भाषा के व्यावहारिक पक्ष का वह आधार भी प्रदान किया जिसने इन शाखाओं को व्यतिरेकी विश्लेषण, तुलनात्मक विश्लेषण, शैलीगत चयन आदि को देखने-समझने के उपयोगी दृष्टिकोणों से भाषा अध्ययन को सम्पन्न किया है।

आधुनिक भाषाविज्ञान की व्यावहारिक दृष्टि यह मानती है कि भाषा में विविध प्रकार के विकल्प (वेरिएशन) होते हैं। इस तथ्य को प्रमाणित करने के लिए अनेकों उदाहरण दिये जा सकते हैं। सामान्यतः एक भाषा-प्रयोक्ता के रूप में हम भाषा के इन विकल्पवत् प्रयोगों की ओर ध्यान नहीं देते। यदि ध्यान दें और सोचें **किसी से खिड़की खोलने के अनुरोध के लिए या स्वयं खिड़की खोलने की अनुमति माँगने के लिए** हम कितने प्रकार की वाक्य रचना का प्रयोग श्रोता और सन्दर्भ को दृष्टि में रखकर करते हैं तो पाएँगे कि हम कभी भी अपने समवयस्क भाई-बहनों, पिता, माता से एक ही प्रकार से नहीं बोलते। नाश्ते की मेज़ पर परिवार जनों के साथ और किसी प्रतिष्ठित अतिथि के साथ खाते समय बातचीत क्या हम एक ही प्रकार से करते हैं?

जब हम विभिन्न अवसरों पर विभिन्न लोगों से भाषा का विकल्पवत् प्रयोग करते हैं तो वस्तुतः इस विकल्प में हम भाषाई चयन (सेलेक्शन) ही कर रहे होते हैं—अर्थात विभिन्न उपलब्ध संरचनाओं में से व्यावहारिक दृष्टि से उपयुक्त, उचित और सन्दर्भानुकूल संरचना का चयन। किस स्तर पर भिन्न होते हैं ये भाषाई चयन और क्यों? आधुनिक भाषाविज्ञान भाषा के व्यावहारिक प्रयोग के सन्दर्भ में इन्हीं प्रश्नों पर चर्चा करना चाहता है। एक व्यक्ति भाषा के विविध रूपों का प्रयोग करते हुए भाषा के माध्यम से अपने एकाधिक सामाजिक दायित्वों को निभाता है। ध्यान से देखें तो वह भाषा का प्रयोग विभिन्न परिस्थितियों (सिचुएशन्स) और सन्दर्भों

(कॉन्टेक्स्ट) में करता है। यदि इन दोनों के अनुरूप वह भाषा प्रयोग नहीं करता तो भाषा अध्ययन की व्यावहारिक दृष्टि ऐसे प्रयोगों को अनुपयुक्त (इनयेप्रोप्रिएट) मानती है। नीचे दिए गये कुछ वाक्य देखें, फिर चर्चा को आगे बढ़ाया जाय :

1. यहाँ से निकल जा।
2. तुम्हें बताना पड़ेगा।
3. कुरसी मेरी तरफ़ खींच दो।
4. इतनी जल्दी में क्यों हो?
5. अच्छा हुआ, तुम गिर पड़े।
6. क्या हक है आपको यह सब जानने का?
7. मैं तुम से प्यार करता हूँ।
8. यह काम कर लो तो जानूँ।
9. आज तुमने मुँह धोया या नहीं।
10. बहुत देखे हैं मैंने तुम्हारे जैसे!

यह तो साफ़ कहा जा सकता है कि व्याकरण की कोई भी पुस्तक इस बात की कोई जानकारी नहीं देती कि उपरोक्त वाक्यों का प्रयोग किन सन्दर्भों में कब और किससे उपयुक्त होगा और किन सन्दर्भों में, किससे कब नहीं। हम स्वयं भी इन वाक्यों के प्रयोग के ज्ञान का विश्लेषण नहीं कर पाते। ऐसी ही भाषा परिस्थितियों के सन्दर्भ में **भाषा क्षमता** (कांपिटेन्स) और **भाषा और समाज के अन्तःसम्बन्धों** की चर्चा भी महत्त्वपूर्ण बनी।

भाषा और समाज के अन्तःसम्बन्धों के विषय में एकाधिक दृष्टियाँ आधुनिक भाषाविज्ञान में उद्घाटित और विकसित हुईं। **एक तो यह कि** सामाजिक संघटना, भाषा-संरचना और/या भाषा व्यवहार को प्रभावित या नियन्त्रित करती है। इस दृष्टि से भाषा-व्यवहार को देखने-समझने के अनेक सन्दर्भ निर्धारित हुए यथा, आयु का सन्दर्भ, जहाँ बच्चा अपने से वय में बड़े बच्चों के साथ भिन्न प्रकार का भाषा-व्यवहार करता है और बच्चों का भाषा व्यवहार वयस्कों के भाषा व्यवहार से भिन्न होता है। इसी प्रकार **शिक्षा का सन्दर्भ** और **वर्ग का सन्दर्भ** भी निर्धारित हुए जिन्हें संपूर्ण रूप में **सामाजिक-स्तर-भेद** (Social Stratification) की संज्ञा दी गयी। दूसरी दृष्टि पहली के सर्वथा विपरीत है कि भाषा संरचना या/और भाषाव्यवहार, सामाजिक संघटना को प्रभावित या नियन्त्रित करते हैं। तीसरी दृष्टि यह मानती है कि भाषा और समाज का अन्तःसम्बन्ध द्विनिर्देशी (बाई-डाइरेक्शनल) है, अर्थात भाषा और समाज परस्पर एक-दूसरे को प्रभावित करते हैं। यह सम्बन्ध द्वन्द्वात्मक (डॉयलेक्टिकल)

होता है। इस सन्दर्भ में डिटमैन (1976) का मानना है कि भाषाव्यवहार और सामाजिक व्यवहार दोनों निरन्तर क्रिया-प्रतिक्रिया (इंटरेक्शन) की उपज होते हैं। चौथी दृष्टि इन दोनों के बीच किसी भी प्रकार के अन्तःसम्बन्ध की सम्भावना से इनकार करती है और यह मानती है कि भाषा-संरचना और सामाजिक संरचना दोनों एक-दूसरे से पूर्णतः स्वतन्त्र हैं। यह दृष्टिकोण चॉम्स्की की विचारधारा से सम्बद्ध है।

आधुनिक भाषाविद् गंपर्ज़ (1971) ने यह इंगित किया कि समाज भाषाविज्ञान या व्यावहारिक भाषा अध्ययन दृष्टि भाषा अध्ययन सम्बन्धी एक ऐसी व्यावहारिक दृष्टि है जो सामाजिक संरचना और भाषा संरचना के बीच के अन्तःसम्बन्धों पर ही नहीं बल्कि इन सम्बन्धों के कारण उपजे भाषा भेदों पर भी दृष्टि रखती है। वे यह भी प्रमाणित करते हैं कि सामाजिक संघटना या संरचना की भाषा कई तत्त्वों के सन्दर्भ में की जा सकती है जैसे सामाजिक वर्ग-भेद, शैक्षिक पृष्ठभूमि इत्यादि तथा इन तत्त्वों के सन्दर्भ में भाषाई-व्यवहार को विवेचित, विश्लेषित किया जा सकता है।

भाषा-व्यवस्था (सिस्टम/ग्रामर) वह है जिसे भाषा प्रयोक्ता जानता है। परन्तु आधुनिक भाषावैज्ञानिक के समक्ष दो व्यावहारिक प्रश्न उठते हैं - (i) **प्रयोक्ता की यह 'जानकारी' क्या है** और (ii) **इसे कैसे भली भाँति विश्लेषित किया जा सकता है**। इसीलिए आधुनिक भाषाविद् आज किसी भाषा का व्याकरण लिखने को उतना आसान नहीं मानता क्योंकि उसकी यह मान्यता है कि भाषा-प्रयोक्ता के पास अपनी भाषा की जो जानकारी होती है उसे विवेचित कर पाना सहज नहीं है। यह जानकारी भाषा अध्येता के लिए महत्त्वपूर्ण है क्योंकि यह उस जानकारी से भिन्न है जो हमें व्याकरणों में विवेचित मिलती है, चाहे ये व्याकरण कितने ही सन्तुलित और वैज्ञानिक क्यों न हों। जो व्यक्ति भाषा जानता है वह उस भाषा के बारे में (प्रयोग के स्तर पर) इन व्याकरणों में उल्लिखित तत्त्वों से अधिक जानता है। यह रोचक और उल्लेखनीय तथ्य है कि जो प्रयोक्ता व्यक्तिगत स्तर पर भाषा का प्रयोग करता है उसकी जानकारी 'व्यावहारिक' होती है। उसकी इस जानकारी का एकमात्र कारण यह है कि वह भाषा का प्रयोग करता है। इसमें व्याकरण का नहीं, उस बँटी हुई जानकारी (शेयर्ड नॉलेज) का महत्त्व होता है जिसे उस समुदाय का प्रत्येक सदस्य अपने पास रखता है।

भाषा-अध्ययन के परिप्रेक्ष्य में प्रयोक्ता को अपेक्षित महत्त्व आधुनिक भाषाविज्ञान ने प्रदान किया। उसने इस महत्त्व को अन्य शब्दों में भी व्यक्त किया। सामान्यतः हम 'मृत भाषा' (डेड लैंग्वेज) की चर्चा करते हैं, यह सम्भव भी है और परिपाटी भी। परन्तु आधुनिक भाषाविज्ञान यह स्पष्ट करता है कि 'मृतभाषा' की चर्चा करते समय

हमें यह ध्यान रखना चाहिए कि ये भाषाएँ नहीं, इनके प्रयोक्ता मृत हो चुके हैं। एक सीमा तक इनके प्रयोक्ता भी हैं और इन भाषाओं का अस्तित्व भी है। इसी तरह हम हिन्दी, अंग्रेजी, फ्रेंच, जर्मन आदि आधुनिक भाषाओं के अस्तित्व की चर्चा बिना उनके प्रयोक्ताओं के अस्तित्व को ध्यान में रखे करने लगते हैं। भाषा व्यवहार का सम्बन्ध भाषा प्रयोग और भाषा प्रयोक्ता से अनिवार्यतः है इसीलिए कोई भी भाषा व्यावहारिक धरातल पर विकल्प रहित हो ही नहीं सकती। भाषा विकल्पन की अवधारणा भाषा अध्येता को यह बताती है कि भाषा कोई अमूर्त संकल्पना नहीं है, यह एक ऐसी वस्तु है जिसका प्रयोग 'लोग' करते हैं। अतः आधुनिक भाषाविज्ञान बार-बार यह प्रश्न उठाता है कि क्या भाषा अध्ययन के किसी भी स्तर पर इस 'प्रयोग सापेक्षता' की अवहेलना उचित और वैज्ञानिक मानी जा सकती है? इस सन्दर्भ में यह आश्चर्यजनक ही है कि आधुनिक भाषाविज्ञान के पिछले कुछ वर्षों में भाषा वैज्ञानिकों का एक ऐसा वर्ग भी सामने आया जो अपने को **भाषा प्रयोग तथा भाषा प्रयोक्ता** से पूर्णतः काट कर रखता है। चॉम्स्की का अनुसरण करते हुए ये भाषा वैज्ञानिक यह तर्क देते हैं कि **हम उस भाषा का अध्ययन नहीं करते जो प्रयोग में है या हम यह नहीं जानना चाहते कि भाषा कैसे सीखी जाती है। हमारा पहला लक्ष्य है यह जानना कि भाषा स्वयं अपने आप में क्या है**? इस प्रकार वे यह विचार देते हैं कि, **भाषा अध्ययन का लक्ष्य है, 'भाषा क्या है'** इसका पता लगाना अतः **भाषाविज्ञान का कार्य है भाषा का व्याकरण तैयार करना जिससे कि भाषा के विषय में हमारा ज्ञान व्यापक हो सके। और इस धरातल पर भाषा प्रयोग हमें बहुत थोड़ा या लगभग कुछ नहीं देते**। परन्तु आधुनिक भाषाविज्ञान की व्यावहारिक दृष्टि (विशेषतः समाज भाषाविज्ञान) इस धारणा को स्वीकार नहीं करती और यह घोषित करती है कि **समाज से कटा हुआ भाषा अध्ययन या समाज से असंबद्ध भाषाविज्ञान अर्थहीन है** (हडसन, 1980)। हडसन यह तर्क देते हैं कि **इस तरह का समाज से कटा हुआ भाषा सम्बन्धी विचार ऐसे भाषाविज्ञान को जन्म देगा जो अपने में अपूर्ण होगा। भाषा को अर्थपूर्ण दृष्टि से देखने और उसे पूर्णता में अर्थवत्ता प्रदान करने के लिए प्रयोग और विकल्प ही दो सर्वाधिक महत्त्वपूर्ण आधार हैं।**

इस दिशा में व्यावहारिक भाषा अध्ययन ने दो क्षेत्रों में विकास किया : समाज भाषाविज्ञान (सोशियो लिंग्विस्टिक्स) और भाषा का समाज शास्त्र (सोशियॉलजी ऑफ लैंग्वेज)। भाषा अध्ययन की व्यावहारिक दृष्टि के इन दो उपभेदों में समाज भाषाविज्ञान का कार्यक्षेत्र है—**समाज और भाषा के अन्तःसम्बन्धों की खोज**; और लक्ष्य है—**भाषा संरचना के प्रति एक अधिक महत्त्वपूर्ण और सम्पूर्ण दृष्टि तथा**

**समझ पैदा करते हुए यह विवेचित करना कि भाषा, सम्प्रेक्षण-क्रिया में कैसे व्यवहार करती है और तदनुरूप विविध आकार ग्रहण करती है।** भाषा के समाजशास्त्र का लगभग समतुल्य लक्ष्य है—भाषा अध्ययन के माध्यम से; सामाजिक संरचना को अधिक अच्छी तरह समझना। जैसा कि हडसन (1980) ने कहा भी कि **कुछ भाषाई अभिलक्षण (फ़ीचर्स) कुछ विशिष्ट सामाजिक व्यवस्था को विवेचित करने में सहायक होते हैं** और **समाज भाषाविज्ञान तथा भाषा का समाजशास्त्र**, इन दोनों की मूलभूत प्रकृति पर प्रकाश डालते हुए उन्होंने कहा **समाज भाषाविज्ञान भाषा का समाज के सन्दर्भ में या समाज से जोड़कर अध्ययन है; भाषा का समाजशास्त्र समाज को भाषा के सन्दर्भ में या भाषा से जोड़ कर अध्ययन है।**

भाषा अध्ययन के व्यावहारिक पक्ष पर विचार करते हुए ट्रडगिल (1974) ने यह कहा कि आधुनिक भाषाविज्ञान, समाजशास्त्र और भाषाविज्ञान से वैचारिक दृष्टि लेते हुए व्यावहारिक भाषा के कई पक्षों को उद्घाटित करता है। इन पक्षों में **संभाषण और प्रोक्ति से सम्बन्धित अध्ययन, वाक्-क्रिया (स्पीच ऍक्ट) से सम्बन्धित अध्ययन, वाक् का नृ-शास्त्रीय अध्ययन** आदि प्रमुख हैं। भाषा का समाजशास्त्र भी कई पक्षों से अपने को जोड़ कर आधुनिक भाषाविज्ञान को व्यावहारिकता प्रदान करता है। इन पक्षों में **द्विभाषिकता, कोड परिवर्तन, डॉयग्लॉसिया** आदि तथा और कुछ अति व्यावहारिक (प्रैक्टिकल) पक्ष भी आते हैं जैसे **कक्षा में भाषा-व्यवहार का परिचय देना** आदि।

ट्रडगिल के आगे भाषा अध्ययन की व्यावहारिक दृष्टि का विकास लेबॉव (1977) में मिलता है जो **विकल्प-सिद्धान्त** और **भाषा-परिवर्तन** पर व्यापक चर्चा करते हैं। लेबॉव का मूल लक्ष्य भाषा और सामाजिक वर्ग के अन्तःसम्बन्धों को देखते हुए भाषा अध्ययन करना है। यहाँ उनका ध्येय है **भाषा के बारे में अधिक से अधिक जानकारी प्राप्त करना और इन बातों पर ध्यान देना कि भाषा-परिवर्तन की प्रक्रिया क्या है, भाषा विकल्प की प्रकृति कैसी है और भाषा-संरचना की व्यवस्था कैसी है।**

भाषा अध्ययन के आधुनिक सन्दर्भ में जो व्यावहारिक दृष्टि आयी उसने भाषा प्रयोक्ता और भाषा प्रयोग के सन्दर्भ में भाषा विकल्पों पर चर्चा की और भाषा तथा समाज के अन्तःसम्बन्धों के परिप्रेक्ष्य में भाषा को सम्प्रेषण क्रिया से जोड़ा। इनमें से कुछ संकल्पनाओं और अवधारणाओं पर अब हम चर्चा करेंगे जिनसे ऊपर विवेचित बिन्दु भी स्पष्ट होंगे और भाषा अध्ययन की व्यावहारिक दृष्टि की सार्थकता भी सिद्ध होगी।

**भाषा, बोली और विकल्पन** : हडसन (1986) ने भाषा विकल्पन की संकल्पना को इन शब्दों में पारिभाषित किया है **भाषाई तत्त्वों का ऐसा समुच्चय जिनका वितरण सदृश (सिमिलर) हो**। अतः विकल्पन को भाषाई तत्त्वों या मानव भाषा-अभिरचना (पैटर्न्स) का विशिष्ट समुच्चय (सेट) कहा जा सकता है। इस संकल्पना की प्रकृति

को देखते हुए यह भी कहा जा सकता है कि भाषा में विभिन्न प्रकार के विकल्पन होते ही हैं और **कोई भी भाषा विकल्पन मुक्त नहीं होती**। हिन्दी भाषा के सन्दर्भ में **मानक हिन्दी, पाक कला की हिन्दी, निम्न वर्ग की हिन्दी, उच्च हिन्दी, वैज्ञानिक हिन्दी, अनौपचारिक बातचीत की हिन्दी** आदि को हिन्दी के विकल्पन के रूप में देखा जा सकता है।

**पिजिन और क्रियोल** : पिजिन एक ऐसा भाषा रूप है जिसका कोई देशीय भाषा-भाषी (नेटिव स्पीकर) नहीं होता। यह भी कहा जा सकता है कि पिजिन का **प्रथम भाषा** के रूप में कोई अधिगम नहीं करता। वास्तव में पिजिन सम्पर्क की भाषा (कॉन्टैक्ट लैंग्वेज) है, जो बहुभाषी स्थिति की उपज है। इससे जुड़े भाषा समुदायों (जो आपस में सम्प्रेषण करना चाहते हैं) के लिए यह जरूरी हो जाता है कि वे एक सामान्य, सहज कोड का प्रयोग करें ताकि वे सम्प्रेषण-क्रिया सम्पन्न कर सकें। पिजिन को सामान्य भाषा का संक्षिप्त (रिड्यूस्ड) विकल्प/प्रकार भी कहा जाता है जिसमें उन भाषाओं का व्याकरणिक और शब्द-स्तर पर साधारणीकरण होता है तथा ध्वन्यात्मक विकल्पों को आधार मान कर उसमें स्थानीय शब्द समूह का समावेश भी होता है जिससे कि सम्पर्क में आनेवाले समुदाय (कॉन्टेक्ट ग्रुप) की सम्प्रेषण सम्बन्धी आकांक्षाओं की पूर्ति हो सके। पिजिनीकरण की प्रक्रिया में जो दो भाषाएँ सम्पर्क में आती हैं उनमें से एक ऊर्ध्वमुखी (डॉमिनेंट) और दूसरी अधोमुखी (इनफीरियर) होती है। अधोमुखी भाषा के प्रयोक्ता पिजिन के निर्माण में महत्वपूर्ण भूमिका निभाते हैं। पिजिन रूप में वे केवल उन्हीं से वार्तालाप नहीं करते जिनकी भाषा ऊर्ध्वमुखी होती है, वे आपस में भी इस रूप का प्रयोग करते हैं और ऊर्ध्वमुखी भाषा का भिन्न-भिन्न स्तरों पर सरलीकरण करते चलते हैं यथा **रूप/शब्द संरचना और वाक्य संरचना का परिसीमन (रिडक्शन)** अर्थात **व्याकरणिक संरचना का स्तर, ध्वन्यात्मक विकल्पनों के प्रयोग के प्रति सहनशीलता** अर्थात **उच्चारण के स्तर प्रयोग की सीमा** (सामान्यतः पिजिन रूप में उपन्यास लिखने का प्रयत्न नहीं किया जाता) अर्थात् **प्रयोग का स्तर** तथा अधिकाधिक **स्थानीय मातृभाषा की शब्दावली का आगम** (बॉरोइंग)। इसके विपरीत क्रियोलीकरण की प्रक्रिया में रूप/शब्द रचना और वाक्य रचना का विस्तार होता है, ध्वन्यात्मक व्यवस्था का नियमन होता है, प्रयोग-प्रकार्य का विस्तार होता है, ध्वन्यात्मक व्यवस्था का नियमन होता है तथा शब्दावली व्यापक और स्थिर होती है।

**डॉयग्लासिया** : डॉयग्लासिया की स्थिति किसी भाषा-समाज में तब उत्पन्न होती है जब उसकी **एक भाषा के दो कोड** प्रचलित होते हैं और दोनों के व्यावहारिक प्रकार्यात्मक आधार स्पष्ट और भिन्न होते हैं। अर्थात एक कोड का प्रयोग एक प्रकार

की स्थिति और सन्दर्भ में किया जाता है और दूसरे कोड का नितांत भिन्न स्थिति और सन्दर्भों में। फ़र्ग्यूसन (1959) ने डॉयग्लासिया की परिभाषा देते हुए स्पष्ट किया था कि **भाषाद्वैत की स्थिति एक स्थिर भाषा स्थिति है**। भाषा की प्रमुख बोलियों के अतिरिक्त भी एक उच्च कोड (व्याकरणिक दृष्टि से अधिक जटिल) होता है जिसे 'सुपरपोज़्ड वेरायटी' कहा जा सकता है जिसका प्रयोग साहित्य में होता है और जो शिक्षा की माध्यम भाषा होती है। इसी कोड का प्रयोग लिखित और औपचारिक वार्तालाप में होता है। यह कोड समुदाय के किसी भी वर्ग द्वारा सामान्य वार्तालाप के लिए प्रयुक्त नहीं किया जाता।

आधुनिक भाषाविज्ञान की ऊपर विवेचित अवधारणाओं तथा ऐसी अनेक संकल्पनाओं और भाषाप्रयोग एवं विकल्प से जुड़े उसके दृष्टिकोण ने उसे व्यावहारिकता प्रदान की है। और यह सिद्ध तथा प्रमाणित किया है कि **भाषा व्यक्तिगत होने के साथ-साथ सामाजिक भी है** अतः **आदर्श भाषा-समुदाय**, जिसे चॉम्स्की पूर्णतः एकरूपी (होमोजेनस) भाषा-समुदाय कहते हैं की संकल्पना इस दृष्टि से निरर्थक सिद्ध होती है क्योंकि एकरूपी भाषा-समुदाय एक सैद्धान्तिक परिकल्पना है जो एक सीमित उद्देश्य की पूर्ति के लिए सामने लायी गयी। एक सामान्य और जीवन्त भाषा-समुदाय की परिकल्पना आधुनिक भाषाविज्ञान में व्यावहारिक दृष्टि के पोषक लायंस (1970) द्वारा दी गयी—**सभी व्यक्ति जो भाषा (या बोली) का प्रयोग करते हैं** और इसीलिए गंपर्ज़ (1971) **भाषा-समुदाय** के स्थान पर **वाक्-समुदाय** शब्द के प्रयोग को अधिक सार्थक मानते हैं। सामाजिक समुदाय चाहे वह एकभाषी हो या बहुभाषी, सामाजिक क्रिया-कलाप और परस्पर वार्तालाप में सम्प्रेषण की आवश्यकता, स्थिति और परिवेश के अनुरूप भाषा रूप चुनता है। हाइम्स (1974) इसीलिए **भाषा-समुदाय में प्रतिभागिता करना** और **पूरी तरह उसका सदस्य होना** में भेद करते हैं। क्योंकि ये दोनों स्थितियाँ भाषा व्यवहार को परिवर्तित कर विशिष्ट बना देती हैं। प्रतिभागिता द्वारा हम भाषा समुदाय की व्याकरणिक/व्यवहारगत अभिरचनाओं की जानकारी प्राप्त कर, एक सीमा तक उनसे अपने को जोड़ पाने में समर्थ भी होते हैं और एक सीमा तक क्रिया-प्रतिक्रिया भी कर पाते हैं पर कभी हमारा उच्चारण, कभी सन्दर्भहीन भाषा-प्रयोग हमें अपनी सीमाओं के प्रति सचेत भी करता रहता है।

भाषा-समुदाय की इस विशिष्ट प्रकृति का अध्ययन करते हुए लेबॉव (1970) ने यह देखने का प्रयत्न किया कि विभिन्न भाषा-समुदायों में भाषा कैसे विविध रूपी हो जाती है। और यह भी कि भाषा की यह विविधरूपता भाषावैज्ञानिक को अनेक निष्कर्षों तक पहुँचाने में सहायक होती है। भाषा विकल्प की इस विचारधारा ने भाषा-अध्ययन को एक व्यापक व्यावहारिक आयाम प्रदान किया और भाषावैज्ञानिक

सिद्धान्तों को एक नया मोड़ दिया। सपीर (1931) ने इस दिशा में व्यवहारजनित भाषा-अध्ययन को भाषा और संस्कृति तक विस्तृत किया था तथा भाषा और संस्कृति के सम्बन्धों को अति महत्त्वपूर्ण सिद्ध करते हुए यह विचार व्यक्त किया था कि **हम किसी व्यक्ति को उसकी पुस्तकालीय भाषा के प्रयोग द्वारा नहीं पहचान सकते इसके लिए व्यक्ति की संस्कृतनिष्ठ भाषा ही नहीं उसका संस्कृतग भाषेतर व्यवहार भी महत्त्वपूर्ण है।**

आज यह बात स्थापित हो चुकी है कि **भाषा, व्यावहारिक अर्थ (फंक्शनल मीनिंग) को अभिव्यक्त करने का माध्यम है**। अतः द्वितीय और विदेशी भाषा शिक्षण में भी भाषा की इस व्यावहारिक दृष्टि ने पूरी मदद की और सम्पूर्ण विश्व में भाषाशिक्षण की परम्परागत अवधारणा पूरी तरह बदल गयी। अब **व्याकरणिक तत्त्वों-इकाइयों को** नहीं, भाषा के **सम्प्रेषणपरक आयामों** को महत्व दिया जाने लगा है। अब भाषा शिक्षण की पाठचर्या में व्याकरणिक तत्त्वों और कोशीय तत्त्वों का ही नहीं बल्कि उन अभिप्रायों (नोशन्स) और संकल्पनाओं (कॉन्सेप्ट्स) का भी समावेश किया जाने लगा है (याल्डेन, 1983) जो अध्येता की सम्प्रेषणपरक आवश्यकताएँ पूरी करते हैं। हैलिडे (1970) ने अपने आलेख **लैंग्वेज स्ट्रक्चर एण्ड लैंग्वेज फंक्शन** में भाषा के व्यावहारिक पक्ष का सम्यक विवेचन किया जिसे आगे चलकर हाइम्स (1972) ने सम्प्रेषणपरक क्षमता (कम्युनिकेटिव कांपिटेंस) से जोड़ा। हैलिडे (1973) ने भाषा के निम्नलिखित व्यवहार निर्देशित-निर्धारित किये :

1. **निदेशात्मक व्यवहार (इंसट्रक्शनल फंक्शन)** : भाषा का प्रयोग किसी चीज़ या लक्ष्य को प्राप्त करने के लिए करना।
2. **नियामक व्यवहार (रेगुलेटरी फंक्शन)** : भाषा का प्रयोग दूसरों के व्यवहार को नियन्त्रित करने के लिए करना।
3. **क्रिया-प्रतिक्रिया व्यवहार (इंटरैक्शनल फंक्शन)** : भाषा का प्रयोग दूसरों से विचार विनिमय करने के लिए करना।
4. **व्यक्तिगत व्यवहार (पर्सनल फंक्शन)** : भाषा का प्रयोग व्यक्तिगत अनुभूतियों और अर्थों को व्यक्त करने के लिए करना।
5. **अन्वेषणात्मक व्यवहार (ह्यूरिस्टिर फंक्शन)** : भाषा का प्रयोग कुछ सीखने और खोजने के लिए करना।

6. **काल्पनिक व्यवहार (इमेजिनेटिव फंक्शन)** : भाषा का प्रयोग कल्पनालोक की सृष्टि के लिए करना।
7. **विषयबोधक व्यवहार (रिप्रेज़ेण्टेशनल फंक्शन)**: भाषा का प्रयोग सूचनाएँ संप्रेषित करने के लिए करना।

भाषा के व्यावहारिक पक्ष या संप्रेषणपरक दृष्टि की भाषा सम्बन्धी मान्यताओं को इस प्रकार व्यक्त किया जा सकता है :

1. भाषा, अर्थ को अभिव्यक्त करनेवाली व्यवस्था है।
2. भाषा का मूलभूत प्रकार्य सम्प्रेषण और विचार-विनिमय से सम्बद्ध है।
3. भाषा की संरचना उसके सम्प्रेषणपरक और प्रकार्यपरक प्रयोगों को उद्‌घाटित करती है।
4. भाषा की मूलभूत इकाइयाँ इसकी संरचनात्मक या व्याकरणिक इकाइयाँ नहीं होतीं बल्कि प्रकार्यात्मक और सम्प्रेषणपरक अर्थ की कोटियाँ होती हैं जो प्रोक्ति में अन्तर्भुक्त रहती हैं।

आधुनिक भाषाविज्ञान की व्यावहारिक दृष्टि ने भाषा अध्ययन को समाज संदर्भित करते हुए उसके प्रयोगगत और सन्दर्भगत रूपों को हमारे सामने रखा। ये रूप भाषा को एक व्यापक और जीवन्त आधार देते हैं। इस दृष्टिकोण ने भाषा अध्ययन के धरातल पर ऐसी अनेक संकल्पनाएँ प्रदान कीं जिन्होंने भाषावैज्ञानिकों को भाषा विश्लेषण, विवेचन और वर्गीकरण की दिशा दिखायी और भाषा के आदर्श, मानक, व्याकरणिक दृष्टिकोण से सम्बद्ध उन भ्रमों को तोड़ा जो भाषा को सीमित और सैद्धान्तिक दायरों में जकड़े हुए थे। तभी लेबाव (1970) ने स्पष्ट शब्दों में कहा था कि **व्याकरणिकता या आदर्श रूप-रचना की चर्चा तब तक निरर्थक है जब तक हम सामाजिक विचार विनिमय से सम्बद्ध उन सूक्ष्म ब्योरों से अपनी दृष्टि को सम्बद्ध नहीं करते जो वास्तव में भाषा के माध्यम से ही सम्पन्न होते हैं।**

आज जब हम **प्रयोजनमूलक भाषा, प्रयुक्ति**, उप-प्रयुक्ति के सन्दर्भ को भाषा-विकास (लैंग्वेज डेवलपमेंट) से जोड़ कर देख पा रहे हैं। अथवा **शैली** की संकल्पना पर **व्यक्ति, समाज** और **व्यवहार-क्षेत्र** (डोमेन) के सन्दर्भ में विचार कर पा रहे हैं तो निश्चित ही इनकी पृष्ठभूमि में भाषा-अध्ययन की वह **व्यावहारिक** अथवा **प्रकार्य केंद्रित** दृष्टि ही है जिसे आधुनिक भाषाविज्ञान ने **भाषा क्या है** जैसे प्रश्न की केन्द्रीयता से निकाल कर इस प्रश्न से रूबरू कराया कि **भाषा काम कैसे करती है**। मोटूरि सत्यनारायण जी हिन्दी तथा भारतीय भाषाओं को इसी व्यावहारिक धरातल पर विकसित करने तथा उनकी प्रयोजनीयता से बँधी विविधता को भाषा-अध्ययन की धुरी से जोड़ने के पक्षधर थे।

## सन्दर्भ :


Chomsky. N., 1957, Syntactic structures. The Hague : Mouton.

Dittman, N., 1976, Socialinguistics. London : Edward Arnold.

Ferguson, C.A., 1964, 'Diglossia' in Dell Hymes (ed.) Language in Culture and Society : A Reader in Linguistics and Anthropology. Harper & Row.

Gumperz, J.J. and D. Hymes (ed.), 1971, Directions in Sociolinguistics : The Ethnography of Communication. New York Holt, Renehart and Winston.

Hudson, R.A., 1980, Sociolinguistics, Cambridge : C U P.

— 1986, Some issues on which linguistics can agree Journal of Linguistics : 17.

Halliday, M.A.K., 1970, Language Structure and Language Function. IN John Lyons (ed) New Horizones in Linguistics. London : Penguin.

— 1973, Explorations in the Functions of Language London : Edward Arnold.

Hymes, Dell., 1972, On Communicative Competence IN pride J.B. Holmes J. (eds.) Sociolinguictis. London : Penguin.

Labov, W., 1986, The Social stratification of English in New York City. Washington D.C. : Centre for Applied Linguistics.

— 1970, The Study of Language in its social setting. Stadium General 23, 1 : 30-87.

— 1977, Foundations in Sociolinguistics : Athnographic Approach. London : OUP.

Lyons, John., 1970, New Horizons in Linguistics, London. Penguin.

Trudgill, P., 1974, Sociolinguistics : An Introduction. New York Penguin.

Yalden, J., 1983, The Communicative Syllabus : Evolution Design and Implementation. Oxford : Pergamon.

# भाषा प्रयोग की दिशा–एक

आधुनिक युग में भाषा अध्ययन के प्रथम चरण में भाषा को एक स्वायत्त इकाई माना गया था। लेकिन पहले कुछ ही वर्षों में समाज-भाषाविज्ञान ने भाषा अध्ययन की एक विशिष्ट दृष्टि दी है जो भाषा-संरचना तथा भाषा व्यवहार को उसके सामाजिक-सांस्कृतिक सन्दर्भों से सम्बद्ध करती है। समाज भाषाविज्ञान के विकास के प्राथमिक स्तर पर ही विभिन्न विषयों के चिन्तकों ने अपना योगदान दिया। जिनमें भाषाविज्ञान, नृत्तत्त्वशास्त्र, समाज शास्त्र, मनोविज्ञान, शिक्षाशास्त्र आदि प्रमुख हैं और जिनके लिए भाषा का सामाजिक सन्दर्भ प्रत्यक्ष या परोक्ष रूप से उपयोगी एवं महत्त्वपूर्ण था। क्योंकि भाषा संप्रेषण-व्यवस्था (Communication System) का एक सर्वाधिक महत्त्वपूर्ण साधन है और वह न केवल विचार को संप्रेष्य बनाती है, अपितु समाज को सुगठित इकाई के रूप में बाँधने और जोड़ने का महत्वपूर्ण कार्य भी करती है। इसलिए भाषा के विभिन्न प्रयोग या भाषाई व्यवस्था के विभिन्न अभिव्यक्त रूप कई भाषेतर उपादानों द्वारा बाधित और नियन्त्रित रहते हैं। भाषा के इस अभिव्यक्ति पक्ष की प्रकृति बहुत कुछ इस बात से नियन्त्रित रहती है कि कौन, किससे, किस विषय पर और कहाँ बोल रहा है। वाक्य की भाषाई इकाइयों की संरचना-विधि बहुत कुछ इन भाषेतर उपादानों द्वारा बाधित और नियन्त्रित रहती है। इस संरचनागत वैकल्पिक चयन में भाषिक नियम, समाज-सापेक्ष या प्रयोगगत नियम के अनुरूप ढलते जाते हैं।

आधुनिक भाषाविज्ञान के प्रथम चरण में चॉम्स्की जैसे विद्वान द्वारा भाषा के सामाजिक पक्षों की अवहेलना की गयी और उन्होंने भाषा में निहित सामाजिक अर्थवत्ता को भी उचित महत्त्व नहीं दिया। सस्यूर भाषा व्यवस्था (लांग) तथा भाषा व्यवहार (पॉरोल) में एक द्वन्द्वात्मक स्थिति को स्वीकारते हैं लेकिन चॉम्स्की भाषिक व्यवहार को सिद्धान्त के लिए 'अवशेष' सामग्री और भाषिक क्षमता का 'स्खलित' संस्करण मानते हैं। जबकि तथ्य यह है कि एक ही भाषा के कई विकल्पों (Variants) में से किसी एक रचनांतरण नियम का चुनाव सामाजिक सन्दर्भो की भी माँग करता है। भाषा अध्ययन को भाषा वैविध्य (Linguistic-Varients) के

अध्ययन द्वारा उस सीमा तक विश्लेषित कर पाना सम्भव है जहाँ वह किसी विशिष्ट भाषा समुदाय के विशिष्ट सामाजिक एवं सांस्कृतिक मूल्यों तक पहुँचने में समर्थ है। उदाहरण के लिए बोलियों एवं शैली से सम्बद्ध वैविध्य (Stylistic Variation) एक ही भाषा में निहित दो भिन्न सामाजिक अर्थों की सृष्टि करता है और एक ही वाक्य भिन्न अभिव्यक्ति द्वारा भिन्न सामाजिक अर्थ देने लगता है। लेकॉफ ने सामाजिक सन्दर्भों से बाधित एक ही वाक्य की कई अभिव्यक्तियों के उदाहरण दे कर यह बात प्रमाणित भी की है :

(क) कम इन, वोन्ट यू?
(ख) प्लीज़ कम इन.
(ग) कम इन.
(घ) कम इन, विल यू?
(च) गेट द हेल इन हियर.

लेकॉफ के ही शब्दों में वाक्य (च) के प्रयोग के समय यह आवश्यक है कि वक्ता का पद सम्बोधित व्यक्ति से ऊँचा हो। वाक्य (क) और (ख) सम्बोधित व्यक्ति की विशिष्टता या वक्ता-श्रोता में औपचारिक (Formal) सम्बन्धों को तथा वाक्य (घ) अनौपचारिक (Informal) सम्बन्धों को स्पष्ट करते हैं। निश्चित ही भाषा के इस प्रयोग के पीछे भाषा-व्यवहार से सम्बद्ध भाषेतर (सामाजिक) पक्ष अधिक महत्त्वपूर्ण है न कि भाषा व्यवस्था का व्याकरणिक पक्ष।

व्यक्ति की भाषा क्षमता तभी पूर्ण सिद्ध मानी जा सकती है जब भाषा प्रयोक्ता इन भाषेतर पक्षों से भी परिचित हो। लेबॉव (1965:77) ने प्रयोक्ता की क्षमता के दो सन्दर्भ निर्धारित किये हैं–

(1) ग्रहणशीलता के सन्दर्भ में 'ग्रहणशीलता की क्षमता' (Competence for reception) और
(2) उच्चारण शीलता के सन्दर्भ में 'उत्पादन शीलता की क्षमता' (Competence for Production)

ग्रहणशीलता के सन्दर्भ की 'क्षमता' का सम्बन्ध भाषा बोधव्यता से है जबकि उत्पादनशीलता की 'क्षमता' का सम्बन्ध सक्रिय उच्चारणशीलता से है। अमरीका के 'ब्लैक नीग्रो' समुदाय की भाषा का उदाहरण देते हुए लेबॉव ने स्पष्ट किया कि ग्रहणशीलता के सन्दर्भ में उनकी क्षमता 'द्विविध' (Dual) है क्योंकि एक ओर तो वे अपनी 'ब्लैक इंग्लिश' को समझ लेते हैं और दूसरी ओर अंग्रेज़ी के मानक रूप को भी। लेकिन उत्पादनशीलता के सन्दर्भ में उनकी क्षमता 'एक' (Single) है क्योंकि उच्चारण में वे केवल 'ब्लैक इंग्लिश' का ही प्रयोग कर पाते हैं। भारतीय

सन्दर्भ में भी 'क्षमता' के ये दो पक्ष देखे जा सकते हैं। इस दृष्टि से हिन्दी और भोजपुरी के सन्दर्भ में श्रीवास्तव (1973) का अध्ययन देखा जा सकता है। जहाँ उन्हें इस समुदाय में कई ऐसे व्यक्ति मिले जिनमें ग्रहणशीलता (Reception, i.e. Understanding) की द्विविध क्षमता थी अर्थात् वे हिन्दी भाषा और भोजपुरी बोली दोनों में संप्रेषित सन्देश को ग्रहण कर सकते हैं लेकिन उत्पादनशीलता (Production, i.e. Speaking/Reading) के सन्दर्भ में उनकी क्षमता 'एक' है अर्थात वे केवल अपनी बोली का ही उच्चारण कर पाते हैं। यदि सम्पूर्ण हिन्दी-भाषा-समुदाय की भाषाई क्षमता को देखा जाय तो ग्रहणशीलता के स्तर पर उनके भाषाई कोश (Verbal Repertoic) में तीन भाषाएँ मिलती हैं—हिन्दी-अंग्रेजी और बोली, जबकि उच्चारणशीलता के स्तर पर उनके भाषाई कोश में दो या एक ही भाषा मिलती है—अंग्रेजी-हिन्दी, हिन्दी-बोली अथवा केवल हिन्दी या केवल बोली। भारतीय परिप्रेक्ष्य में अंग्रेजी-हिन्दी, हिन्दी-बोलियाँ, भारतीय-भाषाएँ-हिन्दी आदि के साथ विभिन्न शैक्षिक स्तरों पर प्रदेशगत स्थितियों में इन क्षमताओं को परखा जा सकता है। उदाहरण के लिए हमारे संस्थान (दक्षिण भारत हिन्दी प्रचार सभा) के छात्र हिन्दी में ग्रहणशीलता की शत-प्रतिशत क्षमता रखते हैं जबकि उत्पादनशीलता की क्षमता सब में समान नहीं है, और तेलुगु तमिल, कन्नड़ या मलयालम में उनकी क्षमता द्विविध है।

हाइम्स ने भाषाई क्षमता के समानान्तर सम्प्रेषणपरक क्षमता (Communicative Competence) की संकल्पना को हमारे सामने रखा। उनके अनुसार क्षमता का सम्बन्ध केवल भाषाई नियमों के ज्ञान तक ही सीमित नहीं है, बल्कि भाषा व्यवहार के उस अंश तक भी उसका विस्तार है जो उन नियमों के प्रयोग के नियमों की ओर संकेत देता है। उदाहरण के लिए हिन्दी में सम्बोधन शब्दावली का चयन किस व्यक्ति के लिए क्या किया जाय तथा उसके अनुरूप वाक्य को एकवचन रखा जाय या आदरार्थ बहुवचन में परिवर्तित किया जाय, यह जानकारी भाषा प्रयोक्ता की सम्प्रेषणपरक क्षमता के लिए नितान्त आवश्यक है। हाइम्स ने भाषा व्यवहार के समाज संदर्भित नियमों को भाषिक क्षमता के भीतर ही माना। इस प्रकार 'क्षमता' को देखने की दो दृष्टियाँ बनीं—(1) संकीर्ण (Short Range) और व्यापक (Long Range)। संकीर्ण दृष्टि उसे चॉम्स्की की भाँति 'आभ्यन्तर क्षमता की समझ' तक ही सीमित रखती है जबकि व्यापक दृष्टि उसका विस्तार 'सतत समाजीकरण के रूप में क्षमता की समझ' तक करती है। इस प्रकार पूर्ण क्षमता अपनी प्रकृति में शुद्ध भाषाई नहीं होती बल्कि सामाजिक नियमों का सम्वाहक भी होती है। व्याकरणिकता या भाषा प्रयोग की स्वीकार्यता (Exeptibility) निश्चित ही सन्दर्भ-सापेक्ष होती है जिसे सामाजिक व्यवहार (Social Intraction)

को समझे बिना विवेचित नहीं किया जा सकता। क्योंकि सामाजिक व्यवहार में विभिन्न सामाजिक वर्ग (सामाजिक, आर्थिक तथा अन्य), विषय (धर्म, राजनीति, स्थानीय, अस्थानीय) आदि महत्त्वपूर्ण है। तथा सर्वाधिक महत्त्वपूर्ण है वक्ता-श्रोता का वह पारस्परिक सम्बन्ध जो भाषा-व्यवहार के मौखिक-लिखित दोनों रूपों द्वारा व्यक्त होता है। इस दृष्टि से एक भाषा समुदाय में 'औपचारिकता' भाषा द्वारा कैसे व्यक्त होती है, भाषा प्रयोग द्वारा वक्ता-श्रोता दोनों की पद-प्रतिष्ठा की अभिव्यक्ति कैसे हो पाती है, सर्वनामों का प्रयोग कैसे सम्बोध्य एवं सम्बोधित व्यक्ति की सामाजिक स्थिति को इंगित करने लगता है, और कैसे नाते-रिश्ते की शब्दावली या सम्बोधन शब्दावली द्वारा उस भाषा समुदाय के सामाजिक-सांस्कृतिक पक्षों का द्योतन सम्भव हो पाता है? जैसे प्रश्न भी विचारणीय बन जाते हैं। उदाहरण के लिए वक्ता यदि आज्ञात्मक वाक्य का प्रयोग करता है तो उसके दो रूप सम्भव हो सकते हैं, आज्ञा और अनुरोध। व्याकरणिक नियम के अनुसार आज्ञा और अनुरोध का स्तर और लक्ष्य एक ही होता है परन्तु सामाजिक-सांस्कृतिक सन्दर्भ में उनका स्तर भिन्न हो जाता है। अपने से छोटे या निम्न पद (-पद) वालों के लिए आज्ञा तथा अपने से बड़े (श्रद्धेय) या उच्च पद (-पद) वालों के लिए अनुरोध का प्रयोग किया जाता है। व्याकरणिक नियम के साथ बालक को यह सामाजिक-सांस्कृतिक नियम भी तथ्यों के सहारे मिलता है कि वह किस स्थिति विशेष में आज्ञा का प्रयोग करे और किससे अनुरोध का। इसलिए किसी भी भाषा समुदाय के प्रत्येक सदस्य के लिए यह अनिवार्य हो जाता है कि वह अपनी भाषा के औपचारिक रूप (Formal or Structural features) के साथ-साथ सामाजिक सन्दर्भों में भाषेतर नियमों से बँधे भाषा व्यवहार को भी जाने। इनके द्वारा ही वह अपने समाज एवं संस्कृति के उन मूल्यों को पहचान पाता है जो समाज में निहित हैं, और भाषा व्यवहार द्वारा भी व्यक्त होते हैं। इसी के माध्यम से व्यक्ति का सतत समाजीकरण होता है।

हिन्दी भाषा के सन्दर्भ में यह कहा जा सकता है कि अभी तक न तो उसकी प्रयोजनसिद्ध शैलियों पर ही व्यापक प्रकाश डाला गया है और न ही उसके उस भाषाभेद की चर्चा ही की गयी है जो उसके सामाजिक सन्दर्भों से नियन्त्रित है। इस दिशा में जो प्रयास हुए भी हैं वे छिटपुट लेखों के रूप में ही हमें मिलते हैं। भाषा के समाज संदर्भित अध्ययन में द्विभाषिक या बहुभाषिक भाषा समुदाय के भाषाई व्यवहार एवं भाषाई अभिवृत्ति (Attitude) के अध्ययन द्वारा अनेक ऐसे तथ्य मिल सकते हैं जिनकी कल्पना भी एक भाषा (Monolingual) समुदाय को दृष्टि में रख कर भाषा अध्ययन करने वाले नहीं कर सकते। इस दृष्टि से हिन्दी से अधिक वैविध्यपूर्ण भाषा तथा भाषाई कोश एवं कोड मैट्रिक्स की दृष्टि से हिन्दी

भाषा समुदाय से अधिक सक्षम भाषा समुदाय शायद दूसरा न मिले। वैसे अब तो यह भी स्पष्ट हो चुका है कि कोई भी भाषा या भाषा समुदाय (चाहे वह एक भाषी ही क्यों न हो) एक रूप नहीं होता। उसकी भाषा में भी ध्वनि, शब्दकोश और प्रयोजन के धरातल पर भिन्नता होती है (लेबॉव : 1966, ट्रडगिल : 1974)। हिन्दी भाषा की वैविध्यपूर्ण प्रकृति को दृष्टि में रखते हुए यहाँ उसकी सम्बोधन शब्दावली तथा नाते-रिश्ते की शब्दावली पर विचार प्रस्तुत है जिससे हिन्दी की उन भाषाई उपव्यवस्थाओं पर भी प्रकाश पड़ेगा जो उन अभिलक्षणों से नियन्त्रित हैं जिनका सम्बन्ध भाषा के सामाजिक प्रयोग या सम्प्रेषणपरक प्रकार्य (Communicative Function) से है। हिन्दी की सम्बोधन शब्दावली को यहाँ मुख्य चार वर्गों में बाँटा गया है—

वर्ग : 1

| (क) | (ख) | (ग) |
|---|---|---|
| पद + जी | पद + महोदय | पद + साहब |

वर्ग : 2

| (क) | (ख) | (ग) | (घ) |
|---|---|---|---|
| अन्तिम नाम+जी<br>प्रथम नाम | अन्तिम नाम+महोदय | अन्तिम नाम+साहब | प्रथम नाम+बाबू |

वर्ग : 3

| (क) | (ख) | (ग) |
|---|---|---|
| श्रीमती + अन्तिम नाम | मिसेज़ + अन्तिम नाम | सुश्री + पूर्ण नाम |

वर्ग : 4

| (क) | (ख) | (ग) |
|---|---|---|
| प्रथम नाम + जी | कुमारी/मिस + प्रथम नाम | सुश्री + पूर्ण नाम |

वर्ग : 1 का सम्बन्ध सम्बोध्य व्यक्ति के पद (Status) से है। जो व्यक्ति

पद की दृष्टि से वरिष्ठ (+ पद) है उसके लिए पहले वर्ग की सम्बोधन शब्दावली प्रयुक्त की जाती है। इनमें भी 'चयन का सिद्धान्त' अपनी महत्त्वपूर्ण भूमिका निभाता है। इस वर्ग के अन्तर्गत तीन विकल्प हैं (क, ख, ग) जिनसे मन्त्री जी, अध्यक्ष महोदय, नवाब साहब, डॉक्टर साहब जैसे सम्बोधन बनते हैं। इन विकल्पों में 'महोदय' तथा 'जी' एक दूसरे द्वारा स्थानान्तरित भी किये जा सकते हैं क्योंकि इन दोनों का प्रयोग संस्कृतनिष्ठ पदनामों के साथ ही होता है। इसके विपरीत 'साहब' सम्बोधन का प्रयोग विदेशी (अंग्रेजी, अरबी-फ़ारसी) पदनामों तक ही सीमित है। भारतीय सन्दर्भ में 'साहब' सम्बोधन वैसे भी उच्चतर पद का प्रतीक बन चुका है। पहले वर्ग के तीन विकल्पों में से यदि अध्यक्ष साहब; प्रोफ़ेसर महोदय, डॉक्टर जी, जैसे प्रयोग किये जायँ तो वे भाषा-प्रकार्य की दृष्टि से अशुद्ध होंगे। क्योंकि इन विकल्पों का चयन हिन्दी के सामाजिक-प्रकार्य तथा शैलीगत भेद से सीधा जुड़ा हुआ है।

वर्ग : 2 का सम्बन्ध पुरुष वर्ग के व्यक्तिगत नाम से है। वयस्क व्यक्ति या प्रतिष्ठित व्यक्ति के लिए इस सम्बोधन शब्दावली का प्रयोग किया जाता है। इसमें भी शैलीगत भेद के कारण चयन की सावधानी अपेक्षित है। भारतीय नामों के साथ 'जी' या 'महोदय' (मिश्रा जी, पांडेय जी, दिलीप जी, त्रिपाठी महोदय) तथा विदेशी नामों के साथ 'साहब' (अंसारी साहब, अल्बर्ट साहब) सम्बोधन जुड़ता है। अंसारी जी, अल्बर्ट महोदय, मिश्रा साहब जैसे प्रयोग यहाँ अशुद्ध माने जाएँगे। इस वर्ग के खण्ड (क) में अन्तिम नाम या प्रथम नाम का चयन वक्ता-श्रोता के औपचारिक और अनौपचारिक सम्बन्धों को द्योतित करता है। उदाहरण के लिए मैं 'शर्मा जी' का प्रयोग ही करूँगा 'आंजनेयजी' का नहीं। जबकि इसी वर्ग में 'बाबू' सम्बोधन सदैव प्रथम नाम के साथ ही प्रयुक्त होता है जैसे सरजू बाबू, शरत बाबू आदि। पर 'बाबू' सम्बोधन का प्रयोग क्षेत्र सीमित है।

वर्ग : 3 विवाहित महिला वर्ग से सम्बद्ध है। 'श्रीमती' सम्बोधन के साथ सदैव अन्तिम नाम ही प्रयुक्त होता है जैसे श्रीमती चौधुरी। अंग्रेजी प्रभाव के कारण नगरों के शिक्षित वर्ग में 'मिसेज़' का प्रयोग भी 'श्रीमती' के समानान्तर चल रहा है। 'सुश्री' का प्रयोग विशिष्ट सन्दर्भों में विशिष्ट महिला के लिए होता है तब पूर्णनाम के साथ इसे जोड़ा जाता है जैसे सुश्री मीरा शर्मा।

वर्ग : 4 में अविवाहित महिला वर्ग से सम्बद्ध सम्बोधन है। प्रथम नाम के साथ 'जी' का प्रयोग वक्ता-श्रोता में औपचारिक पद परिचय का सम्बन्ध दर्शाता है जैसे शीला जी, ज्योत्स्ना जी, वेंकायम्मा जी आदि। नगरीय परिवेश में 'मिस' भी प्रचलित है। 'मिस' के साथ अन्तिम नाम भी प्रयुक्त किया जा सकता है। उदाहरण

के लिए मोहन राकेश की कहानी 'मिस पाल' का शीर्षक देखा जा सकता है। 'सुश्री' का प्रयोग इस वर्ग में भी वर्ग 3 के ही समान होता है।

उपरोक्त चारों वर्गों की सम्बोधन शब्दावली का प्रयोग भाषेतर उपादानों द्वारा ही नियन्त्रित है। इतने समुचित प्रयोग के लिए भाषा के समुचित सन्दर्भों में व्यवहार का ज्ञान भी प्रयोक्ता से अपेक्षित है। क्योंकि इन सम्बोधनों द्वारा व्यक्ति की सामाजिक पद प्रतिष्ठा भी व्यंजित होती है। उपरोक्त वर्गों में यदि श्रीमती, साहब, महोदय, बाबू आदि शब्दों पर ध्यान दें तो यह स्पष्ट हो जाता है कि इन सम्बोधनों से युक्त वाक्यों को प्रतिष्ठा नहीं दी जाती तो सामाजिक स्वीकृति की दृष्टि से (व्याकरणिक दृष्टि से नहीं) वाक्य अशुद्ध हो जाता है। इस सन्दर्भ में नीचे दिये गये वाक्यों (क) तथा (ख) को देखा जा सकता है :

(क) श्रीमती मेहता, आप बम्बई कब जाएँगी?
*(ख) श्रीमती मेहता, तुम बम्बई कब जाओगी?
(क) शीलाजी, आप दफ्तर कब जाती हैं?
*(ख) शीलाजी, तुम दफ्तर कब जाती हो?
(क) मन्त्री महोदय, आप कब आएँगे?
*(ख) मन्त्री महोदय, तुम कब आओगे?
(क) प्रोफेसर साहब, आप घर पर कब मिलेंगे?
*(ख) प्रोफेसर साहब, तुम घर पर कब मिलोगे?
(क) मोहन बाबू, आप कब से बीमार हैं?
*(ख) मोहन बाबू, तुम कब से बीमार हो?

इनके अतिरिक्त सामाजिक व्यवस्था में कुछ ऐसे भी पेशे हैं जिनके प्रति समाज का दृष्टिकोण हेय दृष्टि का परिचायक कहा जा सकता है। ऐसे पेशों को सम्बोधित करते समय 'साहब', 'महोदय' आदि सम्बोधनों का प्रयोग नहीं किया जाता जैसे धोबी साहब या मोची महोदय आदि। इसके साथ ही भारतीय समाज में जातिगत तथा व्यवसाय गत समुदायों के लिए भी निश्चित शब्दावली का प्रयोग मिलता है जिनका अत्यन्त सार्थक प्रयोग 'गोदान' में किया गया है। निम्नवर्ग की कुनबी जाति के लिए 'महतो', क्षत्रिय जमींदार के लिए 'बाबू साहब' या 'ठाकुर साहब', बनिया-व्यापारी के लिए 'साव जी', ब्राह्मण के लिए 'पण्डित जी' या 'महाराज' कायस्थ वर्ग के लिए 'मुन्शी जी', चमार-हरिजन के लिए 'चौधरी' जैसे सम्बोधन वहाँ मिलती हैं जिन पर विस्तृत अध्ययन किया जा सकता है।

हिन्दी के कुछ सम्बोधन शब्द कुछ सन्दर्भों में रूढ़ (Frozen) हो गये हैं। जैसे

औपचारिक स्थिति में 'श्रीमान', 'महानुभाव' का प्रयोग, सभा में 'देवियों और सज्जनों' का प्रयोग, अदालत में 'गरीब परवर', 'मेहरबान' का प्रयोग, निम्नवर्ग द्वारा उच्च वर्ग के लिए 'हुजूर', 'सरकार', 'मालिक' का प्रयोग आदि। आजकल विद्यालयों-कार्यालयों में 'श्रीमान' का स्थान 'सर' ने ले लिया है।

हिन्दी सम्बोधन शब्दावली के कुछ प्रमुख व्यावहारिक रूपों की चर्चा द्वारा यह स्पष्ट होता है कि हिन्दी-भाषा-समाज एक से अधिक संस्कृतियों तथा भाषा भेद से सम्बद्ध है जिसके कारण हिन्दी भाषा का स्वरूप विषमरूपी (Heterogeneous) है। इस विषमरूपता का कारण सामाजिक-सांस्कृतिक उपव्यवस्था की वह कड़ी है जो उसे उच्चवर्ग, निम्नवर्ग, शिक्षित-अशिक्षित, शहरी-ग्रामीण समुदायों में विभक्त करती है। इसलिए ऊपर चर्चित सम्बोधन शब्दावली के अतिरिक्त उसके और भी प्रकार या विकल्प हो सकते हैं।

नाते-रिश्ते की शब्दावली का भी सीधा सम्बन्ध उस समाज या संस्कृति की विशिष्ट प्रकृति से रहता है। यही कारण है कि प्रत्येक भाषा की नाते-रिश्ते की शब्दावली अपने विशिष्ट रूप में वर्गीकृत रहती है। उदाहरण के लिए यदि हिन्दी की नाते-रिश्ते की शब्दावली की तुलना अंग्रेजी की नाते-रिश्ते की शब्दावली से की जाय तो यह स्पष्ट हो जाता है कि अंग्रेजी की शब्दावली सीमित (Narrow Range terminology) है और हिन्दी की व्यापक (Broad Range terminology)। क्योंकि अंग्रेजी भाषी समाज में संयुक्त परिवार की उस संकल्पना का अभाव है जो हिन्दी भाषी समाज का आधार है। इसीलिए अंग्रेजी में 'अंकल' शब्द द्वारा हिन्दी के 'चाचा', 'मामा', 'मौसा', 'फूफा', 'ताऊ' जैसी व्यापकता व्यंजित नहीं होती। हिन्दी में प्रत्येक रिश्ते के लिए भिन्न शब्द प्रयुक्त होता है जिनकी सामाजिक महत्ता और भूमिका (Role) भी विशिष्ट होती है।

भारतीय समाज पितृसत्तात्मक है और इसमें मूल तथा संयुक्त परिवार की संकल्पना भी प्रत्यक्ष या परोक्ष रूप से उसकी सामाजिक संरचना को प्रभावित करती है। मूल परिवार में दादा-दादी, माता-पिता, भाई-बहन, पुत्र-पुत्री, पोता-नाती आदि आते हैं। इसके बाद विवाह-सम्बन्धी रिश्ते बनते हैं जिनमें पति-पत्नी दोनों पक्षों द्वारा निर्मित रिश्तों में पति-पत्नी, जीजा-साली, सास-बहू आदि समाहित हैं। माता तथा पिता की ओर से बने रिश्तों में मामा-चाचा आदि आते हैं। इस प्रकार हिन्दी की नाते-रिश्ते की शब्दावली के तीन वर्ग बनाये जा सकते हैं।

इन तीनों ही वर्गों में शब्दावली सामान्य है। इन्हीं से जब ममेरा-ममेरी, चचेरा-चचेरी, परदादा, चचिया, ममिया आदि रूप निर्मिति किये जाते हैं तब शब्दावलियों के कुछ विकल्प ऐसे भी हैं जो सामाजिक संरचना की विशिष्टता प्रदर्शित

करते हैं। जैसे पुरुष प्रधान समाज होने के कारण पति के भाई के लिए 'जेठ' और 'देवर' दो शब्द हैं जबकि पत्नी के भाई के लिए एक ही शब्द 'साला', इसी प्रकार माता के भाई के लिए 'मामा' एक ही शब्द है जबकि पिता के भाई के लिए 'चाचा' और 'ताऊ' दो शब्द। इनमें आयुभेद के प्रभाव के साथ भारतीय समाज की मानसिकता स्पष्ट हो जाती हैं। इन शब्दावलियों द्वारा जो रिश्ते व्यक्त होते हैं उनके अनुरूप ही आचरण की प्रवृत्ति भी भारतीय समाज में दिखाई देती है। उदाहरण के लिए जीजा-साली या भाभी-देवर का रिश्ता मधुर अनौपचारिक होता है तथा इनका आचरण खुला हुआ रहता है जबकि जेठ-बहू का रिश्ता अनौपचारिकता की सीमा पर रहता है और इनके आचरण में पर्दा-प्रथा का निर्वाह भी चलता है। इसी प्रकार भाभी के साथ खुला व्यवहार सम्भव है जबकि चाची या ताई के साथ नहीं। बुआ/फूफी की तुलना में मौसी का सम्बन्ध अधिक आत्मीय होता है।

आचरण के इस परिप्रेक्ष्य के अतिरिक्त बहुवचन द्वारा आदर-सम्मान व्यक्त करने की स्थिति भी नाते-रिश्ते की शब्दावली के साथ सदैव जुड़ी रहती है जो भाषा को भाषेतर उपादानों से बद्ध करती है। नीचे दिये कुछ वाक्यों द्वारा इस स्थिति को स्पष्ट समझा जा सकता है :

1. (क) आज नाना आए थे।
   (ख) आज नाती आया था।
   *(ग) आज नाना आया था।
   *(घ) आज नाती आये थे।
2. (क) चाचा आज बाज़ार गये थे।
   (ख) भतीजा आज बाज़ार गया था।
   *(ग) चाचा आज बाज़ार गया था।
   *(घ) भतीजा आज बाज़ार गये थे।
3. (क) माँ स्कूल में हैं।
   (ख) बेटी स्कूल में है।
   *(ग) माँ स्कूल में है।
   *(घ) बेटी घर में हैं।

ऊपर संदर्भित वाक्यों के (क) वाक्य इस बात को प्रमाणित करते हैं कि यदि हिन्दी की नाते-रिश्ते की शब्दावली को + पद में विभाजित किया जाय तो यह कहा जा सकता है कि सामान्यतः अपने से एक पीढ़ी ऊपर के व्यक्तियों को आदर-सम्मान की दृष्टि से देखा जाता है। इसीलिए (+ पद) माता, पिता, चाचा, मामा, दादा, नाना आदि को दिया जाता है। जबकि अपने से एक पीढ़ी नीचे के व्यक्तियों को (- पद)

दिया जाता है जैसा कि संदर्भित व्यक्तियों के (ख) प्रकार के वाक्यों में देखा जा सकता है, जैसे बेटा-बेटी, पोता-पोती, भतीजा-भांजा आदि। यदि (+ पद) को आदर या सम्मान हेतु बहुवचन न दिया जाय या (- पद) को बहुवचन रूप दे दिया जाय तो वाक्य 'अशुद्ध' हो जाता है जैसा कि (ग) और (घ) वाक्य प्रकारों से स्पष्ट है।

हिन्दी की इन शब्दावलियों के संक्षिप्त तथा सीमित अध्ययन से यह स्पष्ट होता है कि भाषा, समाज तथा संस्कृति से अभिन्न रूप से सम्बद्ध होती है। इसलिए सामाजिक सन्दर्भों के ज्ञान के अभाव में व्यक्ति की भाषा व्यवहार की क्षमता पूर्ण नहीं मानी जा सकती। इस सन्दर्भ में मुस्लिम समुदाय में प्रयुक्त शब्दावली को देखना चाहिए जिससे एक ही भाषा समुदाय में दो भिन्न संस्कृतियों के प्रभाव का भी पता चल सकेगा।

इस विवेचन के आधार पर यह कहा जा सकता है भाषा का सामाजिक सन्दर्भ भाषाविज्ञान और समाजशास्त्र के अवमिश्रण का परिणाम मात्र ही नहीं है। या इसका उद्देश्य सामाजिक व्यवस्था और भाषा व्यवस्था की सहसंकल्पना पर प्रकाश डालना ही नहीं है। बल्कि वह यह मान कर चलता है कि भाषा एक समाज सापेक्ष प्रतीक-व्यवस्था है और सामाजिक तथ्य उसकी प्रकृति में ही अन्तर्भुक्त रहते हैं। यह तथ्य इस अध्ययन द्वारा भी स्पष्ट हो जाता है। प्रतीकीकरण की यह प्रक्रिया एक ओर उसके बाह्य वातावरण तथा दूसरी ओर मनुष्य और समाज के अन्तस्सम्बन्धों की अनिवार्यता से सम्बद्ध रहती है। इसीलिए भाषाविज्ञान और समाज भाषाविज्ञान में कोई मौलिक भेद नहीं है, केवल इनकी भाषा-अध्ययन की दृष्टि भिन्न है।

## सन्दर्भ


गोस्वामी, कृष्ण कुमार, 1980, हिन्दी का शैक्षिक व्याकरण, दिल्ली : आलेख

श्रीवास्तव, रवीन्द्रनाथ, सहाय, रमानाथ, 1976, हिदी का सामाजिक संदर्भ, आगरा : केन्द्रीय हिन्दी संस्थान

सिंह, दिलीप, 1978, सामाजिक स्तर भेद और भाषा स्तर भेद : एक समाजशास्त्रीय भाषावैज्ञानिक अध्ययन (शोध-प्रबन्ध) वाराणसी : सं.सं. वि.वि.

Brown, R W. and Gilman, A., 1960, 'The Pronouns of power and Solidariry' in T.Sebeok (ed.) Style in language MIT Press

Hymes, D., 1964, Language in Culture and Society, Harper and Row.

—1970, 'On Communicative Competence' IN Sociolinguistics (eds.) J.B. Pride and J. Holmas, Penguin.

Labov, W., 1955, 'Stages in the acquisition of Standard English' IN R.Shuy (ed.) Social dialects and language learning. National Council of Teachers in English.

—1966, The Social Stratification of English in New York City. Centre

for Applied Linguistics, Washington : D.C.
—1960, 'The study of language in its Social Context' IN Sociolinguisitcs (eds.) J.B. Pride and J.Holmen, Penguin.
Lakoff, R., 1972, Language in Context, Language, 48.
Srivastava, R.N., 1973, Linguistic perspective on the study of Social meaning. Paper presented in symposium on Social Stratification and language behaviour. 1. I AS Simla.
Trudgill, P., 1974, The Social differentiation of English in Norwich, OUP.

# भाषा प्रयोग की दिशा–दो

(1)

किसी भी भाषा-समुदाय में द्विभाषिकता और बहुभाषिकता का अस्तित्व देखा जा सकता है। दो या दो से अधिक भाषाओं के प्रयोग की क्षमता रखने वाला भाषा-समाज अपने भाषा-व्यवहार में इनका मिला-जुला रूप प्रयोग करने लगता है। इस प्रकार वह अपनी भाषा में दो या दो से अधिक 'कोड' के घटक मिश्रित करके बोलता है अथवा एक भाषा बोलते-बोलते अनायास दूसरी भाषा का कोड उसमें जोड़कर अपनी बात पूरी करता है। इन दोनों प्रक्रियाओं को क्रमशः **कोड-मिश्रण** और **कोड परिवर्तन** के नाम से जाना जाता है। कोड-मिश्रित या कोड-परिवर्तित भाषा रूप भाषा व्यवहार के समय वक्ता के मस्तिष्क से सांदर्भिक (Contextual) रूप में निकलते हैं। कोड-परिवर्तन का मुख्य प्रकार्य यह होता है कि द्विभाषिक या बहुभाषिक व्यक्ति जो भाषाएँ जानता-समझता है, वे भाषा-प्रयोग के विशेष सन्दर्भ (Context) और स्थिति (Situation) के अनुरूप बोलते समय ही परस्पर परिवर्तित होती रहती हैं। कोड मिश्रण, समाज-भाषावैज्ञानिक दृष्टि से विभिन्न भाषाओं की इकाइयाँ (Units) एक ही भाषा के व्यवहार के समय आपस में मिश्रित होती रहती हैं। समाज भाषाविज्ञान के अनुसार 'द्विभाषिकता' से तात्पर्य है दो कोडों (भाषाओं) का विकल्पवत प्रयोग करने की क्षमता तथा 'बहुभाषिकता' का अर्थ है दो से अधिक कोडों के प्रयोग की दक्षता। दोनों ही स्थितियों में कोड-परिवर्तन और कोड-मिश्रण उसी प्रकार होता है जिस प्रकार एकरूपी या एकभाषी (Mono-Lingual) समाज शैली-परिवर्तन करता है या उस प्रकार जैसे वाक्य-रचना के समय वह भिन्न उपलब्ध पर्यायों में से किसी एक पर्याय का चयन करता है।

जब वक्ता-श्रोता के बीच ये कोड समान होते हैं तब सम्प्रेषण की आवश्यकता और प्रयोग के सन्दर्भ के अनुसार वे दोनों एक कोड से दूसरे कोड की ओर और दूसरे कोड से पहले कोड की ओर अपने भाषा-व्यवहार के बीच ही आते-जाते रहते हैं। कोड-मिश्रण और कोड-परिवर्तन की प्रक्रिया को रोनाल्ड वॉरडाघ (1986) ने इस प्रकार समझाया है–"जब द्विभाषिक आपस में इस प्रक्रिया से जुड़ते हैं तो वास्तव

में वे एक तीसरे कोड का प्रयोग कर रहे होते हैं।" अर्थात् कोड-मिश्रण और कोड-परिवर्तन की संकल्पना सामाजिक सन्दर्भ में एक नये कोड को जन्म देती है। लेबॉव (1970) ने 'भाषा का समाजशास्त्र' (Sociology of language) उसे कहा था 'जो व्यापक स्तर पर सामाजिक तत्त्वों से सम्बद्ध होता है।' इसके अन्तर्गत उन्होंने भाषा-बोली के परस्पर सम्पर्कों-सन्दर्भों, अल्पसंख्यक भाषाओं के लोप और समाहन (Assimilation), स्थायी द्विभाषिकता के विकास, भाषा के आधुनिकीकरण तथा विकासशील राष्ट्रों की भाषाओं के विकास और नियोजन आदि को समाहित किया था। उनके विचार में "इस प्रकार के अध्ययनों से जो भाषिक सामग्री (Data) मिलती है, वह यह स्पष्ट करती है कि विशिष्ट व्यक्ति या समुदाय भाषा 'क' का प्रयोग सामाजिक सन्दर्भ या प्रयोग-क्षेत्र (Domain) 'ख' में करता है।" कोड-मिश्रण और कोड-परिवर्तन भी 'भाषाद्वैत' (Diaglossia) की तरह 'भाषा का समाजशास्त्र' के अन्तर्गत आनेवाली संकल्पनाएँ हैं। 'भाषा का समाजशास्त्र' यह देखता है कि भाषा अध्ययन के माध्यम से सामाजिक संरचना किस रूप में हमारे सामने खुलती चली जाती है।

भारत एक बहुभाषी और बहु सांस्कृतिक राष्ट्र है। भाषाई समाज के रूप में हिन्दी भाषा-समाज एक विशिष्ट प्रकार का समाज है। वैसे तो अन्य भारतीय भाषा-समाजों की तरह यह भी एक बहुभाषा-भाषी समाज है जो अपने अन्य सामाजिक संस्थानों के निर्वाह के लिए बहुभाषिकता को प्रश्रय देने के पक्ष में है। परन्तु कुछ स्तरों पर यह विशिष्ट इसलिए है कि "इस समुदाय के एक छोर पर अगर ग्रामीण बोलियाँ हैं तो दूसरी छोर पर इसके विविध साहित्यक शैली-भेद हैं। हिन्दी-उर्दू की द्विविध साहित्यिक-सांस्कृतिक परम्पराएँ इसे और भी जटिलताएँ प्रदान करती हैं और विदेशी भाषा होते हुए भी इसे सर्वाधिक प्रभावित करती हैं 'अंग्रेजी भाषा का प्रयोग' (श्रीवास्तव : 1992)। इस प्रकार हिन्दी भाषा-समुदाय का 'कोड-मैट्रिक्स' स्थानीय ग्रामीण बोली, क्षेत्रीय बोली, मानक हिन्दी और अंग्रेज़ी से निर्मित है। इनमें परस्पर कोड-मिश्रण और कोड-परिवर्तन की प्रक्रिया चलती रहती है। हिन्दी में कोड-मिश्रण की व्यापक स्थिति के कारण ही 'शुद्ध हिन्दी' को अलग रखकर देखा जाता है और कोड-मिश्रण से उत्पन्न हिन्दुस्तानी-अंग्रेजी मिश्रित हिन्दी और अरबी-फ़ारसी मिश्रित हिन्दी को सन्दर्भ और स्थिति के वैशिष्ट्य के अनुरूप भाषा-व्यवहार के भाषा-रूपों के रूप में रखा जाता है।

हिन्दी भाषी क्षेत्र का हिन्दी भाषा-समुदाय अपनी अधीनस्थ बोलियों से प्रभावित भाषा प्रयोग से बँधा हुआ है जहाँ बोलियाँ, स्थानीय सामाजिक व्यवस्था का अंग हैं। हिन्दी भाषा-समुदाय अपने इन छोटे-छोटे समूहों में संदर्भित कोड-मिश्रण और कोड-परिवर्तन की स्थिति से स्वतः आ जुड़ता है। इस सन्दर्भ में यह बात

महत्त्वपूर्ण है कि मानक हिन्दी का व्यवहार समुदाय के कई सदस्यों में ग्रहणशीलता की क्षमता (Receptive competence) तक ही सीमित रहता है। जिन सदस्यों में यह उच्चारणशीलता की क्षमता (productive competence) के स्तर पर होता है, वे ही बोली-हिन्दी कोड-मिश्रण और कोड-परिवर्तन की प्रक्रिया में सहभागी हो पाते हैं। हिन्दी के बोली समुदायों ने क्षेत्रीय धरातल पर हिन्दी के तत्सम रूप को परम्परा से प्राप्त किया है, अरबी-फ़ारसी के सहज प्रयोग उसे बोलचाल की भाषा के सामान्य तत्त्व के रूप में मिले हैं तथा अंग्रेज़ी के प्रचलित शब्द उसे दैनंदिन भाषा-प्रयोग में आधुनिकीकरण के परिणामस्वरूप उपलब्ध हुए हैं। इस दृष्टि से भाषा-बोली व्याघात (Interference) के परिणामस्वरूप इकाई स्तर पर ध्वन्यात्मक परिवर्तन एक प्रमुख गुण है। रूपात्मक और वाक्यात्मक स्तर पर भी ध्वनि परिवर्तन एक प्रमुख प्रक्रिया है। बोली क्षेत्रों में भाषा (हिन्दी) पर बोली के इस व्याघात से मानक हिन्दी का शिक्षित और उच्चवर्गीय प्रयोक्ता अपने को सायास बचाने में या सन्दर्भानुसार उसे अपने भाषा-प्रयोग में ले आने में समर्थ और सक्षम होता है। प्रचलित ध्वन्यात्मक परिवर्तन को तीन स्तरों पर देखा जा सकता है–

(क) **तत्सम रूपों में ध्वन्यात्मक परिवर्तन** : तर्पण > तर्पन, स्नान > अस्नान, दर्शन > दरसन, यज्ञ > जज्ञ, षणयंत्र > खड़जंत्र, आशय > आसै, वायु > बाई, पुण्य > पुन्न आदि।

(ख) **अरबी-फ़ारसी रूपों में ध्वन्यात्मक परिवर्तन** : वक्त > बखत, ज़िंदगी >जिनगी, सौदा > सउदा, पैदा > पइदा आदि।

(ग) **अंग्रेज़ी रूपों में ध्वन्यात्मक परिवर्तन** : पार्टी > पाल्टी, मैच > मइच, वोट > ओट, लव > लभ, ग्लास > गिलास, स्कूल > इस्कूल आदि।

भाषा-बोली कोड-मिश्रण में अन्य इकाइयाँ भी सम्मिलित होती हैं। इनका चयन समुदाय का सम्भ्रान्त और शिक्षित सदस्य अपने को बोली-समुदाय के ठेठ प्रयोक्ताओं से जोड़ने के लिए करता है, जबकि ठेठ बोली-प्रयोक्ता में इस प्रकार का मिश्रण उसकी भाषा-आदत (Language habit) के रूप में सिद्ध रहता है। भाषा-समुदाय के शिक्षित सदस्य की दृष्टि से इस प्रकार के कोड-मिश्रण को स्थितिजन्य

कोड-मिश्रण (Situational code mixing) कहा जा सकता है। इस मिश्रित कोड का प्रयोग-क्षेत्र बृहत्तर (हिन्दी भाषा समुदाय) और उपभाषा समुदाय (बोली-समुदाय) के सम्पर्क के आधार पर निर्धारित होता है।

(2)

अब हम हिन्दी भाषा और उसकी बोली (भोजपुरी) के सन्दर्भ में कोड-मिश्रण और कोड-परिवर्तन की स्थिति को निम्नलिखित चार स्तरों पर देखने का प्रयत्न करेंगे–

(1) इकाई अन्तर्निविष्टि (Unit Insertion)
(2) वाक्य अन्तर्निविष्टि (Sentence Insertion)
(3) मुहावरा और सह-सम्बन्ध अन्तर्निविष्टि (Idioms&Collocation Insertion)
(4) इकाई संकरता (Unit Hybridization)

हिन्दी और बोली के बीच इकाई अन्तर्निविष्टि के स्तर पर अगोरना, जोहना, अंटना, पियराना, लतियाना, नेवतना, खटना आदि क्रियाओं का प्रयोग हिन्दी वाक्य-रचना में दिखाई देता है। अन्य इकाइयों की अन्तर्निविष्टि इन वाक्यों में देखी जा सकती है–बढ़ोत्तरी ही होगी, यह तो निकली जाती है, बतियाने वाला मिल जाए बस, किरिया खाया तब जाके बिसवास हुआ, ई अब फजूल बात है, कौनो ठीक नहीं है आदि। बोली के सामासिक पदों की अन्तर्निविष्ट भी इकाई के स्तर पर बड़ी मात्रा में मिलती है जैसे : गारी-गोरा (देने लगा), चउका-बासन (करते हैं), बिनल-बिनावल (रखा है) आदि। डेविसन (1972) ने इस प्रकार की इकाई अन्तर्निविष्टि को रूपात्मक स्तर पर विवेचित करने की बात भी कही है। हिन्दी-बोली कोड-मिश्रण के सन्दर्भ में इस रूपात्मक स्तर को इन वाक्यों में देखा जा सकता है–थोड़ो लेकर आती है, भगवानै नहीं सुनता, सूत जाओ, जरूरै पहुँचेंगे आदि।

हिन्दी और बोली में **वाक्य अन्तर्निविष्टि** का स्तर भी बहु-प्रयुक्त है। इकाई अन्तर्निविष्टि वाले प्रयोग भी और वाक्य अन्तर्निविष्टि वाले प्रयोग भी समुदाय का शिक्षित-सम्भ्रान्त वर्ग प्रयोग-क्षेत्र से बँधकर ही करता है। अर्थात इस प्रकार के प्रयोग वह परिवार में या स्थानीय लोगों के साथ करते हुए अपनी क्षेत्रीय अस्मिता (Regional identity) स्थापित करता है। हिन्दी-बोली वाक्य अन्तर्निविष्टि या कोड-परिवर्तन के अनेक उदाहरण दिखाई देते हैं : ये क्या बात है/न रहे के चाही अइसन, साफा-साफ कह दो कि हम नाहीं जानित, यह बात नहीं/बस समझ में फेर पड़ जाला इत्यादि। ब्लॉक और गंपर्ज़ (1968) ने प्रयोग-क्षेत्र और परिस्थिति के साथ-साथ एक 'कोड' में दूसरे 'कोड' के मिश्रण को व्यंजनार्थक (Metaphorical) सन्दर्भ में भी देखा। उनके अनुसार इस सन्दर्भ में सम्भ्रान्त-सुसंस्कृत प्रयोक्ता

स्थानीय या ग्रामीण भाषिक इकाइयों का प्रयोग कथन में हास्य-व्यंग्य पैदा करने के लिए करता है जैस—टोटका कर रहे हो क्या?, साइत बिगड़ गयी, लगन मत बाँचो, हम लोग तो बँधी पर काम करने वाले हैं, वह पाँव में सनीचर लेकर पैदा हुआ है आदि। इस प्रकार के प्रयोग हिन्दी-अंग्रेज़ी कोड-मिश्रण में भी देखे जा सकते हैं जैसे —वह पूरा फ़िलासफर है, होम मिनिस्ट्री से पूछ लें आदि। बोली-हिन्दी कोड-मिश्रण में स्थानीय शब्दावली की प्रमुखता मिश्रित कोड को क्षेत्रीय रूप प्रदान करती है। नाखून के लिए नह, कपड़ा के लिए लुग्गा, बैंगन के लिए भंटा, निवास के लिए डेरा, डंडा के लिए गोजी, नल के लिए कल, धूप के लिए घाम जैसे अनेक शब्द हिन्दी भाषा-समुदाय के सामान्य बोली प्रयोक्ता के लिए अनिवार्य इकाइयाँ हैं तो बोली क्षेत्र के शिक्षित प्रयोक्ता के लिए शैलीगत चयन के रूप में विकल्पवत विकल्पन।

(3)

अंग्रेज़ी भाषा भारतीय भाषाओं के सम्पर्क में दो सौ वर्षों से भी अधिक अवधि से है। अतः हिन्दी-अंग्रेज़ी कोड-मिश्रण और कोड-परिवर्तन की प्रक्रिया हिन्दी भाषा-समुदाय में एक सहज प्रक्रिया है। यह अवश्य है कि इन दोनों कोडों के प्रयोग की क्षमता हिन्दी भाषा-समुदाय के सभी सदस्यों में समान नहीं होती। इसीलिए शिक्षा और वर्ग-भेद के धरातल पर भिन्न प्रयोक्ताओं में इनका प्रयोग लचीलापन लिए रहता है। स्थिर द्विभाषिकों (अंग्रेज़ी-हिन्दी के सन्दर्भ में) में यह व्याघात व्यवस्थित होता है और अल्प प्रचलित उच्च अंग्रेज़ी शब्द-अभिव्यक्तियों की अन्तर्निविष्टि भी उनके हिन्दी भाषा प्रयोग में मिलती है। ये स्थिर-द्विभाषिक हिन्दी-अंग्रेज़ी के कोड-मिश्रण रूप की क्षमता के साथ-साथ हिन्दी-अंग्रेज़ी भाषा-व्यवस्था को अलग-अलग रखते हुए भी प्रयोग करने की क्षमता रखते हैं। सामान्य सदस्य प्रचलित अंग्रेज़ी शब्दों का अन्तर्निविष्टि के समय शब्द के मूल रूप में प्रयोग करता है या बोली की ध्वनि-व्यवस्था के अनुरूप ध्वन्यात्मक परिवर्तन करते हुए। हिन्दी अंग्रेज़ी कोड-मिश्रण की स्थिति में भी हम यह साफ़ देखते हैं कि हिन्दी भाषा की लिखित और मौखिक अभिव्यक्ति के समय अंग्रेज़ी भाषा के भाषाई तत्त्वों या भाषिक इकाइयों का सम्मिश्रण किया जाता है। हिन्दी-अंग्रेज़ी कोड-परिवर्तन की स्थिति में हम हिन्दी भाषा बोलते-बोलते अंग्रेज़ी भाषा के वाक्य-अभिव्यक्तियों का प्रयोग करने लगते हैं। हमने इन दोनों स्थितियों को अभी हिन्दी-बोली के सन्दर्भ में देखा है।

इकाई अन्तर्निविष्टि के स्तर पर अंग्रेज़ी के प्रचलित-अप्रचलित शब्दों का मिश्रण हिन्दी में होता है। इस मिश्रण में अंग्रेजी संज्ञा शब्दों की संख्या सबसे अधिक है। **नाते-रिश्ते के नामों में** अंकल, आंटी, वाइफ, कज़िन, नेफ्यू, इन-लॉज आदि।

**पदनामों** में सेक्रेटरी, चेयरमैन, प्रोफ़ेसर, मैनेजर, इंजीनियर, अफ़सर आदि। **व्यावसायिक नामों** में टेलर, ऐडिटर, क्रिटिक आदि। **दिनों के नामों** में संडे, मंडे, फ्राइडे आदि। **संस्थान के नामों** में स्कूल, कॉलेज, यूनिवर्सिटी आदि। **स्थान के नामों** में हास्पिटल, मार्केट, बस-स्टाप, स्टेशन आदि का प्रयोग अति प्रचलित है। इनका प्रयोग हम बोलचाल की हिन्दी में सुनते भी हैं और लिखित हिन्दी में पढ़ते भी हैं। अल्प परिचित संज्ञा और विशेषण अंग्रेज़ी-शब्दों का प्रयोग भी आधुनिक हिन्दी भाषा-समुदाय में आम होता जा रहा है जैसे—फीलिंग, मूड, बिज़ी, कम्पटीशन, लोकेलिटी, प्राफिट, क्रिमिनल, कम्पलसरी, क्लेवर, नाइस, टायर्ड, स्मार्ट, आनेस्ट, पंक्चुअल आदि। इकाई अन्तर्निविष्टि के स्तर पर ही अनेक अंग्रेज़ी संयुक्त शब्द हिन्दी वाक्य-रचना के बीच सहज स्वीकृत हो चुके है जैसे—नोटिस-बोर्ड, क्लास-रूम, सेल्स-टैक्स, हेल्थ-सेंटर, ऑपरेशन-थियेटर आदि। संज्ञा-पदबन्धों के प्रयोग में—'विपक्ष द्वारा वाक-आउट', 'मेरे यंगर ब्रदर वहाँ रहते हैं', 'आपका एलडेस्ट सन आजकल क्या कर रहा है' आदि अब बहुप्रयुक्त मिलते हैं। इकाई के स्तर पर ही इनवाइट करना, इंसपेक्शन करना, डिसमिस करना, वेट करन, एलर्ट करना, बोर होना, वार्निंग देना जैसी नामिक क्रियाओं में पहला सदस्य अंग्रेज़ी का रहता है। सामान्य शिक्षित हिन्दी प्रयोक्ता भी लोड करना, कटिंग करना, पंचर होना, वेल्डिंग करना, रिपेयर करना आदि नामिक क्रियाओं का प्रयोग बड़ी सहजता से करते हैं। इकाई अन्तर्निविष्टि को कुछ वाक्य प्रयोगों में भी देखा जाए तो इनका प्रयोग व सन्दर्भ और भी स्पष्ट हो सकता है—पत्नी बिहार एरिया की हैं, **एफेक्ट** तो पड़ता है, महँगाई **कंट्रोल** के बाहर हो गयी है, मैं इसे ही **प्रीफर** करता हूँ आदि।

हिन्दी-अंग्रेज़ी कोड-मिश्रण में अंग्रेज़ी शब्दावली की प्रयोग बहुलता के पीछे दो प्रवृत्तियाँ काम आती हैं। एक तो कुछ संकल्पनाओं के लिए अपनी भाषा (हिन्दी) में शब्दों का न होना और दूसरे अपनी भाषा के वर्जित (Taboo) शब्दों से बचने के लिए। पहली प्रवृत्ति के उदाहरण स्वरूप ये वाक्य देखे जा सकते हैं—मैंने किताब **इशू** करा ली है, उनके यहाँ मेरा कोई **सोर्स** नहीं है, **सोफा** तो ठीक है पर **सेंटर** टेबुल खराब हो गयी है, वह सारा **फर्नीचर** बेच दो आदि। दूसरी प्रवृत्ति के उदाहरण स्वरूप ये वाक्य देखे जा सकते हैं—मैं **बाथरूम** जा रहा हूँ, मुझे **लूज़ मोशन्स** हो रहे हैं, गिरने से उसके **बटक्स** में चोट आ गयी है आदि।

हिन्दी-अंग्रेज़ी कोड-मिश्रण में वाक्य अन्तर्निविष्टि (कोड-परिवर्तन) की स्थिति भी अनेक स्तरों पर देखी जा सकती है। इसका हिन्दी साहित्य में प्रतिफलन स्पष्ट दिखाई देने लगा है जो इनके प्रचलन का प्रमाण है। आधुनिक हिन्दी साहित्य भी जब महानगरीय कथानकों की ओर मुड़ा और उसने मध्यवर्गीय जीवन के माध्यम से

आधुनिकता-बोध को अपनी विषयवस्तु के रूप में प्रमुखता दी तब कथा-साहित्य में हिन्दी-अंग्रेज़ी कोड-मिश्रण और कोड-परिवर्तन से बँधी हिन्दी भाषा का व्यापक प्रयोग लेखन के माध्यम से भी स्थिर होने लगा। आधुनिक हिन्दी कहानी के तीन प्रमुख कथाकारों की कहानियों के निम्नलिखित अंश देखने से यह तथ्य स्पष्ट हो जाएगा–

(1) ये है सुनीता, हमारे यहाँ सिक्स्थ इयर की स्टुडेण्ट है।
रियली इट्स रोमांटिक, ऐसी शान्ति कहाँ मिलेगी? (राजेन्द्र यादव)

(2) हाऊ आर यू? वह ज़ोर से चीखती। वह सिर हिलाता। सिस्टर ऐट होम? वह दुबारा सिर हिलाता ऑल एलोन?
तुम कहते नहीं सिर्फ जज करते हो। गेट आउट ऑफ हियर। डोण्ट टच मी। (कमलेश्वर)

(3) मिसेज़ शालिनी कार्तिक, एम.कॉम., एक मार्केटिंग फेडरेशन में अफसर बहुत इंटेलिजेंट और स्मार्ट कहाँ की इंटेलिजेंट? तकदीर थी सो तरक्की पा गयी बस, और क्या? उमर बयालीस साल। बट शी लुक्स एब्सर्डली यंग। पढ़ने का बेहद शौक। यू आर सो वेलरेड मिसेज़ कार्तिक। पढ़ती तो हर समय रहती है पर उसकी समझ में कितना आता होगा, इसे आई डाउट। (मोहन राकेश)

कथा-साहित्य के साथ-साथ हिन्दी पत्रकारिता में और विशेष रूप से विज्ञापनों में हिन्दी-अंग्रेज़ी कोड-मिश्रण को हिन्दी भाषा-समुदाय ने पूरी तरह स्वीकार कर लिया है। 'फिल्मफेयर' और 'इण्डिया-टुडे' में प्रकाशित ये विज्ञापन देखें–

(1) देखिए चार्मिंग श्रीदेवी और डेशिंग जीतेंद्र का फुल ऑफ ऐक्शन शाहकार। सुपर डाइनामाइट डी. रामानायुडु का मल्टी स्टार ब्लॉक बस्टर।

(2) घर के बाहर नया बुश पोर्टेबुल स्टीरियो टेपरिकार्डर आपकी पिकनिक और सैर-सपाटों में मेलोडी भर देता है। घर में अगर आपके पास स्टीरियो सिस्टम है तो ये आपका टेप-डैक बन जाता है। अगर आपके पास सिर्फ रिकॉर्ड-प्लेयर है तो आप इसके दो स्पीकरों के साथ इसका इस्तेमाल स्टीरियो एंप्लीफायर के रूप में कर सकते हैं।

फैंसी कपड़ों, स्कूटरों, कारों आदि के विज्ञापनों में कोड-मिश्रण की यह प्रवृत्ति दिन-ब-दिन बढ़ती जा रही है। यहाँ यह भी उल्लेखनीय है कि अंग्रेज़ी पत्रिकाओं में अंग्रेज़ी-कोड में हिन्दी-कोड के मिश्रण-परिवर्तन के प्रयोग की प्रवृत्ति भी इस बीच तेज़ी से उभरी है जो इस बात का प्रमाण है कि अंग्रेज़ी-पत्रकारिता भी संप्रेषण के समुचित लक्ष्य की प्राप्ति के लिए हिन्दी के मिश्रण द्वारा निर्मित एक नये कोड के प्रयोग से हिचक नहीं रही है। 'मूवी' पत्रिका के कुछ उदाहरण देखें जहाँ रोमन लिपि में लिखे हिन्दी प्रयोग कोड-मिश्रण और परिवर्तन का एक नया रूप सामने ला रहे

है—आई बिकेम तगड़ा आई डोंट हैव एनी घमंड, फॉर हिज़ खानदानी इज्ज़त ही इज़ विलिंग टु सेक्रिफाइस एवरीथिंग, आलवेज़ ड्रेस्ट सिंपली इन सीधा पल्लव, कॉटन साड़ी, शी जस्ट टेक्स द नार्मल दाल-चावल एंड सब्जी, आई डू नॉट वांट माई यूनिटवालॉज़ टु से यह भी दूसरों जैसा निकला, अच्छा तो यू आर टाकिंग एबाउट मिस्टर बच्चन, बहुत होशियार हैं आप लोग।

(4)

कोड-मिश्रण और कोड-परिवर्तन की संकल्पना इस बात को स्वीकार करके चलती है कि किसी भाषा समुदाय के भाषाई कोश में मिश्रण-परिवर्तन के लिए पर्याप्त और परस्पर सम्पर्क में रहने वाले कोड उपलब्ध होने चाहिए। बहुभाषी समाज में ये दोनों प्रक्रियाएँ भाषा के आन्तरिक व्यवहार में वाक् प्रयोग के महत्त्वपूर्ण घटक के रूप में कार्य करती हैं। निश्चित ही इनके व्यापक प्रयोग के लिए भाषा-समुदाय के सामाजिक जीवन का पूरा योगदान मिलना चाहिए। हिन्दी-बोली और हिन्दी-अंग्रेज़ी के सन्दर्भ में इन दोनों प्रक्रियाओं को देखने से यह स्पष्ट होता है कि उनके द्वारा हिन्दी भाषा का संरचनात्मक कोश समृद्ध हुआ है और हिन्दी के शैली रूप में वृद्धि हुई है। इन प्रक्रियाओं ने हिन्दी भाषा-समुदाय की उस गृहणशील प्रवृत्ति को भी उद्‌घाटित किया है जो अपनी भाषा को आदान (Borrowing) द्वारा समृद्ध ही नहीं करता बल्कि उसे अपनी भाषा का अंग बनाने का प्रयास भी करता है। ये प्रक्रियाएँ यह बताती हैं कि जब किसी भाषा-समुदाय में स्थानीय व्यवहार, संप्रेषणीयता और दैनिक व्यवहार के स्तर पर एक से अधिक भाषाओं/बोलियों का प्रयोग स्वाभाविक रूप में स्वीकृत हो जाता है तब वह भाषा-समुदाय भाषा सम्बन्धी अपनी दुहरी-तिहरी क्षमता को सन्दर्भ, स्थिति और प्रयोग-क्षेत्र के अनुसार मिश्रित या परिवर्तित करते हुए इन्हें अपने भाषा-व्यवहार का एक अनिवार्य अंग बना लेता है। इन दोनों संकल्पनाओं के सन्दर्भ में किसी विशिष्ट भाषा-समुदाय का अध्ययन हमें भाषा सम्पर्क, समुदाय में उपलब्ध भाषिक विकल्पों, उनके सामाजिक अर्थों और व्यावहारिक धरातल पर उनकी ऐतिहासिक सम्बद्धता से भी परिचित कराता है। और इस बात से भी कि इन विभिन्न विकल्पों का प्रयोगगत विवरण उस भाषा-समुदाय के भिन्न वर्गों में किस श्रेणी और स्तर का है। भाषा-समाज और भाषा-सम्पर्क के परिप्रेक्ष्य में एक नये कोड को जन्म देने या प्रतिफलित करने की क्षमता तथा भाषाई समाहन (Assimilation) को एक वैज्ञानिक भाषिक प्रक्रिया के रूप में देखने के कारण ही समाज भाषाविज्ञान कोड-मिश्रण और कोड-परिवर्तन को किसी बहुभाषी समाज के सन्दर्भ में एक महत्वपूर्ण घटना मानता है।

## सन्दर्भ

Abbi, anvita, 1986, Studies in Bilingualism (ed.) Bahri : Delhi
Austin, J.L., 1962, How to Do things with words : New York OUP.
Benstien, B., 1972, A Sociolinguistic approach to Socialization, with some reference to educability. IN Gumperz & Hymes (eds.). New York : Holt, Rinehart and Winston.
Blom, J.P. and Gumperz, J.J., 1968, Some Social determinants of verbal behaviour. IN J.J. Gumperz and D.Hymes (eds.) Directions in Sociolinguistics. Holt, Rinehart and Winston. Pub. 1971
Bloom, L.M., 1970, Language development : Form and Function in Emerging Grammar, MIT.
Cooper, R.L., 1982, Language spread : Studies in diffusion and social change. Bloomington : Indiana University Press
Dittmar, N., 1976, Sociolinguistics : A critical survey of theory and application. London : Edward Arnold.
Fishman, J.A., C.A. Ferguson and J.Dasgupta (eds.), 1968, Language problems of developing nations.
New York : Johan Wiley.
Gumperz, J.J., 1964, Hindi-Punjabi Code-switching in Delhi, Stanford : SUP.
Gumperz, J.J., 1971, Language in Social groups. Stanford : SUP.
Hudson, R.A., 1980, Sociolinguistics. Cambridge : CUP.
Labov, W., 1970, The study of language in its social context. Stadium Generale, 23.
Pandit, Ira., 1986, Hindi-English Code-Switching and Code-Mixed Hindi-English. Dalta Book Center : Delhi.
Pfaff,C., 1979, Constraints on language mixing, Language, 55.
Sharma, P. Gopal & Suresh Kumar, 1977, Indian Bilingualism, CHI : Agra
Trudgill, P., 1974, Accent, Dilect and the School London : Edward Arnold.
Weinrich, U., 1953, Languages in contact, Linguistics circle of New York, 6th Printing, Mouton 1968.
श्रीवास्तव रवीन्द्रनाथ, 1992, भाषाई अस्मिता और हिन्दी, राधाकृष्ण : दिल्ली
श्रीवास्तव रवीन्द्रनाथ, 1996, हिन्दी भाषा का समाजशास्त्र, राधाकृष्ण : दिल्ली
–और रमानाथ सहाय (सं) 1976, हिन्दी का सामाजिक सन्दर्भ, केन्द्रीय हिन्दी संस्थान, आगरा
–और तिवारी, गोस्वामी (सं) 1980, अनुप्रयुक्त भाषाविज्ञान, आलेख, दिल्ली
तिवारी भोलानाथ और मुकुल प्रियदर्शिनी, 1982, हिन्दी भाषा की सामाजिक भूमिका, द.भा.हिन्दी प्रचार सभा : मद्रास

# मानकीकरण

मानकीकरण का सन्दर्भ–एक
मानकीकरण का सन्दर्भ–दो

# मानकीकरण का सन्दर्भ–एक

भाषा की 'मानकता' का अर्थ है वह सापेक्ष स्थिति जो समान स्थितियों में 'मान' अथवा 'आदर्श' के रूप में समाज द्वारा स्वीकृत की जाती है। यह भी कहा जा सकता है कि 'मानक भाषा' किसी भाषा समूह (Language Community) का वह भाषा रूप है जिसे उस भाषा के अन्य सभी भाषा रूप 'मानक' के रूप में स्वीकार करते हैं। इस भाषा रूप का प्रयोग अन्य भाषाभाषियों के साथ किया जाता है और अधीनस्थ बोलियों का प्रयोग करने वालों के साथ इसका प्रयोग वक्ता की 'प्रतिष्ठा' को पुष्ट करता है। अर्थात् 'मानक भाषा' किसी भाषा की वह सामाजिक बोली (या भाषा रूप) है जो उसके बोलने वालों के लिए सामाजिक प्रतिष्ठा का प्रतीक है। इसका तात्पर्य यह हुआ कि भाषा रूप के सन्दर्भ में भाषा-समूह के अन्तर्गत 'मानक' के साथ 'अमानक' भाषा रूप भी प्रचलित रहते हैं क्योंकि भाषा एक सामाजिक वस्तु है अतः प्रकृतितः वह वैविध्यपूर्ण है। व्यवहार के स्तर पर भाषा के इन एकाधिक प्रचलित भाषारूपों में से भाषा-समुदाय किसी एक को 'मानक' का स्वरूप एवं स्थान प्रदान करता है। इतनी चर्चा यह स्पष्ट करती है कि मानक भाषा की संकल्पना 'संरचनात्मक' की अपेक्षा 'सामाजिक' अधिक है।

मानक भाषा की सामाजिकता इस धारणा से भी प्रमाणित होती है कि हम राजधानी या उच्च श्रेणी के शहरों के पढ़े-लिखे लोगों की बोली को 'मानक भाषा' की संज्ञा देते हैं। दूसरे शब्दों में समाज के महत्त्वपूर्ण एवं प्रतिष्ठित लोगों की भाषा को ही मानक भाषा का आदर्श स्वीकारा जाता है। अपनी इस सामाजिक प्रतिष्ठा के कारण ही 'मानक भाषा', 'राष्ट्रभाषा' का स्थान ग्रहण करती है। सम्भवतः इसीलिए फ्रांस में भाषा के मानकीकरण को राष्ट्र के इतिहास के साथ जोड़ कर देखा गया। वहाँ की जनता के लिए भाषा एकता के माध्यम और प्रतीक के रूप में स्वीकार की गयी और मानक भाषा को राष्ट्रीय भाषा के रूप में प्रतिष्ठा दी गयी। इतना ही नहीं, राष्ट्रीय भाषा के लिए वहाँ 'एक समूह' की संकल्पना को भी सामने रखा गया जो

केवल रिश्ते, धर्म और शासन के माध्यम द्वारा ही नहीं पहचाना जाता बल्कि उसमें इन तीनों को नये तरीके से और आधुनिक रूप में सम्बद्ध किया गया।

सामाजिक धरातल पर मानक भाषा को यह प्रतिष्ठा उस प्रक्रिया द्वारा ही मिल पाती है जिसे मानकीकरण की प्रक्रिया (Process of Standardisation) कहा गया है। भाषा के मानकीकरण के वर्गीकरण के लिए 'लेखन' अनिवार्य अध्ययन तत्त्व है। इस पर फ़र्ग्युसन (1962) ने विस्तार से विचार किया है। हिन्दी भाषा के मानकीकरण को भी उसके लेखन के ऐतिहासिक विकास-क्रम से काटकर देख पाना असम्भव है। इंशाअल्ला खाँ, लल्लूजी लाल, सदल मिश्र से लेकर राजा शिवप्रसाद सितारेहिन्द, राजा लक्ष्मण सिंह और स्वामी दयानन्द तक, फिर भारतेन्दु और बालकृष्ण भट्ट से लेकर बालमुकुन्द गुप्त, देवकीनन्दन खत्री, हरिऔध, किशोरीलाल गोस्वामी, श्यामसुन्दर दास, रामचन्द्र शुक्ल, गुलेरी, पद्मसिंह शर्मा तक और उसके बाद छायावाद से लेकर अब तक लेखन के माध्यम से हिन्दी के मानकीकरण की प्रक्रिया इस तथ्य को सिद्ध भी करती है। हॉगन (1966) ने मानकीकरण के चार सोपान निश्चित किये हैं—चुनाव, संसजन, प्रयोग और स्वीकृति। मानकीकरण की प्रक्रिया की शुरुआत किसी भाषा के विभिन्न रूपों में से किसी एक रूप को 'मानक' चुन लिए जाने पर होती है। इस चुनाव के कारण के रूप में शासन, धर्म, श्रेष्ठता, साहित्य आदि हो सकते हैं। चुनाव के उपरान्त सम्बन्धित बोली के संरचनात्मक संसजन और प्रयोगात्मकता में विकास का क्रम प्रारम्भ होता है जिसके परिणामस्वरूप वह किसी विशेष क्षेत्र की बोली न रहकर 'अक्षेत्रीय' बन जाती है और तब उसे सम्पूर्ण भाषा-समुदाय प्रतिष्ठा के प्रतीक के रूप में स्वीकार कर लेता है। हिन्दी के आज प्रचलित मानक रूप ने भी मानकीकरण के ये चारों सोपान पार किये हैं। हिन्दी के प्रारम्भिक विकास-क्रम में ब्रजरंजित खड़ीबोली का लिखित प्रयोग आज भी हमारे समक्ष प्रमाणस्वरूप उपस्थित है। होय, रक्खे, जावेंगे, आवेगी, तैने, उनने, कहे है, भये, पे, बेर, सुन्ने, उस्सै, तुझै, कहा चाहिए, कहे हैं, जाया चाहते हैं, श्रापा था, ला दीजे जैसे प्रयोगों का क्रमशः मानकीकरण होना उसके संरचनात्मक संसजन के कारण ही सम्भव हुआ। इसके साथ ही गुनखान, मरोर, औतार, बेग, सरम, चंचलताई, हिरदे, औगुण जैसे प्रयोगों पर से क्षेत्रीयता की छाप को दूर कर उसके परिष्कार तथा चीता (सोचा हुआ), टुक (थोड़ा), घाम (धूप), अन्हार (अँधेरा), केवाड़ी (दरवाजा), किरिया (शपथ) जैसे स्थानीय प्रयोगों से मानक हिन्दी को मुक्त कर उसे एक अखिल भारतीय स्वीकार्यता की भाषा के रूप में तथा प्रतिष्ठा एवं अस्मिता की भाषा के रूप में विकसित करना भी मानकीकरण की इसी सतत प्रक्रिया की सर्वविदित सच्चाई है। वास्तव में इस प्रक्रिया के द्वारा ही हिन्दी, स्वयं हिन्दी भाषा समुदाय के लिए और

अन्य भाषा-भाषी समुदायों के लिए भी व्यापक औपचारिक सम्प्रेषण की भाषा तथा पठन-पाठन के उपयुक्त भाषा बन सकी। गुरु, केलॉग, वाजपेयी के व्याकरणों ने इसे वैज्ञानिक दृष्टि से 'स्थिरता' प्रदान करने का प्रयास किया।

यहाँ यह भी स्पष्ट होना चाहिए कि भाषा के किस रूप को 'मानक भाषा' के रूप में चुना जाए, इसके लिए विशेष बन्धन नहीं है। 'क्लासिकल भाषा' से लेकर 'बोलचाल की भाषा' तक की परिधि में आने वाली किसी भी भाषा या भाषारूप को चुना जा सकता है। यह पूर्णतया भाषा-समुदाय के ऊपर निर्भर करता है कि वह भाषा के किस रूप को चुने। यह भी माना गया है कि राष्ट्रीय भावना जितनी ही प्रबल होगी मानक भाषा का विकास भी उसी गति से होगा। फ्रांस इसका श्रेष्ठ उदाहरण है। इस विकास के वर्गीकरण में 'लेखन' को विशेष महत्व इसीलिए दिया गया है कि लेखन भाषा को स्थायित्व और स्थिरता प्रदान करने के साथ-साथ उसके संरचनात्मक संसजन और आकार की एकरूपता बनाये रखने में सहायक होता है। तभी कोई भाषा 'राष्ट्रीय अस्मिता' और 'राष्ट्रीयता' का पर्याय बन पाती है। इसके अतिरिक्त भाषा का लिखित रूप ही 'आदर्श रूप' बन कर उच्चारण की भिन्नताओं के नियन्त्रण में भी सहायता प्रदान करता है। मानक भाषा में प्रयोग की विविधता और बहुरूपता का जन्म भी लेखन के माध्यम से होता है। मानक हिन्दी की उच्च हिन्दी, उच्च उर्दू और हिन्दुस्तानी, तीन शैलियाँ इस तथ्य को प्रमाणित करती हैं और सम्भवतः इसीलिए इन्हें हिन्दी की साहित्यिक शैली के अन्तर्गत रखकर ही इनकी पहचान निर्धारित की गयी है तथा इनके विश्लेषण के आधार ढूँढ़े गये हैं। यही कारण है कि सामान्य धरातल पर भाषा के लिखित रूप को 'मानक भाषा' की संज्ञा दी जाती है। इसका एक कारण यह मान्यता भी है कि लेखन के माध्यम से ही मानक भाषा विकास के विभिन्न चरणों को पार करती है।

यदि मानक भाषा की प्रकृति और अभिलक्षण पर विचार किया जाए तो स्पष्ट होता है कि संरचनात्मक दृष्टि से देखने पर यह भी भाषा के विभिन्न रूपों में से ही एक रूप या एक बोली है। 'मानक' का स्थान पा जाने से उसकी बोलीगत विशेषताएँ क्रमशः समाप्त होती जाती हैं और फिर यह किसी क्षेत्र-विशेष से न बँधकर विस्तृत क्षेत्र में प्रतिष्ठित हो जाती है। इस प्रतिष्ठा के साथ ही विस्तृत व्यवहार-क्षेत्र होने से, क्षेत्रीय रूपों का प्रयोग करने वालों में धीरे-धीरे वह 'मातृभाषा' के रूप में स्वीकृत हो जाती है। इस स्थिति के लिए हिन्दी को सर्वश्रेष्ठ उदाहरण के रूप में देखा जा सकता है। हिन्दी का मानक रूप खड़ीबोली पर ही आधारित है, परन्तु आज का 'हिन्दी मानक-रूप' खड़ीबोली से भिन्न हो गया है। सम्भव है कि मानक हिन्दी, खड़ीबोली बोलने वालों के लिए उतनी ही भिन्न हो जाय जितनी कि

वह अवधी या ब्रज बोलने वालों के लिए है। अधिक विस्तृत क्षेत्र में प्रयुक्त होने के कारण मानक भाषा को विभिन्न समूहों द्वारा विभिन्न प्रयोगों के लिए प्रयुक्त किया जाता है। अतः मानक भाषा को अल्पतम रूप परिवर्तन (Minimal variation in form) तथा उच्चतम प्रकार्य परिवर्तन (Maximum variation in function) के रूप में भी परिभाषित किया गया है। इस प्रकार संरचना की दृष्टि से अधिकतम एकरूपता और प्रयोगात्मक दृष्टि से अधिकतम बहुरूपता प्राप्त करना मानक भाषा का चरम लक्ष्य होता है। संरचनात्मक एकरूपता का आदर्श रूप उसे कहा जा सकता है जिसमें "किसी एक शब्द का एक उच्चारण तथा एक ही वर्तनीगत रूप हो, प्रत्येक शब्द के लिए एक भिन्न शब्द और प्रत्येक शब्द का एक अलग अर्थ हो तथा समस्त कथनों के लिए अपवाद रहित एक ही व्याकरणिक ढाँचा हो।" (The ideal case of minimal variation in form would be a hypothetical, 'Pure' variety of language having only one spelling and one pronunciation for every word, one word, for every meaning, and one grammatical framework for all utterances. – E. Haugen : 1966).

संरचनात्मक एकरूपता तथा प्रयोगात्मक बहुरूपता परस्पर विपरीत प्रवृत्तियाँ होने के कारण कभी-कभी एक दूसरे की गति में अवरोध उत्पन्न करती हैं। रूप या संरचना के स्थिर हो जाने से भाषा का बाह्य व्यवहार सीमित हो जाता है। उदाहरण के लिए संस्कृत और लैटिन को लिया जा सकता है जिनकी संरचना की स्थिरता ने लोक-व्यवहार में 'प्राकृत' और 'रोमांस' की ओर मुड़ने पर बाध्य कर दिया। प्रयोगात्मक बहुरूपता के उदाहरण स्वरूप हिन्दी को लें तो यह कहा जा सकता है कि क्षेत्र विस्तार के कारण उसमें कई स्तरों पर संरचनात्मक एकरूपता नहीं है। सामान्य व्यवहार के स्तर पर बम्बइया हिन्दी, कलकतिया हिन्दी, दिल्ली में पंजाबीपन लिए हुए हिन्दी, बनारस-बोलियों में पूर्वीपन लिये हुए हिन्दी के रूप इस कथन की पुष्टि करते हैं। लेखन के स्तर पर हिन्दी भाषा की लेखन-व्यवस्था, उसका वर्ण-विन्यास, उसकी व्याकरण-रचना के नियमबद्ध मान्य विधान हैं। लेखन की दृष्टि से देवनागरी लिपि, वर्णविन्यास के नियम विधान, लिखित व्याकरण के रूप में प्रामाणिक एवं वैज्ञानिक व्याकरण अथवा भाषा विशेष के रूप में हिन्दी संरचना का विश्लेषणात्मक विवरण भी बड़ी मात्रा में उपलब्ध है। फिर भी 'मितव्ययिता' या 'स्थिरता' की दृष्टि से भाषा-व्यवस्था के विभिन्न स्तरों पर उसमें अधूरापन दिखाई देता है अतः मानक हिन्दी के सन्दर्भ में उसके मानकीकरण पर आज भी विचार करने की आवश्यकता महसूस की जाती है। लेकिन हिन्दी के मानकीकरण की इस आवश्यकता के सन्दर्भ में हमें यह अवश्य ध्यान रखना होगा कि ऐसी संरचनात्मक

एकता तभी सम्भव है जब भाषा में किसी प्रकार के भाषाई परिवर्तन की सम्भावना ही न हो, उसमें भाषाई परिवर्तों (Variables) का प्रयोग-सन्दर्भ रेखांकित हो चुका हो और भाषा स्थिर हो। व्यावहारिक दृष्टि से कोई भी जीवन्त भाषा इस प्रकार बँध नहीं पाती। जीवन्त मानक भाषा से सम्बद्ध इस प्रवृत्ति के कारण मानक भाषा के लिए मध्यमार्ग का चुनाव आवश्यक हो जाता है, जिससे, वह एकरूपता (संरचना) और बहुरूपता (प्रयोग) दोनों ही लक्ष्यों की प्राप्ति कर सके। इन दोनों लक्ष्यों की सिद्धि के लिए मानक भाषा में सतत लचीलेपन (Constant flexibility) और बौद्धिकीकरण (Ratinality) के गुण होने चाहिए (गार्विन : 1959) जिससे वह सामाजिक और सांस्कृतिक परिवर्तनों के अनुकूल अपने को ढाल सके तथा आधुनिक, औद्योगिक, बहुधर्मी, बहुजातीय तथा बहुभाषीय समाज में अन्य भाषाओं के साथ विषयगत तथा शैलीगत दृष्टि से आदान-प्रदान का ऐसा सम्पर्क स्थापित कर सके जिसे फ़र्ग्यूसन (1968) के अनुसार परस्पर अनूद्यता (Matual translatibility) की संज्ञा दी जा सकती है। ऐसा संतुलन बनाए रखना तलवार की धार पर चलने से कम नहीं है। मानकीकरण की प्रक्रिया इस संतुलन को साधती है तभी तो हम मानक हिन्दी के व्यावहारिक स्तर पर संकर शब्दावली (रजिस्ट्रीकृत, विश्व-चैंपियन, फिल्मोद्योग आदि), रूप-परिवर्तन (अम्पायरी, फिल्मों, कप्तानी आदि), एकाधिक प्रयोगों (स्पर्धा-मुकाबला, विधि-कानून, स्वीकृति-मंजूरी आदि), संकर-वाक्यों (फ़ाइल पर नोट करें, ओवर एक्टिंग करायी गयी है, 18 उनका सर्वोच्च स्कोर था आदि) जैसे प्रयोगों को स्वीकृत पाते हैं, अन्यथा व्याकरणिक स्तर पर इन्हें मानक प्रयोग मानने का कोई कारण हम नहीं देखते।

वास्तव में लेखन में मानकीकरण की संकल्पना एक सतत प्रयास का नाम है। यह एक ऐसी प्रक्रिया का नाम भी है जो सायास और अनायास दोनों रूपों में घटित होती है। हिन्दी का उदाहरण लें तो उसके मानकीकरण के प्रारम्भिक प्रयास अनायास अधिक हुए हैं, तभी उसके अपेक्षित परिणामों की प्राप्ति में कई वर्ष लगे। स्वतन्त्रता प्राप्ति के बाद यही प्रक्रिया आधुनिकीकरण से जुड़कर हिन्दी के सायास व्यावहारिक विकास की ओर अग्रसर होती है। वास्तव में मानकीकरण की प्रक्रिया भाषा के रूपगत स्थिरीकरण में और आधुनिकीकरण की प्रक्रिया उसके प्रयोगगत विस्तार में अपना योगदान देती है। दोनों मिलकर मानक भाषा को एकरूपता और बहुरूपता का लक्ष्य साधने में सहायक बनती हैं। यह लक्ष्य प्राप्त करना इसलिए अनिवार्य है कि भाषा सम्प्रेषण का साधन होती है। मानकीकरण की प्रक्रिया में इस स्तर पर भी सम्प्रेषण सापेक्ष प्रतिमान निर्धारित होते हैं। इन प्रतिमानों को श्रीवास्तव (1977) ने साहित्यिक प्रतिमान एवं व्यवहार-मानक कहकर विवेचित किया है। इस विवेचन का

सार यह है कि साहित्यिक प्रतिमान लिखित साहित्य के प्रयोगों में आनेवाली भाषा के बीच से उभरते हुए रूप को अपना मानक स्वीकार करता है और इसकी प्रवृत्ति अपने को भाषा-मिश्रण से मुक्त रखने की होती है। व्यवहार-मानक शिक्षित व्यक्तियों द्वारा औपचारिक सन्दर्भों में प्रयुक्त शिष्ट भाषा के भीतर से मानक रूप की स्थापना करता है और इसकी प्रवृत्ति बोलियों और समाज के भाषाई-कोश (Verbal Repertoire) में निहित अन्य मानक भाषाओं से प्रभाव ग्रहण करने की होती है। इसीलिए अनेक बोलियों और भाषा-शैली के अनेक रूपों को साथ लेकर चलने वाली हिन्दी भाषा के व्यवहार-मानक या प्रतिमान भी अनेक हैं। मानकीकरण की प्रक्रिया संरचना एवं रूप के विभिन्न स्तरों पर अपनाई जाने वाली प्रक्रिया है, अन्यथा मानक भाषा का प्रतिष्ठापरक रूप बिखर सकता है। सम्भवतः इसीलिए सामान्य व्यक्ति भी संरचनात्मक एकरूपता की 'मानकता' तथा उसके वैविध्यगत प्रयोगों को 'अमानकता' के रूप में देखता है। हिन्दी के सन्दर्भ में यह ध्यान रखना होगा कि इसके मानकीकरण में साहित्यिक प्रतिमान की कसौटी पर ही कोई व्यावहारिक प्रतिमान स्वीकृत होता है, शेष अमानक माने जाते हैं। अर्थात् मानकीकरण की प्रक्रिया मूलतः 'विभिन्नता में एकता' की प्रवृत्ति पर बल ही नहीं देती इसे अपनाती और बढ़ावा भी देती है। श्रीवास्तव (1994) ने इस प्रवृत्ति या प्रक्रिया का आधार संरचनात्मक मितव्ययिता (Economy) को माना है। मितव्ययिता के इसी आधार पर मुझको-मेरे को, आप खाइए-आप खाओ आदि प्रयोगों में से पहले को मानक तथा दूसरे को मानकच्युत माना जाता है। मानकीकरण की प्रक्रिया में मितव्ययिता के सिद्धान्त के महत्त्व को श्रीवास्तव (1994) ने इस प्रकार व्यक्त किया है :

1. यह भाषा के मानक रूप की स्थिरता (Stability) प्रदान करने का प्रयत्न करता है।
2. भाषा की योग्यता या क्षमता में वृद्धि करता है।
3. लेखन और व्याकरण में प्रतिमानों को स्थिर करता है।
4. ऐसा करके यह भाषा को अधिक व्यवहार-सक्षम बनाता है।
5. जिस भाषा की लिपि या व्याकरण उपलब्ध है उसके मानकीकरण में इस सिद्धान्त को साधने का यत्न अनिवार्यतः किया जाता है।
6. यह यत्न ही भाषा को एक 'आदर्श', 'एकरूप' और 'प्रांजल' स्वरूप प्रदान करने का यत्न भी है।

मानकीकरण की संकल्पना के साथ भाषा गठन और भाषा संस्कार का सन्दर्भ स्वतः जुड़ा होता है। इस सन्दर्भ में ही काल सम्बन्धी, रूढ़िवादी या पुरातनपंथी प्रयोगों के सम्बन्ध में हिन्दी के ऐतिहासिक विकास-क्रम में नियम प्रतिपादित हुए और

इनसे मुक्ति भी मिली। अन्यथा हिन्दी भाषा का प्रकार और स्वरूप अग्रगामी न होकर पश्चगामी हो जाता। क्षेत्रीय और स्थानीय सन्दर्भ में भी मानकीकरण की प्रक्रिया द्वारा ही हिन्दी को क्षेत्रीय बोलियों के प्रभाव से मुक्त करने का प्रयास किया गया।

मानकीकरण का लक्ष्य 'विभिन्नता में एकता' लाने का प्रयास तो है ही साथ ही मानक भाषा का एक प्रतिमान निर्धारित करना भी है क्योंकि भाषा-प्रयोग के स्तर पर हम पाते हैं कि उसके प्रयोक्ता एक ही चीज के लिए अनेक विकल्पों का प्रयोग करते हैं। इन विभिन्न भाषारूपों में से किसी एक को स्वीकार कर उसे मानकीकृत रूप प्रदान करना, इसी मानकीकृत रूप को स्वीकृत प्रयोग का प्रतिमान बनाना तथा इसी प्रतिमान के आधार पर भाषा प्रयोगों को मान्य और अमान्य वर्गों में विभाजित करना मानकीकरण की प्रक्रिया के प्रमुख प्रकार्य हैं।

इन प्रकार्यों के आधार पर ही 'केन्द्रीय हिन्दी निदेशालय' ने 'देवनागरी लिपि तथा हिन्दी वर्तनी का मानकीकरण' (1983) नामक पुस्तिका प्रकाशित की। इस दिशा में निदेशालय का प्रयास छठे दशक के उत्तरार्ध से ही प्रारम्भ हो गया था। निदेशालय ने वर्तनी को लिपि का एक पक्ष मानते हुए यह निर्देशित किया कि 'एक ही स्वन को प्रकट करने के लिए विविध वर्णों का प्रयोग वर्तनी को जटिल बना देता है जिसे लिपि का एक सामान्य दोष माना जाता है। हिन्दी वर्तनी में एकरूपता लाने के लिए अद्यतन नियमों का भी यहाँ प्रतिपादन किया गया है। यहाँ हम 'हिन्दी वर्तनी' के मानकीकरण के इन प्रतिमानों के पालन को चार लोकप्रिय पत्रिकाओं के वर्तनी-प्रयोग के सन्दर्भ में देखने का प्रयास करेंगे। ये चार पत्रिकाएँ हैं–'धर्मयुग' (16 से 31 अगस्त, 1994), 'इण्डिया टुडे' (31 जून, 1994), 'मेरी सहेली' (सितम्बर, 1994) तथा 'नन्दन' (सितम्बर, 1994)। पत्रिकाओं का चयन समझ-बूझ कर किया गया है जिससे विभिन्न स्तरों एवं विषयगत भेदों के धरातल पर भी वर्तनी प्रयोगों की परख की जा सके।

## नियम : 1 संयुक्त वर्ण

(क) 'खड़ी पाई वाले व्यंजनों का संयुक्त रूप खड़ी पाई को हटाकर ही बनाया जाना चाहिए'। इस नियम के प्रतिमान स्थिर हो चुके हैं। इनके प्रयोग में सभी पत्रिकाएँ समान रूप से सजग हैं। संयुक्त व्यंजन 'त्त' के सन्दर्भ में थोड़ी अराजकता है अतः इनके दो प्रयोगों में से या तो एक को मानक और दूसरे को अमानक के रूप में देखना चाहिए अथवा विकल्पवत प्रयोग के रूप में दोनों को ही मानक घोषित करना चाहिए। सभी पत्रिकाओं में अधिकतर पहले विकल्प का प्रयोग हो रहा है : कुत्ता-कुत्ता, वित्तीय-वित्तीय, मुअत्तल-मुअत्तल

आदि। इसके अतिरिक्त ये तीन अपवाद भी मिले : स्वप्न (मेरी सहेली), पत्नी (धर्मयुग), गन्ने (इण्डिया टुडे)।

**(ख) अन्य व्यंजन**

(अ) 'क' और 'फ़' के संयुक्ताक्षर पक्का, दफ़्तर आदि की तरह बनाए जाएँ न कि पक्का, दफ्तर के रूप में। यह नियम भी अधिकतर स्वीकार्य है और मानक के रूप में इसका पालन भी दिखाई दे रहा है। इन पत्रिकाओं में केवल तीन ऐसे प्रयोग मिले हैं जो इस नियम के अपवाद है—धक्का, आयुक्त, चक्कर। अतः यह मानना चाहिए कि अमानक प्रयोग स्वतः बहुत कम हो गये हैं और विकल्प रूप में इन्हीं पत्रिकाओं में इनके मानक रूप सर्वत्र प्रयुक्त हैं। 'नन्दन' में ऐसे प्रयोग सर्वाधिक मिले—शक्ति, व्यक्ति, मुक्त, पक्की आदि।

(आ) 'ङ, छ, ट, ठ, ड, ढ, द और ह के संयुक्ताक्षर हल् चिह्न लगाकर ही बनाए जाएँ। इस नियम के अधिकांश अपवाद ही मिलते हैं। केवल 'इण्डिया टुडे' में कुछ स्थानों पर नियमबद्ध प्रयोग दिखाई दिया अन्यथा दूसरे रूप का प्रयोग ही अधिक प्रचलित है—अ॥ा, बा, छ्री, कर, चद्दरें, ह॥ि आदि। मानकीकरण की प्रक्रिया में 'स्वीकार्यता' की संकल्पना को देखते हुए इस नियम में परिवर्तन अपेक्षित है। दोनों को विकल्पवत मानक प्रयोग मानना ही उचित होगा।

(इ) 'संयुक्त 'र्' के प्रचलित तीनों रूप यथावत् रहेंगे।' इनका स्वरूप सर्वत्र स्थिर है।

(ई) इस स्तर पर भी कोई अपवाद नहीं मिला। 'श्र' का प्रचलित रूप, त्र/त्र का प्रयोग और 'त्र' रूप ही लिखा जा रहा है।

(उ) इस नियम के स्थान पर हल् चिह्न मुक्त रूपों का प्रयोग इस रूप में प्रचलित है—द्वितीय, बुद्धिमान आदि। इस नियम में भी संशोधन अपेक्षित है।

(ऊ) यहाँ 'द्वितीय' को स्वीकार भी किया गया है। अतः नियम 'उ' का महत्त्व नहीं रह जाता। संयुक्त का प्रयोग केवल एक स्थान पर मिला अन्यथा खाद्य, विद्वान, वृद्ध, मद्धिम आदि ही प्रयुक्त हैं।

## (2) विभक्ति-चिह्न

ये नियम और प्रतिमान एकरूप स्तर पर प्रयुक्त हो रहे हैं।

**(3) क्रियापद**

संयुक्त क्रियाओं में सभी अंगीभूत क्रियाएँ पृथक्-पृथक् लिखी जा रही हैं।

**(4) हाइफ़न**

(क) 'द्वंद्व समास में पदों के बीच हाइफ़न रखा जाए'। हाइफ़न के प्रयोग के स्तर पर अतिरिक्त सजगता दिखाई देती है : हेर-फेर, सुख-दुख, सड़ा-गला, कूड़ा-करकट, रफ़ा-दफ़ा, आने-जाने, अगड़ा-पिछड़ा, छोटी-मोटी, जाने-माने, फल-फूल, जलन-कटन, जीना-मरना, अच्छे-ख़ासे, घर-गृहस्थी, रात-दिन, लेखा-जोखा जैसे सुन्दर प्रयोग इन पत्रिकाओं में बिखरे पड़े हैं। अपवादस्वरूप कहीं-कहीं अच्छा खासा, जीता-जागता, साँठ गाँठ (इण्डिया टुडे) का प्रयोग भी मिलता है। पर ऐसे प्रयोगों की संख्या नगण्य है।

(ख) 'सा, जैसा आदि से पूर्व हाइफ़न रखा जाए'। यह नियम भी मानक हिन्दी लेखन में एक प्रतिमान के रूप में स्थिर हो चुका है। कुत्तों-सी, दीवाना-सा, ज़रा-सा, सपनों-सा, छोटी-सी आदि प्रयोग इन पत्रिकाओं में बड़ी मात्रा में आये हैं। इनके अतिरिक्त धीरे-धीरे, तार-तार, करीब-करीब, जगह-जगह, बाल-बाल, हौले-हौले, साथ-साथ, कदम-कदम, में घूम-घूमकर, गैर-मौजूदगी, एक-चौथाई, अ-राजनयिक, घंटे-दो-घंटे, आठ-दस जैसे प्रयोगों में भी हाइफ़न का सटीक और सार्थक प्रयोग इन पत्रिकाओं में दिखाई देता है।

(5) अव्यय प्रयोग सम्बन्धी नियम भी एकरूप ढंग से प्रचलित हैं। अतः सर्वत्र स्थिर हो चुके हैं।

(6) जहाँ श्रुतिमूलक य, व का प्रयोग विकल्प से होता है वहाँ न किया जाय, अर्थात् किए-किये, नई-नयी, हुआ-हुवा आदि में से पहले (स्वरात्मक) रूपों का ही प्रयोग किया जाय। यह नियम क्रिया, विशेषण, अव्यय आदि सभी रूपों और स्थितियों में लागू माना जाए, जैसे दिखाए गये, राम के लिए, लिए हुए, नई दिल्ली आदि।

इस नियम का प्रतिफलन सभी पत्रिकाओं में दिखाई दिया। 'इण्डिया टुडे' में बिताए, धोए, सुखाए, जाएगा, खेएंगे, लिए, चलिए, आयी, हुआ, गयी का प्रयोग सर्वत्र किया जा रहा है। 'रॉयल ट्रूथब्रश' के विज्ञापन में मुस्कराइये, हँसिये, लगाइये का प्रयोग दिखा अन्यथा अन्य विज्ञापन स्वरात्मक रूपों का ही प्रयोग कर रहे हैं जैसे जॉन्सन एंड जॉन्सन के विज्ञापन में मुस्कराइए, जगमगाए, शरमाए, जाएँ, लगाएँ, चलाएँ का प्रयोग। 'नन्दन' और 'मेरी सहेली' में भी इस प्रयोग की मानकता और

स्थिरता के प्रमाण मिलते हैं, जैसे जुटवाई, खा गये, हुए हैं, भूल जाइए, मारे गये, रखा जाएगा आदि। 'धर्मयुग' इस दिशा में उदासीन दिखाई दिया। यह आश्चर्य का विषय भी है कि 'धर्मयुग' जैसी स्तरीय और लम्बे अनुभवों वाली पत्रिका में (आ) गयी है, दिये (होंगे), कराये (हैं), (की) गयी, बिठायी (जाती रही है), (न) आये, (आवाज) उठायी, (समा) गये, विधान (सभायी), (घिर) गये, उठायी (थी), (छूट) गये, (मांग की) गयी, (चले) गये, (रह) जायेगा, (बन) गयी है, (बदल) जाये जैसे प्रयोग हर पृष्ठ पर उपस्थित हैं।

## 7. अनुस्वार तथा अनुनासिकता–चिह्न (चन्द्रबिन्दु)

(क) यह नियम मानक प्रयोग के रूप में स्थिर हो चुका है।

(ख) 'चन्द्रबिन्दु के बिना प्रायः अर्थ में भ्रम की गुंजाइश रहती है। अतएव चन्द्रबिन्दु का प्रयोग अवश्य किया जाना चाहिए।' ऐसा नहीं हो रहा है। 'नंदन' जैसी बच्चों की पत्रिका में भी जाँच, सांय, ऊंची, हंस (पड़ा) जैसे प्रयोग हो रहे हैं। अन्य पत्रिकाओं में भी जहां, दांव, पटकथाएं, बटाएं, पहुंचाए, बस्तियां, धारियां, टांग, रश्मियां, धज्जियां, सांसत, घूंट, गांव, कमियां, मां, चांद, चिड़ियां जैसे प्रयोग ही बड़ी मात्रा में किए जा रहे हैं। केवल एक विज्ञापन (जंबो चाय) में चाँद प्रयोग दिखाई दिया। अतः अनुस्वार तथा अनुनासिकता-चिह्न के विषय में प्रयोगाधिक्य को देखते हुए चन्द्रबिन्दु के स्थान पर बिन्दु के प्रयोग का नियम निर्धारित करने का प्रयास होना चाहिए। वैसे, अन्य भाषा के रूप में हिन्दी शिक्षण के सन्दर्भ में इस साधारणीकरण के विपरीत प्रभाव पड़ेंगे।

## (8) विदेशी ध्वनियाँ

(क) 'अरबी-फ़ारसी या अंग्रेज़ी मूलक वे शब्द जो हिन्दी के अंग बन चुके हैं और जिनकी विदेशी ध्वनियों का हिन्दी ध्वनियों में रूपान्तर हो चुका है, हिन्दी रूप में ही स्वीकार किये जा सकते हैं जैसे, कलम, किला, दाग आदि (क़लम, क़िला, दाग़ नहीं)।'

यह नियम जो छूट देता है उसके कारण 'मेरी सहेली' को छोड़कर सभी पत्रिकाएँ बिना नुक्ते के ही अरबी-फ़ारसी-अंग्रेज़ी शब्दों को लिख रही हैं। इन प्रयोगों पर अन्य भाषा शिक्षण की दृष्टि से भी विचार करना चाहिए। अतः इनके मानकीकरण में नुक्ते का प्रयोग अनिवार्य ही होना चाहिए, चाहे वे सामान्य शब्द हों या असामान्य। ऐसा इसलिए भी अनिवार्य है क्योंकि कई भारतीय भाषाएँ इन

विदेशी शब्दों, विशेषकर अरबी-फ़ारसी शब्दों से अल्प-परिचित हैं। ये शब्द चाहे हिन्दी के अंग बन चुके हों, पर द्वितीय भाषा के रूप में इनकी अस्मिता की पहचान तथा इनके सही उच्चारण की दृष्टि से इन्हें अनिवार्यतः स्थान देना चाहिए। 'नंदन' जैसी बाल-पत्रिका में भी सजा, माफी, जमीन, कीमत, तीरं (दाजी), तलवार (बाजी), बाजार, मुताबिक, मजाक जैसे प्रयोग ही जब दिखाई देते हैं तो सोचना पड़ता है कि बालक इनके उच्चारण वैशिष्ट्य को कैसे पहचान या अलगा सकेगा। 'इण्डिया टुडे' और 'धर्मयुग' भी नुक्ते का प्रयोग नहीं करते। इन दोनों में खुदा, मुख्तलिफ फलसफा, फ्लो, ज्यादा, जिला, जिंदाबाद, मार्फत, मद्देनजर, जिंदा, फोन, जरिए, शख्स, जायजा, खिलाफ, लिहाजा का प्रयोग ही अधिक है। कुछ विज्ञापन नुक्तों का प्रयोग करते हैं पर इसके लिए वे बहुत गम्भीर इसलिए नहीं लगते कि कई शब्दों के साथ वे इसका प्रयोग नहीं भी करते। जैसे एक ही विज्ञापन में ज़रूरी, सफ़ाई, सिर्फ़, ताज़ा, फ़ैमिली, साइज़, फ़्लैट, डिज़ाइन, राज़, ग्लूकोज, नज़र, ग़लत, तेज़ का प्रयोग भी मिलता है और सख्त, खिलाफ, खूबसूरत, खूबियों, खुशबू, बाग, साइज का भी। 'मेरी सहेली' हमेशा नुक्तों के साथ ही इन विदेशी शब्दों को लिखती है—ख़र्च, क़दम, ख़जाना, दाग़, क़िस्सा, ख़ूब, आख़िर, इज्ज़त, गुज़री, आवाज़, तूफ़ान, फ़ोन, मौक़ा, मज़ा, सफ़र, वक्त, फ़लक, राज़, तलाक़, राज़ी, तोहफ़ा, दिमाग़, नज़र, ख़ास, फ़ेस, फ़ार्मूला, ज़रा, फ़र्क आदि। कुछ विज्ञापन अतिरिक्त उत्साह में गलत स्थान पर भी नुक्तों का प्रयोग कर बैठते हैं—जोख़िम, क़ाबू, नुक़सान, रिवाज़, मुबारक़, ग़ज़ल आदि।

(ख) 'अंग्रेजी के जिन शब्दों में अर्धविवृत 'ओ' ध्वनि का प्रयोग होता है; उनके शुद्ध रूप का हिन्दी में प्रयोग अभीष्ट होने पर 'आ' की मात्रा (ा) के ऊपर अर्धचंद्र का प्रयोग किया जाय (ऑ)।' सभी पत्रिकाएँ और सभी विज्ञापन भी इस प्रयोग के प्रति सजग हैं और अंग्रेजी शब्दों के साथ अर्धचंद्र का प्रयोग अनिवार्यतः हो रहा है। यही सजगता वास्तव में नुक्तों के प्रयोग के सन्दर्भ में भी होनी चाहिए। सभी पत्रिकाओं में अंग्रेजी के इन शब्दों को अर्धचंद्र के साथ ही लिखा जा रहा है, सम्भवतः यह अंग्रेजी शब्दों का आतंक हो—ऑटम, नायलॉन, प्लॉट, रिकॉर्ड, लॉबी, बॉस, शॉपिंग हॉल, कॉन्फ्रेंस, ऑटो, रॉयल, डॉलर, कॉलेज, रॉक, फ्रॉक, जॉगिंग, कॉफी, स्ट्रॉ, वॉल्व, टॉफी, टॉबेल, कॉक्रोच, ब्रॉ, बॉश, पॉट, ऑफर, सॉकर आदि। वास्तव में देखा जाय तो अरबी-फ़ारसी मूल के शब्दों की भाँति ही इनमें से अधिकांश अंग्रेजी शब्द भी हिन्दी के अंग बन चुके हैं लेकिन इन शब्दों की अपनी अस्मिता एवं सही उच्चारण की दृष्टि से इनका प्रयोग अर्धचंद्र के साथ ही हो रहा है और होना भी चाहिए।

(ग) इन दोनों रूपों का प्रचलन है जैसे—दोपहर-दुपहर, अक्ल-अकल, इनकी एकरूपता पर बहुत बल देने की आवश्यकता है।

**(9) हल-चिह्न**

इनमें अधिकांश प्रयोग हल चिह्न मुक्त ही प्रयुक्त हो रहे हैं। इन पत्रिकाओं में अहम् और सतत् ही ऐसा प्रयोग मिला लेकिन इन्हीं पत्रिकाओं में अन्यत्र अहम, सतत भी प्रयुक्त मिला। अतः यह प्रयोग कहीं-कहीं ही दिखाई देता है।

(10) प्रतिस्पर्द्धा-प्रतिस्पर्धा, तत्त्व जैसे नगण्य प्रयोग ही चारों पत्रिकाओं में मिलाकर प्राप्त हुए। अन्य प्रयोग मानकीकृत रूप में ही स्थिर हो चुके हैं।

(11) विसर्ग का प्रयोग अत्यल्प है। रजःस्राव, निःसन्देह जैसे दो शब्द ही मिले। अन्यथा इनका प्रयोग लुप्त हो गया है।

(12) ये प्रयोग मानकीकृत हो गये हैं।

(13) 'पूर्वकालिक प्रत्यय 'कर' क्रिया से मिलाकर लिखा जाए'। इसी प्रकार लिखा जा रहा है।

**(14) अन्य नियम**

(क) 'शिरोरेखा का प्रयोग प्रचलित रहेगा।' छपाई में यह प्रयोग प्रचलित है।

(ख) 'फुलस्टॉप को छोड़कर शेष विराम आदि चिह्न वही ग्रहण कर लिए जाएँ, जो अंग्रेजी में प्रचलित हैं।' पर 'नंदन' को छोड़कर सभी पत्रिकाएँ पूर्ण विराम के लिए खड़ी पाई के स्थान पर फुलस्टॉप का ही प्रयोग कर रही हैं। अतः इन दोनों को भी मानकीकृत विकल्प के रूप में स्वीकृति दे देनी चाहिए।

इनके साथ वर्तनी के अन्य प्रयोग भी इन पत्रिकाओं में दिखाई दिए हैं। इन पर भी विचार करते हुए इन्हें मानकीकृत करने की आवश्यकता है। अथवा इन्हें विकल्पवत प्रयोग या अशुद्ध प्रयोग के रूप में निर्धारित करना चाहिए :

नाइक-नाईक, पाटिल-पाटील, परिभाषित-पारिभाषित, राजनीतिक-राजनैतिक, सच्चरित्र-सचरित्र, भ्रष्टाचार-भ्रष्टचार, आश्वासन-आश्वासन, विश्वविद्यालयी-विश्वविद्यालयीन, दंपति-दंपत्ति, अन्तरराष्ट्रीय-अन्तर्राष्ट्रीय आदि।

यदि हम उपयुक्त विश्लेषण को प्रयोग का प्रमाण मानें तो यह कह सकते हैं कि हिन्दी में मानकीकरण की प्रक्रिया और उसके परिणाम सफल हैं। व्यावहारिक स्तर पर नहीं बल्कि लेखन के स्तर पर मानकीकरण के प्रतिमान किस रूप में प्रतिफलित हुए हैं या हो रहे हैं, यह अधिक महत्त्वपूर्ण है। 'एकरूपता' सधनी चाहिए यह सही है, पर विकल्पों के निष्कासन को मानकीकरण न मानें तो अच्छा है, अतः

इन पत्रिकाओं में बहुतायत से आये विधि-कानून, पैदाइश-जन्म, मजहबी-धार्मिक, अलबत्ता-बल्कि, मकसद-उद्देश्य, रिश्ते-सम्बन्ध, कतई-एकदम को स्वीकारना ही होगा और इन्हें स्वीकारा भी गया है क्योंकि शैलीय भेद मानक हिन्दी को नये रंग, नये तेवर प्रदान करते हैं। गुप्त के बदले गुप्ता, मिश्र के बदले मिश्रा जैसे प्रयोग अंग्रेजी प्रभाव से ग्रसित हैं। दूरदर्शन पर भी हमें अशोका, कृष्णा, कर्नाटका, केरला का प्रयोग इसी अनपेक्षित प्रभाव के कारण सुनाई देने लगा है। ऐसे में मूल को ही मानक मानना चाहिए। अमरीका-अमेरिका, भंडारनायक-भंडारनायके को विकल्पवत प्रयोग के रूप में स्वीकृति देनी चाहिए क्योंकि प्रयोग में दोनों प्रचलित हैं। मुझे-मुझको, उन्हें-उनको आदि को मानकीकरण के प्रश्न से जोड़ना उचित नहीं है। दोनों चलेंगे, क्योंकि हिन्दी के सभी उपलब्ध व्याकरणों में इन्हें समान विकल्प के रूप में स्वीकार किया गया है। पृथकता-पार्थक्य, प्रभावक-प्रभावी-प्रभावकारी आदि प्रयोगों को सन्दर्भगत प्रयोग मानना चाहिए जो भाषा को विस्तार देते हैं। अतः इस प्रकार के वैकल्पिक प्रयोगों को मानकीकरण की असफलता के रूप में देखना, उसे एक गलत दिशा में ले जाना होगा। अकादमी-एकेडमी जैसे विकल्प बहुत कम हैं। दोनों स्वीकार्य होने चाहिए। वैसे भी मूल अंग्रेजी शब्दों के साथ तो अपरिवर्तित रूप ही प्रयुक्त हो रहे है—ट्रेजिडी किंग, कॉमेडी फ़िल्म आदि। जहाँ तक अनूदित शब्दों के दो रूपों के प्रचलन और उनके मानकीकरण का प्रश्न है तो विभिन्न विषयों की पारिभाषिक शब्दावली ऐसे विकल्पों से हमेशा युक्त हैं जैसे भाषिकी-भाषाविज्ञान, स्वनिम-ध्वनि-ग्राम आदि। दोनों को ही स्वीकार करना होगा। प्रचलन में कम या अधिक आने के आधार पर ही ऐसे प्रयोगों में से किसी एक का अस्तित्व निर्भर करेगा।

मानकीकरण के सन्दर्भ में हिन्दी भाषा के अधूरेपन की चर्चा या संरचना के विविध स्तरों पर एकाधिक विकल्पों के प्रचलन की चर्चा अनेक विद्वानों द्वारा समय-समय पर की गयी है। जिन्हें अभी-अभी हमने ऊपर देखने का प्रयास किया है। अब हमें यह भी देखने का प्रयत्न करना चाहिए कि लेखन के स्तर पर इनका विकल्पवत् प्रयोग वास्तविक धरातल पर किन स्तरों पर और किस अनुपात में किया जा रहा है। जैसा कि हमने हिन्दी वर्तनी के सम्बन्ध में देखने का प्रयास यहाँ किया है। इसके साथ ही मानकीकरण की कुछ समस्याओं को पर्यायगत, शैलीगत, नये-पुराने प्रयोग के भेद, भाषा-बोध और अशुद्ध प्रयोगों से भी जोड़ लिया गया है। प्रभावी-प्रभावकारी पर्यायगत विकल्प हैं, विधि-कानून शैलीगत, पृथकता-पार्थक्य नये-पुराने प्रयोग के उदाहरण हैं, ताज़ा दही, ताज़ी दही का विकल्प भाषा-बोध से सम्बद्ध है, मुझे किताबें खरीदनी हैं—मुझे किताबें खरीदना है का प्रश्न व्याकरणिक

अशुद्धि से अधिक सम्बद्ध है, मानकीकरण से कम। अशुद्ध प्रयोग को छोड़कर शेष धरातलों पर किसी एक को 'मानक' रूप की स्वीकृति देने से कई अन्य समस्याएँ उत्पन्न हो सकती हैं, अतः इन्हें मानक के ही विकल्प (variation of standard) मानकर चलना होगा। अर्थात् कहीं-कहीं मानकीकरण के अतिरिक्त दबाव से अपने को बचाना होगा। क्योंकि मानकीकरण का अतिरिक्त दबाव भाषा के प्रवाह और स्थिर होते स्वरूप को भी क्षति पहुँचा सकता है। अराजकता की स्थिति को अवश्य नियन्त्रित किया जाना चाहिए जैसा कि हिन्दी वर्तनी के स्तर पर भी कई सन्दर्भों में दिखाई दिया। लेकिन अन्य सन्दर्भों में पुनः विचार करने की आवश्यकता है। अतः हमें मानकीकरण के प्रयासों के साथ यदि उसकी सम्भावनाओं पर दृष्टि रखनी है तो उसके खतरों से भी हमें अवगत होना होगा क्योंकि तार को अधिक खींचने से उसके टूटने की सम्भावना से इनकार नहीं किया जा सकता।

## सन्दर्भ


श्रीवास्तव, रवीन्द्रनाथ, 1992, भाषाई अस्मिता और हिन्दी, वाणी : नयी दिल्ली।

श्रीवास्तव, रवीन्द्रनाथ, 1994, 'हिन्दी और मानकीकरण के विविध सन्दर्भ' हिन्दी भाषा का समाजशास्त्र में, राधाकृष्ण : नयी दिल्ली।

श्रीवास्तव, मिश्र, तिवारी, 1988, हिन्दी भाषा व्यावहारिक व्याकरण, नेशनल : नयी दिल्ली।

Ferguson, C.A., 1968, 'Language Development', In Language Problem in developing nations. J.A.

Fishman, C.A., Ferguson, J. Dasgupta, (eds.) Newyork : Johnwilley.

Ferguson, C.A., 1971, Language Structure and language use.

Stanford : Stanford University Press., Haugen, E., 1966, 'Dialect, Language, Nation', IN American

Anthropologist, 68, (Also in Pride and Holmes : 1972), Haugen, E.1977, Norm and Deviation in bilingual communities', IN Hornby (ed.) Bilingualism. Newyork : Academic Press.

केन्द्रीय हिन्दी निदेशालय, 1983, देवनागरी लिपि तथा हिन्दी वर्तनी का मानकीकरण : नई दिल्ली।

इण्डिया टुडे, 31 जून, 1994

मेरी सहेली, सितम्बर, 1994

धर्मयुग, 16 से 31 अगस्त, 1994

नन्दन, सितम्बर, 1994

# मानकीकरण का सन्दर्भ–दो

समाज भाषाविज्ञान का एक विस्तृत क्षेत्र 'बोलीविज्ञान' के रूप में आज हमारे सामने है। कहना न होगा कि हिन्दी की बोलियों का अपना इतिहास है। बोली से भाषा बनने का अप्रतिम उदाहरण खड़ी बोली है। ब्रज और अवधी की साहित्यिकता से हम सब परिचित हैं। मानकीकरण का प्रश्न बोली-सम्बन्धित भी है जो यह सिद्ध करता है कि हिन्दी की बोलियों के भी एकाधिक विकल्प उस बोली-समुदाय में प्रचलित और व्यवहृत हैं। इस विकल्प का आधार, सामाजिक भी है और भौगोलिक भी।

अतः भारत की बहुभाषिक स्थिति में भाषा और बोली के व्यावहारिक वितरण को सामाजिक सन्दर्भ में देखना अनिवार्य है। कोई भी भाषा-समुदाय जिसका भौगोलिक क्षेत्र व्यापक होता है उसमें प्रयुक्त भाषा एवं बोलियों के अनेक व्यवहारगत विकल्प अनिवार्यतः रहते हैं। भाषा-समुदाय में भाषा-व्यवहार के ये विभेद उस समुदाय की भाषा-बोली की विविध व्यवस्थाओं में बँधकर समुदाय की पहचान उप-समुदायों के रूप में भी बनाते हैं। सम्भवतः यही कारण है कि एक ही भाषा/बोली समुदाय के एक उप समूह का व्यक्ति अपने समूह में एक भिन्न भाषा प्रकार से बंधा होता है और ठीक उसी भाषा-प्रकार के माध्यम से दूसरे उपसमूह के सदस्यों से भाषा-व्यवहार नहीं कर पाता। इस प्रकार एक ही भाषा-समुदाय में उपसमूहों की पहचान भाषा-बोली के इन विभेदों के द्वारा ही हो पाती है। गंपर्ज़ (1957) ने उत्तर भारत के हिन्दी भाषा समुदाय की चर्चा करते समय उसके भाषाई वितरण को तीन प्रकार के भाषा-व्यवहार के साथ जोड़कर उपरोक्त तथ्य को प्रमाणित भी किया है। उनके अनुसार स्थानीय स्तर पर वे ग्रामीण बोलियाँ हैं जिनके प्रकार गाँव-गाँव में भिन्नता लिए हुए होते हैं, कुछ व्यापक स्तर पर, छोटे बाज़ार में ये ग्रामीण बोलियाँ अपने स्थानीय उपलक्ष्यों को छोड़कर बोली का एक रूप निर्मित कर लेती हैं, इन दोनों भाषा-प्रकारों की तुलना में एक अधिक स्थिर और 'एकरूप' प्रकार मिलता है जो व्यापक भौगोलिक क्षेत्र में प्रयुक्त होता है। सामान्यतः इसी प्रकार को क्षेत्रीय बोली

कहते हैं। इन तीनों स्तरों पर जो सूक्ष्म भेद दिखाई देता है वह मूलतः ध्वनि-स्तर और शब्द-स्तर पर होता है और व्यवहार की दृष्टि से स्वतःस्फूर्त और प्रयोक्ता की भाषा-आदत का अंग होता है।

भाषा-प्रयोग की ऐसी वैविध्यपूर्ण सामाजिक पृष्ठभूमि में मानकीकरण और मानक भाषा की चर्चा अभीष्ट एवं अनिवार्य हो जाती है। पहले कही गयी बात को फिर से दुहरा लें कि भाषा की 'मानकता' का अर्थ है वह सापेक्ष स्थिति जो समान स्थितियों में 'मान' अथवा 'आदर्श' रूप में एक (भाषा) समाज द्वारा स्वीकृत की जाती है। इस सन्दर्भ में ही श्रीवास्तव (1977) ने भाषा-बोली का आधार भाषा-बोली समुदाय की 'भाषाई चेतना' को माना था और इसकी प्रकृति को संस्थागत बताया था। संस्थागत होने का तात्पर्य है, सामाजिक सन्दर्भ, सामाजिक दायित्व एवं सामाजिक स्वीकार्यता से जुड़ी स्थितियाँ। तभी तो हम यह कह पाते हैं कि 'मानक भाषा' किसी भाषा समूह का वह भाषा रूप है जिसे उस भाषा के अन्य सभी भाषा रूप 'मानक' के रूप में स्वीकार करते हैं। इस भाषा रूप का प्रयोग अन्य भाषा भाषियों के साथ किया जाता है और अधीनस्थ बोलियों का प्रयोग करने वालों के साथ इसका प्रयोग वक्ता की 'प्रतिष्ठा' को पुष्ट करता है। भाषा-बोली के इस संस्थागत आधार की प्रामाणिकता हिन्दी भाषा-समुदाय की प्रकृति द्वारा सिद्ध भी होती है। हम स्पष्ट देख पाते हैं कि कोई 'बोली' व्यापक राजनैतिक-सांस्कृतिक स्वीकार्यता के कारण बोलियों के बीच सम्पर्क-सूत्र के रूप में मान्य हो जाती है। इतना ही नहीं आगे चलकर अन्य बोलियों के प्रयोक्ता इरा राम्पर्क साधन में इस 'बोली' के साथ ही अपनी सामाजिक अस्मिता और प्रतिष्ठा को जोड़ने लगते हैं। इसीलिए आज 'खड़ीबोली' के पर्याय के रूप में मान्य हिन्दी तो 'भाषा' है पर ब्रज, अवधी, भोजपुरी, मैथिली आदि उसकी बोलियाँ हैं (श्रीवास्तव : 1992)।

'बोली' से 'भाषा बनने के बीच मानकीकरण की एक पूरी प्रक्रिया चलती है। यह प्रक्रिया ही सामाजिक वर्ग की किसी बोली का चयन कर उसे मानक रूप में विकसित करती है जिसे पूरा समाज मान या आदर्श के रूप में स्वीकार कर प्रतिष्ठा देता है। एक बार 'मानक भाषा' की मान्यता प्राप्त कर लेने के बाद यह समाज के उच्च वर्ग तथा प्रतिष्ठित एवं महत्त्वपूर्ण लोगों द्वारा स्वीकार्य हो जाती है और भाषानीति, भाषा गठन और भाषा-नियोजन के आयाम पर शिक्षा की माध्यम भाषा, साहित्य-सृजन की प्रामाणिक भाषा का दर्जा भी पाती है। मानक बनने के बाद लेखन एवं औपचारिक प्रयोग के स्तर पर इसमें अपनी ही समानान्तर अन्य बोलियों की तुलना में वैविध्य या विभेद भी कम मिलता है।

मानकीकरण की प्रक्रिया द्वारा 'बोली' से 'मानक भाषा' बनने की स्थिति के

साथ किसी 'बोली' के मानकीकृत होने की स्थिति को स्पष्टतः पहचानना होगा। पहचान की यह कमी ही किसी भी बोली को मानकीकृत या विकसित करने की बात करते ही अदृश्य आशंकाओं से हमें घेर लेती है। इसका कारण भाषा सम्बन्धी ज्ञान की कमी तथा भाषाविश्लेषण के व्यावहारिक पहलुओं के प्रति हमारी अनभिज्ञता है। बोलियाँ अपना प्रयोग-क्षेत्र सीमित रखें, क्योंकि उनके क्षेत्र का विस्तार उनके बोलने वालों में मानक भाषा के प्रति भाषाई वफ़ादारी (लैंग्वेज लॉयल्टी) को कम कर देता है और उनकी वफ़ादारी उस बोली के प्रति होने लगती है जिसका वे प्रयोग करते हैं। इस प्रकार मानक भाषा को यह समुदाय प्रतिष्ठा का प्रतीक मानने से इंकार कर देता है। हिन्दी के विषय में कहा जा सकता है कि उसकी बोलियों के विकास का प्रयत्न मानक हिन्दी के विकास में अवरोध उत्पन्न कर सकता है। इस प्रकार की मान्यता इसलिए निर्मूल और निरर्थक है क्योंकि यहाँ बोलियों के विकास का प्रयत्न 'भाषा' के रूप में उन्हें विकसित करने का है ही नहीं। यह प्रयास उन्हें मानकीकृत और विकसित करते हुए उनके स्वरूप को स्थिर करने का है। प्रत्येक मातृभाषाभाषी को अपनी भाषा को विकसित करने का पूरा अधिकार है। अतः व्यापक क्षेत्र में प्रयुक्त और एक बड़े समुदाय द्वारा व्यवहृत बोलियों के मानकीकरण की ओर ध्यान देना न तो अनुचित ही है और न ही मानक हिन्दी के अस्तित्व पर कोई खतरा। हम शायद बोलियों के 'मानकीकरण' या उनके 'स्वतन्त्र विकास' के नाम पर इसलिए चौंकते-घबड़ाते हैं कि हम इनके मानकीकरण के विशिष्ट प्रयोजन एवं उद्देश्य को नहीं समझते। वास्तव में बोलियों के मानकीकरण का तात्पर्य जीवन-व्यापार के बृहत्तर आयामों पर बोलियों का उपयोग करना या शिक्षण और कोर्ट आदि में उनका प्रसार करना नहीं है बल्कि उसका एक ऐसा सर्वमान्य स्वरूप निर्मित करना है जो मानकीकरण की शर्तों को पूरा करे। अतः जो विद्वान यह कहते हैं कि 'भाषा और बोली के प्रकार्यात्मक सम्बन्धों की बात को भुलाकर आज कई बोलियों के बोलने वाले अपनी विशेष बोली को स्वतन्त्र भाषा के रूप में विकसित करना चाहते हैं' और इस विकास को 'संकीर्ण स्वार्थ पर आधारित' मानते हैं वे वास्तव में स्वयं भारतीय भाषा सन्दर्भ और भाषा-बोली प्रकार्य-विभाजन को नहीं समझते। वे भारत जैसे बहुभाषी देश की समन्वय, समभाव और सामंजस्य की उस ऊर्जा को नहीं पहचान पाते जो पूरे विश्व के भाषाविदों के लिए आश्चर्य ही नहीं ईर्ष्या का विषय भी बनी हुई है। न तो ये विद्वान भारत की बहुभाषिक स्थिति को बिना पाश्चात्य चश्मे के देख पाते हैं और न ही ये आधुनिक भाषाविज्ञान की वैचारिक पृष्ठभूमि से ही परिचित लगते हैं। भारतीय सन्दर्भ में भी और हिन्दी भाषा समुदाय के सन्दर्भ में भी बहुभाषिकता के सहज निर्वाह की जो परम्परा भारत में है उसकी तुलना विश्व

में कहीं भी मिलना असम्भव है। यही कारण है कि 'सम्प्रेषण-तन्त्र में भोजपुरी या अन्य बोली क्षेत्र का व्यक्ति अपनी घरेलू ज़िन्दगी में अपनी-अपनी बोली का प्रयोग करता है और साक्षर बनता है खड़ी बोली में। अपने बोली क्षेत्र के लोगों से वह अपनी ही बोली का उपयोग करता है पर अन्य बोली क्षेत्र के लोगों के साथ हिन्दी को माध्यम बनाता है। जब कोई अन्य हिन्दी भाषी उसकी मातृभाषा के सम्बन्ध में पूछता है तो वह अपनी पहचान के लिए अपनी मातृबोली का नाम बताता है पर जनगणना के समय अथवा अन्य भाषाभाषी के पूछने पर अपनी मातृभाषा हिन्दी घोषित करता है' (श्रीवास्तव : 1992)। इस प्रकार सभी बोली समुदायों ने हिन्दी को अपने-अपने समुदाय की भाषा स्वीकार किया है। अपनी बोलियों और उनके विकल्पनों के प्रयोग के साथ हिन्दी के प्रयोग को अपने कोड-चयन में भाषा-व्यवहार के एक विशिष्ट प्रकार्य के लिए भी साथ रखा है। भाषाविज्ञान के आधुनिक परिप्रेक्ष्य में भाषा-बोली की रूपात्मक दृष्टि उन सभी भाषारूपों को 'भाषा' का दर्जा देती है जिसकी अपनी स्वतन्त्र सत्ता एवं स्वनिष्ठ व्याकरण हो। इस दृष्टि से भोजपुरी मैथिली, मगही, ब्रज, अवधी और खड़ीबोली अपनी व्यवस्था में अलग-अलग भाषाएँ ठहरती हैं। इस दृष्टि के आधार पर भोजपुरी को हिन्दी की बोली नहीं माना जा सकता क्योंकि हिन्दी खड़ी बोली की ही तरह भोजपुरी का भी अपना विशिष्ट व्याकरण है। जिस प्रकार लोक-व्यवहार में खड़ी बोली के क्षेत्रीय भेद प्रचलित हैं उसी प्रकार शाहाबाद, पलामू, सारन, बलिया, बनारस आदि में प्रयुक्त भोजपुरी के भी क्षेत्रीय भेद मिलते हैं। आधुनिक भाषाविज्ञान यह भी मानता है कि सभी बोलियाँ भाषा बनने की सम्भावना से युक्त होती हैं। इन वैज्ञानिक तथ्यों के बावजूद सामाजिक प्रकार्य में भाषाबोली का भेद भी मान्य रहा है और उनका प्रयोग-सन्दर्भ भी स्पष्टतः पारिभाषित रहा है। अतः हमें यह समझना चाहिए कि भोजपुरी का 'मानकीकरण' उसे 'भाषा' का दर्जा उस अर्थ में नहीं दे देगा कि वह हिन्दी की प्रतिस्पर्धी बन जाय या उसके विरोध में खड़ी हो जाय क्योंकि 'मानक भाषा अन्तर्क्षेत्रीय एकता और सामाजिक प्रतिष्ठा के प्रसंग से जुड़ी होती है और अपने को क्लासिकल भाषा, कृत्रिम भाषा, अवभाषा, बोली, क्रियोल, पिजिन के विरोध में खड़ा करती है जबकि मानकीकृत भाषा, मानकीकरण की प्रक्रिया के मात्र परिणाम की ओर संकेत करती है।' (श्रीवास्तव : 1992)। 'मानक भाषा' के पीछे पूरे भाषा-समुदाय की स्वीकार्यता का हाथ होता है। खड़ी बोली हिन्दी को यह स्वीकार्यता उसके सभी बोली-समुदायों के सदस्यों ने प्रदान की है और हिन्दी प्रदेशों (बोली प्रदेशों) ने हिन्दी को अपने-अपने प्रान्तों की राजभाषा का दर्जा दे कर भी उस शंकालु मनोवृत्ति को चुनौती दी है जो पूरी तरह अवैज्ञानिक और हिन्दी क्षेत्र के भाषिक यथार्थ से अनभिज्ञ है। इतनी ही नहीं हिन्दी क्षेत्र ने यह भी प्रमाण

दिया है कि इन बोली समुदायों में भाषा के स्तर पर हिन्दी का स्थान सुरक्षित, आदरणीय एवं निष्कंटक है। इसके बावजूद भी जब हमारे विद्वान बोलियों के मानकीकरण या विकास की प्रक्रिया को शंकालु निगाहों से देखते हैं तो आश्चर्य होता है कि वे हमारे बहुभाषी समाज की आन्तरिक शक्ति पर किन तर्कों के आधार पर प्रश्न चिह्न लगा रहे हैं।

इस प्रकार की आशंकाओं के साथ यह प्रश्न भी विद्वानों ने उठाया है कि 'बोलियों के प्रयोग-क्षेत्र का विस्तार भाषा-बोली के विवाद को ही नहीं भड़काएगा बल्कि बोली-बोली के झगड़े की सम्भावना भी पैदा करेगा' (हजारी प्रसाद द्विवेदी)। द्विवेदी जी का कथन है कि 'स्टैंडर्ड भोजपुरी (ग्रियर्सन द्वारा निर्धारित) वाले बनारस वाली बोली को स्टैंडर्ड क्यों मानेंगे और बनारस वाले बलिया-आरा की बोली को स्टैंडर्ड क्यों मानेंगे? झगड़ा तो वहाँ भी खड़ा होगा।' जहाँ तक बोलियों के प्रयोग-क्षेत्र विस्तार का प्रश्न है यह पहले भी कहा जा चुका है कि इनके प्रयोग-क्षेत्र को कोर्ट, शिक्षण, प्रशासन आदि तक ले जाना सम्भव ही नहीं है। हमें यह भी ध्यान रखना चाहिए कि 'मानक भाषा' को संरक्षण सरकार द्वारा मिलता है और मान्यता भाषा-समुदायों द्वारा। सरकार ही मानक भाषा के 'राजभाषा' स्वरूप के विकास आदि की नीति निर्धारित करती है जिसे शिक्षा और जनसंचार माध्यमों की माध्यम भाषा स्वीकार किया जाता है और यही आगे चलकर कामकाज की प्रकार्यात्मक भाषा के रूप में अपने नये-नये दायित्वों को अपने आधुनिकीकृत रूप में पूरा करती है। इन प्रकार्यात्मक विकल्पनों को ही 'प्रयुक्ति' कहा गया है। अतः भोजपुरी का मानकीकृत रूप एक सीमा में ही विस्तार पा सकता है। शिक्षा की माध्यम भाषा भी यदि उसे बनाया जाएगा तो प्राथमिक शिक्षा के स्तर तक ही उसकी उपयोगिता सिद्ध हो सकेगी। उच्च शिक्षा के स्तर पर या अखिल भारतीय स्तर पर इनके शिक्षण की गुंजाइश न होगी। जनसंचार माध्यमों में क्षेत्रीय कार्यक्रमों तक वह सीमित रहेगी। आज भी लोकगीत, कृषि-कार्यक्रम आदि में बोलियों को स्थान दिया ही जा रहा है। भोजपुरी में फिल्में भी बन रही हैं। भोजपुरी क्षेत्र में ये फिल्में अत्यन्त लोकप्रिय भी हैं। अमिताभ बच्चन सहित बालीवुड के कई नामी-गिरामी कलाकार इन फिल्मों में अभिनय करने को आतुर हैं। इन स्तरों पर क्षेत्रीय बोलियों को स्थान मिलना ही चाहिए। लेकिन इसके लिए आवश्यक है कि उनका एक मानकीकृत रूप हो।

जहाँ तक किसी एक बोली रूप को 'मानक' मानने में विद्वेष का प्रश्न है तो हमें देखना होगा कि भोजपुरी के मानकीकरण का प्रयास किसी एक उपबोली के स्थान पर किसी दूसरी उपबोली को स्थापित करने का प्रयास नहीं होगा कि झगड़ा शुरू हो जाएगा। इसमें सन्देह नहीं कि भोजपुरी एक विस्तृत भौगोलिक क्षेत्र में

प्रयुक्त भाषा रूप या बोली है जिसकी सीमाएँ गंगा नदी के साथ-साथ पटना के पश्चिम में आगे बढ़ गयी हैं। यही सीमा रोहतास तक और रांची तक जाती है। सोन नदी को पार करने के बाद भोजपुरी अवधी की सीमा का स्पर्श करती है। उत्तर में मिर्जापुर फिर जौनपुर से अकबरपुर और टांडा तक जाती है। ये सीमाएँ उड़िया और नेपाली भाषा-क्षेत्र को छूती हैं। उत्तर प्रदेश से लेकर बिहार के शाहाबाद तथा छपरा आदि तक फैले क्षेत्र में भोजपुरी के स्वरूप में व्याकरण तथा ध्वनि सम्बन्धी विविधताएँ पाई जाती हैं। इन विविधताओं को ग्रियर्सन ने उपशाखाओं के रूप में देखा था और इसे चार भागों में विभक्त किया था—उत्तरी, दक्षिणी, पश्चिमी तथा नगपुरिया। पर यह विभाजन पर्याप्त नहीं है। यदि हम व्यापक भौगोलिक क्षेत्र में प्रयुक्त भोजपुरी के विकल्पनों को देखना चाहें तो हमें अनेक उपवर्गों की ओर ध्यान देना पड़ेगा। शुकदेव सिंह (1968) ने इन उपवर्गों की ओर संकेत करते हुए लिखा है कि—'उत्तरी भोजपुरी घाघरा नदी के उत्तर में बोली जाती है। स्वरूप की विभिन्नता के कारण नेपाल की सीमा से लेकर गोरखपुर के पूर्व तक की बोली 'सरबरिया' और इस क्षेत्र के पूर्वी क्षेत्र की बोली 'गोरखपुरी' कही जाती है। सोन नदी के दक्षिण में 'नगपुरिया' बोली जाती है। 'उत्तरी' और 'नगपुरिया' के बीच की बोली 'दक्षिणी' और 'पश्चिमी' वर्गों में वर्गीकृत की जा सकती है। 'बरहज' से 'गाज़ीपुर' और वहाँ से सोनपुर के पश्चिम प्रान्तर की भोजपुरी को 'दक्षिणी भोजपुरी' कहा जा सकता है। दक्षिणी भोजपुरी को ही परिनिष्ठित या 'स्टैंडर्ड' भोजपुरी माना जाता है। भोजपुरी का यह रूप शाहाबाद, सारन, बलिया, पूर्वी देवरिया तथा पूर्वी गाज़ीपुर में बोला जाता है।' इस प्रकार भोजपुरी एक व्यापक व्यवहार-क्षेत्र की बोली है जिसकी अनेक उपबोलियाँ एवं उपवर्ग हैं। अर्थात् इसके एकाधिक व्यावहारिक विकल्प प्रचलित हैं। राजबली पांडेय ने इसके तीन प्रमुख भेदों की ओर संकेत किया था—मल्लिका, काशिका और वज्जिका। यदि भाषावैज्ञानिक धरातल पर भोजपुरी को 'भाषा' माने तो इन तीनों को उसकी उपभाषाएँ कह सकते हैं। इनके क्षेत्रीय तथा ग्रामीण उपवर्गों और इन बोलियों के स्थानीय विकल्पों को स्थानीय बोली। अतः भोजपुरी के मानकीकरण में हमें व्यवहृत रूपों के बीच सम-अभिरचनाओं (Common Pattern) की खोज करनी होगी। यह देखना होगा कि भोजपुरी के उपवर्गों के कौन-से भाषिक तत्त्व अधिक उपवर्गों में प्रयुक्त हैं। इन्हें चुन कर उसके मानक रूप को प्रतिष्ठित करना होगा। यह भी देखना होगा कि 'केन्द्रीय भोजपुरी' किसे माना जाय। मान लीजिए 'दक्षिणी भोजपुरी' को केन्द्रीय माना जाता है तो उस क्षेत्र में साहित्यिक-सांस्कृतिक धरातल पर भोजपुरी के प्रयोग का भी आकलन करना होगा। क्योंकि जो क्षेत्र साहित्यिक-सांस्कृतिक स्तर पर सर्वाधिक सजग होता है उसी क्षेत्र के भाषारूप को

केन्द्रीय माना जाता है। उदाहरण के लिए स्वीकार्यता की दृष्टि से मेरठ की हिन्दी को केन्द्रीय माना गया और उसके मानकीकरण के प्रयास हुए, ये प्रयास निश्चय ही वाराणसी, इलाहाबाद में हुए और हिन्दी को पूर्वीपन और पश्चिपीपन से मुक्ति मिली। भोजपुरी के मानकीकृत रूप के विकास का केन्द्र भी साहित्यिक-सांस्कृतिक दृष्टि से सजग कोई भी क्षेत्र बन सकता है, चाहे वह राँची हो या पटना, बलिया हो या गाजीपुर, वाराणसी हो या गोरखपुर।

भौगोलिक दृष्टि से एक व्यापक क्षेत्र की भाषा भोजपुरी के मानकीकरण या उसके मानकीकृत रूप के विकास के सन्दर्भ में भाषाविज्ञान द्वारा प्रदत्त पद्धतियों के सहारे भोजपुरी का क्षेत्र-विश्लेषण और भाषिक विश्लेषण करते हुए उसके विकल्पनों का आकलन करना होगा। ध्वनि, शब्द रचना, रूप रचना, पद रचना और वाक्य रचना के स्तर पर विविध विकल्पों में से किसी एक के चयन को मान्यता देनी होगी। अब हम भोजपुरी (शकुन्तला, भोजपुरी नाटक : 1977) और काशिका के बीच इन भाषिक तत्त्वों का विश्लेषण एक सीमित दिशा में करके देखें कि विश्लेषण के इस प्रारूप को अन्य विकल्पों के साथ देखते हुए आगे किस प्रकार क्रियान्वित किया जा सकता है। इस प्रकार के प्रयास की ओर अब हमें उन्मुख होना ही पड़ेगा। निश्चित ही 'शकुन्तला' नाटक की भोजपुरी उसका एक विकल्पवत् रूप ही है जैसा कि इसके 'दू शब्द' में भैरवनाथ पण्डित ने स्वीकार भी किया है—"शास्त्री सर्वेन्द्रपति त्रिपाठी जी अपना एक नाटक के भाषा अपना क्षेत्र का मोताबिक राखे के भरिसक प्रयास कइले बाटीं ईंह भाषा के व्याकरणिक रूप देबे के उहाँ के शास्त्रीय प्रयास सब जगह झकलत बा। बाकी एह में सुरू से अन्त तक उहाँ का शत-प्रतिशत एकर निर्वाह कइ सकल बानीं, अइसन कहल कठिन बा।" अर्थात् लेखन में भोजपुरी को क्षेत्रीयता से बचाते हुए उसको शास्त्रीय (मानक) व्याकरणिक रूप में प्रस्तुत करने का ज़रिया भोजपुरी के प्रतिष्ठित लेखकों के पास भी नहीं है। अतः अब यह आवश्यक हो गया है कि भोजपुरी के मानकीकृत रूप की तलाश वैज्ञानिक विधि से की जाय जिससे कि लेखन के माध्यम से यह पूरे भोजपुरी क्षेत्र में व्यवहृत हो सके तथा बोधगम्य और संप्रेषणीय बन कर इस क्षेत्र के एक प्रतिष्ठित भाषा रूप का स्थान ले सके। अब तुलनात्मक विश्लेषण प्रारम्भ करें।

## (1) भोजपुरी के इकारान्त रूप जो काशिका में नहीं हैं

मानकीकरण में सरलीकरण का प्रश्न महत्त्वपूर्ण है। आधुनिक भाषाविज्ञान की यह मान्यता है कि मान्य प्रयोगों को निर्धारित करने के लिए नियमों का कोडीकरण ही मानकीकरण है। अतः हमें यह देखना होगा कि भोजपुरी के अन्य उपवर्गों में इकारांत

प्रयोग की यह प्रवृत्ति किस सीमा तक है। क्योंकि काशिका में इकारांत के बिना इनका प्रयोग उसी मूल रूप में किया जाता है जैसे कि मानक हिन्दी में। यहाँ इस ओर भी देखना होगा कि ध्वनि और शब्द के लेखन में भोजपुरी को मानक हिन्दी के निकट लाना किन दिशाओं में सम्भव और वांछित है। आइबि (आइब), सोचि (सोच), ओरि (ओर), देखि (देख), चारि (चार)। ध्यान दें कि आइबि-आइब, गइलि-गइल, जाइबि-जाइब/जाब, देबि-देब, लेबि-लेब, सकबि-सकब क्रिया रूप के व्याकरणिक तत्व हैं अतः इन्हें – इकारांत के रूप में रखना है या + इकारांत के रूप में यह भोजपुरी के सभी उपवर्गों में इनके प्रचलन को देखते हुए निर्धारित करना होगा। शेष मानक हिन्दी के अनुरूप काशिका में प्रयुक्त होते हैं। इनके इकारांत रूप को रखने या न रखने का निर्णय भी हमें भोजपुरी के मानकीकरण की प्रक्रिया में लेना होगा।

## (2) भोजपुरी में अतिरिक्त ध्वनि प्रयोग, काशिका में उनका लोप

समाजभाषाविद् यह मानते हैं कि अतिरिक्त ध्वनि प्रयोग यदि उस भाषा के व्याकरणिक रूप को प्रयोजनात्मक बनाता है तो उसकी अनिवार्यता असंदिग्ध हो जाती है। लेकिन जब अन्य विकल्प इनके बिना भी अपना काम चला लेते हैं तो यह निश्चित हो जाता है कि इनमें प्रयोजनात्मक शक्ति का अभाव है। उदाहरण के लिए इन प्रयोगों को देखा जा सकता है—

| **भोजपुरी** | **काशिका** |
|---|---|
| चाहीं | चाही |
| जहवाँ | जहाँ |
| कवनो | कौनो |
| जवन | जौन |
| दूनो (जानी) | दूनो (जनी) |
| एकरा (से) | एसे |
| काल्हु | कल |
| तोहरा के | तोहरे/तोके |
| केकरा के | के के |
| होइत | होत |
| होखते | होते |
| बाकिर | बाकी/लेकिन |
| होइए | होई |
| नोह | नह |

### (3) व्याकरणिक प्रयोग के भेद

| (क) **भोजपुरी** | **काशिका** |
|---|---|
| आवे का चाही | आवे के चाही |
| का दूनो ओरि | के दूनो ओर |
| सूत्रधार के आगमन | सूत्रधार क आगमन |
| के मतलब | क मतलब |
| समय के चालि | समय क चाल |
| खेमा का बाहर | खेमा के बाहर |
| तपोवन का एक छोर पर | तपोवन के एक छोर पर |

इन प्रयोगों में काशिका का 'के' पहले वाक्य को छोड़कर शेष में मानक हिन्दी के समान है जबकि भोजपुरी का 'के' मानक हिन्दी के का, के, की का पर्याय रूप है, काशिका में यह 'क' हो गया है। पहला वाक्य व्याकरणिक रचना है 'आना चाहिए' के स्थान पर। अतः 'का-के' के प्रयोगों को अन्य वर्गों में देखते हुए मानकीकृत करने की आवश्यकता होगी। इसी प्रकार भोजपुरी के बा, बाड़े, बाड़न, बानी के प्रयोग को भी देखना चाहिए।

| (ख) टूट चुकल बा | = | टूट चुकत हौ |
|---|---|---|
| जात बाड़े | = | जात हउवन |
| कहल कठिन बा | = | कहल कठिन हौ |
| होत बा | = | होला |
| कइले बानी | = | कइलन |
| रखले बानी | = | रखले हई |
| बड़ले बा | = | हइए हौ |
| अवते बानी | = | अउते हई |

(ग) भोजपुरी की कई व्याकरणिक संरचनाएँ काशिका से भिन्न हैं। इन्हें भी अन्य उपवर्गों के साथ देखकर मानकीकृत करने की आवश्यकता है :

| **भोजपुरी** | **काशिका** |
|---|---|
| हमनीं का करीं जा | हम लोग/हमहन का करीं |
| ई प्रश्न त रउवा ठीके उठवलीं | ई प्रश्न त आप ठीके उठवलन |
| निबहत बा कि ना | निबहत हौ कि नाहीं |
| जानत होखि हैं | जानत होइहैं |

| | |
|---|---|
| भंग क देसु | भंग कर दें (आप), भंग कर दा (तू) |
| करहु | करें (आप), करा (तू) |
| जा के निहोरा कइल | जा के निहोरा कइलन |
| तब से न जा सकब | तब से न जा सकला-सकलू/ सकबा-सकबू |
| कहइली | कहइलिन, कहल जालिन, कहल गइलिन |

(घ) कई व्याकरणिक एवं भाषिक तत्त्व भोजपुरी और काशिका में समान हैं। इन पर विशेष ध्यान देना होगा। यदि ये अन्य उपवर्गों में भी इसी रूप में प्रचलित हैं तो भाषा का एक बड़ा अंश स्वतः मानकीकृत हो जाएगा। इनमें शब्द या क्षेत्रीय शब्द रूप भी हैं और व्याकरणिक रूप रचनाएँ भी। जैसे पावल, खेलल, लिखल, कहलू, फइलल, भइल, पतिलका, उठत, हटल, दीहें, देइहेन, दुसरका, केकर, ओइसहीं, खटकत, बोलत, सुनत, तनिको, थोड़िको, दूनो, तीनो, ठीके, नाटकन, कहनियों, अभइयों, सूर्यों, बिआह, त, ऊ, जसन, ई, बहुते, बलुक, लोको, दे के, धराइल, पालल, गोड़, बेबतिए, बेमतलबे, लौटत, चलत, तोहार, हमार, ओनकर, बड़का, छोटका, भागल।

(च) कई प्रयोग भोजपुरी के प्रयोग में विशिष्ट हैं परन्तु मानकीकरण की दृष्टि से इनके प्रचलन, इनकी सार्थकता एवं इनके प्रयोग पर पुनर्विचार करना चाहिए :

| | | |
|---|---|---|
| देश आ भाषा | = | देश अउर भाषा (आउर भी प्रचलित है भोजपुरी में) |
| एह कथा | = | ई कथा (इह भी प्रचलित है भोजपुरी में) |
| उहाँ का (कहलन) | = | उँ (कहलन) |
| ई ऊँहा के दोष ना होखर | = | ई ओनकर दोष ना हो खर |
| इँहा के | = | इनके/आपके |
| जइती/जास | = | जाए |
| होह दे देख | = | ओहर देख |
| हरिना ह | = | हरिना हौ |
| प्रतीक्षा क लिहल जाइ | = | प्रतीक्षा कर लिहल जाए |
| अइसना स्थान पा | = | अइसन/अइसने स्थान पर |
| पानी मिलि सकता? | = | पानी मिल सकला? (सक ली, चलला आदि रूप भोजपुरी में हैं) |

(छ) भोजपुरी की आत्मीयता से सम्बद्ध व्याकरणिक संरचनाएँ

भोजपुरी की कुछ संरचनाएँ उसकी पहचान हैं, अतः मानकीकरण के समय इन संरचनाओं के विकल्प न ढूँढ़े जायँ या इनके स्वरूप को एकदम परिवर्तित न किया जाय, सभी उपवर्ग लेखन में इनका प्रयोग करें–

ना हई स

राजे नू–'न' का प्रयोग काशिका में होता है।

छोड़स नइखी

छोड़ नइखी सकल

पहचान नइखत पावत

रउवा लोग

रउए खातिर

राउर अस्त्र-सस्त्र

काम बने के नइखे

ऋषि आश्रम में नइखन

कहतारी

बुझाता

कवनो बात नइखे

बहुत आभारी बानीं जा

आने-एने, एहिजा-ओहिजा, अतना-ओतना

एगो, दूगो

इसी प्रकार भोजपुरी के इन शब्दों को भी उसके मानकीकृत रूप में सुरक्षित रखने का प्रयास करना चाहिए–

नीक, मजगर, अन्हिर, गढ़ई, नंगयी, लमहर, इचिको, कतहीं, रहनिहार, पइसार, टुरुआ, पँचरना, फेलु, कियास।

इस प्रकार का व्यापक विश्लेषण भोजपुरी के विविध उपवर्गों में से समान अभिरचनाओं को चुन कर उन्हें 'मानक' के रूप में मान्यता प्रदान करने में सहायक हो सकता है। यह कहना कि लिखते-लिखते उसका मानकीकरण स्वतः हो जाएगा, उचित नहीं है। मानकीकरण की प्रक्रिया एक सायास प्रक्रिया है। जिस प्रकार हमें अपनी मातृभाषा प्रिय होती है उसी प्रकार मातृबोली भी। अतः प्रचलन, मानक हिन्दी के समान तत्त्वों, अनावश्यक विस्तार या संकोच तथा आत्मीयता पर विशेष दृष्टि रखकर ही एक सर्वस्वीकृत एवं सर्वमान्य भाषा रूप की स्थापना की जा सकती है।

इन सारी चर्चाओं को बिन्दु के रूप में हमें अपने भीतर सँजो लेना चाहिए–

1. भोजपुरी के मानकीकरण का प्रयास उसे मानकीकृत भाषा के रूप में विकसित

करने का प्रयास है।

2. समाज भाषाविज्ञान यह मानता है कि सभी बोलियों में भाषा बनने की सम्भावना छिपी रहती है।
3. परन्तु बोली के मानकीकरण का तात्पर्य किसी बोली को शक्तिशाली भाषा सिद्ध करना नहीं है।
4. भोजपुरी को एक मानकीकृत बोली के रूप में विकसित करने का प्रयास उसके उपवर्गों के विकल्पवत प्रयोगों में निहित समान अभिरचनाओं के आधार पर होना चाहिए।
5. समान कोर (Common Core) की तलाश में यह भी देखना चाहिए कि प्रयुक्त भाषिक तत्त्व अधिकाधिक उपरूपों में समान हों।
6. व्यावहारिक स्तर पर बोलचाल में उपसर्गों के सभी विकल्प प्रचलित रहेंगे। लेखन एवं औपचारिक सन्दर्भों में मानकीकृत भोजपुरी का प्रयोग ही आदर्श माना जाएगा। हिन्दी भाषा के साथ भी ऐसा ही है, व्यावहारिक स्तर पर उसके एकाधिक क्षेत्रीय सामाजिक भेद प्रचलित हैं पर लेखन एवं अन्य औपचारिक सन्दर्भों में उसका मानक रूप ही स्वीकार्य होता है।
7. भोजपुरी के विभिन्न उपवर्गों की शब्दावली तथा रूप रचना एवं व्याकरणिक रचनाओं के नियमों की एक सूची बनानी चाहिए (जिसका एक सामान्य नमूना दो उपवर्गों के सन्दर्भ में यहाँ दिया गया है)। जिससे यह भी पता चले कि किन समान शब्दावलियों एवं रूप-रचना के नियमों ने इन उपवर्गों को परस्पर बोधगम्य बनाये रखा है। और आवश्यकता के अनुसार उन्हें परिवर्तित करने के उपाय किये जायँ।
8. रूप-रचना एवं व्याकरण के उन नियमों को मानक माना जाय जो अधिकांश उपवर्गों में प्रचलित हैं या जिनमें रूपात्मक समानता तुलनात्मक दृष्टि से अधिक है। जिन नियमों को जटिल समझा जाय उन्हें भी सरलीकृत नियम के आधार पर (जो पहले से किसी उपवर्ग में उपलब्ध हों) परिवर्तित किया जाय या आवश्यकता पड़ने पर नया नियम बनाया जाय।
9. भोजपुरी का प्रयोग-क्षेत्र अति व्यापक है और इसके प्रयोक्ता भी बड़ी संख्या में हैं अतः इसके मानकीकृत रूप की अनिवार्यता से इंकार नहीं किया जा सकता। मानकीकृत भोजपुरी के माध्यम से इस क्षेत्र का लोक-साहित्य, लोक-जीवन एवं लोक-संस्कृति व्यक्त हो, उसका विस्तार हो, भोजपुरी की यह धरोहर आज लुप्त होती जा रही है लोक-सांस्कृतिक की विरासत के संरक्षण के लिए भी भोजपुरी का मानकीकरण नितान्त आवश्यक है।

10. विद्यालयीन शिक्षा में प्राथमिक कक्षाओं में बोली-भाषी जब सीधे भाषा (हिन्दी) की ओर मुड़ता है तो उसकी कठिनाइयाँ कुछ सन्दर्भों को छोड़कर अन्य भाषा भाषी के समान ही होती हैं। अतः हिन्दी को एक विशेष के रूप में पढ़ाने के साथ-साथ अन्य विषयों की माध्यम भाषा यह मानकीकृत भोजपुरी बन सकती है जिससे बच्चे के मानसिक विकास पर सकारात्मक प्रभाव पड़ेगा।

11. बोलने वालों की संख्या, भौगोलिक क्षेत्र के विस्तार तथा प्राचीन लोक संस्कृति को देखते हुए भोजपुरी के मानकीकरण को एक आन्दोलन का रूप देना चाहिए। भोजपुरी बोली कई प्रान्तों को एक सूत्र में बाँधने की क्षमता ही नहीं रखती बल्कि पड़ोसी देश नेपाल से सम्बन्धों को और गहरा बनाने में भी सहायक सिद्ध हो सकती है।

12. भारतीय बहुभाषिक सन्दर्भ में भाषा-बोली के विविध प्रकार्य स्पष्ट हैं अतः इनके बीच किसी प्रकार के वैमनस्य की कल्पना बेमानी और अवैज्ञानिक दृष्टि का परिचायक है।

13. एक बहुप्रयुक्त बोली को लिखित अभिव्यक्ति के लिए मानकीकृत करने के कार्य को सामाजिक, साहित्यिक और सांस्कृतिक विकास की दृष्टि से भी और उस बोली के विविध व्यावहारिक रूपों के प्रयोक्ताओं के बीच एक सेतु निर्माण के महती उद्देश्य की प्राप्ति की दृष्टि से भी एक महत्त्वपूर्ण एवं सराहनीय कार्य माना जाना चाहिए।

यह भी कहा जा सकता है कि हिन्दी की प्रत्येक उस बोली को मानकीकृत करने का प्रयास होना चाहिए जिनके लेखन एवं विस्तार से अभिव्यक्ति के नये गवाक्ष खुलने की सम्भावना हो। बोलियों में लिखने वालों को पर्याप्त प्रोत्साहन मिलना चाहिए। इसमें तो सन्देह ही नहीं है कि बोलियों के माध्यम से ही हमारा लोक जीवन और भारतीय आत्मा सर्वाधिक सशक्त रूप से व्यक्त हो पाती है। तभी तो हिन्दी साहित्य के अन्तर्गत उसकी बोलियों के साहित्य को आदर दिया गया है। इस आत्मा को पकड़ पाने के कारण ही हिन्दी साहित्य में प्रेमचन्द, रेणु, भारतेन्दु, राही मासूम रज़ा, मेहरुन्निसा परवेज़, शानी, असगर वज़ाहत, मार्कण्डेय, नागार्जुन, हबीब तनवीर, शिवप्रसाद सिंह जैसे रचनाकार अपना एक स्थान बना सके हैं। आज का आधुनिक हिन्दी साहित्य अपनी बोलियों से प्राण शक्ति ले कर ही अपने को शैली भेद एवं भाषा विकल्पन की अद्‌भुत छटा से युक्त भाषा का प्रतिनिधि साहित्य सिद्ध कर सका है।

# भाषा विकास

# हिन्दी विकास की मजबूत कड़ी : दक्खिनी हिन्दी

भाषा-सम्पर्क पर आधुनिक भाषाविज्ञान व्यापक अध्ययन प्रस्तुत करता है। ऐतिहासिक, राजनैतिक, भौगोलिक और सामाजिक कारणों से जब भाषाएँ एक-दूसरे के सम्पर्क में आती हैं तो उनमें एक-दूसरे के बीच आदान-प्रदान के साथ एक-दूसरे को प्रभावित करने और एक-दूसरे से प्रभावित होने की प्रक्रिया भी चलती रहती है।

दक्खिनी हिन्दी के निर्माण और विकास में भाषा-सम्पर्क की अहम् भूमिका है। यह एक ऐतिहासिक तथ्य है कि मुहम्मद तुगलक के शासनकाल में उत्तर-भारत के असंख्य हिन्दू-मुसलमान दक्षिण में आ कर बस गये। इस प्रकार जो सम्पर्क सूत्र निर्मित हुआ उसने तत्कालीन साहित्य और संस्कृति पर भी अपना गहरा प्रभाव छोड़ा। उत्तर भारत के समुदायों के साथ उनकी विभिन्न बोलियाँ भी सहज ही दक्षिण-भारत आ पहुँचीं। हम यदि दक्खिनी हिन्दी साहित्य की भाषा का विश्लेषण करें तो हमें हिन्दी की अधीनस्थ अनेक बोलियों की शब्द अभिव्यक्तियाँ दक्खिनी हिन्दी में अपने ठेठ रूप में उपस्थित मिल जाएँगी।

सामान्यतः दैनंदिन-बोलचाल से सम्बद्ध दक्खिनी हिन्दी का व्यावहारिक रूप सम्पर्क के कारण क्रमशः मानकीकृत बना और साहित्यिक अभिव्यक्ति के लिए इसका प्रयोग होने लगा। कई विद्वान तो खड़ी हिन्दी का सर्वप्रथम कवि इन दक्खिनी हिन्दी रचनाकारों को ही मानते हैं। दक्खिनी हिन्दी के इस मानक रूप को फर्ग्यूसन (1962) के उस विचार के परिप्रेक्ष्य में भी देखा जा सकता है जिसे वे दो आयामों पर वर्गीकृत करते हैं—मानकीकरण की मात्रा अर्थात् मानकीकरण– 0, 1, 2 तथा लेखन में उनका प्रयोग अर्थात् लेखन– 0, 1, 2, 3. दोनों आयामों पर 0 का तात्पर्य

मानकीकरण और लेखन का अभाव। मानकीकरण 1 का तात्पर्य है कि भाषा दो रूपों में मानकीकृत हुई है जैसे भारत में हिन्दी-उर्दू। मानकीकरण 2 को फर्ग्यूसन एक भाषा रूप के व्यापक प्रयोगों से जोड़कर देखते हैं। लेखन 1 को सामान्य लेखन, लेखन 2 को शोध मानविकी में लेखन और लेखन 3 को अनुवाद और विज्ञान में

लेखन से सम्बद्ध कर उन्होंने विश्लेषित किया।

इस धरातल पर दक्षिण भारत में बोलचाल के स्तर पर प्रचलित दक्खिनी भाषा रूप व्यापक सम्पर्क में आकर मानकीकृत हुआ और सामान्य लेखन में उसका प्रयोग प्रारम्भ हुआ। दक्खिनी हिन्दी वास्तव में हिन्दी साहित्य की एक ऐसी कड़ी है जिसे कई विद्वानों ने सरल दक्खिनी, उर्दू या हिन्दूस्तानी नाम भी दिया है। डॉ. बाबूराम सक्सेना ने दक्खिनी हिन्दी के तीन प्रचलित नामों—हिन्दवी, हिन्दुई और हिन्दी की चर्चा की है और इन्हें एक ही भाषा के तीन नाम माना है। अतः निश्चित ही दक्खिनी हिन्दी भाषा और साहित्य हिन्दी भाषा और साहित्य के इतिहास का ही एक पड़ाव है।

दक्खिनी हिन्दी के रचनाकारों ने बोलचाल की कौरवी को साहित्यिक भाषा का रूप प्रदान किया। फारसी के मोह और उसकी जटिलता से बचते हुए अपनी बोली दक्खिनी को सरल और सशक्त सर्जनात्मक भाषा के रूप में स्थापित किया। यह भाषा रूप उत्तर, दक्षिण के सभी लोगों के लिए सहज स्वीकार्य बना, ऐसी स्वीकार्यता फारसी से बोझिल भाषा रूप को नहीं मिल सकती थी। बोलियों, संस्कृत, अरबी-फ़ारसी और संस्कृत के तद्भव शब्दों के प्रयोग ने दक्खिनी हिन्दी के साहित्यिक रूप को भारतीय संस्कृति के बहु आयामी व्यक्तित्व को उजागर करनेवाले ऐसे सांचे में ढाला कि दक्खिनी हिन्दी किसी धर्म समुदाय विशेष की भाषा मात्र बनकर ही नहीं रह गयी और इसीलिए अशरफ (1503) ने अपनी भाषा को 'हिन्दवी' कहा, अर्थात् 'हिन्दुस्तान की भाषा', तथा मुहम्मद कुल्ली (1580-1612) ने अपनी रचनाओं में संस्कृत का व्यापक प्रयोग किया। संस्कृत का प्रयोग सभी दक्खिनी हिन्दी रचनाकारों ने कमोबेश किया है। दक्खिनी हिन्दी की अरबी लिपि के कारण संस्कृत शब्दों को लिख पाना कठिन था अतः इन्हें लिखते समय इन कवियों ने स्वर-चिह्नों का प्रयोग बड़ी सावधानी से किया है। देश भाषा या 'भाखा' को अपनाने के प्रश्न पर भी दक्खिनी हिन्दी कवि निरन्तर विचार करते रहे—और अपनी भाषा को सम्पूर्ण भारत की भाषा मानकर ही उसका नामोल्लेख करते रहे—

वाचा कीना हिन्वी में,<br>
जानो मोतियाँ केराहार (शाह मीराजी)<br>
यह सब बोलूँ हिन्दी बोल...<br>
ऐब न राखे हिन्दी बोल। (बुराहुद्दीन जानम)

भारतीय मानस में भाषा हमेशा एक जोड़ने वाले तत्त्व के रूप में देखी जाती रही है। वजही (1609) का गद्य तुलसीदास के तुरन्त बाद के हिन्दी गद्य का सर्वोत्कृष्ट उदाहरण है। यह भी निःसंशय स्वीकार करना चाहिए कि गद्य में ऐसा कोई उदाहरण उत्तर भारत के समकालीन हिन्दी कवियों द्वारा उपस्थित नहीं किया

गया। यह भी देखना चाहिए कि दक्षिण (गोलकुंडा, बीजापुर, गुलबर्गा) में खड़ी हिन्दी कविता उस समय प्रारम्भ हुई जब उत्तर में मैथिल-कोकिल विद्यापति अपने गीतों की रचना कर रहे थे। इन कड़ियों को जोड़कर हिन्दी भाषा और साहित्य का जो आन्तरिक इतिहास प्रस्फुरित होता है वह दक्खिनी हिन्दी को एकात्मकता के एक सूत्र के रूप में स्वतः ला खड़ा करता है। डॉ. राहुल सांकृत्यायन इस कड़ी को अखिल भारतीय शृंखला से आबद्ध करते हुए कहते हैं कि 'खड़ी हिन्दी कविता की प्रौढ़ता का जमाना वह है जब सूर और तुलसी की कविताओं के रूप में ब्रजभाषा और अवधी कविताएँ शिखर पर पहुँचीं। दक्षिणी खड़ी हिन्दी कविता के सूर-तुलसी-वजही, कुल्ली कुतुबशाह और गौवासी थे।' इस कथन में एक सीमा यह रह गयी कि यह इस तथ्य को सामने नहीं लाता कि ब्रज और अवधी आज की हिन्दी के स्वरूप का आधार नहीं बनीं जबकि दक्खिनी हिन्दी अपने प्रारम्भिक रचनाकाल से ही खड़ी बोली हिन्दी (आज की मानक हिन्दी) के विकास बिन्दुओं का संकेत देती रही और कालान्तर में उसके विकास का आधार बनी।

दक्खिनी हिन्दी का यह आधार भारत की सामासिक संस्कृति का ज्वलन्त उदाहरण है। संस्कृत, लोकबोलियों, अरबी, फारसी, भारतीय भाषाओं का समन्वित प्रयोग दक्खिनी हिन्दी को भारत की सामासिक संस्कृति की अभिव्यक्ति की माध्यम भाषा के रूप में विकसित करता है। भारत की दो मूल और सर्वाधिक कालावधि तक एक-दूसरे के संसर्ग में फलने-फूलने वाली हिन्दू-मुस्लिम संस्कृति के समन्वय के दर्शन तो यत्र-तत्र, सर्वत्र हमें दक्खिनी हिन्दी में हो ही जाते हैं।

भाषा और संस्कृति तथा भाषा और राष्ट्र के सम्बन्धों पर भी इधर आधुनिक भाषाविज्ञान ने गम्भीर विचार और अध्ययन प्रस्तुत किया है। इन विचारों के परिप्रेक्ष्य में यदि दक्खिनी हिन्दी को देखा जाय तो उसकी ग्रहणशीलता की क्षमता और उसके अखिल भारतीय समन्वय के प्रयास को सहज ही रेखांकित किया जा सकता है। प्रस्तुत अध्ययन और विश्लेषण में दक्खिनी हिन्दी के विभिन्न भाषाई तत्त्वों का वर्गीकरण कुछ आधारों पर करते हुए उसकी समन्वय और एकीकरण की उस प्रवृत्ति को उभारा गया है जो स्वतन्त्रता के बाद राजभाषा हिन्दी के लिए धारा 351 के माध्यम से भारतीय संविधान द्वारा निर्धारित की गयी थी। इस विश्लेषण से पहले दक्खिनी हिन्दी लेखन से जुड़े उन मध्यकालीन रचनाकारों के विचारों को देख लेना भी उचित होगा जो भाषा-प्रयोग को सहज और सम्प्रेषणीय बनाना अपना पहला कर्तव्य समझते हैं और उपलब्ध सभी स्रोतों से भाषिक शब्द और अभिव्यक्तियाँ ग्रहण करते चलते हैं। इन रचनाकारों में अफ़ज़ल (1623), गौवासी (1620), मुकीमी (1627), कुतुबी (1634), सनअती (1645), निशाती (1656), नस्रती (1657) और

वली दकनी (1705) आदि प्रमुख हैं। इन सभी की रचनाओं को देखने से यह स्पष्ट होता है कि इनका उद्देश्य अपनी कविताओं को अरबी-फ़ारसी भाषा-ज्ञान का कोश बनाना नहीं था। इनका उद्देश्य था अपने समकालीनों की बोलचाल की भाषा को साहित्यिक धरातल प्रदान करना। अतः उन्होंने दिन-प्रतिदिन के साधारण और सर्वप्रयुक्त शब्दों का प्रयोग किया, चाहे वे किसी भी भाषा या बोली के हों।

दक्खिनी हिन्दी गद्य की भाषा पर कुछ अध्ययन हुए हैं। यहाँ दक्खिनी हिन्दी काव्य को केन्द्र में रख कर दक्खिनी हिन्दी के प्रथम कवि ख्वाज़ा बंदेनेवाज़ (1343) से लेकर वली दकनी (1705) तक के काव्य से सामग्री संकलित की गयी है। सामग्री वर्गीकरण के आधार निम्नलिखित हैं–

1. मानक भाषा रूप
2. अमानक भाषा रूप
3. ध्वन्यात्मक प्रभेद
4. बोलचाल के भाषा रूप का मिश्रण
5. शब्द-सूची
6. सांस्कृतिक पक्ष
7. मूल्य और विश्वास
8. वाक्य-रचना का पक्ष
9. संरचना-व्यवस्था
10. भाषा का सर्जनात्मक पक्ष

पहले स्तर पर दक्खिनी काव्य में प्रयुक्त संस्कृत और अरबी-फ़ारसी तुर्की शब्दावली को तथा उन वाक्य रचनाओं को देखा जा सकता है जो आज भी मानक हिन्दी की व्याकरणिक संरचना का अंग बनी हुई हैं। संस्कृत और अरबी-फ़ारसी-तुर्की उस समय मानक भाषाएँ थीं ही। शब्द स्तर पर यह देखना एक रोमांचक अनुभव होगा कि संस्कृत के तत्सम शब्दों के जो प्रयोग दक्खिनी हिन्दी में किये गये हैं उनमें हिन्दू धर्म और संस्कृति के अनेक तत्त्व उद्घाटित हैं जो इस बात का प्रमाण है कि हिन्दू धर्म, दर्शन और धार्मिक साहित्य से दक्खिनी हिन्दी के कवि भली भाँति परिचित थे। **जग, जीव, ज्ञान, उपदेश, आदिपुरुष, निर्गुण, निराधार, माया, महंत, संसार, सुध, गुरु, जपमाला, आरती, विनती, जप, मंदिर, जगपती, अष्टावधान, देवेंद्र, मंत्र, तंत्र, वैकुंठ, मिथ्या, ईश्वर, उद्धार** जैसे शब्दों के प्रयोग दक्खिनी हिन्दी के सभी कवियों ने बारम्बार किये हैं। इन शब्दों का प्रयोग भी उन्हीं अर्थों-सन्दर्भों में यहाँ हुआ है जिन अर्थों-सन्दर्भों में हिन्दी के मध्यकालीन भक्ति-साहित्य में हमें मिलता है। अतः यह कहना कि दक्खिनी हिन्दी काव्य धारा मुसलमान कवियों द्वारा

रचित सामन्तवादी वृत्ति की पोषक है, गलत होगा। यह सच है कि शृंगार और प्रेम की रचनाएँ दक्खिनी हिन्दी में हैं परन्तु उनमें से अधिकांश मृगावती, पद्मावती जैसी कथाओं से जुड़ कर सूफ़ी-काव्य धारा का अंग बनी हैं, न कि उच्चश्रृंखल-प्रेम-विलास मात्र का चित्रण जो सामन्तों को प्रसन्न कर सके। **मोहिनी, तपन, आस, सरस, कंठ, लोचन, अलक, रोमावली, जड़ित, चंचल, अधरामृत, खंजन, मदन, कोप, विरह, धीरज, नयन, विरहणी, कटि** जैसे संस्कृत के तत्सम शब्द प्रेम-वर्णन में इतने सार्थक और कभी-कभी अन्य स्रोतों के शब्दों के साथ इस तरह समन्वित करके प्रयुक्त हुए हैं कि यह मानना पड़ता है कि दक्खिनी हिन्दी, भाषा के समन्वयन द्वारा भारतीय जन-मानस के आपसी गहरे जुड़ाव को व्यक्त करने में बहुत ही सफल है। सामान्य तत्सम संस्कृत शब्दावली का प्रयोग भी दक्खिनी हिन्दी के सम्पूर्ण काव्य में बहुतायत से हुआ है जैसे **मौन, गुणी, धरती, गगन, रजनी, छवि, नीर, नगर, धेनु, नित, अंग, उमंग, विस्तार, निराशा, अन्त** इत्यादि।

अरबी-फ़ारसी-तुर्की के ऐसे अनेक शब्द दक्खिनी हिन्दी काव्य में अनेक बार आये हैं जो आज की मानक हिन्दी में इतने स्थिर और स्थापित हो चुके हैं कि कई बार तो उनके स्रोत को पहचान पाना भी इन शब्दों के सामान्य प्रयोक्ता के लिए कठिन हो जाता है। इन शब्दों का प्रयोग भी सामान्य जनता चाहे वह हिन्दू हो या मुस्लिम सहज रूप में करती है। ऐसे ही सहज, सरल और प्रचलित शब्दावली से युक्त हिन्दी के पक्षधर महात्मा गाँधी थे जिन्होंने ऐसी हिन्दी को 'हिन्दुस्तानी' कहते हुए उसे पूरे देश की भाषा के रूप में प्रचलित और स्थापित होने का स्वप्न देखा था। **आसान, ईमान, आसमान, मुल्क, अजब, हैरानी, ख्वाब, शक्ल, सूरत, शाहज़ादा, मुरौवत, गज़ब, ज़मीन, ज़माना, सख़्त, पहरा, वफ़ादार, हरगिज़, मस्त, खुशबू, दौर, सलाम, सिपाही, सौदागर, नेक, नुमाइश, बेहतर, होनहार, कामयाब, कारवाँ, मुसाफिर, सफ़र, नादान, परेशान, फ़िक्र, इश्क, दुहाई, सीना, खामोश, गवाह, बेगुनाह, दाग़, तारीफ़, चीज़, हुनर, शाम, हासिल, आज़ाद, शर्त, लज्जत, स्वाद, बाग़, खत्म, नसीहत, ख़िदमत, जन्नत, यादगार, ख़जाना, क़त्ल, निखार, बाज़ार, मरहम, ज़िंदगी, उम्र, खूंखार, अक्सर, ज़िक्र, राज़ी, ज़ालिम, ख़बर, ख़ैरियत, कलम, दावात, शैतान** जैसे शब्द दक्खिनी हिन्दी काव्य का आधार हैं और आज की व्यावहारिक हिन्दी और उसके लिखित रूप में इतने घुल-मिल गये हैं कि हमारी सांस्कृतिक एकात्मकता के जीते जागते प्रमाण बन गये हैं।

कुछ अरबी-फ़ारसी-तुर्की के ऐसे शब्द भी दक्खिनी हिन्दी काव्य में प्रयुक्त मिलते हैं जो सामान्य जन के दैनंदिन भाषा-व्यवहार में सम्भवतः आज उतने प्रचलित न हों लेकिन आज के सर्जनात्मक हिन्दी लेखन में इनका खुलकर प्रयोग किया जा

रहा है और हिन्दी भाषा-भाषी शिक्षित प्रयोक्ता तो इन शब्दों के अर्थ-सन्दर्भ से कदापि अपरिचित नहीं हैं। इन शब्दों में **तक़रीर, क़रार, पनाह, लफ़्ज, अज़ीज़, हुजूम, कुदरत, फ़तह, दीदार, बेनज़ीर, तिजारत, मशगूल, पाक, ख़ता, तक़सीम, ज़फा, गुमान, मुराद, तर्जुमा, मुख़्तसर, इसरार, ज़बाँ, गुस्ल, हम्माम, क़ौम** आदि को रक्खा जा सकता है जो अपने मानक रूप में ही दक्खिनी हिन्दी में प्रयुक्त हुए हैं और इसी रूप में आधुनिक हिन्दी लेखन में भी प्रयुक्त हो रहे हैं।

मानक भाषा रूप के ही स्तर पर दक्खिनी हिन्दी में सर्वनामों और परसर्गों का जो प्रयोग मिलता है वह खड़ी बोली हिन्दी के बोलचाल का सर्व-व्यवहृत रूप रहा है और आज भी इसी रूप में प्रचलित है। जबकि अवधी या ब्रज साहित्य में इनका बोली रूप ही प्रयुक्त मिलता है। भारतेन्दु युग में भी इनका यही बोली प्रभावित रूप प्रचलित मिलता है। दक्खिनी हिन्दी में इनका ठेठ प्रयोग हुआ है जैसे परसर्गों में—**वन में, चमन में, नयन में, अँगन में, चंचल के > निर्मल के, चमन की > सुमन की, अपने में > जपने में > तपने में, प्यारी का > खुमारी का, बैन पर > नैन पर** आदि का **प्रयोग** और **सर्वनामों में तेरी मेरी, तूनें देख्या, दिवाना हूँ मैं, मेरी बात (तू) सुन, तेरे दो नयन हैं, कह कि तू कौन, कहूँ क्या तुझे, बिच नीर कोई न आये, मैं आई कि तुझसे करूँ बात कुछ** आदि प्रयोग दक्खिनी हिन्दी को आज की हिन्दी के कितना निकट ला खड़ा करते हैं।

अमानक भाषा रूप के स्तर पर दक्खिनी हिन्दी में संस्कृत के तद्भव शब्द रूपों और लोक शब्दों का बहुतायत से प्रयोग हुआ है। दक्खिनी हिन्दी साहित्य में इनका प्रयोग इस काव्य भाषा को वह तेवर प्रदान करता है जिसके पुरोधा हिन्दी गद्य में प्रेमचन्द माने जाते हैं। उसकी झलक दक्खिनी हिन्दी काव्य में चौदहवीं-पन्द्रहवीं शताब्दी से ही दिखाई देनी लगती है जो दक्खिनी हिन्दी को कबीर की भाषा के समकक्ष भी ला खड़ा करती है, कबीर, जो भाषाई समन्वय और सहज-संप्रेषणीय भाषा-प्रयोग के आदि-कवि माने जाते हैं। **बखान (वर्णन), भुई (भूमि), करम (कर्म), जनम (जन्म), जतन (यत्न), काज (कार्य), परकार (प्रकार), बेनी (वेणी), तरक (तर्क), परधान (प्रधान), पिरीत (प्रीति), बिस (विष), सुमिरन (स्मरण), सिंघार (शृंगार), सरग (स्वर्ग), भरम (भ्रम), लछमी (लक्ष्मी), लक्खन (लक्षण), शेस (शेष), अगिन (अग्नि), दलिद्दर (दरिद्र), रूत (ऋतु), जस (यश), अस्तुत (स्तुति), सरवन (श्रवण), परान (प्राण), तिरलोक (त्रिलोक), अमरीत (अमृत), जोबन (यौवन), गुपत (गुप्त), भसम (भस्म), जोत (ज्योति)** आदि तद्भव प्रयोग आज भी बोलचाल की हिन्दी में मिलते हैं। इसी प्रकार हिन्दी की बोलियों में व्यवहृत लोक या देशज शब्दों के प्रयोग ने भी दक्खिनी हिन्दी की समन्वयात्मक प्रकृति को निखार दिया है।

**चक्की, नांव (नाम), मूंडी, संघाती, पतियाये, रसरी, कुढँग, झोंटा, झँखना, मुई, हाली (तुरंत), कबाहत (परेशानी), धरेगा (रखेगा), भया, नागा (क्रम तोड़ना), काड़ी (तीली), अघाना, खर्ची, बिछौना** जैसे शब्दों का बहुत ही सार्थक और सटीक प्रयोग दक्खिनी हिन्दी काव्य में किया गया है।

मानक और अमानक भाषा रूपों के प्रयोग के आधार पर यह कहा जा सकता है कि दक्खिनी हिन्दी काव्य में भाषा के मानक स्वरूप को बोलचाल के भाषाई रूप के आधार पर ही काट-छाँट कर निर्मित करने का प्रयत्न किया गया। दक्खिनी हिन्दी कवि इस बात के प्रति भी अत्यन्त सचेत और सावधान थे कि लिखित और उच्चरित भाषा के बीच बहुत गहरी खाई न उत्पन्न हो। उनके इस प्रयास ने ही दक्खिनी हिन्दी को 'भारतीय' स्वरूप प्रदान किया।

ध्वन्यात्मक प्रभेद वैसे तो तद्भव शब्द प्रयोगों में भी स्पष्ट झलकते हैं। परन्तु इस प्रकार के तद्भव प्रयोग हिन्दी साहित्य के हर युग काल में इसी रूप में प्रयुक्त होते रहे हैं। यहाँ उन प्रयोगों की चर्चा ही की जानी चाहिए जो लिप्यंतरण की असुविधा या स्थानीय ध्वनि-नियमों के प्रभाव के कारण दक्खिनी हिन्दी में विशेष प्रकार के ध्वन्यात्मक परिवर्तन के साथ आये हैं जैसे **बाचा (वचन), बलवँद (बलवान), अपछरी (अप्सरा), पंत (पथ), मेहतर (महत्तर), जनी (जनक), द्योस (दोष), भान (बहनें), तुर्त (तुरंत), जाला (ज्वाला), बार (भार)**। दक्खिनी हिन्दी काव्य में ध्वनि-स्तर पर सदैव अनुस्वार के स्थान पर अनुनासिक लिपि चिह्न का ही प्रयोग हुआ है जैसे **पँखी > पंछी, इँसान > इंसान** आदि।

बोलचाल के या सामान्य प्रचलित भाषा के तत्त्वों का मिश्रणं भी दक्खिनी हिन्दी काव्य में प्रचुरता से हुआ है। इस प्रवृत्ति को आधुनिक भाषाविज्ञान संकरता (हाईब्रिडाइज़ेशन) कहता है और भाषा के समन्वयवादी दृष्टिकोण के अनुसार यह प्रवृत्ति महत्त्वपूर्ण भी मानी जाती है क्योंकि यह दो भाषा रूपों या दो भाषाओं के उस मेल को दर्शाती है जिससे यह साफ़ होता है कि भिन्न स्रोतों से और ऐतिहासिक विकास-क्रम में दो भिन्न स्तरों पर विकसित भाषाएँ एक-दूसरे से मिल कर कैसे हमारे सांस्कृतिक ऐक्य की संवाहिका बन जाती हैं। शब्द-युग्मों के स्तर पर दक्खिनी हिन्दी में ऐसे मिश्रण बड़ी मात्रा में दृष्टिगोचर होते हैं—**तँबूलदान, उतमपन, आशिक-गंभीर, रूप-समूदर, मालो-धन, पंच-वक्ता, जादू-वचन, परेम-फाँसी, शीरीं वचन, निर्मल बदन** आदि सार्थक शब्द-युग्म जहाँ संस्कृत और अरबी-फ़ारसी शब्दों के संयोजन से निर्मित हुए हैं वहीं तत्सम-तद्भव शब्द रूपों का संयोजन भी दक्खिनी हिन्दी काव्य की समन्वयात्मक प्रकृति को प्रमाणित करता है जैसे **चंदरभान, जगपती, निर्मल रतन, सूरज बन, मन हरन, निछल चाल, निर्मल निछल, जोबन**

**नवल, नयन दरस** आदि। एक ही स्रोत के दोनों शब्दों यथा तत्सम संस्कृत शब्दों, अरबी-फ़ारसी तथा व्यावहारिक भाषा के दोनों युग्मों का एक साथ प्रयोग यह सिद्ध करता है कि दक्खिनी हिन्दी काव्य ने अभिव्यक्ति की गहराई के लिए अपने द्वारा सभी भाषा-रूपों के लिए खुले रखे हैं, यह उदारता दक्खिनी हिन्दी को अनेक लचीली सम्भावनाओं से युक्त कर देती है। किसी भी भाषा की जीवन्तता में उसके इस लचीलेपन का महत्त्वपूर्ण स्थान होता है। **भुजंग भाल, मन मीत, बल-बुद्धि, नेह नगर, जीवदान, भभूति तन, अपरूप रूप** जैसे संस्कृत शब्दों के युग्म : **रोज़े क़यामत, शाखा संदल, दीदे-दीदार, सूरत परस्ती** जैसे अरबी-फ़ारसी शब्द-युग्मों का संयोजन तथा **हाथ-पग, भले-चंगे, घर जँवाई** जैसे प्रचलित शब्दों के युग्म पूरे दक्खिनी हिन्दी काव्य में भाषा की आदान वादी प्रकृति को तथा खड़ी हिन्दी भाषा का अखिल भारतीय विस्तार सुनिश्चित करने के साथ ही यह भी दर्शाता है कि हिन्दी अपने ऐतिहासिक क्रम में सदा से सामासिक सांस्कृतिक की अभिव्यक्ति की माध्यम भाषा के रूप में अपना स्वरूप निर्मित करती रही है।

शब्द-सूची का विश्लेषित परिचय ऊपर विवेचित वर्गीकरणों में स्वतः आ गया है अतः उसकी पुनः चर्चा की आवश्यकता यहाँ नहीं है। सांस्कृतिक पक्ष के धरातल पर दक्खिनी हिन्दी काव्य कई ऐसे दृष्टांत देता है जिनसे भारतीय सांस्कृतिक एकता और साहित्यिक धारा में 'भारतीयता' के तत्त्व की उपस्थिति का भान हमें होता है। पद्मावती, मृगावती, मधुमालती, मालती-माधव आदि की कथा दक्खिनी हिन्दी काव्य धारा को भवभूति, कुतुबन, मंझन, जायसी से अनायास सम्बद्ध कर देती है। वैचारिक धरातल पर भी दक्खिनी हिन्दी काव्य दार्शनिक चिन्तन को भारतीय सन्दर्भ में ही उकेरता है, ईश्वर प्राप्ति के लिए आडम्बर से दूर रहना, सत्संगति के लाभ, प्रेम और त्याग की शक्ति, अद्वैतवाद, नश्वर-संसार आदि से सम्बन्धित विचार भारतीय संस्कृति के मूल चिन्तन को ही व्यक्त करते हैं। भाषाई स्तर पर भी दक्खिनी हिन्दी, लोक जीवन के सांस्कृतिक पक्ष और मुस्लिम संस्कृति के सहज-सामान्य बिन्दुओं को अभिव्यक्त करते हुए भारतीय संस्कृति के बहुआयामी स्वरूप को प्रस्तुत करती है। **चैत, सोहाई, अलबत्ता, जो कोई** आदि का प्रयोग उसे लोक के निकट ले आता है तो **अहै > हू (ब्रज), होर > और (कौरवी), चूच्याँ, बट्याँ (बीड़े)** आदि का प्रयोग उसे हिन्दी बोलियों से जोड़ता है। **भिमसेन, राम-लक्ष्मण, दसासुर** का प्रतीकवत् प्रयोग इस काव्य धारा को भारतीय मानस में रचे-बसे महाकाव्यों से सीधे जोड़ देता है। खान-पान की वस्तुओं का विवरण भी सांस्कृतिक-आदान-प्रदान से जुड़ता है जैसे **वर्की (पन्नीवाला), सँबोसा, अचाराँ, मुरब्बे, करेली, चँचोड़ी (चिचिंडा), दाल, सीख़ (कबाब), बटेराँ, मुर्ग, जलेब्याँ, मोतीचूर लडवाँ, शकरपारे, फिरनी, फालूदा, बड़ी,**

**कुफ़्त्याँ (कोफ़्ता)** आदि।

मूल्यों और विश्वासों की एकात्मकता का परिचय हमें ऊपर विवेचित वैचारिक या चिन्तन सम्बन्धी समानताओं से भी मिल जाता है। इसके साथ ही दक्खिनी हिन्दी काव्य में प्रयुक्त मुहावरे, लोकोक्तियाँ और कहावतें भी इस पक्ष को हमारे सामने रखते हैं, **इश्क सिर चढ़या, उसके पाव पड़ने जाते, परीत के मारे, आखिर अपनी जात पर आई, कड़वी हुई सब जिंदगानी, सीना जलना, घर जहन्नुम हुआ, मूँ क्या दिखलाऊँ, जाय चिन्ता निगल, कलेजे के टुकड़े, कह खोल कर, गम खाना, कैसी बला आ मेरे सिर पड़ी, इसजले भाग सों, पँखी उड़ गया, सब्र का हात ते, के नांव पर बिकना, हुआ है कुफ्र का याँ गर्म बाजार** जैसे मुहावरे और—**कि काला है दो जग में मूँ चोर का, सत छोड़े पत जाय, कूये में पड़कर रसरी काटना नहीं फबता, धूप है तो छाँव की कदर जानी जाती, तीर कमान से छुट्या तो क्या सँभाल्यां जाता है, मना किये काम सो इंसान कूँ भौत भाया है, दूद का जल्या छाछ फूँक पीता, नेम होर धरम का नाम बादशाही है, दिल खुश तो सब आलम खुशहाल, ज़्यों मीन बिन नीर थी, दो खंडे आएंगे एक म्यान में? बच्चा बगल में हो कर ढुढते नगरा में रो कर** जैसी लोकोक्तियाँ और कहावतें मात्र हिन्दी से मिलती-जुलती ही नहीं बल्कि आम जीवन में आज भी प्रचलित हैं। यह कहा जाता है कि 'प्रोवर्ब्स' किसी भाषा-समाज के जातीय-सामाजिक मूल्यों, विश्वासों और विचारधारा के प्रतिबिम्ब होते हैं। इस कथन-की पृष्ठभूमि में यह कहा जा सकता है कि दक्खिनी हिन्दी काव्य में इनकी अभिव्यक्ति भारतीय सोच और जीवन-मूल्यों की समानता को निःसन्देह स्थापित करती है।

दक्खिनी हिन्दी में वाक्य रचना का पक्ष अत्यन्त प्रबल और वैविध्यपूर्ण होते हुए भी इसमें मानक हिन्दी वाक्य-रचना के प्रयोग अधिक हुए हैं। यहाँ वाक्य-रचना के पूरे सन्दर्भ न देते हुए उन क्रियारूपों को उदाहरण स्वरूप दिया जा रहा है जो दक्खिनी हिन्दी काव्य में तुकबंदी के रूप में या बीच में आये हैं। कुछ क्रियारूप हिन्दी बोलियों से भी प्रभावित हैं।

### मानक क्रिया रूप

**बोल > खोल, मान > जान, छूटा > फूटा, जानो > पछानो, करूँ > हरूँ, टलता > चलता, लेता > देता, रहिये > कहिये, चढ़ाई > पिलाई, खोलेगा > बोलेगा, बेताब था > ख्याब था, आता नहीं > जाता नहीं, किया > जिया, खिलाया > पिलाया, जिलाया > फुलाया, जलाया > हिलाया > मिलाया, गाती > सुहाती, पिलाती > रुलाती > जगाती, तारे हैं > बेचारे हैं, कटारे हैं > सारे हैं, उतारे >**

**सिंगारे, आती नहीं > जाती नहीं, रवाना हुए > पराना हुए, आयेगा > छायेगा, कँधे खेलते > किस्से बोलते, दिखलाऊँगी > ले जाऊँगी, राजी किया > ताजी किया, क्यों पत्याऊँ > क्यों दिल लगाऊँ, लेने लगे > देने लगे, जाऊँगा > आऊँगा, चलाने लगे > सराने लगे।**

उपरोक्त सभी क्रिया रूप सभी कालों में हिन्दी की वाक्य रचना को समेटे हुए हैं और लिंग वचन की अन्विति के साथ प्रयुक्त हुए हैं। प्रेरणार्थक क्रियाओं का प्रयोग भी हमें इन उदाहरणों में साफ दिखाई देता है। खड़ी-बोली वाक्य-रचना के वे सभी तत्त्व यहाँ मौजूद हैं जो कालान्तर में दक्खिनी हिन्दी के उत्तर-भारत वापस जाने पर मानक रूप में विकसित व स्थिर हुए।

## बोली प्रभावित क्रिया रूप

**भावे > जावे, खिलावै > लावै, कहावे > आवे, लाय > आय, बन अहै > घन अहै, होय > कोय, जायकर > आयकर, काम देवैगा > जाम देवैगा, खिलात > पिलात > सुनात > मानत, पाया हूँ > छिपाया हूँ > खायकर, करने लग्या > भरने लग्या, पोंछन लगी > बोलन लगी, उबलने लग्या > चलने लग्या, पिलाने लग्या > चलाने लग्या, खरीददार होय > गुलजार होय।**

संरचना का पक्ष दक्खिनी हिन्दी के उपरोक्त क्रिया रूपों से भी स्पष्ट होता है। यही संरचना पक्ष जब काव्य-कला से संपृक्त होता है तब बिम्बों, प्रतीकों और वाक्य-विचलन की ऐसी छटा दक्खिनी हिन्दी में दिखाई देती है जो परम्परागत काव्य रीति को ग्रहण करते हुए अपने को अभिव्यक्त करती है और काव्य-सृजन के उस ढाँचे का निर्माण करती है जो मध्यकालीन हिन्दी काव्यधारा में अखिल भारतीय स्तर पर एक काव्यं प्रारूप के रूप में स्थापित हो रहा था। इसके साथ ही दक्खिनी हिन्दी काव्य-धारा ने भाषा-संरचना और सर्जनात्मक अभिव्यक्ति में कई भारतीय भाषाओं से भी योगदान लिया है।

## सर्जनात्मक प्रयोग

**आई मन में उबल, जीना महाल, मेरा अकल के पाँव बाँधे गये, दिन-रैन मुज नागन डसत है, यकायक पके पान से सब झड़े, लिखा दिल के लहू सों यों नामा तुझे, काटने दौरे, छुपी रात उजाला हुआ, नारी मुख झमकै जैसे बिजली, है आज ऐश का दिन, तेरे मुख की लटाँ हैं कि दो नाग, पियारी के नैना हैं जैसे कटारे, दर्‌या लोहू हो उबलने लग्या, मेरे दर्द तें तुज खबर है कि नैं।**

इस प्रकार के सर्जनात्मक प्रयोग दक्खिनी हिन्दी काव्य में क्रम विचलन,

बिम्ब-प्रतीक योजना, तुलनीयता, विशेषण-विशेष्य सम्बन्धों को निरन्तर व्यक्त करते रहते हैं जिनमें से कुछ को ही उदाहरणार्थ यहाँ दिया गया है।

### भारतीय भाषाओं का प्रयोग

**पंजाबी–कीना > किया, न्हाट > भाग, अंझू > आँसू, कीता > किया, सुट्या > छोड़ा, गल > बात, जासे > जाएगा, होसे > होगा, करीमाँ, करतार, साहब, सतियाँ, चलियाँ, पादशाही।**

**मराठी–च > ही, न कैं > नहीं, तूट > टूट।**

**गुजराती–निपजते > उपजते, सेवट > छेवट (अंतिम)।**

**तेलुगु–एम्म रे एम > क्या रे क्या।**

उपरोक्त विवेचन यह स्पष्ट करता है कि दक्खिनी हिन्दी काव्य हिन्दी साहित्य परम्परा का ऐसा काव्य है जिसने कालान्तर में हिन्दी और उर्दू दोनों के साहित्यिक विकास में आधारशिला का कार्य किया। यह सभी मानते हैं कि भाषाई संप्रेषण का उत्कृष्टतम रूप काव्य में व्यक्त होता है। परन्तु दक्खिनी हिन्दी काव्य ने इस काव्य-भाषा की उत्कृष्टता की उपलब्धि इस देश में तत्कालीन परिवेश में फैली सांस्कृतिक विरासतों के समन्वय से की। विचार, कथ्य, भाषा, संस्कृति का एक ऐसा अनूठा संगम दक्खिनी हिन्दी काव्य में उपस्थित होता है कि यह स्वीकार करने में तनिक भी संकोच नहीं होता कि दक्खिनी हिन्दी साहित्य हमारे समाज में अन्तर्भुक्त तत्कालीन सांस्कृतिक स्वरों को सँजोता ही नहीं उनके समन्वय से एक अन्यतम उदाहरण के रूप में अपने आपको सृजित और स्थापित भी करता है। इसके माध्यम से हम अपनी उस धरोहर को पहचान पाते हैं जो जन-मानस के हृदय से सम्बद्ध होकर एकात्म और एकसार हो गयी थी, किसी राजनैतिक स्वार्थ से प्रेरित होकर नहीं। इस प्रकार दक्खिनी हिन्दी काव्य भाषा भारत की सामासिक संस्कृति का एक अनुकरणीय स्वरूप ले कर हमारे सामने आज भी एक जीवन्त और ज्वलन्त प्रमाण के रूप में उपस्थित है।

## सन्दर्भ

### हिन्दी

राहुल सांकृत्यायन, दक्खिनी हिन्दी काव्यधारा, बिहार राष्ट्रभाषा परिषद, पटना, 1959

अंबिका प्रसाद वाजपेयी, हिन्दी पर फारसी का प्रभाव, हिन्दी साहित्य सम्मेलन, प्रयाग, सं. 2006

धीरेन्द्र वर्मा, हिन्दी भाषा का इतिहास, हिन्दुस्तानी अकादमी, प्रयाग, 1953

श्रीराम शर्मा, दक्खिनी का उद्भव और विकास, हिन्दी साहित्य सम्मेलन, प्रयाग, 1964
पद्मसिंह शर्मा, हिन्दी, उर्दू और हिन्दुस्तानी, हिन्दुस्तानी अकादमी, प्रयाग, 1951
वेद प्रकाश शास्त्री, दक्खिनी का गद्य साहित्य, संजय बुक सेंटर, वाराणसी, 1982

## अंग्रेजी

फ्राइड और होम्स, सोशियोलिंग्विस्टिक्स, पैंग्विन बुक्स, 1984
टी. ग्राहम बेली, ए हिस्ट्री ऑफ उर्दू लिटरेचर, एसोसिएशन प्रेस, 1964
टी. बॉथम, हिस्टॉरिकल लिंग्विस्टिक्स, कैंब्रिज युनिवर्सिटी प्रेस, 1977
आर.एल. कूपर, लैंग्वेज स्प्रेड : स्टडीज़ इन डिफ़्यूज़न एण्ड सोशल चेंज, इंडियाना युनिवर्सिटी प्रेस, 1982
जॉन टी. प्लैट्स, ए ग्रामर ऑफ द हिन्दुस्तानी ऑर उर्दू लैंग्वेज, मुन्शीराम मनोहर लाल, दिल्ली, 1967

# हिन्दी-उर्दू की बेमानी रार

ज्ञानपीठ पुरस्कार प्राप्त उर्दू के प्रसिद्ध शायर अली सरदार ज़ाफ़री के इस बयान में छुपा दर्द एक बड़ी सच्चाई को भी व्यक्त करने वाला है–"(उर्दू में) अच्छी चीज़ें बहुत कम लिखी जा रही हैं हालाँकि ट्रेडिशन बहुत रिच है। असल में उर्दू की यह हालत इसलिए हुई कि उर्दू को मुसलमानों के साथ जोड़ दिया गया।" सच्चाई को हम सभी जानते हैं। फोर्ट विलियम कॉलेज, कलकत्ता ने एक ही भाषा की दो शैलियों को हिन्दी और उर्दू दो अलग-अलग भाषाएँ सिद्ध करने की साज़िश की। ब्रिटिश साम्राज्य भाषा में अलगाव पैदा करके हिन्दू और मुसलमान क़ौमों के बीच फूट डालना चाहता था। इसमें वह कामयाब भी हुआ। कारण यह है कि अगर भाषा में समूहों, क़ौमों, सम्प्रदायों और वर्गों को जोड़ने की शक्ति होती है तो तोड़ने की भी। अंग्रेज़ों ने उसकी तोड़नेवाली ताक़त का इस्तेमाल किया और देश बँट गया।

हिन्दी-उर्दू का यह भेद पैदा करने और हिन्दी को 'हिन्दुओं की' तथा उर्दू को 'मुसलमानों की' भाषा के रूप में प्रचारित करनेवालों का आज पर्दाफ़ाश हो चुका है। बड़े-बड़े साहित्यकार और भाषाविद् महावीर प्रसाद द्विवेदी, रामवृक्ष बेनीपुरी, रामविलास शर्मा, विद्यानिवास मिश्र, रवीन्द्रनाथ श्रीवास्तव आदि सप्रमाण यह विवेचित कर चुके हैं कि हिन्दी-उर्दू एक ही भाषा के दो भिन्न नाम हैं और यह भी कि लिपि बदलने से भाषा नहीं बदलती। एक ही लिपि में कई भाषाएँ लिखी जा सकती हैं तथा एक ही भाषा एकाधिक लिपियों को अपना सकती है।

फिर भी आज यह देख कर क्लेश होता है कि दोनों के बीच की यह खाई पटने का नाम नहीं ले रही है, उल्टे दरारें बढ़ती ही जा रही हैं। ऐसे में यह लगता है कि हिन्दू-मुस्लिम समुदाय के साझे सांस्कृतिक विरसे को पुनः व्याख्यायित करने की ज़रूरत है। अफ़सोस इस बात का भी है कि इस काम को पूरी ईमानदारी से हमारा बुद्धिजीवी वर्ग भी अंजाम नहीं दे रहा है। राजनेता तो दोनों समुदायों के बीच दूरी बने रहने को ही अपने अस्तित्व का संबल माने बैठे हैं।

पर सच्चाई 'आस्तीं के लहू' की तरह पुकारती है और उसकी आवाज़ दबाई नहीं जा सकती। सच्चाई यह है कि 'भाखा' में रचित साहित्य में हिन्दू-मुसलमान का भेद नहीं था। रसखान, रहीम, जायसी का मुसलमानपन क्या 'भारतीयता' के स्वर में एकलय नहीं हो गया है? सच्चाई यह भी है कि प्रेमचन्द, कृष्ण चन्दर, राजेन्द्र सिंह बेदी, रामलाल, फ़िराक़ गोरखपुरी जैसे अनेक रचनाकारों ने उर्दू में लिखा और इसके बरक्स राही मासूम रज़ा, मेहरुन्निसा परवेज़, अब्दुल बिसमिल्लाह और शानी ने हिन्दी में। यह भेद मात्र लिपि का था। सच यह भी है कि जब प्रेमचन्द, मंटो, शौकत थानवी, इस्मत चुगताई जैसों का साहित्य देवनागरी में लिप्यंतरित होकर आया तो उसे अखिल भारतीय स्वीकृति मिली। प्रकाश पण्डित ने उर्दू शायरी के प्रमुख हस्ताक्षरों को देवनागरी में प्रस्तुत किया। ये सभी संकलन 'हिन्द पाकेट बुक्स' से छपे और इन्हें अपार लोकप्रियता मिली।

साहित्य के इस गंगा-जमुनी बहाव में दोनों धाराएँ एक-दूसरे में जज़्ब होकर अपनी निजता को और भी निर्मल, और भी पावन बनाती रही हैं। हिन्दू-मुसलमान जैसा साम्प्रदायिक भेद यहाँ बेमानी रहा है। यहाँ वजूद है तो इन्सानी ज़िंदगियों का, उनके दुःख-दर्द का, उनके प्रेम और उनकी जिजीविषा का, वतन का और वतनपरस्ती का। यहाँ गाँधीजी की याद आना स्वाभाविक है। उनका मानना था कि भारत में हिन्दू-मुसलमान की बोलचाल की भाषा 'हिन्दुस्तानी' है। उनका यह भी कहना था कि भारत के सभी मुसलमानों की मादरी ज़बान उर्दू नहीं है, वे जिस प्रान्त में रहते हैं वहाँ की भाषा बोलते हैं, हिन्दी भाषी राज्यों के मुसलमान क्षेत्रीय बोलियों का प्रयोग करते हैं। इस प्रकार भारत के आम मुसलमान के लिए हिन्दी-उर्दू का भेद कोई अर्थ नहीं रखता। वह न तो उर्दू लिपि जानता है और न ही 'उच्च उर्दू' बोल-समझ पाता है। अरबी-फारसी से बोझिल उर्दू आभिजात्य और अकादमिक लोगों तक ही सीमित है, ठीक उसी तरह जैसे संस्कृतनिष्ठ हिन्दी उच्च वर्ग और भाषा पण्डितों तक।

कला और कलाकारों ने हमारे यहाँ कभी भी अलगाव और दुराव को स्वीकार नहीं किया। हिन्दी के आधुनिक कवि तक उर्दू शायरी के जज़्बे, रिद्म, मीटर से प्रभावित हुए हैं, इन्हें अपनाया है। शमशेर, सूर्यभानु गुप्त, नईम, दुष्यन्त कुमार हिन्दी ग़ज़लें लिखते हैं और प्रसिद्धि पाते हैं। गालिब से लेकर अकबर इलाहाबादी तक में बसंत और होली की मस्ती भी बिखरी है तथा इन दोनों ने 'गंगा' पर आध्यात्मिकता में डूब कर लिखा है। हमारी संस्कृति हमेशा से सहयोग और समन्वय के आदर्श पर विकसित-पल्लवित हुई है जिसके मूल में भारतीयता की भावना निहित रही है। भारत के मुसलमानों ने अपने भारतीयकरण को स्वीकार ही नहीं किया, पूरी तरह घुला-मिला लिया है। सामान्य जीवन के हवाले से शिवप्रसाद सिंह ने बड़ी ही

मार्मिक बात कहीं हैं—"मैं बार-बार सोचता हूँ कि कबीर का भारतीयकरण किसने किया? कव्वाली गायक हबीबुल्ला का भारतीयकरण किसने किया? हज़ारों-हज़ार मुसलामन जो हिन्दुओं के सुख-दुख में हँसते और रोते हैं; शादी-ब्याह में न्योते पर जाते हैं, सुहाग की चूड़ियाँ बेचते हैं, शहनाई बजाते हैं, लहंगा और दूल्हे का कपड़ा सीते हैं—इनका भारतीयकरण किसने किया?''

अवध के बादशाह वाजिद अली शाह ने ठुमरी और ख़याल गायकी को बुलन्दी पर पहुँचाया ज़िनमें मूल स्वर राधा-कृष्ण के श्रृंगारिक प्रेम का है और जिसकी भाषा अवधी है। डागर बंधु, बिसमिल्लाह खाँ, बड़े गुलाम अली खाँ, अमजद अली खाँ को क्या हम मुसलमान संगीतज्ञ कहेंगे? ये सब हिन्दुस्तान की सांस्कृतिक विरासत के स्तम्भ हैं, भारत के गौरव हैं। मुगल कालीन चित्र, मूर्ति व शिल्प कला भारतीयता के मोटिफ़स, खासकर ब्रज-संस्कृति के राधाकृष्णमय वातावरण से आप्लावित है।

हिन्दी फ़िल्मों के लिए सर्वाधिक लोकप्रिय गीत शकील बदायूनी, साहिर लुधियानवी और कैफ़ी आज़मी ने लिखे हैं। इन तीनों ने बरसों-बरस हिन्दुस्तानी आबादी के दिलों पर राज किया है। 'मोहे पनघट पे नंदलाल छेड़ गयो रे', 'घूंघट नहीं खोलूँगी सैयाँ तोरे आगे', 'पंछी बन में पिया-पिया गाने लगा' जैसे शकील के अनगिनत गीत हैं जिनमें भारतीय लोक की आत्मा मुखरित है और इनमें ठसक है—लोक-बोलियों की। 'ये देश है वीर जवानों का' (साहिर), 'कर चले हम फ़िदा जानो तन साथियो' (कैफ़ी आज़मी) जैसे देशभक्ति से ओतप्रोत गीत क्या 'हिन्दू-मुसलमान' में बँट सकते हैं? 'इन्साफ़ का मंदिर है ये भगवान का घर है' (शकील) और 'आना है तो आ राह में कुछ देर नहीं है, भगवान के घर देर है अंधेर नहीं है, (साहिर) के भक्तिरस में डूबे भजन हमें मध्ययुग की उस परम्परा से जोड़ देते हैं जहाँ 'भक्ति' हिन्दू-मुस्लिम में तकसीम नहीं थी।

जुड़ाव के इन सूत्रों की गहरी पड़ताल और प्रचार के स्तर तक ले जाकर इन्हें आम-जन तक पहुँचाने से ही वे बादल छँट सकते हैं जिन्हें सायास भारत की सरज़मी पर मँडराने देने का षड्यन्त्र किया गया है। इसके साथ ही हमें अपने पाठ्यक्रमों को भी सन्तुलित बनाने की ज़रूरत होगी। हिन्दी पाठ्यक्रम में मध्यकाल की चर्चा बिना 'दक्खिनी' के साहित्य और इतिहास को जोड़े पूरी नहीं हो सकती इसी तरह 'उर्दू' के श्रेष्ठ साहित्य को (भिन्न विधाओं के अन्तर्गत) भी हिन्दी पाठ्य-पुस्तकों में स्थान देना अभीष्ट होगा।

दरअसल, 'साम्प्रदायिक एकता' के हवा में उछलते नारे की सार्थक और साफ़ छवि सांस्कृतिक एकता (कला, संगीत, साहित्य) के आईने में ही ज़्यादा मानीख़ेज़ ढंग से देखी-दिखाई जा सकती है। हम सभी भारतीयों की यह आशा है कि ऐसा

ही होगा और भारतीय भाषा, साहित्य तथा संस्कृति को 'समग्रता' में देखा जाएगा, न कि निहित स्वार्थों के लिए टुकड़ों, खेमों और ख़ानों में विभाजित करके। ऐसा होगा तब भाषा संघर्ष की जड़ें भारत में हिल जाएँगी और हिन्दी-उर्दू की बेमानी रार और प्रतिद्वन्द्विता के पीछे छिपे चेहरों की कलई खुल जाएगी।

# भाषा नियोजन का पक्ष

# भाषा नियोजन और हिन्दी भाषा

आधुनिक भाषा-चिन्तन में भाषा नियोजन को नियोजन का सीमित प्रकार माना गया है। प्रसिद्ध भाषा चिन्तक तथा भाषा-सम्पर्क और भाषा-संघर्ष से जुड़ी समस्याओं पर बहुभाषिक स्थिति-सन्दर्भ में विचार करने वाले युरील वाइनराइख[1] ने कोलंबिया विश्वविद्यालय में एक संगोष्ठी आयोजित की (1938) जिसका शीर्षक उन्होंने रखा—'भाषा नियोजन'। इसके बाद से भाषा नियोजन की सैद्धान्तिक पृष्ठभूमि बनने लगी। हागेन[2] पहले भाषाविद् हैं जिन्होंने वाइनराइख द्वारा पहली बार प्रयुक्त इस शब्द और संकल्पना का प्रयोग अपने लेखन में किया। उन्होंने आगे चलकर भाषा नियोजन की अर्थपरकता को व्यापक परिप्रेक्ष्य में देखा जिसे उन्होंने 'भाषा पारिस्थितिकी'[3] (लैंग्वेज इकॉलाज़ी) नाम दिया। यदि ध्यान से देखा जाए तो 1999 के बाद से इसके सैद्धान्तिक पक्ष को विकसित करने के कई प्रयास किये गये। यह भी कहा जा सकता है कि 'समाजभाषा विज्ञान' तथा 'भाषा का समाजशास्त्र' के विस्तार के साथ-साथ 'भाषा नियोजन' सम्बन्धी चिन्तन का भी विस्तार हुआ और इसके नये-नये आयाम और दृष्टिकोण सामने आये। यहाँ हम इन्हीं आयामों और दृष्टिकोणों पर चर्चा करेंगे। यह उल्लेखनीय है कि हिन्दी में भाषा-नियोजन के सैद्धान्तिक विकास-क्रम पर समग्रता के साथ कोई अध्ययन नहीं मिलता।

आज भाषा नियोजन स्वयं में एक शास्त्र है। इसका सम्बन्ध सरकार, भाषा-समुदाय ओर लोगों की प्रतिक्रिया से और इन तीनों से जुड़ी समस्याओं से है जिनकी और फिशमैन (1976)[4] ने संकेत किया है। ये समस्या क्षेत्र हैं—

1. भाषा रूप और भाषा प्रकार्य से सम्बन्धित संरचनागत समस्याएँ,
2. भिन्न भाषा समुदायों के सम्पर्क में आने से उत्पन्न समस्याएँ, और
3. जनसांख्यिकीय दबाव से उत्पन्न समस्याएँ।

संरचनागत समस्याओं को एकाधिक उपवर्गों में बाँटकर देखा जा सकता है। पहली समस्या बोधगम्यता या सम्प्रेषणीयता की है कि कौन-सी भाषा या भाषा रूप

किस सीमा तक बोधगम्य है। यह माना जाता है कि हिन्दी भाषा अपने क्षेत्र में बोलियों के बीच सम्पर्क भाषा (वर्नाक्युलर) के रूप में तथा अन्य भारतीय भाषा क्षेत्र में (एक सीमा तक) सम्पर्क भाषा (लिंग लैंग्वेज) के रूप में बोधगम्य है। हिन्दी की परस्पर (म्युचुअल) बोधगम्यता की मात्रा और स्थिति में भेद हो सकता है जिसे वानराइख (1937)[5] ने उच्चारणशीलता (प्रोडक्टिव) और ग्रहणशीलता (रिसेप्टिव) क्षमता के सन्दर्भ में विवेचित किया है। हम यह कह सकते हैं कि हिन्दी के कुछ ऐसे प्रयोक्ता हैं जो हिन्दी बोल और समझ दोनों लेते हैं। तो कुछ ऐसे भी हैं जो हिन्दी बोल तो नहीं पाते हैं पर समझ लेते हैं। हिन्दी के अखिल भारतीय संप्रेषण व्यापार में उसके अनेक उपरूप प्रचलित हैं—एक रूप को बोलनेवाला दूसरे रूप को समझ लेता है पर बोल नहीं पाता। हिन्दी के सभी रूपों पर दोनों क्षमताएँ रख पाना असम्भव है। हिन्दी की बोलियों के साथ भी कमोबेश यही स्थिति है। भारतीय भाषाओं की रूपगत भिन्नता कम ही भाषाओं के बीच बोधगम्यता बना पाती है। दक्षिण की चारों भाषाएँ एक-दूसरे से नितान्त भिन्न हैं पर दो राज्यों के सीमा क्षेत्र में दोनों भाषाओं के प्रयोग के अवसर बढ़ते हैं। भारतीय सन्दर्भ में एक बात आश्चर्यजनक है कि बोधगम्यता और सम्प्रेषणीयता की दृष्टि से हिन्दी और भारतीय भाषा क्षेत्र में अत्यन्त दक्षतावाली भाषा अंग्रेजी का वर्चस्व बना हुआ है। संरचनागत समस्याओं में दूसरी समस्या 'ऐक्य' की है, भाषा के माध्यम से एकता की और स्वभाषा के प्रति गौरव भाव की या उसकी कमी की। राष्ट्रभाषा के रूप में हिन्दी को भारत की सांस्कृतिक और भावात्मक एकता की माध्यम भाषा के रूप में अखिल भारतीय स्वीकार्यता मिली। स्वतन्त्रता के बाद 'राजभाषा' के रूप में वह 'एकता की भाषा' के रूप में जगह न बना सकी, उल्टे विवादों में घिर गयी। संविधान ने भारतीय भाषाओं को भी 'आठवीं अनुसूची' के माध्यम से सर्वोचित मान और प्रकार्य दिये। पर स्वभाषा के प्रति गौरव की जगह उदासीनता ने ले ली। अंग्रेजी ने भारतीय भाषाओं के प्रयोजनमूलक क्रियान्वयन को पीछे छोड़ दिया है, स्कूली शिक्षा की माध्यम भाषा के रूप में अंग्रेजी को वरीयता दी जा रही है, मातृभाषा माध्यम की स्कूली शिक्षा दोयम दर्जे की मानी जाने लगी है, उच्च विशेषीकृत और विज्ञान विषयक शिक्षा में भी अंग्रेजी ने अपना सिक्का जमा रखा है। इतना ही नहीं, अंग्रेजी जानना-बोलना-समझना सामाजिक प्रतिष्ठा का, शिक्षित होने का, आभिजात्य दिखने का प्रमाण बनता जा रहा है। इसका तात्पर्य यह है कि स्वभाषा के प्रति हमारा स्वाभिमान-भाव सीझता जा रहा है। जबकि अंग्रेजी भाषा की तुलना में न तो हमारी भाषाएँ ऐतिहासिक दृष्टि से पिछड़ी हैं, न साहित्यिक दृष्टि से और न ही व्याकरणिक या अभिव्यक्तिपरक क्षमता की दृष्टि से।

संरचनात्मक समस्याओं के धरातल पर मानक भाषा के रूप निर्धारण की समस्या को फिशमैन (वही) ने प्रमुख माना है। यही वजह है कि नियोजन के लिए उन्होंने इसे पाँच स्तरों पर पूरा करने का प्रारूप दिया है–

(1) व्याकरण की समस्त इकाइयों का मानकीकरण,
(2) भाषा और भाषा के शिक्षण के लिए मानक/अवमानक/अमानक की पहचान।
(3) भिन्न प्रकार के कोश निर्माण में मानक या उसके भेदों के संकेत (जैसे हिन्दी में तत्सम-तद्भव भेद या ध्वन्यात्मक भेद जैसे गर्म-गरम आदि)
(4) वर्तनी संशोधन और परिवर्धन
(5) पारिभाषिक शब्दावली निर्माण और निर्धारण।

यह विदित है कि व्याकरणिक स्तर पर मानकीकरण का सम्बन्ध लेखन से है। हिन्दी भाषा के मानकीकरण का गम्भीर प्रयास आचार्य महावीर प्रसाद द्विवेदी ने 'सरस्वती' के माध्यम से किया, यह भी सर्वविदित है। हिन्दी भाषा को 'पूर्वीपन' और 'पश्चिमीपन' अर्थात उसकी अपनी बोलियों के प्रभाव से मुक्त करके उन्होंने हिन्दी भाषा को खरा, ठेठ और मानक स्वरूप प्रदान किया। आज जब हम द्वितीय या विदेशी भाषा के रूप में हिन्दी की शिक्षण सामग्री का निर्माण करते हैं तो लेखिम से लेकर वाक्य-रचना तक मानक अथवा स्वीकृत रूप को ही उसमें स्थान देते हैं (हिन्दी-हिन्दी, विद्वान-विद्वान, मेरे को-मुझको आदि)। वर्तनी के मानकीकरण का कार्य केन्द्रीय हिन्दी निदेशालय ने किया है। हिन्दी भाषा की लिपि (देवनागरी) और वर्तनी का परिवर्धित संस्करण भी निदेशालय ने प्रकाशित किया है। अब यह भी प्रयत्न हो रहा है कि कम्प्यूटर 'की बोर्ड' की सुविधा के अनुसार भी लिपि-वर्तनी में अपेक्षित परिवर्तन किये जाएँ। पारिभाषिक शब्दावली को स्थिर करने का काम 'शब्दावली आयोग' का है। आयोग ने पारिभाषिक शब्द-निर्माण के जो नियम निर्धारित किये हैं वे हिन्दी की पारिभाषिक शब्दावली को 'एकरूप' बनाने से ही सम्बद्ध हैं। पारिभाषिक शब्दावली के मानकीकरण में 'संकरता' की प्रवृत्ति को स्वीकार किया गया है। व्याकरणिक स्तर पर मूल शब्द के स्रोत के उपसर्ग और प्रत्यय ही उसके साथ जुड़ने चाहिए यह नियम है, जबकि पारिभाषिक हिन्दी शब्दावली में डिक्रीदार, रजिस्ट्रीकृत, आयनीकरण जैसे शब्दों को मानक के रूप में मान्यता दी गयी है।

संरचना से जुड़ी चौथी समस्या मानक और उसके अन्य विकल्पों के प्रयोग को बढ़ावा देने से सम्बद्ध है। मानक भाषा के प्रयोजनमूलक वर्गों का प्रयोग भिन्न क्षेत्रों में किया जा सके इसके लिए प्रयुक्तियों का विकास करना है। फिशमैन (1969)[6] ने इसी समस्या की चर्चा करते हुए यह कहा था कि 'भाषा नियोजन एक ऐसा क्षेत्र है जो राज्य शासन के भीतर प्रयुक्त होने वाले कोडों (रूपगत विकल्पों/प्रयुक्तियों)

की संरचना एवं उनके प्रकार्यात्मक निर्धारण दोनों पक्षों को पूरा करने के लिए सजग सरकारी प्रयासों पर विचार करता है।'

भाषा समुदायों के सम्पर्क में आने से उत्पन्न समस्याओं का संकेत वाइनराइख (1937)[7] ने भी किया था और फिशमैन (1969)[8] ने भी, पर भाषा नियोजन के सन्दर्भ को लेकर इस पर व्यापक चर्चा हमें रूबिन और जर्नड (1971)[9] में मिलती है। भाषा सम्पर्क और भाषा नियोजन दोनों को ही इस अध्ययन में पूर्णतः समाजभाषावैज्ञानिक समस्या माना गया है। यह साफ दिखाई देता है कि 'भाषा सम्पर्क' की समस्या को भिन्न भाषाविदों ने भिन्न तरह से देखा और परखा है। भाषा सम्पर्क के सम्भावित संविन्यासों पर भी इनसे प्रकाश पड़ा।[10]

(1) **आकार संविन्यास**—इसके उदाहरण के रूप में हम भारत में हिन्दी-उर्दू की स्थिति को ले सकते हैं कि इन दोनों के बीच गहरा ऐतिहासिक सम्बन्ध है। यह भी कि ये दोनों समस्तरीय सम्पर्क रेखा बनाते हैं, तभी तो प्रेमचन्द हिन्दी के भी हैं और उर्दू के भी तथा व्याकरण और क्रिया रूप दोनों में समान हैं। इन दोनों के बीच का संविन्यास निर्जीव लेन-देन से नहीं बना है, एक अत्यन्त जीवन्त गत्यात्मक प्रक्रिया से बना है जिसमें सिर्फ भाषा ही नहीं, साहित्य, संगीत, नृत्य, चित्रकला आदि भी अपनी-अपनी भूमिकाएँ निभाते हैं। इन दोनों में एक-दूसरे के सम्पर्क में आने के बाद ढेरों परिवर्तन हुए हैं और एक-दूसरे से प्रभाव ग्रहण करते हुए इनके एकाधिक विकल्प भी सामने आये हैं—'हिन्दुस्तानी' इन विकल्पों में प्रमुख है।

(2) **आकार संविन्यास**—वह स्थिति जब एक भाषा वर्ग दूसरे भाषा वर्ग को दबा देता है और इस प्रकार दूसरे भाषा वर्ग की भाषा विकास के अवसरों से वंचित रह जाती है। ब्रिटिश शासन काल में ऐसा ही हुआ। भारतीय भाषाओं के सम्पर्क में आनेवाली भाषा अंग्रेजी ने भिन्न प्रयोजनगत क्षेत्रों में भारतीय भाषाओं के प्रयोग-विस्तार पर अंकुश लगा दिया तथा शिक्षा की भाषा, प्रशासन की भाषा, विधि-न्यायालय की भाषा के रूप में अंग्रेजी को स्थापित कर दिया।

(3) **ऊपरी भाग वाला संविन्यास**—अर्थात् एच के ऊपर का हिस्सा खुला रहता है। भाषा-सम्पर्क की दृष्टि से जहाँ दोनों भाषाओं या भाषा रूपों को विकास के अवसर मिलते हैं। इतना ही नहीं आगे बढ़ने के लिए प्रोत्साहन भी मिलता है। भाषावैज्ञानिक दृष्टि से हिन्दी-उर्दू को एक ही भाषा की दो शैलियाँ मान लेने के बावजूद दोनों भाषा रूपों को महत्त्व दिया गया है। संविधान की आठवीं अनुसूची में उर्दू का भी नामोल्लेख है, साहित्य अकादमी ने भी उर्दू को स्वीकृति दी है, उर्दू की अकादमियाँ हैं, विश्वविद्यालय हैं आदि।

(4) **निचले भाग वाला संविन्यास**—अर्थात् जिसमें H के नीचे का हिस्सा खुला रहता है। भाषा-सम्पर्क की दृष्टि से जहाँ दोनों भाषा रूपों को एक ही भाषा और दोनों समुदायों को एक ही भाषा-समुदाय माना जाता है। यह हो सकता है कि संरचना के स्तर पर दोनों भिन्न हों। हिन्दी-उर्दू को एक ही भाषा मानने वालों की बड़ी संख्या है। महात्मा गाँधी, महावीर प्रसाद द्विवेदी, रामविलास शर्मा, धीरेन्द्र वर्मा, रवीन्द्रनाथ श्रीवास्तव, विद्यानिवास मिश्र, आदि इस तथ्य को भिन्न आयामों पर सिद्ध भी कर चुके हैं। यह भी कि भारतीय मुसलमानों का एक बड़ा प्रतिशत 'उर्दू' नहीं जानता, जिस क्षेत्र में वह रहता है उस क्षेत्र की बोली या प्रान्तीय भाषा ही उसकी मातृभाषा होती है फिर भी सामाजिक अस्मिता और अलग पहचान के लिए वह 'उर्दू' को अपनी मातृभाषा बताता-लिखाता है।

(5) **प्रमुख मानक का संविन्यास**—वह स्थिति जहाँ एक प्रमुख मानक भाषा होती है। शेष रूपों को इसी 'मानक' के अन्तर्गत समाहित मान लिया जाता है। या यह भी कि मानक के अतिरिक्त जो रूप हैं उन्हें 'मानक के आस-पास का' (अवमानक/उपमानक) और कभी-कभी पूरी तरह अ-मानक मान लिया जाता है। अवमानक या अमानक मानने का आधार यह होता है कि 'मानक' की तुलना में ये उपरूप उपलब्धियों से परे अर्थात् प्रकार्यात्मक उपादेयता की दृष्टि से कमजोर होते हैं। इस सन्दर्भ में मानक हिन्दी के सामने उसकी क्षेत्रीय शैलियों और क्षेत्रीय बोलियों को रख कर देखा जा सकता है।

**जनसांख्यिकीय दबाव से उत्पन्न समस्याओं** पर चर्चा ने कई बातों का खुलासा किया।

वाटरसन (1986)[11] ने भाषा-नियोजन की परिभाषा एकदम स्पष्ट कर दी यह कर कि 'भाषा नियोजन को सर्वोत्तम के चयन का एक ऐसा संगठित, सायास और सतत प्रयास मानना चाहिए जिससे कि कुछ निश्चित लक्ष्य प्राप्त किये जा सकें।' सर्वोत्तम कौन-सी भाषा है, इसका निर्धारण अक्सर उसके बोलने वालों की संख्या के आधार पर ही किया जाता है। हिन्दी को 'राष्ट्रभाषा' स्वीकारने की जो दलीलें महात्मा गाँधी ने पेश कीं उनमें पहली बात यही है कि 'जिसके बोलने-समझने वालों की संख्या सर्वाधिक हो।' संख्या की अधिकता किसी भाषा की स्वीकार्यता को पुष्ट नहीं कर सकती, यह बात 'राजभाषा' हिन्दी के सम्बन्ध में चल रही टीका-टिप्पणियों से स्पष्ट है। कुछ वर्ष पहले चेन्नई में था। दैनिक पत्र में तमिलनाडु के एक मन्त्री का भाषण छपा था जिसमें यह भी टिप्पणी थी कि अगर संख्या ही 'राजभाषा' बनने की शर्त है तो राष्ट्रीय पक्षी मोर क्यों है? कौआ क्यों नहीं? खैर, इसे राजनीति प्रेरित कहा जा सकता है लेकिन जिन भाषाओं के बोलनेवालों की संख्या कम है उनके मन में

इस तरह के वक्तव्य उथल-पुथल अवश्य मचाते हैं। ऐसी ही भावनाएँ मिलकर क्रमशः भाषा-संघर्ष का रूप भी ले लेती हैं। भाषा-विकास और भाषा-नियोजन को जनसंख्या दबाव के सन्दर्भ में भिन्न भाषा नियोजकों ने भिन्न तरह से देखा है। एक दृष्टि तो यह है कि किसी एक भाषा के विकास से उस समुदाय या देश की अन्य भाषाएँ अधीनस्थ या कमजोर हो जाएँगी। (पाल्स्टन : 1978)[12]। दूसरा दावा यह है कि एक ही भाषा के भीतर भी समान भागीदारी और साझा-सम्प्रेषण की समस्या रहती है। (जर्नड : 1982)[13]। हिन्दी के विकास को लेकर देखें तो ये दोनों ही दृष्टियाँ लागू दिखाई देती हैं। पर भारतीय बहुभाषिता की विशेष प्रकृति ने इस तरह की समस्याओं के समाधान ढूँढ़ने के यत्न भी किये हैं, सफलता कितनी मिल सकी, यह अलग तर्क का विषय है। लेकिन यह तय है कि प्रतिस्पर्धा के चलते जब किसी एक भाषा को प्रतिष्ठा (स्टेटस) मिलती है (अर्थात सर्वोत्तम मान कर उसका चयन किया जाता है।) तो अन्य भाषा समुदायों में अपनी-अपनी भाषाओं को राजनैतिक मान्यता या राजनैतिक वरीयता दिलाने के लिए कभी-कभी गम्भीर संघर्ष होता है। कई बार तो यह प्रतिस्पर्धा हिंसक रूप भी अख्तियार कर लेती है।

भाषा नियोजन के दो पक्ष हैं—पद नियोजन (स्टेटस प्लानिंग) और सामग्री नियोजन (कॉर्पस प्लानिंग)। चयन का सम्बन्ध 'पद' से है तथा पारिभाषिक शब्दावली आदि के निर्माण का 'सामग्री' से। सामग्री नियोजन के माध्यम से भाषा का आधुनिकीकरण होता है। यह माना गया है कि आधुनिकीकरण का नियोजन किसी बहुभाषिक राष्ट्र की सभी भाषाओं में एक रूप ढंग से हो, यह व्यावहारिक स्तर पर सम्भव नहीं है। लेकिन भारत जैसे राष्ट्र ने इस असम्भव को सम्भव करके दिखाया है। पद-नियोजन के लिए बाईस भाषाएँ संविधान में सम्मिलित हैं जिनके सामग्री नियोजन की भी पूरी व्यवस्था है। भारत प्राकृतिक भाषा नियोजन की पद्धति को अपनाने वाला अनूठा बहुभाषिक देश है, जहाँ प्रमुख भाषा समुदायों ने मिलकर निर्णय लिये हैं और भाषा नियोजकों (संविधान सभा के सदस्य) ने हिन्दी सहित अन्य प्रमुख भारतीय भाषाओं की पद प्रतिष्ठा के लिए, इनके प्रयोग क्षेत्र के विकास के लिए तथा इन सभी भाषाओं के आधुनिकीकरण के लिए दिशा-निर्देश दिये और योजनाएँ बनाईं-चलाईं। हमारे भाषा नियोजकों ने यह माना कि भारतीय भाषाएँ समाज और राष्ट्र के भिन्न स्तरों पर राजनैतिक, सांस्कृतिक और साहित्यिक प्रतिष्ठा की द्योतक हैं। यह भी सच है कि भारत में और सभी देशों में भी, भाषा नियोजन, खासकर 'पद नियोजन' राजनैतिक सन्दर्भ से मुक्त नहीं होता। भारतीय संविधान की आठवीं अनुसूची में जो भाषाएँ/बोलियाँ बाद में भी जोड़ी गयी हैं उनमें से अधिकांश राजनीति प्रेरित निर्णय के परिणामस्वरूप ही शामिल की गयी हैं।[14] इसके

बावजूद भी भारतीय भाषाओं के नियोजन का मूलाधार लोक और लोकतन्त्र में विश्वास है।

पद-नियोजन के बाद सामग्री-नियोजन की प्रक्रिया शुरू होती है। जो भाषाएँ नवीन प्रयोजनों के लिए कभी इस्तेमाल ही नहीं की गयीं उन्हें 'आधुनिक भाषा' बनाने के लिए कई तरीके अपनाने पड़ते हैं जिसे न्यूस्टपनी (1978)[15] ने भाषा उपचार (लैंग्वेज ट्रीटमेंट) की प्रक्रिया कहा। इस प्रक्रिया में अभिव्यक्ति क्षमता की दृष्टि से कम बलशाली भाषाओं को क्षमता और सामर्थ्य से परिपूर्ण बनाया जाता है। उन्होंने यह भी कहा कि 'भाषा उपचार' समयबद्ध ढंग से किया जाता है। न्यूस्टपनी ने इसे भाषा नियोजन का ही एक उपरूप मानते हुए भाषा नियोजन के गुण-धर्म भी निर्धारित किये कि यह अधिक भाषा केन्द्रित होता है, साथ ही यह व्यवस्थित, सैद्धान्तिक, तर्कबुद्धिवादी और भविष्य-सापेक्ष भी होता है। 'भाषा उपचार' को कुछ विद्वानों[16] ने भाषा-संशोधन भी कहा है। न्यूस्टपनी (1970)[17] ने भाषा नियोजन को 'समस्या और प्रक्रिया' के सन्दर्भ में प्रस्तुत किया जिसकी व्याख्या श्रीवास्तव (1990)[18] में देखी जा सकती है। न्यूस्टपनी का प्रस्तुतीकरण इस प्रकार है—

| **समस्या** | **चयन** | **स्थिरता** | **विस्तार** | **विभेदन** |
|---|---|---|---|---|
| प्रक्रिया | नीति-निर्णय (Policy decision) | कोडीकरण (Codification) | विस्तारण (Eleboration) | परिष्करण (Cultivation) |
| | वैधानीकरण (Legitimization) | मानकीकरण (Standardization) | आधुनिकीरण (Modernization) | शैलीकरण (Stylization) |

रूबिन, फिशमैन तथा अन्य (1977)[19] ने भाषा-नियोजन को समाज भाषा विज्ञान से सम्बद्ध करते हुए इसे समाज में व्याप्त भाषा समस्याओं के सन्दर्भ में विवेचित किया। ये समस्याएँ हैं—भाषाओं का मानकीकरण, उनका विकास, लिपि-वर्तनी, साक्षरता, पारिभाषिक शब्दावली, प्रयोजनमूलक शैली, शिक्षा में भाषा। इन विद्वानों के अनुसार भाषा नियोजन के माध्यम से उपरोक्त भाषा समस्याओं का समाधान किया जाता है। फिशमैन ने इसीलिए भाषा नियोजन को 'भाषा समस्याओं का भाषाविज्ञान' भी कहा। उन्होंने यह भी स्पष्ट किया कि भाषा नियोजन को अनेक भाषाई यथार्थ विस्तार देते हैं और ये सभी समाजभाषावैज्ञानिक यथार्थ हैं जैसे, अन्य भाषा का सन्दर्भ, बहुभाषिकता, सामाजिक वर्ग और लिंग पर आधारित भाषा भेद, अनुवाद, नौकरशाही की भाषा, व्यवसायों की भाषा आदि। रूबिन (1971)[20] ने पहले ही इसे सम्पर्क स्थिति में वक्ता की समस्याओं से भी जोड़ कर देखा था और यह कहा था कि इस तरह की समस्याओं का समाधान स्वयं भाषा-समाज खोजता है, अतः इसे 'सामाजिक नियोजन' भी कहा जा सकता है। वक्ता के भाषा-प्रयोग से जुड़ी

समस्याएँ हैं—विनम्रता की अभिव्यक्ति, सम्बोधन का निर्धारण, वर्गीकरण और चयन, विषय चयन और भाषा चयन, भाषेतर सम्प्रेषण आदि। इस प्रकार भाषा-नियोजन को भाषा-समाज की समाज भाषावैज्ञानिक समस्याओं के समाधान के लिए भी उपयोगी माना गया। इसी तथ्य को ध्यान रखते हुए जर्नड (1982)[21] ने 'भाषा संशोधन' की चर्चा करते हुए उसकी विस्तृत तस्वीर सामने रखी थी कि भाषा संशोधन—

(1) भाषा नियोजन और भाषा व्याकरण को सम्बद्ध करता है,
(2) यह वृहत् और सूक्ष्म भाषाविज्ञान को परस्पर संक्रियात्मक बनाता है, और
(3) यह प्रोक्ति के स्तर पर समस्त भाषिक इकाईगत समस्याओं को पहचान कर उनके निदान का मार्ग सुझाता है।

यह बात पहले स्पष्ट कर दी गयी थी (फोडर : 1966)[22] कि पद नियोजन भाषा आयोजन का इंजिन है, पद नियोजन के बाद ही सामग्री नियोजन की गाड़ी पटरी पर आती है। अर्थात् भाषा नियोजन में पद नियोजन और सामग्री नियोजन क्रमबद्ध ढंग से एक दूसरे से जुड़े होते हैं। इन दोनों प्रकार के नियोजन द्वारा किसी भाषा को नये प्रकार्य सौंपे जाते हैं या पुराने प्रकार्यों को और अधिक क्षमता के साथ पूरा कर पाने की सामर्थ्य उसमें पैदा की जाती है। कई भाषाएँ 'सामग्री नियोजन' के कार्य को भली भाँति अंजाम देने अथवा आधुनिक भाषा बन पाने की अपनी पूर्ण शक्ति का प्रमाण देने के बावजूद उन क्षेत्रों में प्रयुक्त नहीं हो पातीं या कम हो पाती हैं जिनके लिए सामग्री नियोजन करके उन्हें समर्थ बनाया गया था। क्रियान्वयन की यह सीमा इस बात को सिद्ध करती है कि उस भाषा के 'पद नियोजन' में कोई कमी रह गयी है या उसका प्रयोक्ता प्रयोग के प्रति उदासीन है। राजभाषा हिन्दी के सन्दर्भ में यह स्थिति उजागर है क्योंकि गम्भीर सामग्री नियोजन के बावजूद हिन्दी भाषा का क्रियान्वयन जोर नहीं पकड़ पाया है।

भाषा-नियोजन के परिप्रेक्ष्य में यह भी खुलकर सामने आया कि किसी भी बहुभाषिक राष्ट्र में संप्रेषण का नेटवर्क बहुत जटिल होता है। और यह भी कि सामाजिक, शैक्षिक, राजनैतिक और आर्थिक विकास में स्वभाषा की भूमिका अत्यन्त महत्त्वपूर्ण होती है। लेकिन भारत में स्वभाषा (मातृभाषाएँ) इस विकास में अपना योगदान नहीं कर पा रही हैं। इसका कारण खूबचंदानी (1990)[23] ने भाषा प्रकार्य का परिवर्तन न होना माना है। उनके अनुसार 'पद नियोजन के बावजूद भारत का सुविधा सम्पन्न आभिजात्य और अधिकारी वर्ग अंग्रेजी से हिन्दी या क्षेत्रीय भाषाओं की ओर मुड़ने को तैयार नहीं है। व्यक्तिगत स्तर पर भी यह वर्ग अंग्रेजी में प्राप्त कौशलों को सामाजिक प्रतिष्ठा के रूप में देखता है।' यहीं हम फोडर (1966)[24] की भाषा के प्रति वफादारी (लैंग्वेज लायल्टी) और भाषा संघर्ष (लैंग्वेज कान्फ्लिक्ट) की

भी चर्चा कर सकते हैं। यह कह सकते हैं कि भाषा का सम्बन्ध सामाजिक अस्मिता से होता है। भारत के आभिजात्य वर्ग ने अपनी सामाजिक अस्मिता की भाषा अंग्रेजी को मान रखा है। रूबिन (1971)[25] ने यह भी संकेत किया है कि भिन्न भाषाओं के प्रति लोगों की अलग-अलग धारणाएँ होती हैं। ये धारणाएँ पक्ष में भी होती हैं, विरोध में भी या तटस्थ रहती हैं। इनके कारण ही हम किसी भाषा के प्रति प्रेम, सहानुभूति, घृणा, उदासीनता, अरुचि, विराग के भाव/विचार रखते हैं। यह भी तथ्य है कि लोग अपनी मातृभाषा के साथ गहरा लगाव रखते हैं। अपने क्षेत्र की भाषा अपनी सांस्कृतिक विरासत की भाषा और धर्म-भाषा को भी लोग आदर देते हैं। इसके साथ ही जो भाषा लोगों के आर्थिक विकास का साधन बन सके (चाहे वह भाषा मातृभाषेतर ही क्यों न हो) उसे भी अपनाने में वे नहीं हिचकते, अर्थात वह भाषा जो नौकरी प्राप्त करने, राजनैतिक शक्ति प्राप्त करने, सामाजिक प्रतिष्ठा और उच्च शिक्षा प्राप्त करने में उनके लिए सहायक बन सके। सम्भवतः लोगों की इन जरूरतों को पूरा कर पाने की सामर्थ्य के कारण ही कोई भी भारतीय भाषाभाषी अंग्रेजी को अपनाने में संकोच नहीं करता, अपनी मातृभाषा के पक्ष में खड़ा नहीं होता और धीरे-धीरे अपनी भाषा और संस्कृति से अनभिज्ञ और इनके प्रति उदासीन होता जाता है।

यह भी होता है कि किन्हीं महत्तर कारणों से भिन्न भाषा-समुदाय किसी एक भाषा के पक्ष में डटकर खड़े हो जाते हैं। भारतीय स्वतन्त्रता आन्दोलन के समय 'राष्ट्रभाषा' हिन्दी के पक्ष में हर प्रान्त के लोग एकजुट हो गये थे। और यह भी कि मात्र किसी निर्मूल शंका के चलते लोग किसी भाषा के विरोध में खड़े हो जाएँ, जैसा कि स्वतन्त्रता के बाद 'राजभाषा' हिन्दी के साथ हुआ। 'राष्ट्रभाषा' के रूप में उसके कई पक्षधर तक इस शंका के चलते उसके विरोध में जा खड़े हुए थे कि राजभाषा हिन्दी सत्ता की भाषा बन कर निरंकुश हो जाएगी, उनकी मातृभाषाओं को दबा देगी उनके प्रचलन को कम कर देगी आदि, आदि। यह भारतवर्ष का भाषाई यथार्थ है कि यहाँ कोई भी भाषा 'डामिनेंट' नहीं है और न ही कोई ऐसी भाषा ही है जिसे भारत के कोने-कोने में हर कोई बोलता-समझता हो। ऐसी स्थिति में यह जरूरी है कि सभी भाषा समुदाय मिलकर किसी एक भाषा को सर्वसम्मति से चुनें। राष्ट्रभाषा हिन्दी के चयन के समय भी सर्वस्वीकार्यता थी और 'राजभाषा' के रूप में घोषणा के समय भी। भारतीय संविधान का दृष्टिकोण भी सर्वभाषाग्राही और अत्यन्त लचीला है। राजभाषा सम्बन्धी संवैधानिक अनुच्छेदों में ही नहीं, राजभाषा अधिनियम और राजभाषा नियमों में भी भारतीय बहुभाषिकता को ध्यान में रख कर 'लचीली स्थिरता' को अपनाया गया है।

भाषा-नियोजन एक समाज भाषावैज्ञानिक प्रक्रिया है, अतः सहज नहीं है।

हॉगेन (1966)[26] ने इसे कई स्तरों पर अत्यन्त संवेदनशील भी कहा है। इतना ही नहीं, आधुनिक समय में भाषा-नियोजन के 'आकस्मिक विकास' के दुष्परिणामों की ओर भी उन्होंने संकेत किया। यह बात तो सभी ने कही है कि यह कार्य सावधानी के साथ किया जाना चाहिए और 'लक्ष्य' तथा 'सीमा' दोनों इसके मापदण्ड होने चाहिए, क्योंकि राष्ट्र के सभी सदस्यों के समस्त भाषा व्यवहारों का नियोजन नहीं किया जा सकता। यदि भाषा-नियोजक अपनी नीतियों और लक्ष्यों के बारे में स्पष्ट नहीं हैं तो भाषा परिवर्तन के लिए जो भी प्रयास किया जाएगा उन पर दबाव पड़ सकता है और वे हमारे हाथ से निकल भी सकते हैं।

## सन्दर्भ


1. Weinreich, Uriel. 1957 Functional aspects of Indian bilingualism. Word : 13.2
2. Haugen, E. 1966 Language conflict and Language Planning : The case of Modern Norwegian. Cambridge : Harward University Press.
3. Haugen, E. 1979 Language ecology and the case of faroesa. The Hague : Mouton.
4. Fishman, J.A. (ed.) 1976 Advances in Language Planning. The Hauge : Mouton.
5. Weinreich, Uriel 1969 Language in Contact The Hauge : Mouton.
6. Fishman, J.A. 1969 National language and language of wider communication in developing countries. Anthropological Linguistion, Vol. II
7. Weinreich, Uriel 1969 Language in Contact The Hauge : Mouton.
8. Fishman, J.A. 1969 National language and language of wider communication in developing countries. Anthropological Linguistion, Vol. II
9. Rubin, J. and B.H. Jornudd (eds.) Cam language be planned? Sociolinguistics theory and practice for developing nations. Honolulu : University Press of Hawai.
10. Rubin, J. and B.H. Jornudd (eds.) Cam language be planned? Sociolinguistics theory and practice for developing nations. Honolulu : University Press of Hawai.
11. Waterson, A. 1986 Developmental planning : Lesson of Experience. Cambridge : HUP
12. Pauloton, L.B. 1978 Education in bi/multi-lingual setting. International review of education.
13. Jornudd. B.H. 1982 Language planning as a focus for language correction Berlin : Mouton.
14. Pattanayak, D.P. 1990 Multilingualism in India MM Ltd. Philadelphia
15. Neustupby J.V. 1978 Poststructural approaches to language, The Hagne : Mouton.
16. Jornudd. B.H. 1982 Language planning as a focus for language correction

Berlin : Mouton.
17. Neustupby J.V. 1970 Basic types of treatment of language problems. Languistic communication Monash Univeristy.
18. Srivastava, R.N. 1990 Theory of planning and language planning in Prespectives in language planning. U.N. singh & R.N. Srivastava (eds.) Mithila Darshan Pvt. Ltd. Calcutta.
19. Rubin, J. B.H. Jornudd, J. Dasgupta, J.A. Fishman and C.A. Freguson (eds.) 1977 Language planning Processes. The Hague : Mouton.
20. Rubin, J. and B.H. Jornudd (eds.) Cam language be planned? Sociolinguistics theory and practice for developing nations. Honolulu : University Press of Hawai.
21. Jornudd. B.H. 1982 Language planning as a focus for language correction Berlin : Mouton.
22. Fodor, Ist Van 1966 Linguistic Problem and language planning in Africa Linguistics : 25
23. Khubchmandan, L.M. 1990 Language planning in Multilingual Communication network : A study of Indian Situation. In U.N. Singh & R.N. Srivastava (eds.)
24. Fodor, Ist Van 1966 Linguistic Problem and language planning in Africa Linguistics : 25
25. Rubin, J. and B.H. Jornudd (eds.) Cam language be planned? Sociolinguistics theory and practice for developing nations. Honolulu : University Press of Hawai.
26. Haugen, E. 1966 Linguistion and Language Planning. In Bright (ed.) Sociolinguistics. The Hague : Mouton.

# प्रयोजनमूलक हिन्दी

सामान्यतः हम सोचते हैं कि भाषा कोई सुपारिभाषित सत्व (वेल डिफ़ाइंड आइडेंटिटी) है। परम्परागत भाषा-अध्ययन एक लंबे समय तक इसी धारणा या सोच पर टिका रहा है। आधुनिक भाषाविज्ञान ने इस सीमित (नैरो) **धारणा** को तोड़ा तथा एक नयी और व्यापक (ब्रॉड) धारणा का सूत्रपात किया कि भाषा-अध्ययन को उपयोगी और व्यापक बनाने के लिए हमें **समाज में भाषा के प्रकार्य** पर विचार करना चाहिए। भाषा-प्रकार्य की अवधारणा को स्पष्ट करते हुए आधुनिक भाषाविज्ञान ने इस ओर हमारा ध्यान आकृष्ट किया कि **मानव भाषा अन्य संप्रेषण माध्यमों से भिन्न होती है।** मानव भाषा के इस वैशिष्ट्य पर विचार करते हुए उसने तीन कारणों पर भी विवेचनात्मक टिप्पणी की—पहला कारण यह कि मानव भाषा **प्रजनात्मक** (जनरेटिव) होती है, दूसरे यह कि वह **सन्दर्भपरक** (क्रिएटिव) होती है। क्योंकि भाषा को मानव-समाज की जटिल सम्प्रेषणपरक आवश्यकताओं की पूर्ति करनी होती है—अतः उसके लिए प्रजनक, सन्दर्भ-सापेक्ष और सर्जनात्मक होना अनिवार्य है। उसका यह वैशिष्ट्य ही भाषा के प्रयोजनमूलक स्वरूप को जन्म देता है। भाषा के इस वैशिष्ट्य को पहचानते हुए ही हिन्दी भाषा के सन्दर्भ में प्रो. बाल गोविंद मिश्र ने केन्द्रीय हिन्दी संस्थान, आगरा द्वारा दिल्ली में आयोजित **प्रयोजनमूलक हिन्दी संगोष्ठी (17-18 अप्रैल, 1974)** में यह कहा था कि **अब यह ज़रूरी है कि हिन्दी के प्रयोजनमूलक क्षेत्रों का विस्तार किया जाए। इसमें सन्देह नहीं कि हिन्दी के समस्त विकल्पों (वेरिएशंस) के पीछे एक आधार-व्याकरण (बेस-ग्रामर) है जो सभी परिवर्तों (वेरिएंट्स) का भी आधार है। अतः अब यह भी विवेचित करके देखना अपेक्षित है कि हिन्दी की भिन्न प्रयुक्तियों (रजिस्टर्स) के व्याकरण इस बीज-व्यवस्था (कोर-सिस्टम) के ही प्रजनात्मक रूप हैं।** हिन्दी भाषा के इन प्रयोजनमूलक प्रकारों की पहचान करते हुए ही श्री रमा प्रसन्न नायक ने इसी संगोष्ठी में प्रयोजनमूलक हिन्दी को पारिभाषित करते हुए टिप्पणी की थी कि **प्रयोजनमूलक हिन्दी को इन शब्दों में पारिभाषित किया जा सकता है—ए सेट ऑफ नीड बेस्ड वेराइटीज़ ऑफ़ हिन्दी।**

उपरोक्त चर्चा से यह स्पष्ट हो जाता है कि प्रयोजनमूलक भाषा का तात्पर्य मानव संप्रेषण में प्रयुक्त समस्त भाषा-भेदों के समूह से है। अतः अब हमें उन भ्रमों से उबरना होगा कि प्रयोजनमूलक भाषा का तात्पर्य मात्र प्रशासनिक भाषा, व्यावसायिक भाषा या वैज्ञानिक भाषा तक ही सीमित है। पिछले कुछ वर्षों में भाषा-प्रकार्य (लैंग्वेज फ़ंक्शन) से सम्बद्ध जो अध्ययन हमारे समक्ष उपस्थित हैं उनमें प्रयोजन मूलक भाषा, प्रयोजन-आधारित भाषा रूप (नीड बेस्ड लैंग्वेज फ़ार्म) और भाषा की प्रयोजनीयता से सम्बद्ध अध्ययन के कुछ अछूते पहलू सामने आये हैं जिन्हें हम **प्रयोजनमूलक भाषा अध्ययन के अद्यतन (अपडेट) उद्देश्य** भी कह सकते हैं—

(1) भाषावैज्ञानिक और भाषा-बाह्य घटकों के धरातल पर प्रयोजनमूलक भाषा प्रकारों के अनूठे (यूनीक) संविन्यास का बोध और समझ विकसित करना,

(2) भाषा के भिन्न प्रयोजनमूलक प्रकारों के भेदों और समानताओं को तुलनात्मक ढंग से सामने लाना,

(3) प्रयोजनमूलक भाषा प्रकारों के निर्धारण के लिए उपयुक्त समाज भाषावैज्ञानिक लक्षणों को विश्लेषित करने का संकल्पनात्मक ढाँचा (फ्रेमवर्क) तैयार करना,

(4) भाषा प्रकारों की प्रकृति और स्कोप को निर्धारित करने वाले सामाजिक सन्दर्भों के विश्लेषण का ढाँचा तैयार करना,

(5) भाषा की क्षमता तथा भाषा-समुदाय की जीवन्तता के आकलन की प्रणाली विकसित करना, और

(6) तुलनात्मक तथा प्ररूपात्मक (टाइपोलाजिकल) अध्ययन का एक प्रारूप निर्मित करना, जो शायद अन्य भाषिक परिस्थितियों में भी काम आ सके।

यह बात अत्यन्त महत्त्वपूर्ण और प्रेरणाप्रद सिद्ध हो सकती है कि 1974 की गोष्ठी में ऊपर चर्चित उद्देश्यों के कुछ बिन्दुओं की आहट भी सुनाई दी थी तथा उनके अनुप्रयोग (एप्लीकेशन) की दिशाएँ तलाशने का प्रयत्न भी किया गया था। अनुप्रयुक्त भाषाविज्ञान, भाषा शिक्षण और हिन्दी के बहुआयामी विस्तार में **केन्द्रीय हिन्दी संस्थान** के योगदान की चर्चा करते हुए उद्घाटन-सत्र में प्रो. रवीन्द्रनाथ श्रीवास्तव ने सुझाव दिया था कि **प्रयोजनमूलक हिन्दी से जुड़े लक्ष्यों की प्राप्ति मात्र सामाजिक जागरूकता, सांस्कृतिक उत्थान अथवा राष्ट्रीयता की दुहाई दे कर नहीं की जा सकती। इनके स्थान पर अब हमारे लिए कुछ व्यावहारिक (प्रैक्टिकल) कदम उठाना अधिक उपयोगी होगा, जैसे कि हिन्दी भाषा के प्रकार्यों को समझना, उन्हें विश्लेषित करना, अन्य भारतीय भाषाओं से इनकी तुलना करना, हिन्दी भाषा के विभिन्न प्रयोग-क्षेत्रों पर काम करना आदि।** श्रीवास्तव द्वारा प्रदत्त इस सैद्धान्तिक पीठिका को संस्थान के कार्यों और दायित्वों से जोड़ते हुए श्री मोटूरि

सत्यनारायण ने इसी सत्र में प्रयोजनमूलक हिन्दी के अखिल भारतीय प्रयोग और प्रशिक्षण में उसकी उपादेयता पर चर्चा करके इसके अनुप्रयोग की दिशा भी तय कर दी। उनके अनुसार अब **संस्थान का कार्य भारतीय सामाजिक सन्दर्भ में हिन्दी की भूमिकाओं को रेखांकित करना होना चाहिए। संस्थान का मुख्य कार्य हिन्दीतर भाषाभाषी हिन्दी अध्यापकों को हिन्दी शिक्षण के लिए प्रशिक्षित करना है। अतः यहाँ ढेरों शोध मुख्यतः द्वितीय भाषा हिन्दी शिक्षण पर ही केंद्रित हैं–वह भी मानक हिन्दी और साहित्यिक हिन्दी के शिक्षण से। पर संस्थान लगातार यह महसूस करता रहा है कि उसे प्रभावशाली हिन्दी का प्रयोग करने की दक्षता बढ़ाने तथा शिक्षार्थी को इस ओर प्रोत्साहित करने का कार्य भी करना चाहिए–केवल हिन्दीतर क्षेत्रों में ही नहीं, हिन्दी भाषी क्षेत्रों में भी, जहाँ हिन्दी को समस्त व्यवहारों के लिए प्रयुक्त मातृभाषा माना जाता है।**

1974 की संगोष्ठी में उभरी संस्थान की यह दृष्टि आधुनिक भाषाविज्ञान के चिन्तन परिप्रेक्ष्य से जुड़ कर ही व्यापक बनी है। उस दृष्टि से जुड़कर जो यह मानती है कि **भाषा सिद्धान्त तभी सटीक हो सकता है जब वह भाषा के सभी प्रकारों के अध्ययन पर आधारित हो**। आधुनिक भाषाविज्ञान का सिद्धान्त भाषा की प्ररूपात्मकता (टाइपोलॉजी) पर आधारित है। अतः यह **भाषा-निर्माण** के मूल में तो रहता ही है, **भाषा-विवरण** के केन्द्र में भी रहता है। आधुनिक भाषाविज्ञान के अनुसार भाषा-विवरण का तात्पर्य है–**भाषा में निहित समस्त कोडों का समुचित विश्लेषण**। अतः यदि हम किसी भाषा-समाज में प्राप्त विभिन्न प्रयोजनमूलक कोडों तथा इनके प्रति समुदाय के सदस्यों की अभिवृत्ति (एटीट्यूड) पर ध्यान नहीं देंगे तो हम उन **शब्दों** या **संकल्पनाओं** का अर्थ और महत्त्व भी नहीं समझ पाएँगे जिनका प्रयोग आज अनुप्रयुक्त भाषाविज्ञान तथा उसकी शाखाओं (शैलीविज्ञान, समाज भाषाविज्ञान, भाषा शिक्षण आदि) में **प्रयोजनमूलक भाषा प्रकार (फंक्शनल लैंग्वेज टाइप)** के पर्यायों की तरह किया जा रहा है। इनके प्रति गम्भीर हो कर ही हम **भाषा-विकल्पनों** और उनके **प्रकार्यों** को भी प्रयोजनपरक (फंक्शनल) दृष्टि से पहचान सकेंगे। आधुनिक भाषाविज्ञान में प्रयोजनमूलक भाषा प्रकारों को उनके प्रयोग (यूज़) और विषय (टॉपिक) के आधार पर देखने की व्यापक चर्चा हमें मिलती है। इस चर्चा में अब हमें **वाक्-घटना (स्पीच ईवेंट)** और प्रयोग **व्यवहार क्षेत्र (डोमेन)** के आधारों को भी गहराई और गम्भीरता के साथ समाहित करना होगा जिसकी ओर 1974 की संगोष्ठी में प्रो. पी.बी. पण्डित ने संकेत भी किया था–अब भाषा को स्वायत्त इकाई के रूप में देखना फ़िज़ूल है। आज पूरा विश्व भाषा को वाक्-समुदाय (स्पीच कम्युनिटी) की इकाई के रूप में देखता है। अतः प्रयोजनमूलक हिन्दी को

भी अब मात्र भाषा के प्रकार या भेद के रूप में नहीं देखना चाहिए, उसे **भाषा के सामाजिक व्यवहार के पूर्ण परिप्रेक्ष्य में** देखना चाहिए **तभी अन्य भाषा शिक्षण के वे लक्ष्य साधे जा सकेंगे, जो इस संस्थान के भी लक्ष्य हैं।**

यहाँ हम पहले **वाक्-घटना** से सम्बन्धित चर्चाओं पर विचार करें। बाद में यथास्थान **व्यवहार-क्षेत्र** की संकल्पना पर बात करेंगे। आधुनिक भाषाविज्ञान में वाक्-घटना के घटकों पर हमें गहन चिन्तन मिलता है। पर हिन्दी भाषा के सन्दर्भ में इन पर अभी तक व्यवस्थित ढंग से कोई काम नहीं दिखाई देता। जो छिटपुट लेखन इस पक्ष पर मिलता है वह बिखरा-बिखरा सा है। इस बिखरे को समेटते हुए कार्य करने की आज जरूरत है। वाक्-घटना के घटक निम्नलिखित हैं जिनके परस्पर सम्बन्धों को भी देखने का प्रयत्न हम करेंगे–

| | |
|---|---|
| प्रेषक (एड्रेसर) | विन्यास/विधान (सेटिंग) |
| प्रेषिति (एड्रेसी) | विषय (टॉपिक) |
| सन्देश-रूप (मैसेज फ़ार्म) | कोड |

1. विन्यास या विधान सन्देश के रूप को निर्धारित करता है। कई समाजों की यह माँग होती है कि कुछ संप्रेषण क्षेत्रों में कथा कही जाए, कविता पढ़ी जाए आदि। हिन्दी भाषी क्षेत्र में कई धार्मिक क्रियाएँ (रिचुअल्स) ऐसी हैं। या बच्चों के कुछ खेल–मछली रानी, कितना पानी आदि।

   विन्यास ⟶ सन्देश का रूप

2. विन्यास, विषय और कोड अन्तःसम्बद्ध होते हैं। कई ऐसे विषय हैं जिन पर खाने के समय बातचीत करना वर्जित माना जाता है। हम यह भी पाते हैं कि विन्यास का कोड से सीधा सम्बन्ध भी बनता है। उदाहरण के लिए कोई एक कोड पारिवारिक विन्यास (होम सेटिंग) के लिए उपयुक्त माना जाता है तो कोई दूसरा अन्य विधानों जैसे कार्यालय कचहरी आदि के लिए। कोई कोड गम्भीर विचार-विमर्श के लिए उपयुक्त स्वीकार किया जाता है तो कोई दूसरा पारिवारिक चर्चा, गपशप या स्थानीय रुचि के विषयों के लिए।

   विन्यास –– विषय –– कोड

   विन्यास ⟶ कोड

3. विषय का सम्बन्ध प्रेषक-प्रेषिति से भी होता है। शिशु के कपड़ों, उसके दूध

के समय जैसे विषयों पर पुरुषों के बीच शायद ही कभी चर्चा होती हो। इसी तरह मोटर-बाइक और बढ़ईगिरी जैसे विषयों पर स्त्रियाँ शायद ही कभी बातचीत करती हों।

| विन्यास ⟶ प्रेषक/प्रेषित |
|---|

4. प्रेषक और प्रेषिति के बीच के सम्बन्ध भी प्रयुक्त कोड पर पर्याप्त प्रभाव डालते हैं। सामान्यतः हम सभी डॉक्टर, स्कूल टीचर, कार्यालय कर्मचारी से बातचीत करते समय भिन्न-भिन्न कोडों का प्रयोग करते हैं और पड़ोसी, दोस्त, परिवार जनों से बातचीत के लिए नितान्त भिन्न कोड चुनते हैं। प्रेषक-प्रेषिति सम्बन्ध भाषा के उपकोड के चयन की ओर भी हमारा ध्यान खींचता है जिसे सामाजिक शैली (सोशल स्टाइल) के नाम से रूढ़, औपचारिक, अनौपचारिक, सामान्य और आत्मीय उप-कोडों के समुच्चय के रूप में आधुनिक भाषाविज्ञान ने देखा है।

| प्रेषक-प्रेषिति सम्बन्ध ⟶ कोड |
|---|

| प्रेषक-प्रेषिति सम्बन्ध ⟶ उप-कोड |
|---|

कोड-विस्तारण की इस सामाजिकता तथा भाषा-व्यवहार में कोड-चयन की उपयुक्तता से सम्बन्धित आधुनिक भाषाविज्ञान की व्यापक विचारधारा को **प्रयोक्ता-सापेक्ष धरातल** पर देखते हुए 1974 की संगोष्ठी में प्रो. श्रीवास्तव ने कहा था कि **भाषा एक सामाजिक यथार्थ है। अतः जिस तरह भाषा-प्रयोक्ता प्रतीकीकरण की प्रक्रिया को सीखता और अपनी आन्तरिक क्षमता (कांपिटेंस) में बदलता है उसी तरह या उसके साथ ही वह भाषा-व्यवहार (परफॉर्मेंस) के नियम भी सीखता चलता है। यही नियम उसके भाषा-प्रयोग को निर्देशित और नियंत्रित करते हैं। ये नियम ही उसे यह बताते हैं कि किसी शब्द या शब्द-समूह का उचित प्रयोग किस व्यक्ति से या किस परिस्थिति में** किया जाना चाहिए और यह भी कि यदि इनका **प्रयोग अन्यथा किया जाए तो प्रयोग हास्यास्पद या सामाजिक स्वीकार्यता की दृष्टि से च्युत माना जाएगा। किसी विषय विशेष या परिस्थिति के लिए उपयुक्त शैली का चयन भी इन्हीं नियमों से तय होता है।** इस व्यापक विचारधारा के महत्त्व को रेखांकित करते हुए ही पण्डित ने भाषा-अध्ययन से सम्बन्धित नये-पुराने विचारों का जो आकलन किया उसे संक्षेप में समझ लेना यहाँ आवश्यक होगा। प्रो. पण्डित के अनुसार पहले यह माना जाता था कि (i) **भाषा विचारों की अभिव्यक्ति का साधन है,** (ii) **वह वक्ता के व्यक्तित्व को प्रदर्शित करने का आधार**

है, और (iii) **वह साहित्यिक-सांस्कृतिक चेतना की संवाहिका है**। जबकि आज यह माना जाता है कि (i) **भाषा व्यवहार एक सामाजिक व्यवहार है,** (ii) **वह सामाजिक नियंत्रण का सशक्त माध्यम है,** (iii) **सामाजिक दायित्वों तथा व्यावहारिक जरूरतों की पूर्ति का भाषा कारगर औज़ार है** और (iv) **इसीलिए अब भाषा-व्यवहार को भाषाई सम्प्रेषण की एक इकाई मान कर पारिभाषित किया जा रहा है**। पण्डित के ये विचार भाषा-प्रकार्य के व्यापक बनते जा रहे दृष्टिकोण को ही दर्शाते हैं। भाषा-प्रकार्य के सन्दर्भ में आगे चल कर **भाषा प्रयोग, भाषा-संरचना, भाषा-उत्पादन** और **भाषा-विकास** आदि संकल्पनाएँ आयीं और इन पर गहरा विचार मंथन हुआ। विचारों की इस गहराई में उतरने पर यह स्पष्ट भान हो जाता है कि ये चारों संकल्पनाएँ समाज भाषावैज्ञानिक चिन्तन से सम्बद्ध हैं। इस दिशा में संस्थान की भूमिका को संकेतित करते हुए 1974 की संगोष्ठी में मोटूरि जी ने कहा था कि– "भारतीय बहुभाषिकता के सन्दर्भ में हिन्दी भाषा के प्रकार्यों पर उल्लेखनीय कार्य अभी तक दिखाई नहीं देता। **सामाजिक अस्मिता** और **भारत में सम्प्रेषण समस्या** की दृष्टि से हिन्दी भाषा के प्रकार्य-विस्तार और विवेचन पर भी हमने पर्याप्त ध्यान नहीं दिया है। संस्थान ने इस दिशा में प्रारम्भिक कार्य किये हैं, पर अभी बहुत कुछ करना बाकी है। यह संगोष्ठी आयोजित करने का प्रमुख उद्देश्य यही है कि **विकास** और **हिन्दी प्रसार** की समस्याओं तथा **हिन्दी शिक्षण विधि** को **सामाजिक अस्मिता, बहुभाषिकता** और **सामाजिक संप्रेषण** के परिप्रेक्ष्य में देखने की ज़ोरदार शुरुआत की जा सके।" मोटूरि जी के इन विचारों को भाषा-प्रकार्य से सम्बद्ध चारों संकल्पनाओं पर अद्यतन अध्ययनों के साथ जोड़ कर देखने पर यह बात भी छुपी नहीं रहती कि हिन्दी भाषा को लेकर इस दिशा में भी समन्वित और परिपक्व अध्ययन कम ही किया गया है।

**(क) भाषा-प्रयोग**–आधुनिक भाषाविज्ञान की यह मान्यता है कि **भाषा प्रयोग** के क्षेत्र और उसके **सीमित (रेस्ट्रिक्टेड)** और **व्यापक (ऐलेबोरेटेड)** होने से सम्बन्धित अध्ययन भाषा-नियोजन सिद्धान्त के निर्माण और विकास के लिए अनिवार्य है। **भाषा-विस्तार, भाषा अनुरक्षण और परिवर्तन तथा भाषा-समुदाय में** भाषा के प्रयोजमूलक प्रकारों के स्तर और प्रतिष्ठा को जाँचने-परखने में भी इसकी भूमिका अत्यन्त महत्त्वपूर्ण मानी गयी है। भाषा-प्रयोग के सन्दर्भ में ही **प्रयोग-क्षेत्र** की संकल्पना सामने आयी जिसका विकास भाषा प्रयोग की अभिरचनाओं (पैटर्नस) को समझने के लिए किया गया। भाषा के प्रयोजनमूलक प्रकारों को भाषा प्रयोग के सन्दर्भ में देखने के तीन निकष निर्धारित किये गये हैं–

1. प्रयोग-क्षेत्रों की संरचना संख्या जिसमें भाषा का प्रयोग होता है,
2. लिखित और मौखिक संप्रेषण में भाषा प्रयोग की मात्रा एवं कोटि, तथा
3. भाषा-समाज की व्यापकता (परवेसिवनेस), जिसके कारण कोई भाषा नये से नये प्रयोग क्षेत्र में प्रयुक्त हो पाती है।

प्रयोजन की दृष्टि से भाषा के अधिकाधिक प्रयोग-क्षेत्रों में प्रयोग को सबसे महत्त्वपूर्ण माना गया है। प्रयोग-क्षेत्र का तात्पर्य है—**वे परिस्थितियाँ जिनमें कोई व्यक्ति या समूह अपने भूमिका सम्बन्ध (रोल रिलेशनशिप) के उपयुक्त परस्पर भाषा व्यवहार करता है**। इतना ही नहीं **भूमिका सम्बन्ध** के अनुरूप ही वह **स्थान** और **विषय** भी चुनता है। पहले-पहल ग्रीनफील्ड (1968) ने परिवार, धर्म, मित्रता, शिक्षा और कार्य, इन पाँच प्रयोग-क्षेत्रों के सन्दर्भ में भाषा संविन्यास (लैंग्वेज कनफ्युगरेशन) का प्रारूप निर्धारित किया था। उन्होंने यह भी प्रमाणित किया था कि भाषा-समाज प्रत्येक प्रयोग-क्षेत्र के लिए उक्तिगत सन्दर्भ (टॉपिकल सिचुएशन) पैदा करता है और भाषा चयन की प्रणाली अपनाते हुए इन प्रयोगों के अनुरूप प्रयोजनमूलक भाषा प्रकार का अभिविन्यास करता है। बाद में फ़िशमैन (1972, 1976) ने प्रयोग-क्षेत्र को अधिक वैज्ञानिक ढंग से पारिभाषित और निर्धारित करने का प्रयत्न किया था। **भाषा-प्रकार्य** और **भाषा-प्रकार** को समझने में उनका यह निर्धारण आज भी सर्वमान्य है।

| **प्रयोग-क्षेत्र** | | **भाषा-प्रकार** |
|---|---|---|
| (i) घर (Home) | — | माता-पिता की बातचीत, बच्चों के वार्तालाप, रिश्तेदारों के साथ संप्रेषण, माता-पिता की बच्चे से बातचीत आदि। |
| (ii) शिक्षा (Education) | — | विद्यार्थियों के बीच प्रयुक्त भाषा, अध्यापकों के परस्पर बातचीत की भाषा, छात्र-अध्यापक के बीच प्रयुक्त भाषा, छात्र-अध्यापक द्वारा प्रयुक्त शिक्षण माध्यम और विषय विवेचन की भाषा आदि। |
| (iii) प्रशासनिक/कार्यालयी (Official) | — | सरकारी प्रशासन की भाषा, वैधानिक नियमों की भाषा, संसदीय भाषा, राजनैतिक जन सभाओं की भाषा आदि। |
| (iv) कानून (Court of Law) | — | कचहरी में प्रयुक्त भाषा, न्यायाधीश की भाषा, वकील के जिरह की भाषा, अभियुक्त की भाषा, विधि सम्बन्धी पाठों की भाषा आदि। |

| | | |
|---|---|---|
| (v) व्यवसाय, व्यापार और बाजार (Business, Trade and Market) | – | थोक व्यापार की भाषा, खुदरा व्यापार की भाषा, बाज़ार में लेन-देन की भाषा, विज्ञापन की भाषा, बाज़ार-समाचार की भाषा आदि। |
| (vi) धर्म (Religion) | – | प्रार्थना की भाषा, भजन की भाषा, धार्मिक कथाओं की भाषा, भक्त और पुजारी के परस्पर वार्तालाप की भाषा, पूजा-विधि की भाषा, संस्कारों से सम्बन्धित भाषा आदि। |
| (vii) साहित्य (Literature) | – | आलोचना की भाषा, सौन्दर्यशास्त्र की भाषा, सृजनात्मक लेखन के तत्त्वों की भाषा, काल विशेष की साहित्यिक भाषा, नाटक की भाषा, कविता की भाषा, कथा भाषा आदि। |
| (viii) संचार-माध्यम (Media) | – | प्रेस के क्रियाकलापों की भाषा, रेडियो की भाषा, सिनेमा की भाषा, रंगमंच की भाषा, टेलीविजन की भाषा, मनोरंजन क्लबों की भाषा आदि। |

**(ख) भाषा-संरचना**—आधुनिक भाषाविज्ञान यह भी मानता है कि भाषा प्रयोग से सम्बन्धित कोडों के संरचनात्मक गुणधर्मों की परख भी आवश्यक है क्योंकि ऐसा करने से ही भाषा के विकासमान स्तरों पर प्रकाश पड़ सकता है तथा 'कोड व्याकरण' तैयार किये जा सकते हैं। इस बात में तो कोई सन्देह ही नहीं कि भाषा संरचना के आधार पर ही उसके प्रयोजनमूलक प्रकारों की प्रकृति निर्धारित हो पाती है। समाज भाषाविज्ञान ने प्रयोजनमूलक भाषा प्रकारों की संरचना पर विचार करने के लिए छः घटकीय फ्रेमवर्क प्रदान किया है—(1) लेखन (2) सामग्री (3) प्रयोजनमूलक शैलियाँ (4) मानकीकरण (5) पारिभाषिक शब्द और (6) आधुनिकीकरण।

**(ग) भाषा-उत्पादन**—यह सभी मानते हैं कि सही मायने में भाषा विकास के लिए सृजनात्मक और मौलिक भाषा सामग्री का उत्पादन जरूरी है। **भाषा प्रयोग की शक्ति को विस्तीर्ण करने, आधुनिकता की जरूरतों को पूरा करने, राष्ट्रीय विकास से सम्बन्धित इकाइयों को स्थिरता प्रदान करने** तथा **भाषा समुदाय के सन्दर्भों में ज्ञान विज्ञान सम्बन्धी दक्षता का विकास करने के लिए** भी भाषा-उत्पादन की प्रक्रिया आवश्यक है। भाषा उत्पादन से ही विविध प्रयोग-क्षेत्रों के लिए भाषा सामग्री का निर्माण और विकास सम्भव हो पाता है। आज यह भी एक मान्य तथ्य है कि भाषा सामग्री की अनेकता, समुचित मात्रा और उत्कृष्ट गुणवत्ता से केवल भाषा की शक्ति ही प्रमाणित नहीं होती, उसकी प्रयोजनमूलक प्रतिष्ठा भी स्थापित होती है।

समाज भाषाविज्ञान ने आज यह स्पष्ट कर दिया है कि किसी भी भाषा के प्रयोजनमूलक प्रकारों के सम्यक विकास के लिए निम्नलिखित प्रकार की भाषा सामग्री का विकास जरूरी होगा—सृजनात्मक साहित्य, तकनीकी और वैज्ञानिक साहित्य, मानविकी साहित्य, पत्रकारिता साहित्य और पाठ्यपुस्तकें। भाषा-प्रयोग, भाषा संरचना और भाषा उत्पादन; ये तीनों घटक मिलकर चौथे घटक **भाषा विकास** को सम्भव बनाते हैं। भाषा विकास से ही कोई भाषा व्यापक सम्प्रेषण का माध्यम बन पाती है और तभी उसका प्रयोजन आधारित (नीड-बेस्ड) स्वरूप निर्मित हो पाता है।

उक्त चारों धरातलों को संस्थान की गोष्ठी (1974) की चर्चाओं से जोड़ कर देखें तो हिन्दी भाषा के सन्दर्भ में कई बातें उभरती हैं। डॉ. ब्रजेश्वर वर्मा ने **हिन्दी भाषा की व्यावहारिकता** को सम्पन्न बनाने तथा उसे अखिल भारतीय भाषा के रूप में स्थिर करने में संस्थान की भावी भूमिकाओं के विषय में कहा था कि—**संस्थान के हिन्दी शिक्षण कार्यक्रम को प्रयोजन आधारित बनाने का यत्न होना चाहिए।** उन्होंने यह भी जोर दे कर कहा कि—**"यदि हिन्दी के विविध सन्दर्भों तथा एक अखिल भारतीय भाषा (पैन इंडियन लैंग्वेज) के रूप में उसकी भूमिकाओं और प्रकार्यों का अभी से निर्धारण किया जा सके तो हिन्दी के लिए शैक्षिक-नियोजन की प्रकृति अधिक शक्तिशाली ढंग से प्रस्तुत की जा सकती है।"** संस्थान की इस भावी भूमिका को **श्रीवास्तव** ने दो धरातलों पर रख कर देखा—एक तो **प्रकार्यों, प्रकारों, भूमिकाओं के विकास के धरातल पर** और दूसरे **शैक्षिक कार्यक्रम में उसके समाहन के धरातल पर।** उन्हीं के शब्दों में **संस्थान को हिन्दी की प्रयोजनमूलक भूमिकाओं की खोज उसे व्यापक संप्रेषण की भाषा (लैंग्वेज फॉर वाइडर कम्युनिकेशन) के रूप में देखते हुए आधुनिक भाषावैज्ञानिक चिन्तन के सन्दर्भ में करनी है। साथ ही सीमित प्रयोग-क्षेत्रों (रेस्ट्रिक्टेड डोमेन्स) की भी खोज करनी है, जिनमें उसका प्रयोग अभी होना है अतः इस गोष्ठी का लक्ष्य है—हिन्दी भाषा के सामाजिक सन्दर्भ को पुनः व्याख्यायित करना, उनके प्रयोजनपरक परिवर्तों (वेरिएंट्स) को निर्धारित करना, इन परिवर्तों को भारत की बहुमुखी भाषिक समस्या के सन्दर्भ में समझना और शिक्षण के लिए इन्हें अभिक्रमित करते हुए प्रभावशाली शैक्षिक कार्यक्रम का विकास करना।** इन चर्चाओं को निर्णायक मोड़ देते हुए मोटूरि जी ने कहा था कि—**जीवन की अनेकानेक आवश्यकताओं की पूर्ति के लिए प्रयुक्त हिन्दी ही प्रयोजनमूलक हिन्दी है।** भाषा-प्रकार्य की चर्चा करते हुए उन्होंने साफ किया कि—भाषा प्रकार्य के दो पक्ष होते हैं—**एक सौन्दर्यपरक पक्ष, जो स्वकेंद्रित और आत्मगत होता है और दूसरा प्रयोजन आधारित, जो परिस्थितिजन्य (सिचुएशनल)**

**और उक्तिगत (टॉपिकल) सन्दर्भों से नियंत्रित होता है।** मोटूरि जी के अनुसार दूसरे पक्ष से बँध कर ही भाषा को प्रयोजनमूलक प्रकार्य पूरे करने होते हैं। यही वह **सामाजिक या प्रयोजनमूलक भूमिका** है जो प्रत्येक विकसित और प्रचारित भाषा को निभानी पड़ती है। दूसरे प्रयोजन की व्यापक रूपरेखा को समझते हुए ही उन्होंने प्रयोजनमूलक हिन्दी की भी व्यापक परिभाषा प्रस्तुत की **प्रयोजनमूलक हिन्दी को हम उन भाषा-प्रकारों का समूह कह सकते हैं जिनका प्रयोग हम विभिन्न सामाजिक सन्दर्भों, विभिन्न व्यवसायों और विभिन्न सामाजिक भूमिकाओं के निर्वाह के लिए करते हैं।**

इन चर्चाओं से यह स्पष्ट है कि **प्रयोजनमूलक भाषा** या **प्रयोजनमूलक हिन्दी** का तात्पर्य **कार्य सम्बन्धी (एंपलायमेंट)** क्षेत्र से बँधे **भाषा रूप** मात्र नहीं हैं ; वे भी है, पर वे प्रयोजनमूलक भाषा के बृहत् मानचित्र का एक छोटा-सा हिस्सा भर हैं। इस **व्यापक तात्पर्य** को ध्यान में रखकर ही संगोष्ठी 1974 में प्रो. गोपाल शर्मा ने हिन्दी शिक्षण का केन्द्रबिन्दु प्रयोजनमूलक भाषा को बनाने की सलाह दी, प्रो.के. जे. महाले ने प्रयोजनमूलक हिन्दी के प्रसार के लिए दृश्य-श्रव्य सामग्री के निर्माण की जरूरत बताई और प्रो. एस.के.वर्मा ने सामाजिक सन्दर्भ में प्रयुक्त भाषा रूपों में हर प्रकार की **मिश्रण-प्रक्रिया** को स्वीकारने और उनके प्रति सहिष्णु बनने की अपील की। इस हिन्दी को प्रो. श्रीवास्तव ने **सम्प्रेषणपरक हिन्दी** की संज्ञा देकर उन सीमाओं की ओर स्वतः संकेत कर दिया जो **प्रयोजनमूलक हिन्दी** की विस्तीर्ण दिशा को संकुचित कर रही थीं। उनके अनुसार—**सम्प्रेषणपरक हिन्दी के भिन्नतलीय रूपों को पहचानने का यत्न संस्थान पिछले कुछ वर्षों से कर रहा है। संस्थान की यह दृढ़ मान्यता है कि भाषा की बहुविध विषमरूपता (हेट्रोजेनिटी) की स्वीकार्यता ही प्रयोजनमूलक हिन्दी सम्बन्धी अवधारणा के मूल में है।**

1974 की संगोष्ठी में **भाषा प्रयोग** और **भाषा-प्रकार्य** से सम्बन्धित कुछ नवीन अवधारणाओं के भी संकेत मिले जिनमें **भाषा की व्यावहारिक अभिरचना** (बिहेवियरल पैटर्नस) और **संप्रेषण-प्रकार्य** (कम्यूनिकेटिव फंक्शन) की परोक्ष चर्चा कई विद्वानों ने की थी। अब ये अवधारणाएँ अपनी वैचारिकता में पुष्ट हो चुकी हैं। अतः इन पर संक्षिप्त चर्चा यहाँ समीचीन होगी। **व्यावहारिक अभिरचना** से सम्बन्धित विचारों ने अब यह बात खोल कर सामने रख दी है कि **भाषा-विकल्प** के अध्ययन-विश्लेषण की दो भिन्न प्रणालियाँ हैं। मैं अपनी ओर से यहाँ जोड़ दूँ कि इन्हें अपनाने की ओर हमारा ध्यान नहीं गया है। पहला **एप्रोच** है—औपचारिक तुलना के द्वारा भाषा की **प्रयुक्तियों (रजिस्टर्स)** या **सुपरपोज़्ड प्रकारों/भेदों** की पहचान करना। हिन्दी भाषा का सन्दर्भ ले तो इस अधिगम (एप्रोच) द्वारा **वैज्ञानिक**

**हिन्दी** की तुलना **सामान्य हिन्दी** से की जा सकती है। ऐसा करते हुए **दोनों को अलग करके** भी विश्लेषित किया जा सकता है और दोनों के बीच **शेयर्ड** समान भाषिक तत्त्वों की व्याख्या भी की जा सकती है। इस एप्रोच का उपयोग करके एक ओर हम उस **सन्दर्भ** का विवेचन कर सकते हैं जिसमें भाषा प्रयुक्त हुई है और दूसरी ओर दो भाषा-रूपों के भेदों को **सामाजिक घटकों** के तहत विश्लेषित कर सकते हैं। इसी अध्ययन को आगे बढ़ाते हुए और दूसरे एप्रोच की ओर बढ़ते हुए हम यह भी देख सकते हैं कि **वैज्ञानिक हिन्दी** किन-किन स्तरों पर **विधि की हिन्दी, समाचार की हिन्दी, प्रशासनिक पत्राचार की हिन्दी** आदि से भिन्न या समान है। अतः हम यह मान कर चलें कि **भाषा की व्यावहारिक अभिरचना** को भाषा-प्रकार्य के परिणामस्वरूप उपजे **प्रत्येक भाषा-रूप** के विश्लेषण द्वारा दर्शाया जा सकता है।

आज यह निश्चित हो चुका है कि किसी भी विकसित भाषा के लिए **तीन भाषा-प्रकार्य** अनिवार्य होते हैं। इस दिशा में भी प्रयोजनमूलक हिन्दी से सम्बन्धित गहन अध्ययन अपेक्षित है।

**1. उपकरणवादी प्रकार्य (इंस्ट्रुमेंटल फंक्शन)**—यह प्रकार्य भाषा के उच्च प्रयोजनों पर निर्भर करता है। जैस—उच्च शिक्षा में भाषा, नौकरी के अवसर दिलाने वाली भाषा, भाषा की सामाजिक गत्यात्मकता (डॉयनमिज़्म), भाषा के माध्यम से आर्थिक सम्पन्नता आदि। इस प्रकार्य से भाषा की **सामाजिक प्रतिष्ठा** में वृद्धि होती है।

**2. एकात्मपरक प्रकार्य (इंटीग्रेटिव फंक्शन)**—भाषा का यह प्रकार्य भिन्न भाषा-समूहों के बीच ऐक्य-बोध उत्पन्न करता है। इसका सम्बन्ध सामाजिक अस्मिता और सामाजिक-सांस्कृतिक एकता से रहता है। यह प्रकार्य **स्थानीय**, क्षेत्रीय, राष्ट्रीय और अन्तर्राष्ट्रीय धरातलों पर प्रभावी होता है और इन धरातलों पर भिन्न भाषा और सामाजिक समूहों के बीच एकता स्थापित करता है या उसे बनाये रखने में सहायक बनता है।

**3. सम्प्रेषणपरक प्रकार्य (कम्युनिकेटि फंक्शन)**—यह प्रकार्य भाषा की भूमिका को अन्तः भाषिक/बाह्य भाषिक समूह (इंट्रा एंड इंटर ग्रुप) के सम्प्रेषण से जोड़ता है। कुछ सामाजिक स्थितियों में कोई भाषा मात्र **लिंग्वा-फ्रेंका** की भूमिका ही निभा पाती है, जैसे **बाज़ार हिन्दी**।

यह भी तथ्य संगोष्ठी की चर्चा में उभर कर सामने आया कि एक व्यक्ति से दूसरे व्यक्ति तक सूचना सम्प्रेषित करने का कार्य करने के साथ ही भाषा का प्रयोग **भावनाओं की अभिव्यक्ति** और **किसी व्यक्ति की गतिविधि को निर्देशित करने के लिए** भी किया जाता है। इन दोनों स्तरों पर भी भाषा के **तीन प्रकार्य** निर्धारित किये जा सकते हैं—**सन्दर्भपरक प्रकार्य (रिफ़रेंशियल फंक्शन), भावबोधक प्रकार्य (एक्सप्रेसिव**

**या इमोटिव फंक्शन तथा निदेशात्मक प्रकार्य** (डाइरेक्टिव या कोनेटिव फंक्शन)। इन्हीं प्रकार्यों का सन्दर्भ देते हुए प्रो.गोपाल शर्मा ने संगोष्ठी में कहा था कि–आज ज़रूरत है कि हम **साहित्यिक भाषा के भावबोधक (इमोटिव) प्रयोग से हटकर हिन्दी का शिक्षण सन्दर्भपरक और निदेशात्मक प्रयोजनों** के लिए करें। और ब्रजेश्वर वर्मा ने कहा था कि **भिन्न भाषा-प्रकार्यों में भाषा उक्तियों (लैंग्वेज अटरेंसेज़) की रूप संरचना में भी पर्याप्त भिन्नता दिखाई देती है। इन रूपात्मक 'कोडों' का प्रयोग-नैरन्तर्य प्रयोजनमूलक सम्प्रेषण के लिए अनिवार्य होता है।** प्रो. वर्मा के इस कथन को यदि हम लेहमेन (1978) के विवेचन से जोड़ें तो दूसरे शब्दों में कह सकते हैं कि प्रत्येक प्रयोजनमूलक भाषा प्रकार के कुछ रूढ़ (रिजिड) **सेट ऑफ को-अकरेंसेज** होते हैं जिनके प्रयोग प्रतिबंधित होते हैं। उदाहरण के लिए यदि कोई किसी एक रूप-समुच्चय (सेंट ऑफ फॉर्म्स) का चयन करता है तो उसके लिए भाषा के अन्य रूपों से 'चयन' के रास्ते बन्द हो जाते हैं। फिशमैन (1968) ने इन तीनों प्रकार्यों पर अनेक कोणों से चर्चा की थी। यहाँ हम मात्र उस पक्ष पर चर्चा करेंगे जिनका **प्रकार्य-उक्ति सन्दर्भ** से है। फिशमैन के अनुसार **सन्दर्भपरक प्रकार्य** से वे उक्तियाँ जन्म लेती हैं जिनका सम्बन्ध **विषय (टॉपिक)** से होता है। भाषा के **भावबोधक प्रकार्य** के परिणामस्वरूप वे उक्तियाँ जन्म लेती हैं जिनका सम्बन्ध **प्रेषक** से होता है और जो वस्तुतः **प्रेषक की अभिवृत्ति और भावनाओं की अभिव्यक्ति होती है। निदेशात्मक प्रकार्य** से वे उक्तियाँ जुड़ती हैं जिनका प्रमुख उद्देश्य **प्रेषिति को कुछ करने के लिए निर्देश देना** होता है। संगोष्ठी (1974) में **श्रीवास्तव ने संपर्क प्रकार्य (फेटिक या कॉनटेक्ट फंक्शन)** की भी चर्चा की जिसके अन्तर्गत भाषा की उक्तियाँ किसी संप्रेषण को **प्रारम्भ करने, जारी रखने और खत्म करने** के लिए रची जाती है, जैसे–**अच्छा ध्यान से सुनो, क्या आप मेरी बात समझ रहे हैं, तो मैं चल पड़ा, ठीक है? ऐसा हुआ कि ट्रेन छूट गयी, शेष फिर, सादर आपका** आदि। भाषा की सामाजिकता में **सम्पर्क प्रकार्य** का अपना महत्त्व है। यह माना गया है कि मानव-समुदाय का अस्तित्व बनाये रखने के लिए मनुष्य को परस्पर सहयोग (को ऑपरेट्) करना होता है। भाषा-प्रयोग पूर्णतः एक सहयोग आश्रित क्रिया (ऐक्टिविटी) है। इस सहयोग के प्रतिपादन की भिन्न व्यवस्थाएँ (सिस्टम्स) भाषा के भीतर रहती हैं, जो इसलिए हैं कि लोग तरह-तरह से भाषिक-सम्प्रेषण कर सकें।

इस पूरी चर्चा का मूल उद्देश्य यही है कि हम **भाषा-प्रकार्य** के रास्ते प्रयोजनमूलक भाषा और प्रयोजनमूलक हिन्दी से सम्बन्धित उन विस्तीर्ण दिशाओं को पहचान सकें तथा उन पर काम कर सकें जिनके संकेत हमें 1974 की संगोष्ठी में मिले थे। इस चर्चा में जगह-जगह प्रयोजनमूलक हिन्दी के अध्ययन की कई

दिशाएँ प्रस्तावित हैं जिनकी ओर योजनाबद्ध ढंग से आगे बढ़ने की शपथ आज हमें लेनी होगी।

## सन्दर्भ


श्रीवास्तव, रवीन्द्रनाथ, 1975, प्रयोजनमूलक हिन्दी, आगरा : केन्द्रीय हिन्दी संस्थान

Allen, J.P.B. & S.Pit Corder (eds.), 1975, Papers in applied linguistics, London : OUP

Bolinger, D.L., 1968, Aspects of language, New York : Academic press

—1980, Language : The loaded weapon, London : Longman

Barannikov, P.A., 1959, Hybrid words in Hindi Language. Hindi Review : Varanasi.

Dua, H.R., 1985, Language Planning in India. New Delhi : Hernam Publications

Fishman, J.A., 1972, The Sociology of language. Newbury House : Rowley, Mass

Fishman, J.A., Ferguson, 1968, Language problems in developing Ch. and Jyotindra Dasgupta nations, New York : John Wiley & Sons

Halliday, M.A.K., 1970, Language structure and language function. IN J.Lyons (ed.) New Harizons in linguistics. Harmondsworth : Penguin.

—1973, Explorations in the functions of language. London : Edward Arnold.

Lehman, W.P. (ed.), 1978 Syntactic typology. Sussex : The Harverster Press.

Srivastava, R.N., 1994, Bi/Multilingualism. Delhi : Kalinga.

—and Ashok Kalra (eds.), 1995, Functional Hindi : Discussion and comments, Agra : CHI

Ulrich, Ammon (ed.), 1989, Status of functions of languages and language varietics. Berlin – New York : Walter de Gruyter.

# हिन्दी की प्रयुक्तियाँ

आधुनिक भाषाविज्ञान में भाषा को देखने की दो दृष्टियाँ प्रचलित हैं। एक दृष्टि यह बताती है कि "भाषा क्या है" उसकी व्याकरणिक व्यवस्था कैसी है और संरचना के उसके नियम क्या हैं। दूसरी दृष्टि भाषा के व्यावहारिक पक्ष से सम्बद्ध होकर यह बताती है कि भाषा किन प्रयोजनों को साधती है, उसके प्रयोक्ता भाषा से क्या कार्य लेते हैं। इस दूसरी दृष्टि के सन्दर्भ में यह तथ्य भी स्वीकार्य है कि कोई भाषा व्यवहार में समरूपी नहीं होती। भाषा की यह विषमरूपता प्रयोग के धरातल पर भी परखी जा सकती है। भाषा की इस विषमरूपता को भाषा-भेद (Language Variation) के सैद्धान्तिक परिप्रेक्ष्य में विवेचित किया गया है। किसी भी भाषा में इस भाषा भेद को विभिन्न आयामों पर देखा जा सकता है। इन आयामों या सन्दर्भों में जिस प्रकार भाषा बदलती है, उसी प्रकार उसका रूप भी परिवर्तित होता है। इन्हीं सन्दर्भों में से एक है व्यवहार क्षेत्र (domain) भेद या भाषा का प्रकार्यात्मक (Functional) भेद। उदाहरण के लिए विधि क्षेत्र की भाषा, बैंक, पत्रकारिता, विज्ञान आदि की भाषा से भिन्न होगी। भाषा अध्ययन की इस दूसरी दृष्टि ने ही प्रयोग के स्तर पर विषय परक या व्यवहार क्षेत्र बाधित भाषा रूपों को प्रयुक्ति (Register) की संज्ञा दी है। भाषा प्रयुक्ति एक प्रकार का सीमित भाषा रूप है। व्यावहारिक स्तर पर प्रयुक्त भाषा अपने व्यापक रूप में व्यवहृत होती है। इस प्रकार 'प्रयुक्ति' इस व्यापक रूप से निःसृत एक सीमित रूप है जिसके माध्यम से किसी विशिष्ट व्यवहार क्षेत्र के संप्रेषणपरक आवश्यकताओं की पूर्ति सम्भव हो पाती है।

भाषा एक सामाजिक वस्तु है जिसका प्रयोग एक सामाजिक सदस्य के रूप में व्यक्ति करता है। व्यक्ति को समाज में अनेक भूमिकाएँ निभानी होती हैं। यदि वह इन्हें निभाने के भाषाई गुर नहीं जानता तो संप्रेषण के खेल में उसे सफलता नहीं मिल सकती। इसके लिए उसे 'व्यापक कोड' से 'सीमित कोड' और 'सीमित कोड' से 'व्यापक कोड' में आने-जाने में सक्षम होना चाहिए। यह भी कहा जा सकता है

कि भाषा का सन्दर्भगत प्रयोग ही 'सीमित कोड' है जो अपने सन्दर्भ में सीमित और अपने रूप में विशिष्ट होता है—खरीदने-बेचने का कोड, शेयर बाजार का कोड, वैज्ञानिक पाठ का कोड, धार्मिक अनुष्ठान का कोड आदि। इसी सीमित कोड को हम 'प्रयुक्ति' कह सकते हैं। वास्तव में सीमित सन्दर्भ और विशिष्ट रूप से बंधे ये भाषा रूप भी एक प्रकार की बोलियाँ ही हैं। अन्य सामाजिक बोलियों और प्रयुक्तियों में भेद इतना है कि जहाँ अन्य बोलियों के रूप भेद का कारण 'प्रयोक्ता' होता है वही प्रयुक्तियों के भेद का आधार 'प्रयोग' अर्थात विषय होता है। इसके साथ ही विभिन्न भाषा रूपों के दो सन्दर्भ होते है—एक तो **भाषा शैली का सन्दर्भ** जिसके अन्तर्गत यदि हिन्दी को रख कर देखें तो उसकी साहित्यिक शैलियाँ (उच्च हिन्दी, उच्च उर्दू, हिन्दुस्तानी) हमें दिखाई देती हैं, जिनका प्रयोग एक ही विषय क्षेत्र में विकल्पवत किया जा सकता है। दूसरे **भाषा प्रयुक्ति का सन्दर्भ** है जो व्यावहारिक कार्य क्षेत्र में प्रयुक्त भाषा रूपों से जुड़ता है अर्थात यह शैली अपने व्यवहार क्षेत्र से बँधी होती है जिसमें विषय से सम्बद्ध विशिष्ट शब्दावली, अभिव्यक्ति और वाक्य संरचना का प्रयोग किया जाता है। इस धरातल पर भाषा के व्यापक और सीमित क्षेत्र के अध्ययन को समेटते हुए शैली और प्रयुक्ति के भेदों पर विस्तृत चर्चा भी आज आधुनिक भाषाविज्ञान में उपलब्ध है (वारडॉघ, एस. के. वर्मा)। इन चर्चाओं से यह स्पष्ट होता है कि पत्रकारिता सम्बन्धी लेखन, वैज्ञानिक लेखन, व्यावसायिक लेखन, कृषि की भाषा, विमान पत्तन पर उद्घोषणा की भाषा, टेलीफोन ऑपरेटर की भाषा आदि को प्रयुक्तिगत भेद (Registeral Variety) कहा जा सकता है। इसके विपरीत वार्ता प्रकार से सम्बद्ध भाषा भेदों को शैलीय भेद (Stylistic Variation) कह सकते हैं। शैली और प्रयुक्ति के प्रमुख भेदों को इस प्रकार रेखांकित किया जा सकता है—

1. प्रयुक्तिगत भेद औपचारिक-अनौपचारिक जैसे भेदों से मुक्त रहते हैं। जबकि शैली भेद के केन्द्र में औपचारिक, अनौपचारिक, प्रगाढ़, सामान्य जैसे भेद निर्णायक भूमिका निभाते हैं।
2. प्रयुक्ति 'क्षेत्र' नियन्त्रित होता है, शैली 'प्रकार' द्वारा।
3. यह कहना उचित नहीं है कि सभी प्रयुक्तियों में समान रूप से शैलीय भेद होता है।
4. 'प्रयुक्ति' में 'शैली' की तरह प्रयोक्ता के व्यक्तित्व की झलक और रंजकता नहीं होती।
5. 'प्रयुक्ति' ध्वनि, व्याकरण, शब्दावली के स्तर पर विशिष्ट होती है, इसे इन्हीं विशिष्टताओं के आधार पर पहचाना भी जाता है।

6. प्रयुक्ति भाषा का सीमित कोड है, शैली व्यापक।
7. प्रयुक्ति की संकल्पना सार्वभौमिक है, पर भाषा में इसके रूप भिन्न हैं।
8. शैलियों के बीच मिश्रण सम्भव है पर प्रयुक्ति-मिश्रण वर्जित है।

इन विशिष्टताओं के रेखांकन में प्रयुक्ति की निम्नलिखित परिभाषाएँ सहायक सिद्ध हो सकती हैं—

(i) For the linguistic behaviour of a given individual is by no means uniform, placed in what appear to be linguistically, identical conditions, he will on different accessions speak (or write) differently according to what may roughly be described as different Social situations : he will use a number of distinct registers.[1]

(ii) By registers we mean a variety correlated with the perfomer's Social role on a given occasion.[2]

(iii) The name given to a variety of language distinguished according to use is 'register'.[3]

भाषा वैविध्य के इस सन्दर्भगत एवं विषयगत प्रयोगों के विश्लेषण के आधार पर ही हैलिडे (1973) ने प्रयुक्ति वर्गीकरण के तीन आयाम—वार्ता क्षेत्र, वार्ता प्रकार और वार्ता शैली निर्धारित किये तथा वार्ता क्षेत्र का सम्बन्ध भाषा व्यवहार के विषय क्षेत्र से जोड़ा। इस सन्दर्भ में हिन्दी के उदाहरण लें तो कार्यालय-हिन्दी में 'देख लें', 'सूचित किया जाता है', 'तत्काल', 'आवश्यक', 'गोपनीय' जैसा विशिष्ट भाषा प्रयोग मिलता है। क्रिकेट कमेंट्री की हिन्दी बिल्कुल दूसरे ही प्रकार से संरचित होती है। शेयर बाजार की हिन्दी को 'चाँदी लुढ़की', 'सोना उछला', 'दाल नरम', 'बाजार तेज' जैसे प्रयोग विशिष्ट बनाते हैं तो विज्ञापन की हिन्दी संक्षेपीकरण (कम खर्च-अधिक लाभ) और तुकबंदी (मुक्ता पढ़िए, आगे बढ़िए) आदि के आधार पर अपना विशिष्ट स्वरूप निर्मित करती है। अर्थात जिन विषय क्षेत्रों के आधार पर भाषा रूप बदल जाय उन भाषा रूपों को उस विषय सम्बन्धी वार्ता क्षेत्र की प्रयुक्ति कहा जाता है। इन्हें हिन्दी के प्रयोजन सिद्ध परिवर्त या उपरूप भी कहा जा सकता है। वास्तव में प्रयोजन मूलकता इन्हीं के समूह का नाम है। इस प्रकार प्रयोजनमूलक भाषा, विशिष्ट ज्ञान की भाषा के रूप में स्वीकृत की जाती है जिसे 'लैंग्वेज फॉर स्पेशल परपज़ेस' कहा गया है।

इस प्रकार यह स्पष्ट होता है कि प्रयोजनमूलक भाषा की प्रयोजनमूलक शैलियों को ही प्रयुक्ति कहा जाता है। भाषा प्रयोक्ता जिस विषय से बँधकर ज़िस

---

1 . Reid, T.B.W. 1956
2 . Catford, J.C. 1965
3 . Halliday, M.A.K. 1964

भाषा भेद को जन्म देते हैं वे भेद ही प्रयुक्तियाँ हैं। अतः इन चर्चाओं के विकास के साथ ही प्रयोजनमूलक भाषा के सन्दर्भ में उठे उस प्रश्न का निराकरण होता गया कि ''क्या कोई भाषा प्रयोजन रहित भी होती है'' और यह निर्धारित होता है कि विभिन्न सन्दर्भों में भाषा प्रयोग से तात्पर्य केवल किसी कार्य या उपयोग से न होकर ''विशिष्ट विषय परक प्रयोग'' से है और यही प्रयोग भाषा की प्रयोजन मूलकता है।

हिन्दी के सन्दर्भ में भी प्रयोजन से तात्पर्य भाषा सम्बन्धी उन कार्यों अथवा प्रयोगों से है जो विभिन्न विषय क्षेत्रों में अब तक अंग्रेजी द्वारा सम्पादित किये जाते रहे हैं। कोई भी भाषा सामाजिक परिस्थितियों, सन्दर्भों और आवश्यकताओं के अनुरूप अपने को ढालने की क्षमता रखती है। अपने में परिवर्तन लाने की यह शक्ति भाषा की लचीली प्रकृति की ओर संकेत करती है। हिन्दी भाषा की विषमरूपता उसकी विभिन्न शैलियाँ और प्रयुक्तियाँ उसकी लचीली प्रकृति और जीवन्तता को प्रमाणित करती हैं। स्वतन्त्रता के बाद हिन्दी भाषा के प्रयोजनमूलक रूप (प्रयुक्तियों) का संतोषप्रद विकास एवं विस्तार हुआ है। आज हिन्दी सिर्फ सृजनात्मक साहित्य लेखन की भाषा नहीं है, आधुनिक विषयों तथा ज्ञान-विज्ञान के विविध क्षेत्रों में भी उसका प्रयोग हो रहा है। विज्ञान, पत्रकारिता, व्यवसाय, प्रशासन आदि क्षेत्रों में हिन्दी के एक रूप का नहीं, विभिन्न रूपों का प्रयोग होता है। इस प्रकार की हिन्दी को प्रयोजनमूलक हिन्दी कहा गया है।

यहाँ हमें हिन्दी भाषा के दो मूलभूत रूपों की ओर भी दृष्टिपात करना चाहिए। एक ओर साहित्यिक हिन्दी है, जिसे श्रीवास्तव (1985) ने भाषा का भाव या हृदय पक्ष कहा है और जिसके रूप वैशिष्ट्य की पहचान में भावना, अनुभूति, लक्ष्यार्थ, व्यंग्यार्थ के साथ प्रयोक्ता के व्यक्तित्व, प्रक्षेपण की भूमिका प्रमुख रहती है। दूसरी ओर साहित्येतर हिन्दी का सन्दर्भ प्रकार्यात्मक, प्रयोजनमूलक, व्यावहारिक हिन्दी से जुड़ा है जो स्वतन्त्रता प्राप्ति के पहले छूटा ही रहा। इन क्षेत्रों में हिन्दी के विविध विशिष्ट विषय केन्द्रित भाषा रूप विकसित हुए। इन रूपों ने हिन्दी के व्यावहारिक पक्ष की पृष्ठभूमि में उसे सामाजिक यथार्थ की भाषा और एक जीवन्त भाषा के रूप में सिद्ध किया। प्रयोजनमूलक हिन्दी की परिभाषा इन शब्दों में दी जा सकती है– "जीवन और समाज की विभिन्न आवश्यकताओं दायित्वों की पूर्ति के लिए उपयोग में लाई जाने वाली हिन्दी ही प्रयोजनमूलक हिन्दी है।" इन आवश्यकताओं के क्षेत्र के रूप में निम्नलिखित व्यवहार क्षेत्र (domain) देखे जा सकते हैं जिनमें हिन्दी की भिन्न प्रयोजनमूलक शैलियों (प्रयुंक्तियों) का प्रयोग होता है।

1. वैज्ञानिक और तकनीकी हिन्दी।
2. विधि की हिन्दी।

3. प्रशासनिक/कार्यालयी हिन्दी।
4. जनसंचार माध्यमों की हिन्दी।
5. वाणिज्य और व्यवसाय की हिन्दी।

जैसा कि इस वर्ग विभाजन से स्पष्ट है कि वैज्ञानिक और तकनीकी हिन्दी में विज्ञान की चारों शाखाओं (भौतिक विज्ञान, रसायन शास्त्र, वनस्पति विज्ञान, जीव विज्ञान) से सम्बन्धित भाषा और इंजीनियरी, प्रेस, फैक्टरी की शैलियाँ आ जाती हैं। विधि से सम्बन्धित हिन्दी में न्यायालय और कानून की हिन्दी को लिया जाता है। प्रशासनिक हिन्दी वह हिन्दी है जिसका प्रयोग सरकारी, अर्ध-सरकारी और गैर-सरकारी कार्यालयों में किया जाता है। जनसंचार माध्यमों की हिन्दी वह है जिसका प्रयोग समाचार पत्रों, पत्रिकाओं, रेडियो और दूरदर्शन में किया जाता है। व्यावसायिक हिन्दी के अन्तर्गत व्यापार की भाषा, मंडियों की भाषा, बैंकों की भाषा को रखा जा सकता है। स्वतन्त्रता प्राप्ति के बाद हिन्दी का विकास इन सभी प्रयोजनमूलक वर्गों में हुआ है। इनके साथ ही संगीत, फिल्म, कृषि, चिकित्सा आदि क्षेत्रों में भी हिन्दी की प्रयोजनमूलक शैलियों का विकास हुआ है। इन प्रयोजनमूलक वर्गों में हिन्दी के भाषिक वैशिष्ट्य की परख ने अब यह तथ्य भी सामने ला दिया है कि प्रयुक्ति की संकल्पना ही भाषा अध्ययन के लिए पर्याप्त नहीं है। उप-प्रयुक्ति (Sub-Registers) की संकल्पना के सहारे ही हम एक ही प्रयोजनमूलक वर्ग के अन्तर्गत निहित भाषिक उपभेदों को पहचान सकते हैं। उदाहरण के लिए पत्रकारिता वर्ग के अन्तर्गत राजनैतिक समाचार, सम्पादकीय, सम्पादक के नाम पत्र, फिल्म समीक्षा, खेलकूद समाचार, साक्षात्कार, रपट आदि को उप-प्रयुक्तियों के रूप में देखने की आवश्यकता पर भी अब बल दिया जा रहा है।

अलग-अलग हिन्दी प्रयुक्तियों की कुछ रूपगत विशिष्टताओं तथा समेकित रूप से हिन्दी प्रयुक्तियों की सार्वभौमिक विशिष्टताओं पर टिप्पणी यहाँ असमीचीन न होगी। पहली और सबसे महत्त्वपूर्ण बात यह है कि हिन्दी प्रयुक्तियों में तीनों शैलियों, यथा, उच्च हिन्दी, उच्च उर्दू और हिन्दुस्तानी का मिला-जुला प्रयोग होता है। एक ओर उच्च हिन्दी शैली के अनुदान, वाहक, विकल्प, पंजीकरण, पृष्ठांकन आदि का प्रयोग, दूसरी ओर उच्च उर्दू शैली के अमानत, दस्तावेज, जालसाजी, मुआवजा, पेशगी आदि का प्रयोग तथा तीसरी ओर भाड़ा, कटौती, बिकाऊ, टिकाऊ जैसे बोलचाल के शब्दों का प्रयोग हिन्दी प्रयुक्तियों को समन्वित भाषा प्रयोग का अच्छा उदाहरण बनाता है। इस पर सैद्धान्तिक चर्चा श्रीवास्तव (1992) ने हिन्दी प्रयुक्ति की भाषा शैली का निर्धारण इन चार प्रवृत्तियों के अनुसार करते हुए की है —पुनरुत्थानवादी धारा, लोकवादी धारा, अन्तर्राष्ट्रीयतावादी धारा तथा समन्वयवादी

धारा। इन प्रवृत्तियों से सम्बद्ध होकर हिन्दी ने अपने प्रयोजनमूलक रूपों का निर्माण और विकास किया है जहाँ एक शब्द के प्रचलित अर्थ अलग-अलग अर्थ छवियाँ धारण करके विभिन्न व्यवहार क्षेत्रों से जुड़ने लगते हैं। इतना ही नहीं, बल्कि नये शब्द निर्मित किये जाते हैं, प्रचलित शब्दों में नये अर्थ भरे जाते हैं, शब्दों के नये सन्दर्भ स्थिर किये जाते हैं आदि। प्रयुक्ति के निर्माण में दैनिक जीवन में प्रयोग में आने वाले सामान्य शब्दों के विषय संदर्भित विशिष्ट अर्थ देने की प्रक्रिया को विज्ञान की प्रयुक्ति में वेग, बल, गति, तना, छाल, स्तनपायी, परागण आदि उदाहरणों द्वारा तथा व्यावसायिक, प्रयुक्ति में द्रव्य, चालू, योग, सम्पत्ति आदि के उदाहरणों द्वारा देखा जा सकता है। इसके साथ ही निविदा (Tender) संकाय (Faculty) आदि निर्मित शब्दों का भी हिन्दी प्रयुक्तियों के विकास में महत्त्वपूर्ण योगदान है। इन सबसे अधिक महत्त्वपूर्ण हिन्दी की भिन्न प्रयुक्तियों में भिन्न भाषा रूप प्रयोग की स्थिति है जो क्रमशः विकसित होते हुए यह स्थिर होने लगी है–

| **व्यावसायिक प्रयुक्ति (बाजार समाचार)** | **जनसंचार माध्यम की प्रयुक्ति (फिल्म पत्रकारिता)** | **कार्यालयी प्रयुक्ति** | **जनसंचार माध्यम की प्रयुक्ति (विज्ञापन)** |
|---|---|---|---|
| शेयरों में सुधार | हिट फिल्म | जमा कर दें | फैशन निखर निखर उठता है |
| सोना उछला | फिल्म टिकट खिड़की पर पिटी | अनुमति दी जा सकती है | शान और सफाई जैसे लांड्री की धुलाई |
| चना-चावल नरम | मुहूर्त सम्पन्न | सूचित किया जाता है | वाह ताज |
| चाँदी लुढ़की | लम्हे का प्रीमियर | पत्र को घुमाया जाय | लिपटन : जायका और तेजी |
| दाल तेज | राजेश खन्ना ने क्लैप दिया | तत्काल | मजेदार भोजन का राज़ |
| | | गोपनीय | पीने में अच्छी और पिलाने में भी अच्छी |

हिन्दी के प्रयोजनमूलक स्वरूप इन क्षेत्रों में तथा अन्य अनेक क्षेत्रों में भी विकसित एवं स्थिर हो चुके हैं। आज हम उन प्रारम्भिक प्रश्नों से भी उबर चुके हैं जो प्रयोजनमूलकता, प्रयुक्ति, शैली आदि की संकल्पनात्मक व्याख्या की माँग करते थे। फिर भी अधिकांश अध्ययन-विवेचन प्रयोजनमूलक हिन्दी के सन्दर्भ में

'कार्यालयी हिन्दी' की प्रयुक्तिगत विशेषताओं पर केन्द्रित दिखाई देते हैं। कुछ पुस्तकें बैंकिंग हिन्दी के सन्दर्भों से भी अपने को जोड़ती हुई सामने आयी हैं पर उनमें राजभाषा हिन्दी और उसकी संवैधानिक स्थिति के परिप्रेक्ष्य तक ही इस चर्चा को सीमित रखा गया है। इस दिशा में हमें आगे कार्य करते हुए हिन्दी की प्रमुख प्रयुक्तियों को ही नहीं, उनकी उपप्रयुक्तियों को भी अपने विवेचन के दायरे में लेकर उनका आकलन करने तथा उनकी सीमाओं की ओर संकेत करने की जरूरत है। विज्ञापन की हिन्दी पर एक पुस्तक (सुरेश कुमार) तथा व्यावसायिक हिन्दी पर एक पुस्तक (दिलीप सिंह) ने हिन्दी की अन्य प्रयुक्तियों की ओर भी ध्यान दिया है और इनके रूप-वैशिष्ट्र्य को उभारने का प्रयास किया है। इस दिशा में व्यापक कार्य की आवश्यकता है क्योंकि आज इन सभी क्षेत्रों में अनुवाद कार्य एवं प्रशिक्षित अनुवादकों की आवश्यकता है और जब तक हम हिन्दी की विविध प्रयुक्तियों–उप प्रयुक्तियों का विवेचनात्मक विश्लेषण प्रस्तुत नहीं करते तब तक इन क्षेत्रों में हुए अनुवादों की प्रामाणिकता संदिग्ध ही रहेगी। प्रयोजनमूलक हिन्दी के विविध क्षेत्रगत रूपों पर हमारे संस्थान में कुछ शोध-प्रबन्ध प्रस्तुत किये गये हैं। हिन्दी की इन सभी प्रयुक्तियों पर व्यापक चर्चा तो नहीं की जा सकती लेकिन तीन क्षेत्रों में कुछ बिन्दु निर्धारित करते हुए इनकी स्वरूपगत विशेषताओं को समझा जा सकता है–

### (1) वैज्ञानिक और तकनीकी हिन्दी

1. तथ्यपरकता एवं मूर्तता
2. अर्थ का स्थिरीकरण (परमाणु)
3. तार्किकता
4. + तकनीकी
5. पारदर्शिता (Mamol-स्तनपायी)
6. शब्द-स्रोत : संस्कृत और अन्तर्राष्ट्रीय शब्दावली
7. संकरता (आयनीकरण, पेट्रोल चालित)
8. अप्रत्यक्ष/अकर्तृवाच्य वाक्य रूप (डाला गया, प्रयोग किया जाता है आदि)

### (2) प्रशासनिक/कार्यालयी हिन्दी

1. निर्वैयक्तिकता
2. स्पष्टता
3. बोधगम्यता
4. एकार्थता
5. विशिष्ट शब्दावली : (सक्षम अधिकारी-अनुमोदन, पृष्ठांकन)

6. अंग्रेजी-उर्दू शब्दों की बहुलता (सिफारिश, जुर्माना, एकमुश्त आदि)
7. संकरता व्यापक है
8. औपचारिकता

### (3) संचार माध्यमों की हिन्दी

1. सहजता और संप्रेषणीयता
2. तकनीकी
3. प्रभावशीलता (शीर्ष पंक्ति का पैनापन)
4. भाषा-प्रवाह (मिश्रित शैली, जो जन प्रचलित भाषा के निकट है)
5. संक्षिप्तियों का व्यापक प्रयोग (इंका, भाजपा, दक्षेस आदि)
6. कर्मवाच्य का व्यापक प्रयोग (मामले की छानबीन के लिए विशेष टीम बनाई गयी)
7. प्रोक्ति प्रारम्भ करने की निर्धारित अभिव्यक्तियाँ (बताया जाता है, सूचना मिली है, का कहना है आदि)

इन भिन्न प्रवृत्तियों के साथ ही हिन्दी के लगभग सभी प्रयोजनमूलक वर्गों में आधुनिकीकरण की कुछ समान प्रवृत्तियाँ दिखाई देती हैं—

1. अपरिवर्तित आगत शब्द (स्क्रीन टेस्ट, डबिंग, बैनर) (फिल्म पत्रकारिता)
2. हिन्दीकरण की प्रक्रिया (एकल मुकाबला, स्पर्धा, खिताब) (खेलकूल)
3. निर्मित अभिव्यक्तियाँ (कीर्तिमान, क्षेत्र रक्षक, खब्बू) (खेलकूद)
4. रूप-परिवर्तन (सेंटों, अंपायरी, कप्तानी) (खेलकूद)
5. संकरता (फार्मूलाबद्ध, फिल्मीकरण) (फिल्म पत्रकारिता)
6. हिन्दी की अपनी अभिव्यक्तियाँ (तूफानी मुकाबला, धुआँधार बल्लेबाजी) (खेलकूद)

हिन्दी की विभिन्न प्रयुक्तियों को देखने से यह स्पष्ट होता है कि विकास की अनेक अड़चनों को पार करते हुए स्वतन्त्रता प्राप्ति के बाद के कुछ ही वर्षों में इनका विकास अपेक्षित गति से हुआ है। हिन्दी की सभी प्रयुक्तियाँ शैली भेद से युक्त हैं। अंग्रेज़ी से अनुवाद और लिप्यंतरण उसकी विकास प्रक्रिया के अंग हैं और विषय परक शब्द, रूप, वाक्य चयन उसकी विशेषता। स्वतन्त्रता के बाद अंग्रेजी के प्रति हमारे अतिरिक्त मोह तथा हीनताग्रस्त हमारी अपनी ही भाषाओं को उपेक्षित करने की मनोवृत्ति के बावजूद आधुनिक सन्दर्भों में हिन्दी ने अपना दायित्व भली-भाँति पूरा किया है, अपने को आधुनिक बनाया है और अपनी अभिव्यक्ति क्षमता को प्रमाणित किया है। राजभाषा के रूप में वह अपना एक सहज सम्प्रेषणीय रूपाकार

ग्रहण कर चुकी है। हिन्दी की इन प्रयुक्तियों से हिन्दी भाषा की रचना-शीलता तथा उसकी विविधता की स्पष्ट झलक भी हमें दिखाई देती है। इसका कारण यही है कि हिन्दी ने मानकीकरण और आधुनिकीकरण के सोपानों को सफलता से पार करने में अपने द्वारा सदैव विदेशी भाषा, सहोदरा भाषाओं, अधीनस्थ बोलियों के लिए खुले रखे हैं और इनके आवश्यकतानुसार समन्वय से उसने अपना वह आधुनिक स्वरूप निर्मित किया है जो उसकी सभी प्रयुक्तियों में मान्य और मानक रूप में स्थापित हो चुका है। हिन्दी के निरन्तर विकासमान स्वरूप के बावजूद अंग्रेजी के पाश में जकड़े रहने की प्रवृत्ति तथा हिन्दी भाषा के प्रति निरन्तर उपेक्षा की मानसिकता एक विडंबना ही है। हमें इस तथ्य को बल देकर इसे राष्ट्रीय स्तर पर प्रचारित करना होगा कि हिन्दी के प्रयोजनमूलक स्वरूप के प्रयोगगत विस्तार से ही देश की सामाजिक संस्कृति अक्षुण्ण बन सकेगी या राष्ट्रीय एकता का वातावरण उत्पन्न हो सकेगा और इस तथ्य की प्रामाणिकता के लिए हमें हिन्दी की विभिन्न प्रयुक्तियों का भाषिक विश्लेषण उनकी समस्त विशिष्टताओं के साथ उकेरने का प्रयास बड़ी तेजी से करना पड़ेगा।

## सन्दर्भ


भाषाई अस्मिता और हिन्दी, 1992, रवीन्द्रनाथ श्रीवास्तव, वाणी : दिल्ली

हिन्दी भाषा का समाजशास्त्र, 1994, रवीन्द्रनाथ श्रीवास्तव, राधाकृष्ण : दिल्ली

भाषा का आधुनिकीकरण और अनुवाद (लेख), 1985, रवीन्द्रनाथ श्रीवास्तव, आलेख : दिल्ली

हिन्दी भाषा : संदर्भ और संरचना, 1991, सूरजभान सिंह, साहित्य सहकार : दिल्ली

हिन्दी की भूमिकाएँ व्यावसायिक हिन्दी, 1989, गोपाल शर्मा, पुस्तकायन : दिल्ली

1983, दिलीप सिंह, नेशनल : दिल्ली

Hindi in advertising, 1981, Suresh Kumar, Bahri Publications : Delhi

Aspects of English, 1993, S.K. Verma, T.R. Publications : Madras language teaching-Focus on Functions

Applied linguistics, 1995, R.N. Srivastava, Kalinga : Delhi

An Introduction to Sociolinguistics, 1986 Ronald Wardhaugh, Basil Blackwell : New York

Explorations in the functions of language, 1973, M.A.K. Halliday, Edward Arnold : London

# हिन्दी की संवैधानिक स्थिति और व्यावहारिक यथार्थ

आज हम देखते हैं कि हिन्दी और उर्दू के बीच एक दरार है, आर्य और द्रविड़ भाषाओं के बीच एक दरार है; हिन्दी और उसकी बोलियों के बीच में एक दरार है। केवल भावनाओं को उभार कर यह सम्भव हुआ। इसके पीछे कोई तर्क नहीं था। आज जब हम इसके भाषिक तत्त्व देखते हैं; वे सारी चीजें झूठ प्रमाणित होती हैं—चाहे वह भाषा सर्वेक्षण हो ग्रियर्सन का, चाहे मैकाले की शिक्षा पद्धति के नारे हों, सब बिल्कुल सफेद झूठ! लेकिन उन्होंने ऐसा हमारी भावनाओं को आन्दोलित कर दिया कि भाषा उनके लिए एक विलगाव का, विखण्डन का औजार बन गयी। यही उनकी नीति थी—फूट डालो और राज करो। आज हम लोग जिस मोड़ पर खड़े हैं यहाँ हमारी भाषाएँ सम्पन्न हो चुकी हैं, जैसा बनना था उनको, बन चुकी हैं। अब समस्या उनके प्रयोक्ताओं की है, हम प्रयोग उनका कितना करते हैं, कितने लगाव के साथ करते हैं और कितना उसके लिए लड़ने, मरने खपने का माद्दा रखते हैं। बहुत सी हमारी अनभिज्ञताएँ हैं, जिनके प्रति सचेत हुए बिना हम आगे नहीं पहुँच सकते। हम यह बार-बार कहते हैं कि अगर हम अपने संविधान को ही नहीं जानते तो भारतीय भाषाओं की बात क्या करें। जानना ही नहीं बल्कि उनका पूरा विश्लेषण करना—संविधान की आत्मा में जाकर यह देखना कि संविधान क्या कहता है और यथार्थ क्या है। कितने लोग, हम लोग जो राजभाषा हिन्दी का काम करते हैं या प्रयोजनमूलक हिन्दी के नारे लगाते हैं, उस प्रयोजनमूलक हिन्दी के व्याकरण से परिचित हैं या उसको जानने की कोशिश करते हैं या प्रयोजनमूलक हिन्दी के व्याकरण में और मानक हिन्दी के व्याकरण में क्या अन्तर है, यह देखने का प्रयास करते हैं? कितने लोग हैं जो तटस्थ हो कर देखना चाहते हैं कि हमारी भाषाओं में और अंग्रेज़ी में क्या अन्तर हैं? अंग्रेजी श्रेष्ठ है, ज्ञान की खिड़की है, आधुनिकता का चरम उसी से सम्भव है, ये किन लोगों ने और क्यों कहा? इसको काटने के लिए हमें बड़ा अकाट्य ब्रह्मास्त्र चाहिए। और वह ब्रह्मास्त्र तभी मिलेगा जब हम अंग्रेजी के साथ अपनी भाषाओं की

तुलना करके दिखाएँगे कि देखो यहाँ-यहाँ अंग्रेजी कहीं खड़ी नहीं होती। पूरी दुनिया में छोटे-छोटे देशों में भी अपनी भाषाओं के प्रति जागरूक भाव है। भाषाओं के प्रश्न को ऐसे चलताऊ ढंग से कोई देश नहीं लेता। हमारे एक राज्य के बराबर वे देश नहीं हैं। पोपुलर सीरीज़ उनके यहाँ भाषा पर लिखी जाती हैं और जैसे उपन्यास, कहानियाँ पढ़ी जाती हैं वैसे ये सीरीज़ पढ़ी जाती हैं। पूरे योरोप में, अमरीका में भी। छोटे-छोटे देशों में—मलेशिया, इंडोनेशिया में भी। इन लोगों ने भाषाएँ ईजाद कीं। इंडोनेशिया ने बताया कि ये हमारी राष्ट्र भाषा है और यदि हमारी राष्ट्र भाषा, राजभाषा है तो उस पर इतना साहित्य दिया इस देश ने अपनी जनता को कि उनके मन में कोई भ्रम कोई आशंका शेष ही नहीं रही।

मैं दो चीजों से अपनी बात शुरू करूँगा। इस भूमिका से हम लोग उसको जोड़ लेंगे।

मैंने दो चीजें यहाँ रखी हैं—एक, केन्द्र की बात मैंने की है और एक धुरी की बात। कभी हम सिर्फ केन्द्र की बात करते हैं, छुट्टी पाना चाहते हैं क्योंकि जैसा मैंने कहा कि शायद धुरी के प्रति हम अनभिज्ञ होते हैं। कभी हम धुरी की बात को ही केन्द्र बना देते हैं और भूल जाते हैं कि इसका कोई महत्त्व है। केन्द्र में हमने रखा है—राष्ट्रभाषा, सम्पर्क भाषा, भाषानियोजन और नीति, विकास—पूरा राष्ट्रीय विकास—आर्थिक, सामाजिक, राजनैतिक, सांस्कृतिक; और सामाजिक दायित्व—पाँच सूत्र हैं, जो केन्द्र में हैं, किसी भी देश में होते हैं। भारत में भी रहे। राष्ट्र भाषा का एक आन्दोलन था। इसकी हेठी करके राजभाषा की कोई बात नहीं हो सकती। यह किताबों में भी कहने वालों की कमी नहीं है कि राष्ट्रभाषा के दिन पूरे हो गये, अब केवल राजभाषा की बात होगी। हम कैसे गाँधी जी के उन छह सूत्रों को भूल सकते हैं जो उन्होंने राष्ट्रभाषा के लिए निर्धारित किये और वही राजभाषा बनने के आधार बने। (1) जिसे सबसे ज्यादा लोग बोलते हों, (2) जो शिक्षा के माध्यम के रूप में इस्तेमाल हो सके, (3) जिसे समझने में कोई कठिनाई न हो, (4) जो राष्ट्रीय सम्बन्ध बना सके, (5) जो लोगों को जोड़ सके, और (6) जिसका कोई निहित स्वार्थ न हो। ऐसी भाषा हिन्दी है इसीलिए वह राष्ट्र भाषा है। संविधान सभा की बहस में बार-बार गाँधी जी के इन सूत्रों को याद किया गया और जब आप संविधान की धारा की तरफ जाते हैं, तब आप बिना राष्ट्र भाषा की संकल्पना के नहीं जा सकते या राजभाषा की संकल्पना को नहीं दिखा सकते। 351 जो अनुच्छेद है—उसमें राजभाषा हिन्दी के स्वरूप पर कहा गया है कि ऐसी हिन्दी बनेगी, बनानी चाहिए, जो भारत की सामासिक संस्कृति की अभिव्यक्ति का माध्यम बन सके। राष्ट्रभाषा सामासिक संस्कृति की अभिव्यक्ति का माध्यम है और रहेगी। भावात्मक स्तर पर,

सांस्कृतिक स्तर पर राष्ट्र को जोड़ने का काम राष्ट्र भाषा करती रही है और आगे भी करेगी। यह दायित्व राजभाषा को देने की क्या जरूरत थी? और अगर दिया गया तो राजभाषा को सारी सामासिक संस्कृति के जितने तत्त्व हैं उनसे काटने की क्या जरूरत थी? ऐसा क्या है जो राजभाषा में सामासिक संस्कृति को व्यक्त करता है? हमारे लोक शब्द हैं, हमारे लोक मुहावरे हैं, हमारा अपना बहता हुआ व्याकरण है। एक जड़ीभूत भाषा रूप बन गया राजभाषा का। इसमें प्राणप्रतिष्ठा राष्ट्रभाषा से जोड़े बिना नहीं की जा सकती। अनेक सूत्र इस सम्बन्ध में हो सकते हैं लेकिन प्रमुखतम यह है कि अगर हमें राजभाषा को राष्ट्रीय एकता के माध्यम के रूप में इस्तेमाल करना है, जैसा हमारा संविधान कहता है तो निश्चित रूप से उसके साथ जो गल्तियाँ हुई हैं, उन्हें स्वीकारना, उन्हें संशोधित करना होगा। भाषाओं का जो प्रवाह होता है, वह राजभाषाओं में जाकर जड़ हो गया। हमें लोग कहते हैं—यह तो टकसाली भाषा है। जो राजभाषा के क्षेत्र में काम कर रहे हैं—वे हिन्दी के साथ काम नहीं कर रहे —वे हिन्दी के टकसाली रूप के साथ काम कर रहे हैं। जो एक टकसाल में ढाली जाती है और जिसके रूप-रंग में कोई अन्तर नहीं है सारे सिक्के एक जैसे हैं। ऐसी भाषा किसको और कैसे जोड़ेगी? हम कहते हैं वह आम जनता के साथ जुड़ने की भाषा है। आम जनता की तो वह भाषा ही नहीं है।

दूसरा पक्ष : सम्पर्क भाषा। एक बोलचाल की हिन्दी, अपने अलग-अलग रूपों में सारे भारत में प्रचलित है, मध्यकाल से ही। तो हम जो राजभाषा है, उसको भी कह रहे हैं कि वह एक विशेष प्रकार की सम्पर्क भाषा है। उसका भी लक्ष्य यही है कि विभिन्न भाषाभाषियों को हिन्दी के माध्यम से या राजभाषा हिन्दी के माध्यम से जोड़े। एक उसका दायित्व है सम्पर्क भाषा के रूप में, अखिल भारतीय स्तर की सम्पर्क भाषा। लेकिन उसका स्वरूप अलग कर दिया गया। सम्पर्क भाषा में आप एक इंच परिवर्तन नहीं कर सकते। शब्द चाहे अंग्रेजी के मिलाने की छूट दी गयी हो लेकिन बाकी कुछ आप नहीं बदल सकते। और, आप चाहते हैं कि वह उसी तरह सम्पर्क भाषा का काम करे जैसे कि सामान्य सम्पर्क भाषा के रूप में हिन्दी काम कर रही है, जहाँ उसे लचीला बनने की सारी छूट दी गयी है। जब भी हम भाषा का इस्तेमाल करते हैं, वह भाषा हमारी आत्मा में उतरनी चाहिए। शब्द अपने में कोई महत्त्व नहीं रखता, शब्द रट कर के इस्तेमाल नहीं होता। शब्द अपनी पूरी संकल्पना के साथ हमारे मन में उतरे तो प्रयोग हो। यहाँ तो प्रयोक्ता हर शब्द के लिए कोश की ओर भाग रहा है और उस शब्द का अर्थ भी उसको नहीं मालूम है। उसे तो अंग्रेजी शब्द की जगह पर हिन्दी शब्द बैठा देना है। जिसे हम कहते हैं—भाषा का आदत बनना, वह नहीं हुआ। जब तक आदत नहीं बनती, प्रयोग या कार्यान्वयन कैसे हो?

क्या कमजोरी राजभाषा-सम्पर्क भाषा में रह गयी है, इसकी ओर बहुत गहरा दृष्टिपात करना होगा। मैं तो यहाँ तक कहता हूँ कि आयोग, निदेशालय, अनुवाद ब्यूरो सबके लोगों को इकट्ठा किया जाये और जैसा उनके यहाँ आज रीविजन कमेटी में लोग कर भी रहे हैं। हम लोग बैठकर यही उनसे कहते हैं—आपको अगर जनभाषा के रूप में राजभाषा को आगे ले जाना है तो आपको थोड़ा सा लचीला बनना पड़ेगा। उस समय जल्दबाजी थी—उस समय तुरन्त सब कुछ करना था, राष्ट्रपति का आदेश था कि पाँच साल के अन्दर ये-ये-ये, ये हो जाना चाहिए। लेकिन अब 50 साल बाद तो हम उस पर विचार करें। उसकी कमियों को देखें, क्रियान्वयन क्यों नहीं हो पाया। प्रयोग करने से क्यों कतरा रहे हैं, क्यों भाग रहे हैं?

तीसरी चीज, नियोजन और नीति—जो सीधे-सीधे संविधान से जुड़ी हुई है। इसमें सिर्फ मैं दो बातें कहूँगा और बहुत ही सामान्य बातें कहूँगा। संविधान में तीन-चार चीजें आयी हैं—उनको मैं आपके सामने रख दूँगा, जो हमारे लिए समस्या क्षेत्र हैं। एक तो 1967 का जो संशोधित अधिनियम है; नियोजन और नीति—दोनों दृष्टियों से इसको देखते हैं हम लोग। उसका जो सूत्र वाक्य है वह यह है कि कोई भी सरकारी कर्मचारी हिन्दी या अंग्रेजी में काम कर सकता है। और यह कहने के लिए ही संशोधन हुआ, क्योंकि 1963 में यह बात नहीं कही गयी थी। दूसरी बात है, द्विभाषिकता वाले क्षेत्र में हिन्दी-अंग्रेजी दोनों का प्रयोग अनिवार्य है। जो संविधान के अनुच्छेद में है और भारत का कोई क्षेत्र ऐसा नहीं है जो द्विभाषिक न हो—इसका मतलब है, सारे क्षेत्र में हिन्दी और अंग्रेज़ी का समान प्रयोग हो। तीसरी बात—हिन्दी का प्रयोग हो सकता है, पर तब तक अंग्रेजी का अनुवाद देना जरूरी होगा जब तक अधिकारी हिन्दी की व्यावहारिक दक्षता प्राप्त नहीं कर लेते। जरा ध्यान दीजिए—'अधिकारी' शब्द का प्रयोग है—कर्मचारी का नहीं। मैं कह देता हूँ कभी कभी गुस्से में आकर कि ये जो गृह मन्त्रालय का प्रबोध, प्रवीण, प्राज्ञ है—यह केवल ड्रामा है क्योंकि अधिकारियों को तो इसमें प्रशिक्षित ही नहीं किया जाता। ये तो एक खुले मंच पर आप नाटक कर रहे हैं। अधिकारी तो मंच पर खड़े होकर हिन्दी दिवस पर कहता है कि मैं हिन्दी में नहीं बोल सकता और यह बात वह अंग्रेजी में कहता है और बड़े गौरव के साथ अपना पूरा भाषण अंग्रेजी में देता है। बिगाड़ लो आप उसका जो बिगाड़ना हो। जब तक अधिकारी हिन्दी की व्यावहारिक दक्षता प्राप्त नहीं कर लेते तब तक सही माहौल बन पाना कैसे सम्भव है?। 346 अनुच्छेद है—दो राज्यों अथवा संघ राज्य सरकार के बीच सम्प्रेषण माध्यम भाषा संघ की प्राधिकृत भाषा होगी। पर दोनों राज्यों की सहमति पर ही। यह सहमति हम लोग बनाने की कोशिश कर रहे हैं। एक सहमति नहीं करता तो नहीं हो सकता। यही मैंने आप

से कहा कि हमको एकजुट हो कर सामने आना है—सभी भारतीय भाषाओं को। हिन्दी हिन्दी नहीं है—सभी भारतीय भाषाओं का विस्तार है। संघ और राज्य सरकारों में अंग्रेजी में पत्राचार तब तक चलता रहेगा जब तक अहिन्दी भाषी राज्य हिन्दी में पत्र व्यवहार करने का स्वयं निर्णय नहीं लेते, हिन्दीतर भाषी राज्य 'ऐसी स्थिति में' (यदि निर्णय नहीं लेते) हिन्दी पत्राचार का अंग्रेजी अनुवाद भी भेजना होगा। मैं यहाँ इसीलिए कह रहा हूँ कि अगर हिन्दीतर—मतलब केवल चार राज्य 'ग' क्षेत्र के। 'ख' क्षेत्र ने तो हिन्दी को ही अपनी राजभाषाएँ, सह राजभाषाएँ स्वीकृत किया है। नियोजन का हम लोग मतलब ही कहते हैं कि भविष्य में जिसके माध्यम से कार्य सहजता से हो सके। नियोजन का अर्थ यही है। नियोजन का अर्थ यह नहीं है कि उस कार्य को और भी कठिन बनाया जा सके। जो भाषा नियोजन हुआ है हमारा वह कठिन बनाने की ओर है। हैलीडे ने बहुत पहले कहा था कि जब लैंग्वेज को बहुत आगे ले जाना होता है तब If and buts काम नहीं करते। संस्कृति के प्रसार में भी इफ एंड बट्स काम नहीं करते, साहित्य के प्रसार में भी इफ एंड बट्स काम नहीं करते, मानव संसाधन -मानव विकास की जितनी प्रक्रियाएँ हैं वहाँ 'लेकिन-परन्तु' काम नहीं करते। लेकिन अभी आप देख रहे हैं कि हमारे नीति नियोजन के स्तर पर कई इफ एण्ड बट्स हैं। मैं जिसे कहता हूँ कि 67 का संशोधित अधिनियम पुनः संशोधित हो, क्योंकि इसके पीछे पूरी नीयत की खराबी थी।

विकास बहुत तेजी से हुआ, हम लोग महादेशीय बन रहे हैं; ग्लोबल बन रहे हैं। बहु राष्ट्रीय बन रहे हैं—पता नहीं क्या-क्या बन रहे हैं। लेकिन भाषा कहाँ जा रही है? विज्ञापन की भाषा बहुत अच्छी है—करीब करीब तेज चाकू की धार की तरह है लेकिन झूठ बोलना सिखा रही है। बच्चों को झूठ बोलना सिखा रही है, छल करना सिखा रही है और हम उसको हँस-हँस, मुस्कुरा मुस्कुरा कर देखते हैं। धोखा देना सिखा रही है। ये पूरी तरह 'डी कल्चराइज़ेशन' करने का पहला रास्ता होता है। और ये जो हमारे तथाकथित विकसित देश हैं—इस चीज को बहुत अच्छी तरह जानते हैं कि कैसे धीरे-धीरे जड़ों पर प्रहार किया जाए। विकास के साथ हमारी भाषाओं के साथ जो छल हो रहा है या उसके माध्यम से हमारे जन सामान्य की पूरी मूल्यचेतना को जो हर्ट किया जा रहा है, उसके प्रति सावधान रहने की जरूरत है। बहू, सास से झूठ बोल रही है—मसाला डाल करके कह रही है मैं खुद बना रही हूँ। बच्चे झूठ बोल रहे हैं अपने हम उम्रों के साथ! पता नहीं कितने धोखे दे रहे हैं।

अब मैं तीन प्रश्न रख रहा हूँ, एक तो यह कि सामाजिक दायित्व जो हिन्दी का है राजभाषा के रूप में, क्या वैसा ही दायित्व है, जैसा अंग्रेजी का राजभाषा के रूप में रहा। लेकिन हमारे मन में यह बात डाल दी गयी है। स्वतन्त्रता के बाद ही

डाल दी गयी थी कि हाँ ऐसा ही है अनेक लोग संसदीय समिति से, संविधान सभा की जो समिति थी, अलग हो गये–सुनीति कुमार चटर्जी इत्यादि। इसी भ्रम पर कि सारे अधिकार हिन्दी को मिल जाएँगे, जैसे अंग्रेजी को मिले हुए थे ब्रिटिश शासन के समय और भारतीय भाषाएँ अपदस्थ हो जाएँगी–उनके ऊपर हिन्दी राज करेगी। तो दूसरा प्रश्न है कि क्या वास्तविकता ऐसी है कि राज भाषा के रूप में हिन्दी की वही औपनिवेशिक भूमिका हो सकती है? हमारे; सहयोग के साथ चलने वाले देश में? उपनिवेशवादी या आरोपित, या अन्य भाषाओं को अपदस्थ करने वाली मानसिकता लेकर चलने वाली अंग्रेजी और हमारी भाषाओं का इतना लम्बा इतिहास! क्या उसको झुठला कर हम इस धोखे में चलेंगे? और तीसरी, चीज, क्या गैर बराबरी अंग्रेजी और भारतीय भाषाओं वाली–इसे सिंचित किया जाएगा–दायित्व के स्तर पर? अंग्रेजी श्रेष्ठ है और भारतीय भाषाएँ–जिनको अंग्रेज गँवारू और वर्नाकुलर कह कर चले गये? वर्नाकुलर का मतलब ही होता है–अपभ्रष्ट भाषाएँ! जब किसी रूप में किसी तुलनीय भाषा से श्रेष्ठ नहीं है–नीचे है। तो अंग्रेजी से नीचे हैं–इसलिए वर्नाकुलर्ज ! ये जो गैर बराबरी, यह हमारे प्रयोक्ता के मन में एक हीनता ग्रन्थि, जो शिक्षा की बात की गयी, उसके पीछे सारा प्रयास देश को बाँटने का था। क्या ये सभी भाषाएँ बदली परिस्थिति में अपने दायित्व को पहचानेंगी? इस तरह बात पूरी होती है 'केन्द्र' की।

# हिन्दी की प्रयोजनमूलक शैलियाँ

व्यावसायिक हिन्दी के विविध प्रयोग

व्यावसायिक हिन्दी के बढ़ते चरण

हिन्दी पत्रकारिता की भाषा

हिन्दी में साहित्य समीक्षा

पाक-विधि की हिन्दी

# व्यावसायिक हिन्दी के विविध प्रयोग

आज का युग वाणिज्य का युग है। वाणिज्य का सम्बन्ध वस्तु के उत्पादन से लेकर उपभोक्ता तक से होता है। आज वाणिज्य में हिन्दी का प्रयोग व्यापक पैमाने पर शुरू हो गया है। बैंकिंग, बीमा, विपणन, यातायात, विज्ञापन आदि में हिन्दी का प्रयोग काफी प्रचलित है। वाणिज्य से सम्बद्ध प्रत्येक क्षेत्र में हिन्दी भाषा का प्रयोग स्थिर हो चुका है।

## व्यावसायिक हिन्दी के विविध प्रयोग

कहने का तात्पर्य यह है कि वाणिज्य का क्षेत्र बहुत व्यापक है। इसके अन्तर्गत बेचने और खरीदने के अलावा वे सभी क्षेत्र आते हैं जिनके द्वारा माल या वस्तु उत्पादन से अपने उपभोक्ता तक पहुँचती है। इस प्रकार हम कह सकते हैं कि वाणिज्य का सम्बन्ध वस्तु के उत्पादन से लेकर उपभोक्ता तक से होता है। यह भी कहा जा सकता है कि वाणिज्य का तात्पर्य केवल लेखा-जोखा रखना या लेन-देन करना नहीं है। इसीलिए यह हम मान सकते हैं कि वाणिज्य व्यवसाय से कहीं अधिक व्यापक है। इसीलिए कुछ लोग यह मानते हैं कि वाणिज्य की भाषा भी केवल एक स्तर पर नहीं देखी जा सकती। वास्तव में वाणिज्य के अन्तर्गत व्यापार से लेकर वितरण तक के समस्त साधन आ जाते हैं। वाणिज्य के क्षेत्र में वितरण सबसे महत्त्वपूर्ण होता है। वितरण व्यवस्था के अन्तर्गत ही हम बैंकिंग, परिवहन और बीमा आदि को रखते हैं। यदि ये व्यवस्थाएँ न हों तो किसी भी उत्पादित वस्तु का बिक पाना सम्भव ही नहीं है और यह तो हम जानते ही हैं कि विक्रय के अभाव में माल का उत्पादन निरर्थक होता है। इस प्रकार वाणिज्य के साधन के रूप में उसके ये वितरण के अंग बहुत ही महत्त्वपूर्ण कार्य करते हैं। इन सभी अंगों में भाषा का वैविध्यपूर्ण प्रयोग मिलता है। वाणिज्य और उसके साधनों को निम्नांकित आरेख द्वारा समझा जा सकता है—

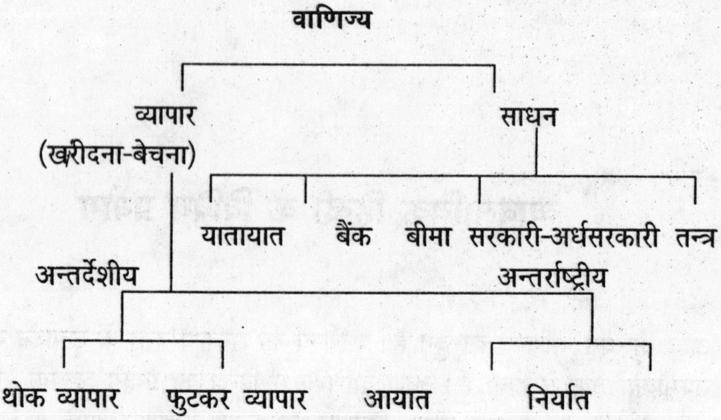


वाणिज्य के इन विविध सहायक अंगों में जिस हिन्दी का प्रयोग किया जाता है उसे हम वाणिज्यिक हिन्दी या व्यावसायिक हिदी कह सकते हैं। प्रयुक्ति की दृष्टि से वाणिज्य और व्यापार के क्षेत्र की हिन्दी को हम वाणिज्यिक या व्यावसायिक प्रयुक्ति भी कह सकते हैं।

हमें ऐतिहासिक धरातल पर भारत के औद्योगिक विकास तथा व्यावसायिक हिन्दी के प्रचार और विकास की स्थिति को देखना चाहिए। यह तो हम सभी जानते हैं कि ब्रिटिश शासन काल में भारत व्यावसायिक दृष्टि से बहुत ही पिछड़ा हुआ देश था। उत्पादन का सारा कार्य ब्रिटेन में होता था और भारत अंग्रेजों के लिए कच्चे माल की एक मंडी बन गया था। यह एक तथ्य है कि कोई भी देश आर्थिक विकास उसी स्थिति में कर सकता है जब उस देश में औद्योगिक विकास हो। इस दृष्टि से भारत में उसकी परतन्त्रता के 200 वर्ष तक आर्थिक और औद्योगिक विकास शोचनीय स्थिति में थे।

कुछ बैंक, परिवहन के साधन या क्रय-विक्रय की जो स्थिति भारत में थी उनके संचालन की भाषा अंग्रेजी ही थी। परतन्त्र भारत में प्रशासन, विधि यहाँ तक कि शिक्षा की माध्यम-भाषा अंग्रेजी ही थी जिसे स्वतन्त्रता के बाद हमने अपनी भाषाओं से स्थानापन्न करने का प्रयास किया। यह प्रयास वाणिज्य के क्षेत्र में हुआ जब एक निश्चित दिशा में भारत की औद्योगिक प्रगति की ओर ध्यान दिया गया। जैसा कि कहा गया कि अंग्रेजी शासन काल में सारा व्यापार या उत्पादन ब्रिटेन में केन्द्रित कर दिया गया था और भारत केवल कच्चा माल पहुँचाने का साधन बन गया था। स्वतन्त्रता के बाद एक सुचिंतित योजना के द्वारा इस स्थिति को मजबूत करने की कोशिश की गयी जिसे हम पंचवर्षीय योजना के नाम से जानते हैं। इस

योजना में क्रमिक ढंग से व्यापार से उद्योग व्यापार को बढ़ावा जिसके परिणामस्वरूप इन क्षेत्रों में हिन्दी के प्रयोग को स्थान मिलने लगा और उसका विकास होने लगा।

पहली पंचवर्षीय योजना की अवधि 1951 से 1956 तक थी। इस योजना में धातु शोधन उद्योग, पेट्रोल शोधन तथा रासायनिक उद्योगों का विकास किया गया। द्वितीय योजना में बड़े उद्योगों को दृष्टि में रखा गया। इसी अवधि में राउरकेला, भिलाई, दुर्गापुर में इस्पात कारखाने स्थापित हुए तथा चितरंजन रेल कारखाने, टाटा आयरन स्टील कम्पनी, हिन्दुस्तान जलयार्ड कारखाने का भी विकास हुआ। इनके साथ ही अल्युमिनियम, सीमेंट, कोयले की उपलब्धि को भी बढ़ाया गया। इसी प्रकार आगे की पंचवर्षीय योजनाओं में जूट, कपास, चीनी उद्योगों का आधुनिकीकरण कर दिया गया, पेट्रोल, कागज, टायर, इलेक्ट्रानिक्स, ट्रेक्टर और भारी विद्युत सामग्री के उत्पादन को बढ़ावा दिया गया तथा आत्मनिर्भरता के लक्ष्य को लेकर प्रारम्भ की गयी यह योजना सफल हुई और भारत आज इस्पात, खाद, चीनी, यन्त्र निर्माण, औषधि, रेडियो, विद्युत पंखे, साइकिल आदि अनेक उद्योगों में आत्मनिर्भर बन सका है।

इस विकास के कारण ही आज भारत निर्यात की वृद्धि करने और विदेशी मुद्रा अर्जन करने की दिशा में अग्रसर है। इस दृष्टि से लघु और कुटीर उद्योगों की प्रगति की ओर भी ध्यान दिया जा सकता है क्योंकि भारतीय कलात्मक वस्तुएँ देश विदेश में लोकप्रियता अर्जित कर रही हैं।

जैसे-जैसे भारत का औद्योगिक और व्यावसायिक विकास हुआ वैसे-वैसे भारत में वाणिज्य की शिक्षा की आवश्यकता भी महसूस की गयी। यह भी महसूस किया गया कि भारत में वाणिज्यिक शिक्षा का समुचित विकास किया जाए। समुचित विकास से तात्पर्य यह है कि भारत में उत्पादन की, बाजार की, उपभोक्ता की जो आवश्यकताएँ या समस्याएँ हैं उन्हें दृष्टि में रखकर वाणिज्यिक शिक्षा का ढाँचा निर्मित हो सके। कच्चा माल, सस्ते श्रमिक परिवहन, बाजार, बैंकिंग आदि विषय जो इस शिक्षा के अंग हैं उनका समुचित अध्ययन करते हुए ऐसे लोग तैयार हों जो भारत के औद्योगिक विकास में अपना योगदान दे सकें अर्थात उनकी दृष्टि भारत की समस्याओं को देखने वाली बन सके। ऐसी स्थिति में कई प्रकार के पाठ्यक्रम वाणिज्य शिक्षा में उपलब्ध कराये गये। माध्यमिक स्तर से लेकर विश्वविद्यालय स्तर तक इसके पाठ्यक्रम लागू किये गये। धीरे-धीरे व्यवसाय प्रबन्ध जैसी संस्थाओं ने उच्चस्तरीय पाठ्यक्रमों के साथ डिप्लोमा कोर्स भी प्रारम्भ किये। यह उल्लेखनीय है कि इन सभी स्तरों पर अनेक स्थानों पर अर्थात भारत के कई राज्यों में इस शिक्षा का माध्यम हिन्दी को भी बनाया गया है। अभी हम इस दिशा में कार्य कर रहे हैं कि हर स्तर पर वाणिज्य की शिक्षा व्यावहारिक बन सके। भारतीय सन्दर्भ में इस

शिक्षा को व्यावहारिक बनाने के लिए हमने यह निर्धारित कर दिया है कि हमारी वाणिज्यिक शिक्षा की व्यवस्था भारतीय समाज और संस्कृति के अनुरूप होनी चाहिए, तभी उद्योगों का लाभ सार्थक ढंग से जनसामान्य तक पहुँच सकता है। हम ऐसे वाणिज्य स्नातकों को तैयार करें जो यह दृढ़ निश्चय कर के कार्य कर सकें कि वे प्रबन्ध व्यवस्था को भारतीय परिस्थिति के योग्य बनाएँगे और यह प्रमाणित करेंगे कि व्यावसायिक शिक्षा का उद्देश्य उद्योग व्यापार को अधिक लाभ कमाने की तकनीक बताने तक ही नहीं सीमित होना चाहिए बल्कि यह होना चाहिए कि उद्योग, देश और समाज की जरूरतें पूरी कर सकें। इस प्रकार की शिक्षा से अधिक से अधिक लोग लाभ ले सकें क्योंकि वाणिज्य का क्षेत्र शहर से गाँव तक विस्तृत है तो यह जरूरी है कि वाणिज्य शिक्षा के माध्यम के रूप में हिन्दी भाषा को स्थान मिले। ऐसा अनेक क्षेत्रों में कई दृष्टियों से हो भी रहा है।

वाणिज्य ही नहीं बल्कि व्यवहार के कई ऐसे क्षेत्र आज देखने में आ रहे हैं जहाँ अंग्रेजी के स्थान पर हिन्दी के प्रयोग की उत्तरोत्तर मांग की जा रही है। ऐसा होने का एक कारण साक्षरता और शिक्षा का प्रचार-प्रसार है। चाहे हम अंग्रेजी माध्यम की शिक्षा की ओर कितना भी आकर्षित क्यों न हों लेकिन यह सच्चाई है कि अंग्रेजी माध्यम की शिक्षा का लाभ महानगरों और कुछ बड़े नगरों तक ही सीमित है। गाँव व कस्बों की अधिकांश जनता अपनी मातृभाषाओं के माध्यम से ही शिक्षा प्राप्त कर रही है। इनमें भी हिन्दी माध्यम से शिक्षा प्राप्त करने वालों की संख्या बहुत बड़ी है। अतः ऐसे लोग हिन्दी भाषा में ही अपना काम-काज करना चाहेंगे, इसमें कोई सन्देह नहीं। इसके साथ ही पिछले कुछ वर्षों में कई क्षेत्रों को व्यापक सन्दर्भ मिला है। उदाहरण के लिए व्यापार-वाणिज्य क्षेत्र को ही देखें तो कई घटनाएँ इस बात की ओर संकेत दे रही हैं कि इस क्षेत्र को विस्तृत बनाकर जनता तक खींच लाया गया है जैसे बैंकों का राष्ट्रीयकरण, लघु, कुटीर उद्योगों को प्रोत्साहन, बहुराष्ट्रीय उत्पादनों को बढ़ावा, अन्तर्क्षेत्रीय सन्दर्भों में गत्यात्मकता आदि। यह तो स्वाभाविक ही है कि जब कोई क्षेत्र जनता तक अपना विस्तार करना चाहता है तो उसे जनता की भाषा को अपने काम-काज में अपनाना ही पड़ता है।

वाणिज्य के क्षेत्र में हिन्दी के प्रयोग की माँग बढ़ने या उसके प्रयोग की सम्भावनाओं का विकास होने का एक प्रमुख कारण यह भी है कि विज्ञान के विकास के कारण क्षेत्रीय महत्त्व के स्थान पर सर्वदेशीय महत्त्व को प्रतिष्ठा मिल रही है। इसीलिए कलकत्ता, बम्बई, मद्रास जैसे महानगर विशाल भारत के लघु-संस्करण बन गये हैं। इसका कारण औद्योगिक विकास है। सुदूर दक्षिण का निवासी उत्तर भारत के कारखाने में सेवारत है। दुर्गापुर, बोकारो, भिलाई, राउरकेला जैसे औद्योगिक केन्द्रों

का स्वरूप प्रदेश की सीमाओं से मुक्त होकर सर्वभारतीय प्रकृति धारण कर चुका है। यहाँ विभिन्न भाषा-भाषी समुदाय के लोग एक स्थान पर रहते हैं और ये सभी सम्प्रेषणीयता की माध्यम-भाषा के रूप में हिन्दी का प्रयोग करते हैं। अंग्रेजी का प्रयोग कुछ इने-गिने शीर्षस्थ अधिकारियों तक ही सीमित हो गया है। यह स्थिति धीरे-धीरे उन सभी नगरों में बढ़ रही है जो औद्योगिक विकास की ओर अग्रसर हैं, इन्हें ही हम सर्वजातीय नगर (कॉस्मोपालिटन सिटी) कहते हैं। इस प्रकार के उद्योगों में कार्य करने वाले आम कर्मचारियों के बीच हिन्दी या क्षेत्रीय बोलियाँ ही प्रचलित रहती हैं। इसलिए व्यापारियों तथा व्यवसायियों के लिए भी हिन्दी का प्रयोग सुविधाजनक और आवश्यक बन गया है। भारत का कोई भी व्यापारी आज हिन्दी की उपेक्षा नहीं कर सकता क्योंकि उसके कर्मचारी हिन्दी बोलते हैं और उसके ग्राहक हिन्दी समझ लेते हैं चाहे वे कोचीन, विशाखापट्टनम के हों, बंगलोर, कलकत्ता के हों या गोहाटी, ईटानगर के।

अन्य सुविधाओं के बढ़ने से भी वाणिज्य के क्षेत्र में हिन्दी के प्रसार को बढ़ावा मिला है और उसके प्रयोग की सम्भावनाएँ बढ़ती जा रही हैं। जैसा कि हम जानते ही हैं अंग्रेज़ी शासन काल में वाणिज्य शिक्षा का एकमात्र माध्यम अंग्रेजी भाषा ही थी। तब भारतीय भाषाओं में वाणिज्य सम्बन्धी पुस्तकों का अभाव था और अध्ययन-अध्यापन की सुविधा भी नहीं थी। परन्तु अब ऐसी स्थिति नहीं है। अध्ययन-अध्यापन और पुस्तकों की सुविधा के साथ ही टंकण, मुद्रण, डाक-तार सेवा, बैंक सेवा जैसी सुविधाएँ भी हिन्दी के माध्यम से पूरे भारत में उपलब्ध हैं। सरकारी और गैर-सरकारी प्रयत्नों से हिन्दी में वाणिज्य सम्बन्धी अच्छी से अच्छी पुस्तकें लिखी या अनूदित की जा रही हैं। समस्त व्यावसायिक तथा वाणिज्यिक शब्दावली के हिन्दी रूपों का निर्माण हो चुका है। अतः आज यह नहीं कहा जा सकता कि हिन्दी में वाणिज्य की शिक्षा के लिए उपयुक्त सामग्री या शिक्षण सुविधाओं का अभाव है। भारत के अधिकांश विद्यालयों, महाविद्यालयों और विश्वविद्यालयों में हिन्दी के माध्यम से वाणिज्य शिक्षा स्नातकोत्तर स्तर तक दी जा रही है।

जहाँ तक वाणिज्य-जगत में हिन्दी के अल्प-प्रयोग को लेकर चिन्ता व्यक्त करने का प्रश्न है तो यह कहा जा सकता है कि कुछ औद्योगिक प्रतिष्ठान अभी भी अपने कारोबार में अंग्रेजी का ही प्रयोग करते हैं। लेकिन इसका कारण हिन्दी के प्रति उदासीनता या अंग्रेजी के प्रति अतिरिक्त मोह नहीं है। इसका कारण हिन्दी में प्रशिक्षित कुशल कर्मचारियों का अभाव है। इसके समाधान के लिए वाणिज्य और व्यवसाय प्रबन्ध की शिक्षा का माध्यम देश भर में हिन्दी को बनाकर किया जा रहा है। यह तो साफ तौर पर देखा जा सकता है कि अपने कारोबार में अंग्रेजी का प्रयोग

करनेवाले उद्योग भी जब जनता तक पहुँचना चाहते हैं तो वे हिन्दी का प्रयोग करते ही हैं। आज बड़े से बड़ा उत्पादक भी अपने विज्ञापन हिन्दी में अवश्य देता है। जहाँ तक सरकारी प्रयत्नों का सवाल है, इस दिशा में कई योजनाएँ कार्यान्वित की जा रही हैं। उद्योग मन्त्रालय, कपड़ा मन्त्रालय जैसे वाणिज्य से सम्बद्ध मन्त्रालय हिन्दी के कार्यान्वयन को निरन्तर प्रोत्साहित करते हैं। भारत सरकार का प्रकाशन विभाग वाणिज्य-व्यापार के क्षेत्र को केन्द्र में रखकर किये जाने वाले मौलिक लेखन को प्रोत्साहित एवं पुरस्कृत करता है। शिक्षा मन्त्रालय द्वारा गठित 'वैज्ञानिक और शब्दावली आयोग' अन्य क्षेत्रों की शब्दावली के साथ-साथ वाणिज्यिक शब्दों पर भी अनुसन्धान और उनका निर्माण कर रही है। इस तरह वाणिज्य-व्यापार के क्षेत्र में हिन्दी प्रयोग की सम्भावनाएँ क्रमशः बढ़ी हैं और निरन्तर बढ़ती जा रही हैं।

## व्यावसायिक हिन्दी का व्यापक प्रयोग-क्षेत्र

आधुनिक वाणिज्यिक प्रसार में बैंकों की भूमिका अति महत्त्वपूर्ण है। यहाँ केवल यह कह देना आवश्यक है कि वाणिज्य के विकास में आजकल अनेक प्रकार के बैंक अपना योगदान दे रहे हैं। इनमें व्यापारिक बैंक, औद्योगिक बैंक, विनिमय बैंक, भू-विकास बैंक, सहकारी बैंक प्रमुख हैं। बैंकों का प्रमुख कार्य रुपया उधार लेना या जमा करना, रुपया उधर देना, मुद्रा बदलना, देश के व्यापार में आर्थिक सहायता देना होता है। इन कार्यों को सम्पन्न करने के लिए बैंक कई प्रणलियाँ अपनाते हैं। इन प्रणालियों के अन्तर्गत ही बैंक विभिन्न प्रकार के खातों की सुविधा अपने ग्राहकों को प्रदान करते हैं। इन खातों में बचत खाता, मुद्दती जमा खाता, चालू खाता आदि प्रमुख हैं। इन खातों के परिचालन के लिए बैंक में जमा पर्ची, आदेश पत्र, बैंक-प्रपत्रों के अंग्रेजी-हिन्दी द्विभाषिक रूप या स्वतन्त्र रूप से हिन्दी स्वरूप भी उपलब्ध हैं। इनके नमूने आज हम किसी भी बैंक में देख सकते हैं और इनमें प्रयुक्त हिन्दी के स्वरूप को समझ सकते हैं।

इसके साथ ही अपनी नयी योजनाओं को जनता तक पहुँचाने के लिए बैंक जिस प्रचार-सामग्री का प्रयोग कर रहे हैं उनके हिन्दी प्रारूप भी देखे जा सकते हैं। कई बैंक अब अपनी योजनाओं के प्रचार के लिए पत्र-पत्रिकाओं के माध्यम से हिन्दी में विज्ञापन भी देने लगे हैं। ग्राहकों के खाते से सम्बन्धित परिचालनों के विषय में हिन्दी में पत्र-व्यवहार भी बैंकों में बढ़ा है जिसके प्रारूप सभी बैंकों द्वारा प्रकाशित 'हिन्दी पत्र-व्यवहार' नामक पुस्तिक में हम देख सकते हैं। बैंकों के बाद वाणिज्य के क्षेत्र का जो सबसे प्रबल, उपयोगी और सर्वप्रचलित पक्ष है उसे हम लेखाकर्म और बही खाता (accounting and book keeping) के नाम से जानते हैं। बैंक सहित

किसी भी व्यापारिक गतिविध के लिए ये दोनों पक्ष अनिवार्य हैं। लेखाकर्म को व्यापार सम्बन्धी एक कला माना जाता है। इसके द्वारा पैसे से सम्बद्ध लेन-देन एवं घटनाओं को मुद्रा में लिखा जाता है और इन्हें वर्गीकृत तथा संक्षेपीकृत करके उनके परिणामों से निष्कर्ष निकाले जाते हैं। परिणामों के आधार पर निष्कर्ष निकालने का तात्पर्य है यह पता लगाना कि एक निश्चित अवधि में लेन-देन से लाभ हुआ है या हानि और कितना लाभ हुआ है या कितनी हानि। लाभ-हानि की स्थिति के साथ ही लेखाकर्म प्रणाली द्वारा यह भी देखा जाता है कि एक निश्चित समय में व्यापार की वित्तीय स्थिति कैसी है। इस स्थिति को जानने के लिए एक विवरण तैयार किया जाता है जिसे स्थिति विवरण (balance sheet या position statement) कहते हैं। इसमें व्यापार की सम्पत्ति (assets), देयधन (liabilities) और पूँजी (capital) दिखाई जाती है। इससे व्यापारी को अनेक वाणिज्यिक सूचनाएँ प्राप्त होती हैं। इन प्रणालियों में अब हिन्दी का प्रयोग पूरी तरह होने लगा है। स्थिति विवरण का हिन्दी प्रारूप प्रस्तुत है–

**स्थिति विवरण**

फर्म का नाम

15 सितम्बर, 2007 को

| (पूँजी तथा देयधन जो दिया नहीं गया है) | रु. | सम्पत्तियाँ | रु. |
|---|---|---|---|
| पूँजी | 2,95,500 | रोकड़ शेष धन | 10,500 |
| लेनदार (माल खरीदने के लिए बैंकिंग) | 1,00,000 | बैंक में शेष धन | 40,000 |
| | | देनदार (ग्राहकों से प्राप्य) | 50,000 |
| अदत्त व्यय के लिए देयता | 15,000 | शेष माल | 90,000 |
| | | फर्नीचर | 20,000 |
| | | संयंत्र (मशीनरी) | 1,00,000 |
| | | भूमि तथा भवन | 1,00,000 |
| **रुपया** | **4,10,500** | **रुपया** | **4,10,500** |

वाणिज्य के क्षेत्र में बीमा का महत्त्व दिनों-दिन बढ़ता जा रहा है। व्यापार में होने वाले आर्थिक संकटों, जोखिमों तथा हानियों से बचने के लिए एकमात्र साधन बीमा है। उपरोक्त संकटों से बचने के लिए अति-अल्प राशि द्वारा बीमा किश्त देकर व्यापारी निश्चित हो जाता है। इस बीमा किश्त द्वारा आर्थिक हानियों का उत्तरदायित्व

बीमा कम्पनी ले लेती है। बीमा, जोखिमों से बचने का एकमात्र और महत्त्वपूर्ण साधन है। जोखिम या दुर्घटना से तात्पर्य 'हानि की सम्भावना' से है। दुर्घटना हमेशा अनिश्चित होती है जिसकी क्षतिपूर्ति करना ही बीमा का मूल कार्य है। बीमा प्रणाली के अन्तर्गत बीमाकर्ता, बीमा शुल्क या किश्त तथा बीमा पत्र मुख्य घटक हैं।

भारतीय जीवन बीमा निगम के साथ-साथ आज साधारण बीमा के चार सरकारी उपक्रम भी बीमा के क्षेत्र में सक्रिय है—नेशनल इंश्योरेंस, ओरिएंटल इंश्योरेंस, न्यू इण्डिया एश्योरेंस तथा युनाइटेड इण्डिया एश्योरेंस। ये सभी केन्द्र सरकार के उपक्रम हैं अतः राजभाषा हिन्दी के प्रयोग एवं क्रियान्वयन के सांविधिक प्रावधानों का पालन इनमें किया जाता है। कई विदेशी बैंक जैसे एच एफ डी सी आ, आई सी आई सी आई आदि भी बीमा सम्बन्धी सुविधाएँ प्रदान करने लगे हैं। दूसरे बीमा कम्पनियाँ केवल बड़े व्यापारियों से ही नहीं, आम जनता से भी अपना सम्पर्क बना चुकी है इसलिए हिन्दी का प्रयोग इनके कार्य में लाभप्रद सिद्ध होता है। ग्राहकों को पत्रादि हिन्दी में लिखना, सामान्य प्रपत्रों का हिन्दी में प्रकाशन, विज्ञापनों में हिन्दी का प्रयोग तथा आन्तरिक प्रशासनिक क्रियाकलापों में हिन्दी का क्रियान्वयन इन बीमा कम्पनियों द्वारा निरन्तर किया जा रहा है। बीमा प्रणाली से सम्बन्धित पारिभाषिक शब्दावली का विकास हिन्दी में हो चुका है। इस क्षेत्र में प्रयुक्त कुछ शब्दों को उनके अंग्रेजी पर्यायों के साथ देखें तो यह तथ्य प्रमाणित हो जाएगा :

### तकनीकी शब्दावली

जोखिम—Risk, क्षति—Loss, क्षतिपूर्ति—Indemnity, बीमा—Insurance, बीमा-पत्र—Policy, बीमा-किश्त—Premium, बीमाधारी—Policy holder, उत्तरदायित्व—Responsibility, जीवन-बीमा—Life insurance, अग्नि बीमा— Insurance against fire, सामुद्रिक बीमा—Marine insurance, सम्पत्ति—Asset, चल सम्पत्ति—Movable assets, अचल सम्पत्ति—Immovable assets, माल—Goods, गोदाम—Godown, प्रमाण-पत्र—Certificate, रोकड़ हानि—Loss of cash, जाँच पड़ताल—Inquiry, बीमाकृत—Insured, दर—Rate, ब्याज—Interest, आदि।

आजकल डाक और रेल-सेवा के कई कार्यों में बीमा प्रणाली अपनाई जा रही है। इनमें भी हिन्दी भाषा का प्रयोग किया जाता है। बीमाकृत पत्र द्वारा रुपये भेजना, बीमाकृत पत्र पार्सल भेजना, बीमाकृत माल रेल से भेजना अब अधिक सुविधाजनक और सुरक्षित माना जाता है। इनके लिए बीमा की फीस साधारण डाक व्यय या रजिस्ट्री की फीस और रेल भाड़े के अतिरिक्त देनी पड़ती है। ऐसे लिफाफों के ऊपर

बीमा राशि अंकों और शब्दों में लिख दी जाती है—“600/- (छह सौ रुपये) के लिए बीमा”।

वाणिज्यिक गतिविधियों में विपणन (marketing) का सर्वाधिक महत्त्व है। व्यवसाय का सम्बन्ध उत्पादन से होता है। उत्पादित वस्तु को उपभोक्ता (consumer) तक पहुँचाना ही व्यापार की सफलता है। इसके लिए वाणिज्य के क्षेत्र में जो अन्तिम चरण हमारे सामने आता है वह वितरण (distribution) का है। वितरण के माध्यम से ही वस्तु/माल निर्माता या उत्पादक से उपभोक्ता के पास पूर्वनिर्धारित योजना के अनुसार पहुँचाई जाती है। इस प्रक्रिया को ही विपणन की शृंखला (marketing channel) कहा जाता है। विपणन के माध्यमों के उपयोग के पूर्व वस्तु के सम्भावित क्रेता की कुल माँग का अध्ययन किया जाता है। माँग व्यापार का मूल है। इस माँग और विपणन को नियन्त्रित करने वाले तत्त्व हैं—उत्पादन (Production), संवेष्ठन (packaging), विज्ञापन (advertisement), मूल्य (price), चिह्न (brand), यातायात (transportation) आदि।

अन्य तत्त्वों को यदि छोड़ भी दें तो इनमें से यातायात और विज्ञापन में हिन्दी का प्रयोग बढ़ता ही जा रहा है। आज की व्यावसायिक प्रगति में यातायत या परिवहन के साधनों का बड़ा योगदान है। राष्ट्रीय और अन्तर्राष्ट्रीय बाजार तक वस्तुओं को पहुँचाने में इनकी मदद ली जाती है। इस दिशा में रेल द्वारा माल भेजने-पहुँचाने में हिन्दी का प्रयोग होता है। रेल द्वारा माल की ढुलाई सरकारी आय का महत्त्वपूर्ण स्रोत है। रेल परिवहन द्वारा वाणिज्य की वितरण-व्यवस्था को गति मिलती है। इस पूरी प्रक्रिया में हिन्दी का प्रयोग हो रहा है। इसीलिए इस दिशा में हिन्दी के कई शब्द पारिभाषिक रूप में हमारे सामने आये हैं—माल—goods, कच्चा माल—raw material, भारी वस्तु—heavy load, परिवहन—carriage, सुरक्षा—safety, रेलवे का जोखिम—railway risk, रेलवे रसीद—railway receipt, आयात—import, निर्यात—export, अमानत—deposit, ढुलाई—drayage, सुपुर्दगी—delivery, भाड़ा—freight, लदान क्षमता—loadability आदि।

वाणिज्यिक विस्तार में उपभोक्ता ही केन्द्र में रहता है। उपभोक्ता तक वस्तुओं के गुण, मूल्य और जानकारी पहुँचाने में जनसंचार के माध्यमों का उपयोग अब बहुत तेजी से होने लगा है। वाणिज्यिक गतिविधि में अब यह प्रश्न महत्त्वपूर्ण बन गया है कि ‘बिक्री कैसे बढ़ाएँ?’ इनमें विज्ञापन सर्वाधिक सहयोगी है। विज्ञापन के महत्त्व और प्रभाव से हम सब परिचित हैं। पत्रकारिता, रेडियो, दूरदर्शन सभी माध्यमों से विज्ञापन प्रसारित होते हैं। छपाई के प्रसार ने भी विज्ञापन को विस्तार दिया है। पोस्टर, पैंफ्लेट, पत्र-पत्रिकाएँ छपाई के विस्तार का ही परिणाम हैं। भारत में भी

देखते-देखते व्यावसायिक विज्ञापन विश्व स्तर पर पहुँच गये हैं। व्यापारिक क्षेत्र में बढ़ती प्रतियोगिता, प्रतिस्पर्धा और प्रतिद्वन्द्विता ने विज्ञापनों की भाषा और उनके प्रस्तुतीकरण में भी क्रांतिकारी परिवर्तन कर डाला है। विज्ञापनों में हिन्दी का प्रयोग सभी माध्यमों में निरन्तर हो रहा है। चाहे वे श्रव्य माध्यम हो (रेडियो), चाहे दृश्य (पत्र-पत्रिकाएँ) या चाहे दृश्य-श्रव्य (टीवी., फिल्म) हमें हिन्दी विज्ञापन दिखाई सुनाई पड़ते हैं। विज्ञापनों के चार गुण निर्धारित किये गये हैं—आकर्षक तत्व (attention value), श्रव्यता एवं सुपाठ्यता (readability and listenability), स्मरणीयता (memorability) तथा विक्रय की शक्ति (selling power)। इन चारों गुणों की दृष्टि से हिन्दी विज्ञापनों की भाषा सर्वथा सम्पन्न एवं सफल है।

हिन्दी विज्ञापनों का उपयोग वाणिज्य से सम्बन्धित मुख्य तीन क्षेत्रों में आज पूरी तरह विकसित हो चुका है। ये तीन क्षेत्र हैं—उत्पादित वस्तु के वाणिज्यिक प्रसार के क्षेत्र के लिए, बैंक, बीमा जैसी सेवाओं के विकास के लिए तथा उत्पादक और उपभोक्ता के बीच एक विश्वसनीय सम्बन्ध निर्मित करने के लिए। इन सभी क्षेत्रों में हिन्दी विज्ञापनों को रंगों, शीर्षक, नारों आदि के माध्यम से और भी अधिक प्रभावशाली बनाया जा रहा है। विज्ञापनों में प्रयुक्त हिन्दी का अब एक अपना ही स्वरूप विकसित हो चुका है। पत्र-पत्रिकाएँ, रेडियो और टी.वी. विज्ञापनों में सहज और आकर्षक हिन्दी का प्रयोग करते हैं। इसीलिए विज्ञापनों में प्रयुक्त हिन्दी को हिन्दी की एक विशिष्ट प्रयुक्ति मान कर उसके अध्ययन विश्लेषण की ओर भी विद्वानों का ध्यान गया है कि ध्यानाकर्षण आदि गुणों को प्राप्त करने के लिए हिन्दी विज्ञापन कई प्रकार की वाक्य संरचनाओं का प्रयोग करते हैं। ऐसा करने से हिन्दी विज्ञापन की प्रभावशीलता में वृद्धि होती है। हिन्दी विज्ञापनों के कुछ उदाहरण देखें तो यह बात समझ में आ जाएगी। विज्ञापन की हिन्दी के स्वरूप की ओर वैज्ञानिक और भाषाई दृष्टि से देखना भी ये उदाहरण सम्भव करते हैं :

(i) सामान्य रूप से 'और' का प्रयोग दो वाक्यों के बीच में किया जाता है। हिन्दी विज्ञापनों में हमें 'और' का प्राथमिक प्रयोग भी मिलता है। इस प्रकार का प्रयोग वस्तु के गुण और उसकी लोकप्रियता को बताने के साथ-साथ अतिरिक्त (additional) प्रभावशीलता भी पैदा करता ह जैसे—
"और नैसकैफे अब नये पैक मे"
"और इनके निर्माता है किसान"।
"और आज सरिता लाखों पाठकों की पारिवारिक पत्रिका है"।

(ii) "और" की भाँति ही "क्योंकि" और "सिर्फ" का भी प्रारम्भ में प्रयोग हिन्दी विज्ञापनों को प्रभावी बनाता है, जैसे :

"क्योंकि इसमें अधिक सफेदी की ताकत है।"

(iii) विज्ञापनों में शीर्ष पंक्तियाँ पाठक, दर्शक और श्रोता पर सबसे अधिक प्रभाव डालती हैं। ये शीर्ष पंक्तियाँ ध्यानाकर्षण का भी प्रमुख कार्य करती हैं। विज्ञापनों में प्रयुक्त इस प्रकार की शीर्ष पंक्तियों को संक्षिप्त वाक्य (minor sentences) की संज्ञा दी गयी है :

"जोड़ी अनोखी मेल अनोखा (विल्स सिगरेट)"

"ममता की कसौटी पर खरा (डालडा)"

"रंग रूप में आज भी वही बालापन (पियर्स)"

"मासूम कयामत" (Fa)

(iv) हिन्दी विज्ञापनों में 'लीजिए', 'मांगिये', 'दीजिए' जैसी अनुरोधात्मक क्रियाओं के प्रयोग द्वारा उत्पादनकर्ता अपने ग्राहक से अपनी वस्तु खरीदने का आग्रह करता है। इस प्रकार के प्रयोग स्मरण रखने में भी आसान होते हैं :

"सेरिडोन लीजिए"।

"आयोडेक्स मलिए, काम पर चलिए"।

"उषा के पास आइए"।

"हमेशा टैंगों ही माँगिये"।

(v) ग्राहक को सुझाव देने के लिए हिन्दी विज्ञापनों में अनेक प्रकार के वाक्यों का प्रयोग किया जाता है। ये सुझाव वस्तु, गुण और उपयोगिता के आधार पर ग्राहक का ध्यान आकर्षित करते हैं :

"हार्लिक्स ज्यादा शक्ति देता है"।

"शुद्ध और सौम्य लक्स"।

"बढ़ते बच्चों के लिए कॉम्पलान"।

"आज की सवारी शान की सवारी (एटलस)"।

(vi) काव्यमय भाषा द्वारा भी हिन्दी विज्ञापनों को रोचक बनाया जाता है। इसमें एक ओर शब्द की पुनरावृत्ति द्वारा प्रभाव को बढ़ाया जाता है तो दूसरी ओर काव्यमय पंक्तियों का प्रयोग किया जाता है।

(क) फैशन निखर-निखर उठता है (बॉम्बे डाइंग)

(ख) सरदर्द हटाए, मुस्कान जगाए (एस्प्रो)

"सनी की दिलकश अदा पर हर जवां दिल फिदा"

"लाइफबॉय है जहाँ तन्दुरुस्ती है वहाँ"

(vii) विज्ञापनों में विस्मयादिबोधक रूपों द्वारा शीर्ष पंक्तियाँ निर्मित की जाती हैं—

वाह ! ताज

नया ! एरियल

नया ! प्रेस्टीज

(viii) कई हिन्दी विज्ञापनों में संस्कृत, उर्दू तथा अंग्रेजी शब्दों के सटीक प्रयोग द्वारा विज्ञापन अधिक रोचक, प्रभावशाली और सम्प्रेषणीय बन जाता है :

"रोबिन ब्लू : प्राकृतिक एवं मनोरम शुभ्रता के लिए"

"खूबसूरत रंग और दिलकश डिजाइनें (एल्पार)"

"लिप्टन : जायका और तेजी"

"मजेदार भोजन का राज़ (डालडा रिफाइंड तेल)"

वाक्य संरचना के अन्य अनेक धरातल और हैं जो विज्ञापन की हिन्दी को एक विशेष स्वरूप प्रदान करते हैं। वाक्यों के अतिरिक्त शब्द स्तर पर भी विज्ञापन की हिन्दी का विशिष्ट स्वरूप हम देख सकते हैं। विज्ञापनों में संस्कृत, उर्दू, अंग्रेजी के शब्दों का सुन्दर प्रयोग किया जाता है। कुछ उदाहरण देखिए :

| | | |
|---|---|---|
| Unique | - | असाधारण, अपूर्व, अद्भुत, अद्वितीय, अनुपम, अनूठा, बेजोड़, बेमिसाल, लाज़वाब |
| Charming | - | सुहाना, लुभावना, आकर्षक |
| Attractive | - | मनमोहक, मनोरम, मनोहारी |
| Pleasant | - | खुशनुमा, सुखद, आनन्ददायक, मजेदार |
| Soft | - | कोमल, मुलायम, मखमली |
| Tasty | - | मज़ेदार, स्वादिष्ट, जायकेदार, लज़्ज़तदार |
| Fresh | - | उमंगभरा, ताजगीदायक, ताज़ा |

इस प्रकार विभिन्न स्रोतों के शब्द भी विज्ञापन की हिन्दी में देखे जा सकते हैं–

आराम–comfort, राहत–relief, छुटकारा, मुक्ति–freedom, असर–effect, शक्ति, बल, ताकत–strength, तंदुरुस्ती, स्वास्थ्य–health, कुरकुरापन–crisp, आदि।

इस प्रकार वाणिज्य के क्षेत्र में विज्ञापनों के माध्यम से हिन्दी भाषा का विकास हुआ है। इन विज्ञापनों में हिन्दी के शैलीगत वैविध्य का सौन्दर्य उभरा है और हिन्दी की सम्प्रेषणीयता उसकी प्रवाहमय प्रकृति के साथ उद्‌घाटित हुई है। भारतीय सन्दर्भ में वाणिज्यिक विकास का मार्ग प्रशस्त करने में हिन्दी भाषा विज्ञापनों के द्वारा बहुस्तरीय सहयोग दे रही है।

जनसंचार के माध्यमों में पत्र-पत्रिकाओं के माध्यम से हिन्दी भाषा का प्रयोग वाणिज्य के एक अन्य क्षेत्र में भी पूरी तरह विकसित हुआ है। इस क्षेत्र को बाज़ार समाचार (market report) कहा जाता है। व्यवसाय जगत की गतिविधियों की रपट

देने के लिए बाज़ार समाचार प्रकाशित होते हैं। अधिकांश पत्र-पत्रिकाएँ नियमित रूप से बाज़ार सम्बन्धी सूचनाएँ देती हैं। हिन्दी पत्रकारिता ने भी इन्हें महत्त्वपूर्ण स्थान देना प्रारम्भ कर दिया है। बाज़ार समाचार की हिन्दी का अपना ही स्वरूप निर्मित हो चुका है बाज़ार समाचार की हिन्दी में प्रयुक्त तकनीकी शब्दों और वाक्यांशों का सम्बन्ध बाज़ार की स्थिति, मूल्यों की स्थिति, बाज़ार की प्रवृत्ति, बाज़ार के भविष्य आदि से रहता है। अतः ये प्रयोग बड़े ही विशेषीकृत होते हैं। अतः इनका अर्थ समझने के लिए बाज़ार की गतिविधियों की जानकारी भी आवश्यक है। इसीलिए यह कहा गया है कि बाज़ार समाचार की भाषा शैली तकनीकी होती है और बाज़ार समाचार लेखन एक कला है। हिन्दी भाषा ने अपना यह तकनीकी स्वरूप पूरी तरह प्राप्त कर लिया है और वाणिज्य की समस्त गतिविधियों को व्यक्त करने के लिए उसने अभिव्यक्तियाँ व शब्दावली गढ़कर स्थिर कर ली है–

वस्तु बाज़ार–commodity market, स्कन्ध बाज़ार–Stock market, मुद्रा बाज़ार–money market, मूल्यवृद्धि–price hike, सौदा–transaction, भुगतान–payment, पूँजी–capital, माँग–demand, आपूर्ति–supply, अवधि–period, आमद–arrival, बाज़ार मूल्य–market price, कुल व्यापार–turnover, कठोर मूल्य–hard price, मंदा मूल्य–soft price.

**अभिव्यक्तियाँ**

| | | |
|---|---|---|
| **सबल बाज़ार, मजबूत बाज़ार** | – | जब वस्तु की बाज़ार में माँग अधिक हो और पूर्ति कम। |
| **शान्त बाज़ार, सरल बाज़ार** | – | जब बाज़ार में पूर्ति अधिक हो और माँग कम तथा वस्तु कम मूल्य पर बिकने लगे। |
| **खुशहाल बाज़ार, विश्वसनीय** | – | बाज़ार की स्थिति जब अच्छी हो। जब माँग के अनुसार पूर्ति होती रहे और वस्तु बिकती रहे। |
| **तेज बाज़ार, ऊँचा बाज़ार** | – | जब बाज़ार की प्रवृत्ति मूल्य वृद्धि की ओर हो। |
| **मृत बाज़ार, मंदा बाज़ार** | – | जब बाज़ार की प्रवृत्ति मूल्यह्रास की ओर हो। |
| **बाज़ार में खामोशी रहना** | – | जब कम सौदे हों। |
| **बाज़ार गिरना** | – | मूल्यों में कमी। |

इस प्रकार बाज़ार की स्थिति बताने के लिए हिन्दी भाषा में लिखित बाज़ार समाचार में जिन शब्दों-अभिव्यक्तियों का प्रयोग किया जाता है उनका अर्थ विशिष्ट होता है। मूल्य वृद्धि और मूल्य ह्रास के लिए कई अभिव्यक्तियाँ हिन्दी बाजार

समाचार में रूढ़ हो चुकी हैं जैसे–**मूल्य वृद्धि** : चाँदी उछली दाल तेज। **मूल्य ह्रास** : सोना लुढ़का, चावल नरम।

वाणिज्य के क्षेत्र में बाज़ार समाचार की उपयोगिता असंदिग्ध है। व्यापारी, अर्थशास्त्री, व्यापार-वाणिज्य के छात्र के लिए इन समाचारों का अपना महत्त्व है। इस दिशा में हिन्दी भाषा ने अपना स्वरूप विकसित करके प्रमाणित किया है कि विशिष्टतम सूचनाओं को प्रदान कर पाने की क्षमता भी उसके भीतर है।

# व्यावसायिक हिन्दी के बढ़ते चरण

परम्परागत भाषावैज्ञानिक चिन्तन में भाषा की संरचना ही भाषा अध्ययन का मूलाधार रही है। इसका मूल लक्ष्य यह बताने से ही सम्बद्ध रहा कि भाषा क्या है? निश्चय ही "भाषा क्या है" पर चर्चा करते समय हम उसके व्यावहारिक और विशिष्ट रूपों की ओर ध्यान नहीं दे पाते। अर्थात यह नहीं देख पाते कि भाषा समाज में कौन-कौन से प्रकार्य पूरे करती है या भाषा के प्रयोक्ता किसी भाषा से 'कौन-कौन से काम ले सकते हैं।' हिन्दी भाषा को भी हमने राष्ट्रभाषा, राजभाषा, सम्पर्क भाषा के सन्दर्भ में तो विवेचित किया परन्तु हिन्दी-भाषा-समाज में भाषा का व्यवहार उसे कितने प्रयोजनपरक या प्रकार्यात्मक रूपों में प्रस्तुत करता है, इसकी ओर हमारा ध्यान बहुत बाद में गया। यह एक सर्वमान्य तथ्य है कि भाषा अपने सामान्य प्रयोजन (संप्रेषण प्रक्रिया की साधना) में समाज-सापेक्ष होती है। इसके साथ ही यह भी एक तथ्य है कि अपने प्रयोक्ताओं के कार्य-सन्दर्भ, भूमिकाओं और विशिष्ट प्रयोजनों में वह समूह या वर्ग-सापेक्ष भी हो जाती है। यही भाषा विशिष्ट प्रयोजनों की भाषा (Language for special purposes) के रूप में अपना स्वरूप निर्मित करती है और भिन्न प्रयुक्तियों के रूप में प्रचिलित हो कर इन्हें अलग पहचान देती है। प्रयुक्ति (प्रयोग) के धरातल पर शब्दों, अभिव्यक्तियों और भाषा रूपों को ही कभी 'प्रयुक्ति', कभी 'प्रयोजनमूलक शैली' तो कभी 'प्रयोजनमूलक भाषा वर्ग' की संज्ञा दे कर विवेचित किया जाता है। कुल मिलाकर इन्हें ही हम भाषा का प्रयोजनमूलक स्वरूप कहते हैं।

स्वतन्त्रता प्राप्ति के बाद प्रयोजनमूलक हिन्दी का प्रयोग विज्ञान, प्रशासन, विधि आदि प्रयोग-क्षेत्रों के साथ-साथ औद्योगिक एवं व्यावसायिक क्षेत्र में भी बढ़ा है। व्यावसायिक क्षेत्र के भीतर अन्तर्देशीय और अन्तर्राष्ट्रीय व्यापार भी आते हैं और उनसे जुड़े साधन भी जैसे यातायात, बैंक, बीमा आदि भी। इसके साथ ही सरकारी, अर्धसरकारी तन्त्र भी वित्तीय, लेखा, वेतन आदि मामलों के सन्दर्भ में व्यावसायिक हिन्दी के प्रयोग से अनिवार्यतः बँधे होते है। इससे यह भी स्पष्ट होता है कि

व्यावसायिक हिन्दी का प्रयोग-क्षेत्र बहुत व्यापक है। कहीं यह सीधे कामकाज से सम्बद्ध है तो कहीं जन-सम्पर्क से बँधी हुई। इसीलिए व्यावसायिक हिन्दी का विकास और नियोजन एक सामान्य शिक्षित की व्यावहारिक आवश्यकताओं को पूरा करने वाली भाषा के रूप में हुआ है। यह विधि, विज्ञान जैसी प्रयुक्तियों की भांति संस्कृतनिष्ठ शब्दावली के प्राचुर्य से बोझिल नहीं है। एक सरल व्यावहारिक भाषा की कल्पना को यह हिन्दी साकार करने का प्रयास कर रही है जो लिखित और व्यावहारिक भाषा के बीच की खाई को पाटने में काफी हद तक सफल भी हुई है। व्यावसायिक भाषा का प्रत्यक्ष या परोक्ष सम्बन्ध आम आदमी, सामान्य कर्मचारियों से रहता है। इसीलिए व्यावसायिक हिन्दी के साथ अंग्रेजी भाषा की अनुगामिनी भाषा बनने की बाध्यता उतनी तीव्र नहीं थी जितनी कि वैज्ञानिक, तकनीकी, विधि या अन्य क्षेत्रों में। इसी कारण से इसका 'हिन्दुस्तानीपन' सुरक्षित है। हिन्दी की बोलियों के प्रभाव को एक सीमा में बाँधकर तथा हिन्दी रूपों, वाक्यावलियों को स्वीकृति की सीमा (टालरेंस जोन) के बाहर न जाने दे कर ही इसका रूपाधार निर्मित हुआ है। जिससे हिन्दी भाषा की अभिव्यक्ति क्षमता, उसकी पारदर्शिता, ग्राह्यता और बोधगम्यता भी प्रमाणित हुई है और इस देश में व्यापक संप्रेषण के लिए एक बेहतर भाषा रूप की मान्यता भी व्यावसायिक हिन्दी को देती है। व्यावसायिक हिन्दी की लोकप्रियता एवं बोधगम्यता के पीछे एक प्रमुख कारण यह भी है कि संस्कृत में अर्थशास्त्र की पुष्ट परम्परा तथा महाजनी सभ्यता की परम्परागत व्यवस्था से हमें ऐसी अनेक शब्द-अभिव्यक्तियाँ उपलब्ध थीं जो जन-प्रचलित भी थीं और पारदर्शी भी। इन्हें केवल अंग्रेजी पर्यायों के समतुल्य रखने की आवश्यकता थी। क्योंकि ये शब्दाभिव्यक्तियाँ आम लोगों में भी प्रचलित थीं अतः व्यावसायिक हिन्दी की भाषा शैली कृत्रिम नहीं बन पाई। व्यावसायिक हिन्दी के बढ़ते प्रयोग में उसकी इस स्वरूपगत विशेषता का भी बहुत बड़ा हाथ है।

व्यावसायिक हिन्दी के प्रयोग विस्तार का दूसरा कारण यह है कि उद्योग-व्यवसाय से सम्बद्ध लोग यह भली-भाँति जानते हैं कि देश की पैंसठ प्रतिशत जनता जिस भाषा को बोलती, समझती और व्यवहार में लाती है, उससे विलग रहकर व्यावसायिक विकास और सफलता के लक्ष्य प्राप्त नहीं किये जा सकते। वे यह अच्छी तरह जानते हैं कि व्यवसाय सम्प्रेषण की सर्वस्वीकृत भाषा के माध्यम से ही चल सकता है। इतिहास भी इस तथ्य का गवाह है कि जब ईस्ट इण्डिया कम्पनी ने भारत में अपने व्यवसाय का विकास चाहा तो उन्हें अंग्रेज अधिकारियों को हिन्दी सिखाने तथा हिन्दी के जानकार कर्मचारियों की आवश्यकता पड़ी। अतः व्यावसायिक और औद्योगिक उत्थान हमेशा जनभाषा की अपेक्षा रखता है। आम आदमी ही उत्पादक

का उपभोक्ता वर्ग है। वह यह भी भलीभाँति जानता है कि इस उपभोक्ता तक उसकी अपनी भाषा के माध्यम से ही पहुँचा जा सकता है। व्यावसायिक क्षेत्र में हिन्दी के निरन्तर प्रयोग-विस्तार के पीछे व्यावसायिकता की यह प्रवृत्ति या सच्चाई ही काम करती रही है। सामान्यतः यह कहा जाता है कि हिन्दी फिल्में हिन्दी भाषा के विकास में अपना अभूतपूर्व योगदान दे रही हैं। इस बात को दूसरे ढंग से भी कहा जा सकता है कि हिन्दी फिल्म निर्माता अपनी व्यावसायिक बुद्धि द्वारा यह जानता है कि इस भाषा के माध्यम से पूरे भारत में ही नहीं, विश्व के अनेक भागों में भी उसे व्यवसाय मिलेगा। यही कारण है कि आज अंग्रेजी में निर्मित अनेक फिल्में 'जुरासिक पार्क', 'गोल्डन आई' आदि तथा भारतीय भाषाओं की फिल्में 'रोजा', 'दलपति', 'बंबई' आदि हिन्दी में पुन निर्मित या डब की जा रही हैं और अच्छा व्यवसाय कर रही है। इस धरातल पर हिन्दी की जनशक्ति या केन्द्रापसारी शक्ति ने स्वतः विकास के अवसर प्रदान किये हैं। तमाम उत्पादक कम्पनियाँ इसलिए अपने विज्ञापन हिन्दी में ही देती हैं। दूरदर्शन पर कई विज्ञापन प्रारम्भ में अंग्रेजी में आये पर कुछ ही समय बाद या तो वे हिन्दी में भी आने लगे या उन्होंने अंग्रेजी विज्ञापनों का स्थान ले लिया।

व्यावसायिक हिन्दी के प्रयोग-विस्तार का तीसरा कारण उसके प्रयोग-क्षेत्र का विस्तार भी है जो बैंकों, बीमा कम्पनियों से लेकर डाक-तार विभाग, परिवहन व्यवस्थाओं तक विस्तृत है। बैंकों और बीमा कम्पनियों के राष्ट्रीयकरण ने इसे और भी विस्तार दिया है जहाँ राजभाषा अधिनियमों, नियमों से बँध कर उसका प्रयोग हो रहा है। यह विस्तार मात्र राजभाषा क्रियान्वयन सम्बन्धी धारा के कारण ही नहीं हुआ है। जनसम्पर्क से सीधी सम्बद्धता के कारण भी व्यावसायिक हिन्दी के जनोन्मुख स्वरूप का प्रयोग हमें इन क्षेत्रों में दिखाई देता है। इस सम्बन्ध में बीमा कम्पनियों की योजनाओं के नाम देखें तो यह बात स्पष्ट हो जाती है, धनश्री, धनवर्षा, गृहलक्ष्मी आदि का प्रयोग करके जन-सामान्य में प्रचलित भाषिक अभिव्यक्ति को सार्थक बनाया गया है।

व्यावसायिक हिन्दी की जनस्वीकृति भी उसके विस्तार का एक कारण है। उधार लिये गये शब्दों के परिमाण पर भी और संकर प्रयोग (कोड मिश्रण) की प्रवृत्ति को लेकर भी व्यावसायिक हिन्दी के स्वरूप पर चिन्ता व्यक्त की जाती रही है। लेकिन अब यह स्वीकार कर लिया गया है कि इसे पाश्चात्यीकरण कह कर नकारा नहीं जा सकता, यह भाषाओं के आधुनिकीकरण की एक स्वाभाविक प्रक्रिया है। शब्दों के नये सम्बन्ध बनाने, उन्हें नई अर्थछवियाँ देने, उनका रूपात्मक स्वरूप निर्मित करने तथा वाक्य रचना को स्वाभाविक बनाने तथा उसे सम्प्रेषणीय ऊर्जा प्रदान करने के लिए इन प्रक्रियाओं की अनिवार्यता को भी अब स्वीकार कर लिया

गया है। भाषा और शैली में सुलझाव और सरलता लाने में भी ये दोनों प्रक्रियाएँ सहायक होती हैं। व्यावसायिक हिन्दी इसीलिए न तो अंग्रेजी अनुवाद की भाषा लगती है और न ही उसकी शैली 'अनुवाद शैली' के रूप में हिन्दी की अपनी आत्मीयता से दूर जाती दिखाई देती है। व्यावसायिक हिन्दी लेखन में प्रवाह इसीलिए है क्योंकि, यहाँ मौलिक लेखन को अधिक प्रोत्साहित किया गया है। वास्तव में पत्रकारिता के बाद व्यावसायिक क्षेत्र ही एकमात्र ऐसा क्षेत्र है जिसमें हिन्दी जनजीवन की भाषा के समीप आने और अंग्रेज़ी से भिन्न अपनी अलग निरूपण शैली का विकास करने का प्रयास कर रही है। जिस प्रकार पत्रकारिता की हिन्दी राजनैतिक, आर्थिक, समीक्षात्मक लेखन का नया मुहावरा ईजाद कर रही है, उसी तरह व्यावसायिक हिन्दी ने भी बाज़ार, समाचार, विज्ञापन, प्रचार सामग्री, प्रपत्रों और पत्राचार आदि में अपना निजी रूप विकसित किया है।

व्यावसायिक एवं औद्योगिक विकास ने हिन्दी के सम्पर्क भाषा रूप को भी विस्तार देने में सहायक भूमिका निभाई है। औद्योगिक विकास से तकनीकी विकास को भी स्वतः बढ़ावा है। ऐसे में सामाजिक परिस्थितियाँ और भौगोलिक दूरियाँ सिमट गयी हैं। देखते-देखते हैदराबाद, गुवाहटी, बैंगलूर, कोचीन, चेन्नई जैसे शहरों में पंजाबी ढाबों, फास्ट फूड सेंटरों, चाट-समोसों की बाढ़-सी आ गयी है। यह सामान्य तथ्य इस बात का द्योतक है कि औद्योगीकरण ने क्षेत्रीय महत्त्व के स्थान पर सार्वदेशीयता के महत्त्व को प्रतिष्ठित करने में मदद की है। दुर्गापुर, भिलाई, राउरकेला, बोकारो जैसे औद्योगिक केन्द्रों का स्वरूप प्रादेशिक सीमाओं से मुक्त होकर सर्वभारतीय प्रकृति धारण कर चुका है। ऐसे में विभिन्न भाषा-भाषी समुदाय के लिए एक स्थान पर रह कर सम्प्रेषणीयता के माध्यम के रूप में हिन्दी का प्रयोग सुविधाजनक और आवश्यक बन गया है।

व्यावसायिक हिन्दी के साथ उसके अल्प प्रयोग को लेकर कोई चिन्ता नहीं है। भारत सरकार की उदारीकरण की वर्तमान नीति के फलस्वरूप बहुराष्ट्रीय कम्पनियों और विदेशी निवेशकों का भारत में प्रवेश हो चुका है। इनमें से अधिकतर गैर अंग्रेजी मुल्कों के हैं। भारत में अपने व्यवसाय की स्थापना से लेकर विपणन, वितरण की प्रक्रियाओं तक में इन्हें व्यावसायिक हिन्दी की आवश्यकता पड़ेगी। पेप्सी कोला, जिलेट, व्हर्लपूल आदि के हिन्दी विज्ञापन इसका संकेत भी देने लगे हैं। अपने भारतीय कर्मचारियों, ग्राहकों, उपभोक्ताओं तक पहुँच बनाने के लिए भी हिन्दी ही इनके लिए सर्वोत्तम विकल्प बनेगी।

इसमें सन्देह नहीं कि कुछ व्यावसायिक प्रतिष्ठान अभी भी अपने कारोबार में अंग्रेजी का प्रयोग करते हैं पर ये उद्योग अपने प्रकृति में आम जन से या तो सीधे

सम्बद्ध नहीं हैं या इनके पास हिन्दी में प्रशिक्षित कर्मचारियों का अभाव है। व्यवसाय प्रबन्ध, चार्टर्ड एकाउण्टेंट जैसे विशेषीकृत क्षेत्र में भी कई स्थानों पर हिन्दी को माध्यम बना लिया गया है। व्यावसायिक शिक्षा में भारत की विशेष औद्योगिक प्रकृति को ध्यान में रखते हुए व्यावहारिक पक्ष पर बल दिया जाता है ताकि किसी व्यावसायिक-औद्योगिक संगठन में प्रवेश के बाद छात्रों को किसी प्रशिक्षण की आवश्यकता ही न पड़े और वे सीधे अपना काम हिन्दी में शुरू कर सकें। प्रारम्भिक स्तर पर देखें तो भारत में व्यावसायिक शिक्षा पारिवारिक उत्तराधिकार के रूप में ही प्राप्त की जाती थी। आज भारत में हमारी अपनी भाषाओं में व्यावसायिक शिक्षा की व्यवस्था है जो विद्यार्थी को उद्योग-व्यापार के क्षेत्र में अपनी योग्यता सिद्ध करने का पूरा अवसर देती है। इस शिक्षा व्यवस्था ने आधुनिकतम पाठ्यक्रम से अपने को सम्बद्ध किया है और बहुत ही अल्प अवधि में विकास के कई सोपान तय किये हैं। अपनी भाषा से जुड़ने के कारण ही व्यावसायिक क्षेत्र में विकासशील देशों के बीच भारत का प्रमुख स्थान बन सका है। भारतीय भाषाओं को उन्नत बना कर ही हम अपने को विकसित देशों के समक्ष खड़ा कर सकते हैं। आज भारतीय शैक्षिक संस्थाएँ इस दिशा में तेज़ी से विकास कर रही हैं और हिन्दी में पाठ्यपुस्तकों, शिक्षण-सामग्री, पत्र-पत्रिकाओं के प्रचुर मात्रा में प्रकाशन ने इस विकास-चक्र को और गति दी है। व्यावसायिक क्षेत्र में अनेक अनुसंधान हो रहे हैं जो लेखों, पुस्तकों के रूप में हिन्दी में छपते है। नयी तकनीकें आ रही है जिनका परिचय हिन्दी में पुस्तकें लिखकर भी दिया जाता है और हिन्दी पत्र-पत्रिकाएँ भी इन पर आलेख एवं टिप्पणियाँ प्रकाशित करती हैं। इनसे उन लोगों को लाभ पहुँच रहा है जो व्यावसायिक क्षेत्र से जुड़े हैं। इससे शैक्षिक संस्थओं, औद्योगिक संस्थानों के बीच सीधा सम्पर्क भी बन रहा है।

व्यावसायिक हिन्दी के विकास की सम्भावनाएँ बढ़ती जा रही है। बाज़ार-समाचार, बाज़ार समीक्षा, नये उत्पादों का परिचय आदि के स्तम्भ हिन्दी की लोकप्रिय पत्रिकाओं और दैनिक पत्रों के नियमित स्तम्भ बन गये है। हिन्दी विज्ञापनों ने सरकारी प्रतिष्ठानों, उपक्रमों तथा व्यावसायिक क्षेत्र में जो अद्‌भुत विकास किया है, वह किसी भी भाषा के लिए गौरव की बात हो सकती है। सरकारी क्षेत्र में भी पत्राचार के स्तर पर व्यावसायिक पत्राचार का अपना स्वरूप और ढाँचा उभरा है जिसमें अनौपचारिक शैली में, सामान्य भाषा का प्रयोग किया जाता है और जो मुहर, सिक्का, अमानत, उधार, हिफ़ाज़त, माल, कीमत, लेन-देन जैसी सामान्य शब्दावली से बँध कर सहज सम्प्रेषणीय भाषा के रूप में व्यवहृत होती है। इस प्रकार भाषाई तालमेल को व्यावसायिक हिन्दी ने प्रत्येक स्तर पर अपनाया है।

आज भाषावैज्ञानिक स्तर पर व्यावसायिक हिन्दी के स्वरूप की ओर भी ध्यान

दिया जा रहा है। इसका कारण यही है कि व्यवसाय, उद्योग, प्रशासन, वित्त, लेखा, बैंक, बीमा, डाक-तार, रेलवे आदि अनेक कार्य-क्षेत्र इस हिन्दी के प्रयोग से जुड़े हुए हैं। इन कार्य क्षेत्रों में कर्मचारी प्रशिक्षण में भी व्यावसायिक हिन्दी, राजभाषा हिन्दी के विकास के प्रमुख लक्ष्य को पूरी सार्थकता के साधती है। सम्पर्क भाषा हिन्दी के कामचलाऊ रूप (सामान्य हिन्दी) को एक सीमा तक मानकीकृत करके और फिर इसे आधुनिक अर्थ-सन्दर्भ भाषा (राजभाषा) हिन्दी के विकास का प्रमुख लक्ष्य है। सामान्य भाषा से मानक और मानक से आधुनिकीकृत भाषा के क्रमबद्ध अध्ययनों की ओर हिन्दी भाषावैज्ञानिकों का ध्यान गया है। प्रयुक्ति में अनेक उप-प्रयुक्तियाँ निहित मिलती हैं अतः इस क्षेत्र में भाषाई अध्ययन की अनन्त सम्भावनाएँ छिपी हुई है। समाज भाषाविज्ञान ने 'भाषा विकल्पन' (लैंग्वेज वेरिएशन) के सन्दर्भ में 'प्रयोग सापेक्ष विकल्पन' की संकल्पना सामने रखी है जिसके अन्तर्गत प्रयोजनमूलक भाषा को समाहित किया गया है। हिन्दी भाषा के सन्दर्भ में उसके विभिन्न प्रयोजनमूलक रूपों पर विचार करने वालों में डॉ. रवीन्द्रनाथ श्रीवास्तव, डॉ. गोपाल शर्मा, डॉ. सुरेश कुमार जैसे प्रतिष्ठित भाषाविदों का नाम आदर के साथ लिया जाता है। इनके अतिरिक्त विभिन्न सरकारी उपक्रमों में कार्यरत राजभाषा अधिकारियों, अनुवादकों ने भी अनेक पुस्तकें लिख कर हिन्दी में इस प्रकार के लेखन को दिशा दी है। जो हिन्दीतर भाषाभाषी हिन्दी सीखना चाहते हैं, उनमें प्रयोजनमूलक हिन्दी सिखाने की माँग बढ़ी है। हिन्दी और अंग्रेजी भाषा के पाठ्यक्रमों में स्नातक एवं स्नातकोत्तर स्तर पर प्रयोजनमूलक भाषा कार्यक्रम को भारत के कई विश्वविद्यालयों में प्रारम्भ किया गया है। ये पाठ्यक्रम विद्यार्थियों में लोकप्रिय भी हैं और उनके लिए रोजगार के अवसर जुटाने में सहायक भी। इन पाठ्यक्रमों में व्यावसायिक हिन्दी को प्रमुख स्थान दिया गया है।

व्यावसायिक हिन्दी का दायरा पत्रकारिता, रेडियो, दूरदर्शन, व्यापार, वाणिज्य, बैंकिंग तथा अन्य कई आयामों तक विकसित है। इसका सीधा सम्बन्ध जन-सामान्य से है तथा इसकी भाषिक संरचना आमफहम मानक हिन्दी को प्रोत्साहित करती है। अतः यह कहने में संकोच नहीं होना चाहिए कि व्यावसायिक हिन्दी 'राजभाषा हिन्दी' के आदर्श स्वरूप की उस कल्पना का साकार रूप है जो भारतीय संविधान के अनुच्छेद 351 में दर्ज है।

# हिन्दी पत्रकारिता की भाषा

आधुनिक विश्व में पत्रकारिता लोकमत की सबसे सशक्त और लोकप्रिय अभिव्यक्ति है। अभिव्यक्ति की चर्चा भाषा से स्वतः आ जुड़ती है। भाषा का सम्बन्ध बाह्य जगत के प्रत्यक्ष ज्ञान (वर्ल्ड नॉलेज) और भाषाई समाज की चिन्तन प्रक्रिया से रहता है। इसीलिए हर भाषा की अपनी विशेषता होती है, अपनी क्षमता होती है। पत्रकारिता के क्षेत्र में हिन्दी भाषा बाह्य जगत के उस प्रत्यक्ष ज्ञान से वंचित रही जो विकसित देशों को सहज उपलब्ध थे। इसी बात को दूसरे शब्दों में भी कहा जा सकता है कि बाह्य जगत के अधिकांश प्रत्यक्ष ज्ञान आयातित हैं जिन्हें हिन्दी भाषा के माध्यम से अभिव्यक्त करने का दायित्व हिन्दी पत्रकारिता के ऊपर आ पड़ा। पत्रकारिता की विविध उप-प्रयुक्तियों में अपरिवर्तित आगत विदेशी शब्दों के बड़ी मात्रा में प्रयोग के पीछे सम्भवतः यही कारण मुख्य है। अंग्रेजी भाषा की अनुगामिनी बनने का जो आरोप भारतीय भाषाओं की पत्रकारिता पर लगाया जाता है, उसके मूल में भी यही बात है। आधुनिक ज्ञान-सन्दर्भों को साधते हुए भाषा के आधुनिकीकरण की प्रक्रिया में इसे स्वाभाविक मानना चाहिए। हिन्दी पत्रकारिता बहुत पुरानी नहीं है। कुल उम्र पौने दो सौ साल, और आधुनिक हिन्दी पत्रकारिता तो स्वतन्त्रता के बाद ही अस्तित्व में आयी। अभिव्यक्ति के सभी धरातलों पर विषम परिस्थितियों का सामना करते हुए पत्रकारिता की हिन्दी का जो स्वरूप आज हमारे सामने है, वह काफी सन्तोषजनक है।

अभी इतनी जल्दी किसी निष्कर्ष पर पहुँचने का प्रयास न करते हुए कुछ विचार और विवेचन करें। यह कहा जाता है कि पत्रकारिता सबको दृष्टि में रखती है जबकि कहना यह चाहिए कि वह सबको दृष्टि देती है। यदि नहीं देती, तो उसे देना चाहिए। लेकिन दृष्टि देने वाले की दृष्टि स्वयं बहुत साफ और पारदर्शी होनी चाहिए। निश्चित ही यह साफगोई और पारदर्शिता भाषा के स्पष्ट, सुलझे हुए, विवेक सम्मत और विषयानुकूल प्रयोग द्वारा ही लाई जा सकती है।

ऐसा भी नहीं है कि हिन्दी पत्रकारिता में दृष्टि देने वालों या भाषा को

माँजने-सँवारने वालों का अभाव रहा हो। यह अवश्य है कि पत्रकारिता के उद्देश्य बड़ी तेज़ी से बदले हैं। पुनर्जागरण, राष्ट्रीय अस्मिता, औद्योगीकरण, आधुनिक राष्ट्र का निर्माण जैसे बदलते लक्ष्यों उद्देश्यों को हिन्दी पत्रकारिता अपना केन्द्रीय विषय बनाती रही है। इस बदलाव को भाषाभिव्यक्ति के बदलाव के सन्दर्भ में देखने के प्रयास अभी नहीं के बराबर हुए हैं। हम यह जानते हैं कि आधुनिक हिन्दी गद्य का जन्म हिन्दी पत्रकारिता की कोख से ही हुआ था—तभी तो इस गद्य में ओज था, क्रांतिकारी तेवर थे और थी लोकहितकारी बदलाव की ललक और तड़प। यह सब जाँच-परख कर ही 'निराला' ने हिन्दी गद्य को 'जीवन संग्राम की भाषा' कहा था।

लेकिन क्या आज की हिन्दी पत्रकारिता की भाषा को हम जीवन, समाज, आधुनिकता और प्रयोजन की भाषा के रूप में 'सम्पूर्णता' या 'समग्रता' के साथ विश्लेषित करने का प्रयत्न कर रहे हैं? उसके वैशिष्ट्य अथवा सीमाओं का विवेचन कर रहे हैं? नव-प्रयोगों, नवीन सहसम्बन्धों और 'रचनात्मक टटकेपन' का जो भण्डार हिन्दी पत्रकारिता हमें दे रही है, उसे सँजो रहे हैं? अफ़सोस कि इन प्रश्नों के उत्तर नकारात्मक ही होंगे। अगर आज हम हिन्दी पत्रकारिता के विभिन्न व्यवहार क्षेत्रों (डोमेंस), इनमें प्रयुक्त हिन्दी भाषा के विविध रूपों और मानक हिन्दी की लचीली प्रकृति (फ्लेक्सेबल नेचर) से परिचित नहीं हैं तो बिला शक पत्रकारिता की भाषा पर हमारी चर्चा किसी निष्कर्ष तक नहीं पहुँच सकती।

वास्तव में व्यवहार क्षेत्र और भाषा का वैविध्य ही हिन्दी पत्रकारिता का पूर्ण चौखटा हमारे सामने रख सकता है। पत्रकारिता के नये-नये क्षेत्र और आयाम जो आज हमारे सामने हैं, उनकी ओर दृष्टिपात करना ज़रूरी है। पत्रकारिता आज एक 'एकक' नहीं है, 'एककों का समूह' है। इनमें से प्रत्येक एकक पत्रकारिता की 'विशेषीकृत' शाखा के रूप में अपना रूपाकार ग्रहण करता जा रहा है। अतः हिन्दी पत्रकारिता की भाषा या उससे जुड़ी समस्याओं पर चर्चा से पहले इन शाखाओं की ओर ध्यान देना होगा। तभी हम इस मुगालते से उबर सकेंगे कि पत्रकारिता की भाषा 'एक प्रयुक्ति' है और कोई भी पत्रकार इसका सभी व्यवहार क्षेत्रों में हरफनमौला की तरह इस्तेमाल कर सकता है। ज्ञान क्षेत्रों के विकास और औद्योगिक विस्तार के कारण हिन्दी पत्रकारिता की भाषा की अनेक उप-प्रयुक्तियाँ उभरती जा रही हैं। ये उप-प्रयुक्तियाँ एक ओर हिन्दी भाषा की लचीली प्रकृति का बोध कराती हैं तो दूसरी ओर यह अपेक्षा करती हैं कि हम इनकी विशिष्टताओं और इनके बीच प्रवाहित अन्तर्धाराओं को पहचानें। यानी भाषा के धरातल पर गहराई से देख सकें कि रपट और समाचार, स्टोरी और फ़ीचर, रूपक और साक्षात्कार, टिप्पणी और सम्पादकीय अग्रलेख में क्या अन्तर है। इनमें से प्रत्येक का भाषाई स्वरूप और चरित्र भी

अलगाना होगा। इसके साथ ही पत्रकारिता के उन विविध स्वरूपों को भी शैलीगत भेद तथा वस्तुनिष्ठता की दृष्टि से विवेचित करने की आवश्यकता है जो आधुनिक हिन्दी पत्रकारिता में उभर कर अपने अस्तित्व का बोध कराने लगे हैं जैसे, खेल पत्रकारिता, कृषि एवं ग्रामीण पत्रकारिता, विज्ञान पत्रकारिता, आर्थिक पत्रकारिता, राजनीतिक रिपोर्टिंग, संसदीय रिपोर्टिंग, सांस्कृतिक रिपोर्टिंग, अपराध रिपोर्टिंग, खोजी पत्रकारिता, पीत एवं सनसनीखेज पत्रकारिता आदि। इन सभी के भाषाई वैशिष्ट्य एवं भाषा-भेद की पहचान ही पत्रकारिता की हिन्दी को सम्पूर्णता में आकलित, विवेचित एवं विश्लेषित करने की दृष्टि हमें प्रदान कर सकती है।

विज्ञापन, समाचार-समीक्षा, अभियान चलाने अथवा जनमत सर्वेक्षण करने की भाषा का भी व्यापक संसार अब हमारे सामने है। इन सभी प्रयोग-क्षेत्रों में पारिभाषिक शब्दावली की विविधता और प्रस्तुतीकरण का वैविध्य स्पष्ट झलकता है। अंतः पत्रकारिता की भाषा के अधिकांश को हमें उन्हीं 'साहित्येतर' प्रयुक्तियों की भाँति विवेचित करना चाहिए जिन्हें 'तथ्यपरक' कहा गया है। पत्रकारिता की हिन्दी में भी पारिभाषिक शब्दावली निर्माण की वही प्रक्रिया अपनाई गयी है जो अन्य 'विषयगत' क्षेत्रों में अपनाई जाती है। अपरिवर्तित आगत शब्दों की यहाँ भी अधिकता है—गेम, टीम, सर्विस, रिटर्न, डबिंग, कैरियर, स्क्रीन-टेस्ट, बोगस, कोरम, कोटा, कर्फ्यू आदि। हिन्दीकरण भी हो रहा है—एकल मुकाबला, स्वप्न-दृश्य, स्पर्धा, खिताब आदि। हिन्दी के अपने शब्द स्थान बना रहे हैं—कीर्तिमान, सलामी-बल्लेबाज, खब्बू गेंदबाज, टिकट-खिड़की आदि। रूप-परिवर्तन के स्वीकृत नियम अपनाये जा रहे हैं—गेमों, अंपायरी, कप्तानी, हाईकमान, दंगाई आदि। संकर रचना को प्रोत्साहित किया जा रहा है—विश्वचैंपियन, त्रिआयामी-फिल्म, राजनैतिक झड़प आदि। शाब्दिक अनुवाद की सहायता की जा रही है—एकदिवसीय, एकाग्रता, शृंखला आदि। हिन्दी का अपना मुहावरा बन रहा है—तूफानी मुकाबला, पकड़ मज़बूत होना, निराशाजनक प्रदर्शन आदि। देशज और उर्दू शब्द अपना स्थान बना रहे हैं—बरामद, हथकंडे, वारदात, घपला, गिरोह, भिड़ंत, घोटाला, फ़रार, घुसपैठ आदि।

पत्रकारिता की भाषा के सम्बन्ध में एक प्रचलित धारणा है कि यह लिखित, सुविचारित और सम्पादित होती है। साथ ही इसे तकनीकी और गैर-तकनीकी स्तरों पर देखना होगा। भाषा का तकनीकी या आधुनिक बनना प्रयोजन मूलक किसी भी वर्ग के लिए अपरिहार्य है। पत्रकारिता को अन्य कई कारणों से 'सर्जनात्मक साहित्य' के साथ भी जोड़ा जाता है। इस प्रकार पत्रकारिता की भाषा एक साथ पारिभाषिकता और सृजनात्मकता दोनों को साधती चलती है। हिन्दी पत्रकारिता में इन दोनों प्रवृत्तियों के संधि-स्थल की पड़ताल भी ज़रूरी है। अर्थात यह देखना कि

तकनीकी और गैर-तकनीकी भाषा का स्वरूप 'प्रयोग-क्षेत्र' के अनुरूप कैसे निर्धारित हो रहा है और इनके बीच अवमिश्रण की कौन-सी पद्धतियाँ काम में लाई जा रही हैं। इसमें तो कोई सन्देह ही नहीं कि पत्रकारिता के प्रयोग-क्षेत्र की व्यापकता ही उसकी भाषा में भी विस्तार, प्रयोग-धर्मिता, लचीलापन और बोधगम्यता ले आती है। यही लक्षण पत्रकारिता की भाषा को एक विशिष्ट प्रयोग-क्षेत्र की भाषा सिद्ध करते हैं।

आधुनिक भाषाशास्त्री यह मानते हैं कि भाषा से हमारी जो मांग होती है, उसी के अनुरूप वह अपने प्रकार्यात्मक स्वरूप को ढाल लेती है। लेकिन इन मांगों की पूर्ति की प्रक्रिया में पत्रकारिता की भाषा अन्य प्रयुक्तियों की तरह 'अति विशिष्ट' नहीं बन जाती। क्योंकि एक तो इसका व्यवहार-क्षेत्र अन्य प्रयुक्तियों की तुलना में व्यापक है और दूसरे कि इसका पाठक समुदाय विविधताओं से युक्त होता है। इसीलिए पत्रकारिता की भाषा को केवल विषयानुरूप ही नहीं, अपने पाठक वर्ग की बौद्धिक एवं ग्रहणशीलता की क्षमता (रिसेप्टिव कांपिटेंस) के अनुरूप भी ढलना होता है। शैली-भेद इसीलिए पत्रकारिता की हिन्दी में एक प्राकृतिक लक्षण की तरह अपनाया जाता है। हिन्दी-उर्दू की एकता को हिन्दी पत्रकारिता हिन्दी जाति की एकता मानती है और इसे निरन्तर विस्तार देती है। रेडियो, टीवी., सिनेमा, अखबार की भाषा में कहाँ हिन्दी खत्म होती है और कहाँ उर्दू शुरू, यह बात पाना क्या सहज है। सामान्य जनता का, वह चाहे किसी धर्म, सम्प्रदाय, परिवेश से सम्बद्ध हो, एक ही वर्ग होता है और उसका भाषाई स्तर भी कमोबेश समान रहता है। इस वर्ग को भाषा के भेद के आधार पर विभाजित नहीं किया जा सकता, यह बात समझ भारतेन्दु युग से ही हिन्दी पत्रकारिता छाती ठोंक कर उठाती रही है। वह आभिजात्य (एलीट) वर्ग की उस भाषाई-चेतना को भी ललकारती रही है जो भाषा को सामाजिक विघटन का हथियार बना कर इस्तेमाल करती है। हिन्दी-उर्दू शैली के एकाकार प्रयोग की बानगी देखें (इण्डिया टुडे-15 फरवरी, 1996) :

- ❖ महज, जायज़, फिलहाल, आखिरकार, बेशक, पुरजोर, मकसद, मसलन, लिहाजा, आतिशी।
- ❖ सख्त उपाय, खर्च सीमा, मूल रकम, कानूनी समीकरण, मौजूदा अभियान, क्रिकेटिया खुमार, मेज़बान देश।
- ❖ सख्ती से निबटा जाना चाहिए, यह कार्रवाई एक शानदार मिसाल बनं सकती है, खास लोगों को अपना निशाना बनाया है, कमीशन के बतौर मिला धन, यही वजह है कि कानूनन चंदा जायज होने के बावजूद, रकम चेक के जरिए ही जमा की जानी चाहिए, सबका पर्दाफाश करने की ज़रूरत है, जायज़ खर्चों

की सख्त जाँच का पुख्ता इन्तजाम होना चाहिए।

पत्रकारिता का सन्दर्भ जनता से है। उनकी सोच, उनकी भाषा से है, सम्पर्क से है। नकली सम्पर्क भाषा में ताकत नहीं ला सकता। हिन्दी, उर्दू, क्षेत्रीय बोलियों की समग्रताबद्ध ताकत की पहचान ही हिन्दी पत्रकारिता की भाषाई चेतना का केन्द्रबिन्दु है। आमफहम भाषा के निकट आती, परम्परागत रूढ़ प्रयोगों को नये सन्दर्भ देती, नवीन रचनाएँ करती पत्रकारिता की हिन्दी लोक-मानस के अनुकूल बनी है। अगड़ा, पिछड़ा, जत्था, विदेशी, निवेशक, नैतिक जिम्मेदारी जैसे अनेक नये प्रयोग देखते-देखते पत्रकारिता की हिन्दी में स्थान पाते हैं और पाठकों में लोकप्रिय भी हो जाते हैं। भाषा का विकास परिवर्तनों के बीच ही होता है। नयी घटनाओं, नयी खोजों, सामाजिक-राजनैतिक फेरबदल आदि से पत्रकारिता सीधे सम्बद्ध होती है और इन्हें व्यक्त करने के लिए वह भाषा के तमाम स्रोतों को खँगालती है, शब्दों अभिव्यक्तियों को नये सन्दर्भ देती है। कुछ अभिव्यक्तियाँ और कुछ शीर्ष पंक्तियाँ देखें :

❖ **अभिव्यक्तियाँ** : चुस्त क्षेत्ररक्षण, दमदार टीम, गेंदबाज़ी का विश्लेषण, सधा हुआ खेल, फिरकी गेंदबाज, शुरुआती ओवरों में, कमान सँभाली है, टीम के सुर सध गये हैं, जीत का स्वाद चखना है, विकेट झटक सकते हैं, अंकुश लगाये रखते हैं, धमाका कर दिया, पैसा डकार गये, लहर चल रही है, नकेल डाल दी, व्यवस्था की कलई खोलता है, सरकार ने रोड़ा लगा दिया, टीम बिखर चुकी है, अगली चाल को तौल रहे थे, सितारे बुलन्द हैं।

❖ **शीर्ष पंक्तियाँ** : पते का पता, एक सीट का सवाल, समय से पहले चेते, आखिर ऊँट आया पहाड़ के नीचे, खरी सुनाकर खोटे बने, रोजा गले पड़ा, डोर तनी पर टूटी नहीं, ओटन लगे कपास।

हिन्दी पत्रकारिता से गृहीत पत्रकारिता के ये मुहावरेदार और काव्यात्मक प्रयोग आम-जीवन के सहज सन्दर्भों से सम्बद्ध हैं। इनमें भावपरक शब्दावली और अनुभवों से संयुक्त अभिव्यक्ति एक ऐसा संप्रेषणीय और प्रवाहमय भाषारूप रचा-बसा है कि पारिभाषिकता भी बोधगम्य बन जाती है। पत्रकारिता की भाषा पर विचार करने वाले विद्वान यह मानते हैं कि पत्रकारिता के पाठ क्रियापरक (ऐक्टिव टेक्स्ट) होते हैं और इनकी प्रकृति कथागत प्रोक्ति (थिमेटिक डिसकोर्स) जैसी होती है। अतः यहाँ भाषा-प्रयोग शैली की समस्त सम्भावनाओं को कुरेदते हुए ही सामने आता है। अतः शैलीय चयन यहाँ सर्वाधिक महत्वपूर्ण है। भाषा-प्रयोग के विभिन्न सन्दर्भों और विषय की प्रकृति के मद्देनजर शैलीय रूप या संरचनात्मक विकल्प यहाँ रचे और चुने जाते हैं। सामान्य और विशिष्ट भाषा-प्रयोग का यह समन्वय

पत्रकारिता की हिन्दी का प्रयोजनपरक विशिष्ट 'कोड मैट्रिक्स' निर्मित करता है जिसमें सम्प्रेषणपरक तत्त्वों की विविध इकाइयाँ मिल कर विवरणात्मक (डिसक्रिटिप्व) या मूल्यांकनपरक (इवैल्यूएटिव) पाठ की रचना करती हैं। यहाँ 'अच्छी शैली') का अर्थ होता है—उपयुक्त शैली (एप्रोप्रिएट स्टाइल)। पत्रकारिता के विभिन्न विषय क्षेत्र उसे उपयुक्तता के प्रति सजग बनाये रखते हैं। यह सजगता ही भाषा की विविध-रूपता (हेट्रोजेनिटी) और एकरूपता (होमोजेनिटी) को सन्तुलित ढंग से साधने का कारण बनती है। इससे एक ओर हमें पाठ-विशेष की भाषा संरचना का एक पैटर्न बनता दिखाई देता है तो दूसरी ओर स्थिति-सन्दर्भ से नियन्त्रित प्रयुक्तियाँ भी निर्मित होती दिखाई देती हैं। हिन्दी पत्रकारिता में शैली अपनी समस्त सम्भावनाओं के साथ प्रतिफलित होती है। 'चयन' के स्तर पर प्रत्येक भाषिक शैलीय विकल्प में से उपयुक्ततम का चुनाव किया जाता है। विचलन (डीविएशन) यहाँ शब्द-स्तर पर अति व्यापक है तो शैली का अलंकरण की तरह प्रयोग होते हुए भी सहज शैली का प्राधान्य दिखाई देता है।

भाषा-शैली की सहजता के कारण ही हिन्दी पत्रकारिता की भाषा पर यह आरोप भी लगाया जाता रहा है कि वह 'मानक भाषा' अथवा व्याकरणिक नियमों का अतिक्रमण करती है। और दुहाई द्विवेदी युग की दी जाती है। हमें यह ध्यान रखना होगा कि द्विवेदी युग में 'अस्थिरता' से जूझती पत्रकारिता की हिन्दी को 'स्थिर' करने का प्रयत्न एक भिन्न सन्दर्भ से, मानकीकरण के सन्दर्भ से जुड़ा हुआ था। अतः स्थिरता और एकरूपता का प्रश्न तब मूल प्रश्न बना था। पर आज उस सन्दर्भ में 'स्थिरता' की चर्चा भाषाई विकास-चक्र को पीछे ढकेलने का प्रयास ही माना जाएगा। आज का प्रश्न भाषा के आधुनिकीकरण पर केन्द्रित है। संकरता, नये सहप्रयोग, लोक उन्मुखता, कोड-मिश्रण को अब एक समस्या के रूप में देखने की जरूरत नहीं है—यह तो विषय-सन्दर्भ से जुड़ी स्वाभाविक प्रक्रियाएँ हैं। जहाँ तक लिप्यंतरण और दो पर्यायों के समानान्तर प्रयोग की 'समस्या' की बात है तो हमें यह देखना होगा कि भंडारनायक-भंडारनायके, किसिंजर-किसंगर, फर्नांडिस, फर्नेण्डीस, फर्नाण्डीज़ अथवा गृह-मन्त्री/ स्वराष्ट्र मन्त्री, विदेशी मन्त्री/परराष्ट्र मन्त्री, नागरिक उड्डयन मन्त्री/नागर विमानन मन्त्री के भेद से क्या संप्रेषणीयता 'खंडित' हो रही है। इन भेदों को राष्ट्रीय, क्षेत्रीय और स्थानीय पत्रकारिता की आवश्यकताओं और अपेक्षाओं के सन्दर्भ में भी देखना चाहिए। इनके स्थान पर भाषा की उन जटिलताओं, अस्पष्टताओं पर गहरी नज़र रखने की जरूरत है जो अंग्रेजी अनुवाद के दुष्परिणाम स्वरूप पत्रकारिता की हिन्दी की 'आत्मीयता' को क्षति पहुँचा रहे हैं।

प्रयुक्ति और उप-प्रयुक्ति दोनों ही स्तरों पर पत्रकारिता की हिन्दी के जो

विश्लेषण मिलते हैं उनमें सभी भाषाविद् इसे 'आदर्श' भाषा रूप मानते हैं और यह अपेक्षा भी करते हैं कि हिन्दी की अन्य प्रयुक्तियाँ भी यदि इसी तरह का सहज आकार ले सकें तो उनके प्रचालन और लोकप्रियता में आशातीत वृद्धि हो सकती है। सामान्य जन को सम्बोधित और प्रचलित भाषा प्रयोग की ओर झुकी यह हिन्दी 'हिन्दुस्तानी' की संकल्पना को साकार करने वाली है। इस हिन्दी को 'एकरूपता' की उस सीमा में बाँधना घातक हो सकता है जिसमें हम सीमित व्यवहार-क्षेत्र वाली अनेक प्रयुक्तियों को बाँध कर देख चुके हैं कि उनकी स्वाभाविकता और बोधगम्यता पर प्रतिकूल प्रभाव पड़ा है। एक व्यापक भौगोलिक क्षेत्र में जन-सम्पर्क की भाषा के रूप में सर्वत्र एकरूपता की स्थिति बन ही नहीं सकती। इसका मूल कारण हिन्दी का भाषाई यथार्थ है। हिन्दी भाषा क्षेत्र अपने में द्विभाषिक है, हिन्दी और बोलियों से बँधा हुआ, फिर हिन्दी भाषा की अपनी स्थिर शैलियाँ हैं जिनसे हिन्दी की कोई भी प्रयुक्ति पूर्णतः मुक्त नहीं है। पत्रकारिता की राष्ट्रीय, क्षेत्रीय और स्थानीय आवश्यकताएँ हैं, सम्पर्क में आनेवाली भाषाओं का प्रभाव है। इस प्रकार के विशिष्ट भाषाई यथार्थ का समाधान हिन्दी पत्रकारिता समन्वित भाषा-प्रयोग द्वारा करती है। अतः अगर धर्म निरपेक्ष-सेक्युलर, खिलाफत-विरोध, बागडोर-कमान, अग्निशामक-फॉयर ब्रिगेड, माहौल-वातावरण, बढ़ावा-उकसावा, आतंकवाद-उग्रवाद साथ-साथ चल रहे हैं और स्वीकार्य हैं तो मात्र 'एकरूपता' के उथले नारे को उछाल कर हम पत्रकारिता की हिन्दी के स्वाभाविक विकास को नुकसान ही पहुँचाएँगे।

आधुनिक भाषाविज्ञान भी संप्रेषणीयता और परिवर्तनशीलता को भाषा की जीवन्तता का मूलाधार मानता है। इन्हें वह 'लचीली स्थिरता' के रूप में देखता है। अर्थात परिवर्तनों के सहारे भाषा का विकास करते हुए उसकी मूल आत्मा को स्थिर रखना। अगर पत्रकारिता की हिन्दी पाठक-वर्ग की अवधारणा-शक्ति को झुठलाती है तब तो हमें जरूर उसके संशोधन-परिवर्धन की दिशाओं पर विचार करना चाहिए। पर ऐसा नहीं है। एक भाषावैज्ञानिक के रूप में हमें इस बात को प्रशंसा की दृष्टि से देखना और विवेचित करना चाहिए कि पत्रकारिता की हिन्दी भावपरक भाषा (इमोटिव लैंग्वेज) के निकट पहुँचने का प्रयत्न करते हुए भी सामान्य पाठक के भाषा-बोध से दूर नहीं जाती।

हिन्दी पत्रकारिता में भाषा सम्बन्धी इस प्रयोगधर्मिता का स्वागत होना चाहिए। इस प्रकार के प्रयोग भाषा के स्वर में उतार-चढ़ाव ले आते हैं, विषयवस्तु को मार्मिक अभिव्यक्ति प्रदान करते हैं तथा शैलीय-सौन्दर्य का उद्घाटन करते हैं। ये प्रयोग सम्पादकीय, रिपोर्टिंग और समाचार-समीक्षा को एक नयी धार दे रहे हैं जिनका भाषिक अध्ययन अब होना चाहिए। यह भी एक तथ्य है कि पत्रकारिता

ने राजनैतिक घटनाओं, प्रगति, अनुसन्धान, उद्योग, आन्दोलन, अपराध जैसे विषयों से सम्बन्धित एक पूरा भाषा-संसार हिन्दी भाषा को दिया है। कृषि, ग्रामीण विकास, फिल्म, खेलकूद, व्यवसाय आदि क्षेत्रों में हिन्दी पत्रकारिता की भाषा देखते-देखते उल्लेखनीय स्तर तक पहुँच गयी हैं। व्यावसायिक जगत के उदाहरण द्वारा इसे समझने की कोशिश करें।

आज व्यावसायिक जगत में जो चहल-पहल है उसे भी हिन्दी पत्रकारिता ने अपनी इसी सहज भाषा प्रयोग की प्रक्रिया द्वारा साध लिया है। इसमें एक और सूचीबद्ध, निर्गम, आबंटन, आवेदन-राशि, आंशिक, कोष विस्तारीकरण, उत्पाद क्षमता, भू-सम्पत्ति, लाभांश, सममूल्य जैसे संस्कृत शब्द अपनी संरचनात्मक अर्थवत्ता के साथ लोकप्रिय हुए हैं। तो दूसरी ओर प्रमोटर, ब्रोकेन, ब्रांड, डिलिवरी जैसे अंग्रेजी शब्द तथा महाजनी व्यवस्था के कर्ज़, साहूकार, सौदे, पखवाड़ा, कारोबार, गिरावट, हर्जाना, बेनामी आदि शब्द इस प्रयोग-क्षेत्र को परम्परागत भाषा रूप से बाँधे हुए हैं। इस क्षेत्र की वाक्य रचना, तकनीकी क्षेत्र को—तकनीकी सामान्य हिन्दी वाक्य रचना में पिरो कर और भी सम्प्रेषणीय बनाती है : खुलने/बन्द होने की तारीख नज़दीक है, कम्पनी आवास-क्षेत्र में उतरने जा रही है, तीन साल से कारोबार में है, पैसा उगाहने बाज़ार में उतरी है, किस मद में जाएगा, सूचकांक शुरुआती चरण में है, तालमेल का दौर चल रहा है, परियोजना भारीभरकम है, माँगा गया प्रीमियम वाजिब नहीं है, आदि। तेल शोधन, औसत हिस्सा, स्थापित ब्राण्ड, प्रति शेयर जैसे संकर प्रयोग इसे सार्थक बनाने और इस क्षेत्र में हिन्दी भाषा की क्षमता बढ़ाने में अपनी महती भूमिका निभा रहे हैं।

अब यह आवश्यक हो गया है कि हिन्दी पत्रकारिता की भाषा को उसके विषय वैविध्य और संप्रेषणीयता की कसौटी पर कस कर देखा जाय। इसके लिए हमें अपने दृष्टिकोण को व्यापक बनाते हुए यह स्वीकार करना होगा कि पत्रकार मात्र सूचक नहीं, अन्वेषक, आलोचक, व्याख्याकार, परामर्शदाता आदि भी है। विषय-विशेषज्ञ तो वह है ही। उसकी ये भूमिकाएँ ही पत्रकारिता की हिन्दी को गतिशील और विविधरूपी बनाती हैं। इससे पत्रकारिता की भाषा मुक्त हो ही नहीं सकती बल्कि सम्भावना इस बात की बढ़ेगी कि यह गतिशीलता और वैविध्य भविष्य में और भी बहुआयामी बने। मैं व्यक्तिगत स्तर पर पत्रकारिता की हिन्दी को 'राष्ट्रभाषा' या 'सम्पर्क भाषा' का आदर्श रूप मानता हूँ। जो लोग अखबार का 'नशा' करते हैं वे अखबार की शब्दावली और अभिव्यक्ति को अपने दैनंदिन मौखिक व्यवहार में भी स्थान देने लगते हैं। इस प्रभाव के कारण ही शायद पत्रकारिता को 'लोकतन्त्र का चौथा स्तम्भ' कहा गया है। सक्षम भाषा के बिना पत्रकारिता को यह आदर मिल

पाना सम्भव ही नहीं था। पत्रकारिता की भाषा में अनेकरूपता, कोड-मिश्रण और शैलीय भेद, 'भाषाई-अराजकता' नहीं, उसकी प्रकृतिगत विशिष्टता है। ऐसी विशेषता जिसे वरिष्ठ अंग्रेजी पत्रकार लेविस जॉर्डन ने इस प्रकार व्यक्त किया है—'स्टाइल, रूल्स शुड बी एक्सटेंसिव एनफ टु एस्टेबलिश द डिज़ायर्ड सिस्टम ऑफ स्टाइल, बट नाट सो एक्सटेंसिव ऐज़ टु इन्हिबिट द राइटर ऑर एडिटर। द रूल्स शुड एनकरेज थिंकिंग, नॉट डिस्करेज इट। ए सिंगिल रूल माइट सफ़िस द रूल ऑफ कॉमन सेंस विल प्रिवेल ऐट ऑल टाइम्स'। (फ़ोरवर्ड—1976)। मानक हिन्दी को नियमबद्ध व्यवस्था स्वीकारते हुए पत्रकारिता की हिन्दी की विविध प्रयुक्तियों को शैलीय प्रारूप मान कर विवेचित-विश्लेषित करने की ओर प्रवृत्त होना समय की माँग है।

# हिन्दी साहित्य समीक्षा

हिन्दी साहित्य के आधुनिक युग में पत्रकारिता ने जिस तरह खड़ी बोली हिन्दी को संस्कारित करने, हिन्दी को नयी चाल में ढालने, राष्ट्रीय समस्याओं पर विविध कोणों से दृष्टिपात करने और ज्ञान-विज्ञान के विविध क्षेत्रों में लेखन कर हिन्दी की समृद्धि करने, अनुवाद के माध्यम से उसे नयी चेतना और दृष्टि सम्पन्न बनाने जैसे कार्यों को करने का बीड़ा उठाया उसी तरह हिन्दी पत्रकारिता के माध्यम से ही साहित्य समीक्षा का प्रारम्भ हुआ, उसे पारिभाषित किया गया और क्रमशः उसका रूपाकार निर्धारित हुआ। भारतेन्दु युग में ही नयी समीक्षा पद्धति का प्रारम्भ होता है। इसके विकास के कारणों में प्रमुख है—हिन्दी में पत्र-पत्रिकाओं का प्रकाशन। नवीन शिक्षा पद्धति ने उस युग के साहित्यानुरागी-पत्रकारों को विदेशी समीक्षा पद्धति से परिचित कराया। इन सभी ने तब यह महसूस किया कि हिन्दी साहित्य का मूल्यांकन भी उसी स्तर पर होना चाहिए जैसा कि यूरोपीय साहित्य का होता है। हिन्दी साहित्य-समीक्षा की अनिवार्यता और भी शिद्दत के साथ इसलिए भी अनुभव की गयी कि खड़ी बोली में अभिव्यक्त होने वाले साहित्य के स्वरूप निर्धारण में इससे मदद मिलेगी और समीक्षा से उपजी चर्चा लेखक और पाठक दोनों को पहले से कहीं ज्यादा समर्थ और दृष्टि सम्पन्न बनाएगी। इस तरह भारतेन्दुयुगीन पत्र-पत्रिकाओं में अन्य सामग्री के साथ समीक्षाओं का प्रकाशन शुरू हुआ। कई दिशाओं में अपनी पहल दर्ज कराने वाली पत्रिका 'हरिश्चंद्र चंद्रिका' ने इस ओर भी पहल की। इस पत्रिका के मुखपृष्ठ पर प्रकाशित होने वाले विषयों की सूची देते हुए भारतेन्दु ने लिखा—और समालोचना संभूषिता'। इस तरह पत्रिकाओं में समीक्षा का द्वारा खुल गया। धीरे-धीरे भारतेन्दु युग की पत्रकारिता ने पत्रिकाओं में आलोचना का महत्वपूर्ण स्थान निर्धारित कर दिया। भारतेन्दु युग को समझना हो तो इस युग की पत्र-पत्रिकाओं में बिखरी समीक्षाओं का संकलन और विवेचन जरूरी होगा।

भारतेन्दु युग में दोनों तरह की समीक्षा का बीजारोपण हुआ—सैद्धान्तिक समीक्षा का भी और व्यावहारिक समीक्षा का भी। सैद्धान्तिक समीक्षा को अंग्रेज़ी के

'क्रिटिसिज्म' के और व्यावहारिक समीक्षा को 'रिव्यू' के समकक्ष रखा जा सकता है। भारतेन्दु का 'नाटक', निबन्ध, अम्बिका दत्त व्यास का 'गद्य काव्य मीमांसा', जगन्नाथ दास रत्नाकर का 'समालोचनादर्श' तथा नागरी प्रचारिणी पत्रिका में प्रकाशित अनेक समीक्षा लेखों को पहली श्रेणी में रखा जा सकता है। भारतेन्दु युगीन पत्रकारिता में ज्यादा महत्त्व व्यावहारिक समीक्षा को दिया गया और इसे ही समीक्षा (रिव्यू) का वास्तविक रूप माना गया। मुख्यतया सद्य प्रकाशित पुस्तक पर 'चर्चा' के रूप में इसको देखा गया। भारतेन्दु युगीन पत्रकारिता में व्यवहारिक समीक्षा ने 'स्थाई-स्तम्भ' का रूप ले लिया था। इस स्तम्भ में सम्पादकगण नई प्रकाशित पुस्तकों पर अपनी आलोचनात्मक सम्मति देते थे। व्यावहारिक समीक्षा का उत्तरदायित्व समकालीन और सद्य प्रकाशित रचनाओं के प्रति है—यह भारतेन्दु युग ने स्पष्ट कर दिया था। इस युग के सजग और सन्तुलित व्यावहारिक समीक्षकों में—बदरीनारायण 'प्रेमघन', बालकृष्ण भट्ट, प्रताप नारायण मिश्र, बालमुकुन्द गुप्त, राधाकृष्ण दास आदि का नाम लिया जा सकता है। 'प्रेमघन' द्वारा की गयी लाला श्रीनिवास दास के 'संयोगिता स्वयंवर' (आनन्द कादम्बिनी में प्रकाशित) की आलोचना से ही हिन्दी की व्यावहारिक समीक्षा का समारम्भ माना जाता है। इस युग में नाटक समीक्षा पर सर्वाधिक सामग्री मिलती है क्योंकि नाटक भारतेन्दु युग की केन्द्रीय विधा थी। इस युग की प्रतिष्ठिता पत्रिकाओं—कवि वचनसुधा, हरिश्चन्द्र चन्द्रिका, हिन्दी प्रदीप, ब्राह्मण, आनन्द कादम्बिनी, कवि आदि सभी में व्यावहारिक समीक्षा मिलती है। इन समीक्षाओं में पुस्तकों की पृष्ठ संख्या, आकार और मूल्य के औचित्य-अनौचित्य पर भी टिप्पणी की जाती थी। लेखक को सद्परामर्श देना, उसकी भाषा सम्बन्धी असावधानियों की ओर संकेत करना, प्रशंसा करते हुए उसे आगे लिखने के लिए प्रोत्साहित करना और कटु आलोचना करना, इस व्यावहारिक समीक्षा के अनिवार्य अंग थे। इस युग की आदर्श व्यावहारिक समीक्षाओं में बालकृष्ण भट्ट की नीलदेवी, परीक्षा गुरु की समीक्षाओं तथा किशोरी लाल व्यास के उपन्यास 'तार' पर बालमुकुन्द गुप्त की समीक्षा को रखा गया है।

व्यावहारिक समीक्षा को निरन्तरता और विस्तार देने का यह क्रम द्विवेदी युगीन पत्रकारिता में और तेजी से आगे चला। इस युग में व्यावहारिक समीक्षा के विस्तृत होते फलक को समझने में सिर्फ एक नाम; प्रेमचन्द का पर्याप्त होगा। उन्होंने व्यावहारिक समीक्षा को मात्र साहित्यिक कृतियों की समीक्षा तक ही सीमित न रख कर, हिन्दी में प्रकाशित साहित्येतर वांग्मय तक व्याप्त कर दिया। उन्होंने किसिम-किसिम की पुस्तकों की समीक्षाएँ लिखीं, जिन्हें 'माधुरी' के 1924 से 1936 (जून तक) तक के अंकों में बिला नागा छपा देखा जा सकता है। उन्होंने अपनी व्यावहारिक समीक्षा

का शीर्षक दिया था—'नीर-क्षीर'। वास्तव में प्रेमचन्द ने अपनी समीक्षाओं के द्वारा 'साहित्य' की परिधि विस्तृत कर दी। भिन्न विषयों पर लिखी हिन्दी पुस्तकों, अनुवादों, यात्रा वृत्तान्तों, पाठ्यपुस्तकों, पत्रिकाओं आदि पर उन्होंने बड़ी, छोटी समीक्षाएँ लिखीं और व्यावहारिक हिन्दी समीक्षा को निजी शैली, एक नया मुहावरा प्रदान किया। 'माधुरी' में प्रकाशित उनकी समीक्षाओं के कुछ शीर्षकों से प्रेमचन्द के माध्यम से समस्त द्विवेदी युगीन हिन्दी पत्रकारिता की समीक्षा पद्धति और उसके वैविध्यपूर्ण स्वरूप को समझा जा सकता है—

| | | |
|---|---|---|
| कुछ शीर्षक | : | कुरान, हिन्दू-मुस्लिम इत्तहाद की कहानी, आरोग्य शास्त्र (आचार्य चतुरसेन शास्त्री की पुस्तक की समीक्षा), सुलभ कृषि शास्त्र, चिकित्सा चन्द्रोदय, हिन्दुस्तानी कोश (रामचन्द्र वर्मा के कोश पर महत्वपूर्ण टिप्पणी), गाँधी विचार-दोहन (मशरूवाला की प्रसिद्ध पुस्तक की समीक्षा), खयालात महात्मा गाँधी (दीनबन्धु ऐंड्रूस की पुस्तक पर विस्तृत टिप्पणी), आहार, संयम और स्वास्थ्य, कांग्रेस का इतिहास (पट्टाभि सीतारामय्या की पुस्तक की समीक्षा) आदि। |
| उपन्यास-समीक्षा | : | माया, चन्द भवन, पुष्प कुमारी, गौरी शंकर, कर्तव्याघात, कर्मदेवी, कंकाल (प्रसाद), तितली (प्रसाद), परख (जैनेंद्र कुमार), शराबी (उग्र) आदि। |
| कथा-समीक्षा | : | स्वाधीनता के पुजारी, दिलचस्प कहानियाँ, चलता-पुरजा, गल्पांजली (उग्र), वातायन (जैनेन्द्र कुमार), आँधी (प्रसाद), मधुकरी (भाग-2) आदि। |
| काव्य | : | मधुबाला, कसक, मीरा पदावली आदि। |
| अनूदित रचनाओं की समीक्षा | : | आदर्श बहू, गृहिणी गौरव, कुमुदिनी (टैगोर), पेरिस का कुबड़ा (विक्टर ह्यूगो), षड्यन्त्रकारी (एलेक्जेंडर ड्यूमा), रुबाइयात उमर खय्याम (मैथिलीशरण गुप्त द्वारा अनूदित पाठ) आदि। |
| पत्रिकाओं की समीक्षा | : | चाँद : नववर्षांक, तूफान, मदारी, अदबी दुनिया, 'विशाल भारत' का राष्ट्रीय अंक, 'प्रताप' का कांग्रेस अंक, 'प्रभात' का बेकारी अंक आदि। |

प्रेमचन्द ने भारतेन्दु युगीन पत्रकारिता की जमीन पर रोपे गये व्यावहारिक समीक्षा के बीज को अनेकानेक शाखाओं-प्रशाखाओं वाले वटवृक्ष के रूप में विकसित कर दिया। यदि स्वतन्त्रता के बाद की पत्रकारिता में व्यावहारिक समीक्षा का

आकलन किया जाय तो यह साफ देखा जा सकता है कि प्रेमचन्द द्वारा स्थापित मानदण्डों को आधार बना कर ही उसने अपना विकास किया है। प्रेमचन्द की व्यावहारिक समीक्षा के कुछ पहलू आज भी आदर्श की तरह अपनाये जाते हैं : जैसे छोटे-छोटे वाक्यों का प्रयोग (ज्ञानोदय, कल्पना, इण्डिया टुडे, दक्षिण समाचार आदि), व्यंग्य की छौंक, कथा या उपन्यास की समीक्षा में सरलता से कहानी देना, दो-टूक मूल्यांकन, अच्छा लिखने पर लेखक को ढेरों शाबाशी और बुरा लिखने पर उतनी ही फटकार-धिक्कार।

भारतेन्दु युग में अस्तित्व में आयी और द्वितीय युग में परवान चढ़ी व्यावहारिक समीक्षा ने स्वतन्त्रता के बाद नये क्षितिज तलाशे, प्रौढ़तर बनी। अब तक पत्रकारिता अधिकांशतः व्यक्तिगत कर्म थी। लेखक-चिन्तक अपने-अपने स्तर पर, अपने बलबूते पर पत्र-पत्रिकाएँ निकालते थे। इसके लिए वे एक ओर घोर उपनिवेशवादी प्रवृत्ति के शासकों से लोहा लेते थे तो दूसरी ओर अपने साहित्यिक धर्म और हिन्दी भाषा के प्रति अपने अनुराग को राष्ट्रीय चेतना के प्रभावी माध्यम में ढाल कर पाठकों के सामने लाने का दायित्व भी पूरी निष्ठा से निभाते थे। स्वतन्त्रता के बाद हिन्दी पत्रकारिता व्यावसायिक भी बनी और स्वशासन में अभिव्यक्ति की स्वतन्त्रता के फलस्वरूप पत्र-पत्रिकाओं की संख्या भी बढ़ी। स्वतन्त्रता के बाद की हिन्दी पत्रकारिता और उसमें समीक्षा (दोनों तरह की) की स्थिति पर दृष्टिपात करने के लिए उसके कुछ वर्ग बना कर यहाँ विचार किया जा रहा है। इन वर्गों के अन्तर्गत जिन पत्रिकाओं (उनमें छपने वाली साहित्य समीक्षा के सन्दर्भ में) को लिया गया है, उनके नाम 'वर्ग' के साथ ही दे दिये गये हैं—

- **वर्ग 1** : सरकार पोषित पत्रिकाएँ : समकालीन भारतीय साहित्य (साहित्य अकादमी), गगनांचल (सांस्कृतिक सम्बन्ध परिषद), भाषा (केन्द्रीय हिन्दी निदेशालय), आजकल (प्रकाशन विभाग), उत्तर प्रदेश (सूचना केन्द्र, उ.प्र.) और बहुवचन (महात्मा गाँधी अन्तर्राष्ट्रीय विश्वविद्यालय)।
- **वर्ग 2** : गम्भीर साहित्यिक पत्रिकाएँ : कल्पना, ज्ञानोदय, अभिरुचि, वागर्थ, दस्तावेज और तद्भव।
- **वर्ग 3** : लोकप्रिय साहित्यिक/सामान्य पत्रिकाएँ : हंस, कथादेश, कादम्बिनी, इण्डिया टुडे और गोलकोंडा दर्पण।
- **वर्ग 4** : दैनिक पत्र और प्रचार पत्र : नवभारत टाइम्स, दैनिक हिन्दुस्तान, डेली हिन्दी मिलाप, स्वतन्त्र वार्ता और राजकमल प्रकाशन तथा विश्वविद्यालय प्रकाशन के प्रचार पत्र।
- **वर्ग 5** : 'आजकल' का स्वर्ण जयंती अंक।

इन सभी पत्रिकाओं में समीक्षा के स्तम्भ नियमित रूप से प्रकाशित होते रहे हैं। इनमें से कुछ ने सैद्धान्तिक समीक्षा (क्रिटिसिज़्म) और व्यावहारिक समीक्षा (रिव्यू) के भेद को रेखांकित करते हुए दोनों को स्थान दिया है और कुछ ने परिचयात्मक टिप्पणियों को भी स्थान देना शुरू किया है। इन पत्रिकाओं में प्रकाशित साहित्य समीक्षा का विवेचन समीक्षा स्तम्भ का शीर्षक देते हुए इनके आकार एवं स्वरूप को देखने से कई बातें हमारे मन में स्पष्ट होती है। देखें–

## I. स्तम्भ का शीर्षक तथा समीक्षा का आकार एवं स्वरूप

**वर्ग 1 :** क. **समकालीन भारतीय साहित्य : किताबें/कुछ और किताबें-किताबें** के अन्तर्गत एक ही स्वर की भिन्न-भिन्न किताबों पर साथ-साथ चर्चा इस पत्रिका की विशेषता है। तीन-चार किताबों पर एक साथ चर्चा की जाती है। **कुछ और किताबें** में साहित्य अकादमी या बाहर की भी महत्त्वपूर्ण पुस्तकों पर 4-5 पृष्ठ में परिचयात्मक टिप्पणी दी जाती है। समीक्षा की सहज और तटस्थ शैली की पक्षधर पत्रिका। विषय : साहित्य, आलोचना, अनुवाद, तुलनात्मक साहित्य।

ख. **भाषा : समीक्षा**–चार-छः पुस्तकों पर दो से चार पृष्ठ तक की समीक्षाएँ। पुस्तक की सम्भावनाओं और निहितार्थ पर बल। थोड़ी शोध-परक दृष्टि। भाषा पठनीय। विषय : साहित्य, भाषा, भाषाविज्ञान, तुलनात्मक अध्ययन, अनुवाद।

ग. **गगनांचल : समीक्षाएँ**–चार-पाँच अलग-अलग पुस्तकों पर अधिकतम दो-दो पृष्ठ की समीक्षा। पुस्तक के समाज-सांस्कृतिक महत्त्व को उभारने-उकेरने का प्रयत्न। विषय : साहित्य, लोक साहित्य, नाटक, रंगमंच, संस्कृति।

घ. **आजकल : पुस्तक चर्चा/समीक्षा–पुस्तक चर्चा** में कई पुस्तकें (भिन्न विधाओं की) लेकर लेखनुमा प्रस्तुतीकरण और **समीक्षा** के अन्तर्गत अलग-अलग दो-तीन पुस्तकों पर अधिकतम दो पृष्ठों में व्यावहारिक समीक्षा। परिचयात्मक और मूल्यांकन परक दृष्टि। सरल भाषा।

च. **उत्तर प्रदेश : पुस्तक समीक्षा**–दो-तीन छोटी एक पृष्ठ की आलेखनुमा टिप्पणियाँ।

छ. **बहुवचन : परख**–अलग-अलग कृतियों पर पाँच-छः, बड़े शोधपरक लेख।

**वर्ग 2 :** क. **कल्पना : नये प्रकाशन/पुस्तक समीक्षा**–नये प्रकाशन में एक पेज

में सद्यः-प्रकाशित पुस्तकों पर सामान्य टिप्पणियाँ और **पुस्तक समीक्षा** के अन्तर्गत चार-छः पुस्तकों की समीक्षा कॉलम में। स्पष्ट, दो टूक मूल्यांकन।

ख. **ज्ञानोदय : साहित्यार्चन**—कॉलम में चार-पाँच छोटी, परिचयात्मक, सरल समीक्षा। विभिन्न विषयों की किताबों का समावेश।

ग. **अभिरुचि : हिन्दी साहित्य चर्चा**—चार-पाँच समीक्षाएँ शोधपरक आलेख के रूप में।

घ. **वागर्थ : पुस्तकालोचन**—चार-पाँच समीक्षाएँ शोधपरक आलेख के रूप में।

च. **दस्तावेज : पुस्तकें**—चार-पाँच समीक्षाएँ शोधपरक आलेख के रूप में।

छ. **तद्भव : समीक्षाएँ**—पाँच-छः समीक्षाएँ शोधपरक आलेख के रूप में।

**वर्ग 3 :** क. **हंस : परख**—चार-छः समीक्षाएँ शोधपरक आलेख के रूप में। 'हंस' नये प्रकाशनों की सूची भी प्रकाशित करता है और साहित्यिक पत्रिकाओं के नये अंकों पर टिप्पणी के साथ इन पत्रिकाओं में प्रकाशित महत्त्वपूर्ण आलेखों का नामोल्लेख भी।

ख. **कथा देश : समीक्षाएँ**—अलग-अलग पुस्तकों पर दो-तीन मझोली समीक्षाएँ।

ग. **कादम्बिनी : नयी पुस्तकें**—ज्ञानोदय की परम्परा का निर्वाह।

घ. **इंडिया टुडे : किताबें**—तीन-चार छोटी समीक्षाएँ, अद्यतन पुस्तकों की सटीक अभिव्यक्ति। गागर में सागर भरनेवाली शैली।

च. **गोलकोंडा दर्पण : समीक्षा**—एक-दो छोटी, एक पेज की समीक्षाएँ। परिचयात्मक और मूल्यांकनपरक।

**वर्ग 4 :** क. **नवभारत टाइम्स : साहित्य चर्चा**—शनिवार अथवा रविवार के परिशिष्ट में छोटी एक-दो कालम में। किसी चर्चित पुस्तक पर, उस विधा/विषय के विशेषज्ञ विद्वान द्वारा।

ख. **दैनिक हिन्दुस्तान : समीक्षा**—नवभारत टाइम्स की ही भाँति।

ग. **डेली हिन्दी मिलाप : समीक्षा**—दो-तीन पुस्तकों की कालम में। रविवार को प्रकाशित। एक-दो लोग ही हर प्रकार पर लिखते हैं। सामान्य।

घ. **स्वतन्त्र वार्ता : समीक्षा**—रविवार को एक पुस्तक की समीक्षा। लिखनेवाले एक ही व्यक्ति। आलोचकीय दृष्टि। गुण-दोष विवेचन।

च. **राजकमल प्रकाशन का प्रचार पत्र** : छोटी टिप्पणियाँ नये प्रकाशनों पर। बॉक्स और कॉलम में नये प्रकाशनों की जानकारी देते हुए विज्ञापन

परक सामग्री।

छ. **विश्वविद्यालय प्रकाशन** : राजकमल की ही भाँति। साथ ही पत्रिकाओं के महत्त्वपूर्ण अंकों पर परिचयात्मक टिप्पणी भी।

**वर्ग 5** : क. आजकल का स्वर्ण जयंती अंक—आठ लेखनुमा दो-तीन पृष्ठ की समीक्षा। अनुभवी रचनाकार ही समीक्षक। गहराई और सरलता का अद्‌भुत सन्तुलन लिये हुए।

जैसा कि हिन्दी पत्रकारिता में परम्परा रही है, पत्र-पत्रिकाओं में छपने वाली समीक्षा के अधिकांश समीक्षक स्वयं भी रचनाकार हैं, कुछ नामी और प्रतिष्ठित तो कुछ उभरते हुए। यह सूची बहुत लम्बी हो सकती है पर जिनके नाम एकाधिक बार सामने आये उनमें से कुछ उल्लेखनीय नाम हैं—देवेन्द्र इस्सर, प्रयाग शुक्ल, परमानन्द श्रीवास्तव, अशोक वाजपेयी, श्री लाल शुक्ल, अजित कुमार, वागीश शुक्ल, सुरेन्द्र तिवारी, कैलाश चन्द्र भाटिया, रामजी मिश्र, अरविन्द त्रिपाठी, गिरीश रस्तोगी, गोविन्द रजनीश, मीनाक्षी पुरी, प्रभात त्रिपाठी और 'ज्ञानोदय' में कई बड़े नाम व्यावहारिक समीक्षा से जुड़े मिलते हैं, जैसे उदय शंकर भट्ट, केशव प्रसाद मिश्र, सीताराम चतुर्वेदी और शरद देवड़ा आदि। निश्चित ही हिन्दी पत्रकारिता में समीक्षा को स्थापित करने, उसे नया रूप और तेवर देने तथा उसकी स्तरीयता को बनाये रखने के पीछे साहित्य और साहित्य कर्म को गम्भीरता से देखने और साहित्यिक वातावरण में ही साँस लेने वाले इन समीक्षकों का ही योगदान है। हिन्दी पत्र-पत्रिकाओं में प्रकाशित समीक्षाओं के शीर्षक देखने मात्र से भी इनके स्वरूप की बानगी मिल सकती है। इन शीर्षकें में से कई को उनकी अभिव्यंजना या शैली के धरातल पर मूल समीक्षा से जोड़ते हुए देखना अपने-आप में गम्भीर शोध का विषय बन सकता है। यहाँ विभिन्न वर्गों में वर्गीकृत पत्रिकाओं के शीर्षक को इस तरह रखा जा सकता है। अगर हिन्दी की सभी पत्र-पत्रिकाओं से सैकड़ों शीर्षक जुटाये जाएँ तो और भी परिणाम निकल सकते हैं—

1. पुस्तक का नाम मात्र : बाणभट्ट की आत्मकथा (आजकल : स्वर्ण जयंती अंक), कठगुलाब (दस्तावेज़—यह पत्रिका हमेशा अपनी समीक्षाओं के शीर्षक पुस्तक के नाम को ही बनाती है), राधा माधव रंग रंगी (भाषा : यह पत्रिका भी हमेशा पुस्तक के नाम को ही समीक्षा का शीर्षक बनाती है), गुज़रा हुआ ज़माना (अभिरुचि), लिपि विज्ञान और नागरी लिपि (कल्पना : यह पत्रिका भी हमेशा पुस्तक के नाम को ही समीक्षा का शीर्षक बनाती थी), शायरी के नये मोड़ (ज्ञानोदय : यह पत्रिका भी हमेशा पुस्तक के नाम को ही समीक्षा का शीर्षक बनाती थी)।

2. रचना के नाम के साथ सामान्य कथन : 'झाँसी की रानी' पर एक दृष्टि (आजकल), 'कहानी' का सन्दर्भ (आजकल), ग्राम्शी की 'जेलनोट बुक' (उत्तर प्रदेश)।
3. पाठक को सूचना देते हुए : दिनकर की नयी रचनाएँ (आजकल : 1954 में प्रकाशित 'दिनकर' की चार पुस्तकों पर 'बच्चन' की समीक्षा), तीन कवि : चार संग्रह (आजकल : बच्चन और गिरिजाकुमार माथुर के एक-एक तथा शिवमंगल सिंह सुमन के दो काव्य संग्रहों पर 'दिनकर' की समीक्षा) हिन्दी में शेक्सपियर (आजकल : रांगेय राघव द्वारा अनूदित पाँच नाटकों पर नेमिचंद्र जैन की समीक्षा)।
4. रचना के मन्तव्य की ओर मुड़ते सृजनात्मक शीर्षक : कविता की दूर जाती आवाज (रात में हारमोनियम : उदय प्रकाश की समीक्षा, तद्भव में), परिचित स्वाद में हस्तक्षेप (उन हाथों से परिचित हूँ मैं : शलभ श्रीराम सिंह की समीक्षा, वागर्थ में), गायक का अन्तरंग बहिरंग (बहुरि अकेला : अशोक वाजपेयी की समीक्षा, इण्डिया टुडे में), अप्रकाशित पर प्रकाश (मलयज की डायरियों की समीक्षा, बहुवचन में)।
5. रचना के प्रति निष्कर्ष देते शीर्षक : यथार्थ को उकेरता एक व्यंग्य (आजकल), उदिता : हिन्दी कविता का अद्‌भुत प्रतिबिम्ब (अभिरुचि), शताब्दी पुरूष की औपन्यासिक गाथा (कथादेश), आस्था और बेचैनी की उजली अभिव्यक्ति (आजकल), रूढ़िगत सामाजिक विधान का सर्जनात्मक प्रतिवाद (गोलकोंडा दर्पण)।
6. समन्वित शीर्षक : मृत्यु के आरपार (जो नहीं है, जग से ओझल, दो बारिशों के बीच की समीक्षा, समकालीन भारतीय साहित्य में), यात्रा और पड़ाव (यात्राचक्र, विदिशा, अतीतजीवी, सफर सुहाने की समीक्षा, समकालीन भारतीय साहित्य में)

हिन्दी में समीक्षा लेखन की नींव पत्रकारिता ने रखी और उसी ने इसका विकास भी किया। पत्र-पत्रिकाओं में प्रकाशित समीक्षाएँ वैविध्यपूर्ण हैं, उनका रूपाकार भी भिन्न है और पाठक के प्रति दायित्व भी। कुछ यह मान कर चलते हैं कि उनका पाठक साहित्य का गहन अध्येता है अतः वे पुस्तक समीक्षा (रिव्यू) में साहित्य चिन्तकों के उद्धरण देकर समीक्षा कृति के अलावा उसी लेखक की पूर्व प्रकाशित अथवा अन्य लेखकों की पुस्तकों के सन्दर्भ देकर तथा समीक्षा कृति की पंक्तियाँ उद्धरित करते हुए उसका मूल्यांकन करते हैं। यह प्रक्रिया सैद्धान्तिक आलोचना की है जिसे कई साहित्यिक

पत्रिकाएँ अपना रही हैं। इसमें कुछ गलत भी नहीं है। यदि पाठक वास्तव में नयी पुस्तकों की जानकारी ही नहीं बल्कि उनमें निहित सामग्री को विवेचनात्मक स्तर पर पाना चाहता है तो ठीक है। कुछ पत्रिकाएँ (अपनी प्रकृति में साहित्यिक होते हुए भी) समीक्षा में एक प्रकार का सन्तुलन बरतती हैं, वे इसे 'शोध लेख' अथवा सैद्धान्तिक समीक्षा (समीक्षात्मक आलेख) से अलग स्वरूप देती हैं। एक-दो पृष्ठ में पुस्तक की रचनात्मक ऊर्जा का सामान्य परिचय देना और पाठक में उस पुस्तक को पढ़ने या न पढ़ने का विवेक पैदा करना इसका लक्ष्य होता है। कई पत्रिकाएँ परिचयात्मक टिप्पणियों को भी 'समीक्षा' के अन्तर्गत ही रखती हैं जिसमें मूलतः यह बताया जाता है कि पुस्तक के कितने खंड हैं, उनके शीर्षक क्या हैं, पुस्तक की विशेषता क्या है आदि।

हिन्दी पत्रकारिता ने समीक्षा लेखन को भिन्न रूप ही प्रदान नहीं किये हैं, पाठक और रचना के बीच सम्बन्ध बनाने, रचनाशीलता को सामयिक सन्दर्भ देने और साहित्य केन्द्रित रचना-कर्म की पहचान बनाने का उल्लेखनीय कार्य भी किया है। फिर भी पत्र-पत्रिकाओं में प्रकाशित समीक्षा को उतनी गम्भीरता से नहीं लिया जाता जितना सैद्धान्तिक समीक्षा को। जबकि इनके महत्त्व की पहचान से पत्रकारिता और समीक्षा के अन्तस्सम्बन्ध को समझने का और समीक्षा की बोधगम्य परम्परा को परखने-जाँचने का अवसर मिल सकता है। जड़ और शुष्क होती जा रही (साहित्य के सामान्य पाठक के लिए) सैद्धान्तिक आलोचना की तुलना में समीक्षा की सम्प्रेषणीयता को बनाये रखने की अभिव्यंजनात्मक जद्दोजहद शायद व्यावहारिक समीक्षक को ज्यादा करनी पड़ती है। इन व्यावहारिक समीक्षाओं पर भिन्न-भिन्न नज़रिये से दृष्टिपात किया जाना और इन्हें साहित्यिक चर्चा, बहस और शोध के दायरे में ले आना अब जरूरी लगता है। कुछ नज़रिये इस प्रकार हो सकते हैं--

1. छोटी-बड़ी समीक्षाओं के वर्ग बनें और उनका पाठ-विश्लेषण किया जाय। इससे पत्र-पत्रिकाओं में प्रकाशित समीक्षाओं के प्रोक्ति—प्रकारों पर प्रकाश पड़ सकता है। भारतेन्दु-द्विवेदी-सामयिक युग की पत्र-पत्रिकाओं में प्रकाशित समीक्षाओं की प्रोक्ति का तुलनात्मक विवेचन भी कई तथ्य खोल सकता है।
2. परिचयात्मक समीक्षा की भाषा पर बात की जाय। इनके छोटे (टेलिग्राफिक) वाक्यों, शब्द-चयन, अभिव्यक्तियों का प्रयोग बारम्बारिता (फ्रीक्वेन्सी ऑफ यूज़) के आधार पर देखे जाएँ। ऐसा करके हम समीक्षा की एक विशिष्ट प्रयुक्ति (शैली) का निर्धारण भी कर सकेंगे।
3. इसी तरह मात्र रचना केन्द्रित समीक्षाओं और शोधपरक समीक्षाओं का भाषाई

विश्लेषण करते हुए भी इनके शैलीय प्रारूप निर्धारित किये जा सकते हैं। भारतेन्दु द्विवेदी युगीन समीक्षा भाषा से इनकी तुलना भी की जा सकती है। असहमति जताने वाली संरचनाओं जैसे वर्ग बनाये जा सकते हैं अथवा पत्रकारिता की समीक्षा ने जो नयी अभिव्यक्तियाँ गढ़ी हैं, उन्हें रेखांकित किया जा सकता है।

4. पत्र-पत्रिकाओं में प्रकाशित समीक्षाओं के स्वरूप पर भी बात हो सकती है। मात्र आत्मतुष्टि या कर्तव्यनिर्वाह के निमित्त लिखी गयी, प्रशंसात्मक, विरोध दर्शाती, ज्ञानात्मक, तटस्थ, तुलनात्मक समीक्षा जैसे वर्ग बना कर समीक्षक के उद्देश्य, उसके दृष्टिकोण, उसकी हठधर्मिता, उसकी सदाशयता अथवा उसके पूर्वाग्रहों पर बहस की जा सकती है। समीक्षा की समीक्षा की परम्परा भारतेन्दु युग में भी थी और द्विवेद्वी युग में भी; जिससे रचना की गहराइयों तक जाने का अवसर भी मिलता था और मूल समीक्षक भी इससे बहुत कुछ सीखता था। आज जब इतनी बड़ी मात्रा में समीक्षाएँ छप रही हैं तो बिना 'समीक्षा की समीक्षा' के समीक्षकों को अन्तिम निर्णायक मानकर खुला छोड़ देने के अपने खतरे हैं, जिनके संकेत ही नहीं, अनेक प्रमाण साफ दिखाई भी देने लगे हैं।
5. भिन्न साहित्यिक विधाओं की समीक्षा शैली के वैशिष्ट्य पर भी प्रकाश पड़ना चाहिए। बाहर के देशों में 'सौन्दर्यशास्त्र', 'आलोचना', 'रिव्यू' के जो कोश प्रकाशित हैं उनमें शब्दों का बड़ा हिस्सा पत्र-पत्रिकाओं में प्रकाशित समीक्षाओं से ही मिला है। हिन्दी में भी इसकी अनन्त सम्भावनाएँ हैं। इसके साथ ही भिन्न विधाओं की समीक्षाओं की सम्प्रेषणीयता का अनुपात भी आँका जा सकता है कि कहानी की समीक्षा शैली कविता की समीक्षा शैली से सरल कैसे या किन आधारों पर होती है।
6. व्यावहारिक समीक्षा में उभरते और स्थापित समीक्षकों पर ही नहीं उनकी विवेचन क्षमता, भाषा प्रयोग, प्रस्तुतीकरण, प्रोक्ति-निर्माण-दक्षता (कि वे कैसे समीक्षा को शुरू करते हैं, कैसे उसका अन्त करते हैं, विवरण का इस्तेमाल कब करते हैं और कब रचना के भीतर जा कर या कब उसके बाहर खड़े हो कर अपनी बात कहते हैं आदि, आदि) पर विचार होना चाहिए, शोध होना चाहिए।
7. श्रेष्ठ, सामान्य और घटिया समीक्षा के मानक उपरोक्त नज़रिये से बनें, इनका आकलन हो। साथ ही प्रभाववादी, परिचयात्मक, गहन, व्यावहारिक समीक्षा के मानदण्डों की स्थापना भी प्रकाशित समीक्षाओं की 'बुनावट' के आधार पर करने की जरूरत है। राय और समीक्षा के भेद पर भी प्रकाश पड़ना चाहिए।

इनका प्रारूप - भेद भी शैलीय/भाषाई भेद के जरिए रेखांकित हो सकता है।

8. गम्भीर विचारों को रोचक सम्प्रेषणीय शैली (जैसी कि भारतेन्दु, प्रेमचन्द, शिवपूजन सहाय की थी) में प्रस्तुत करने वाली समीक्षाओं/समीक्षकों पर विशेष ध्यान देते हुए उन भाषाई तत्त्वों को रेखांकित करने की जरूरत है जिनके संयोजन से उनकी समीक्षा शैली में ओज और प्रवाह का सन्तुलन बना है।

यह मानने में हमें तनिक भी संकोच नहीं होना चाहिए कि साहित्य की अन्य विधाओं की भाँति ही व्यावहारिक समीक्षा (रिव्यू) का भी महत्त्व है। इसके विकास में पत्रकारिता की प्रमुख भूमिका रही है। मूलतः साहित्यिक कर्म को लोगों तक पहुँचाने का कार्य इसके माध्यम से सम्भव हो रहा है और इसके लेखन से हिन्दी के मूर्धन्य साहित्यकार, आलोचक सम्बद्ध हैं अतः व्यावहारिक हिन्दी समीक्षा पर हर कोण से विचार हो, चर्चा हो, शोधकार्य हो, इस आकांक्षा के फलीभूत होने में मैं समझता हूँ बहुत कठिनाई भी नहीं है। हिन्दी विभाग, पत्रकारिता विभाग, पत्र-पत्रिकाओं से जुड़े लोग एक साथ मिल कर इस सर्वाधिक लिखी-जाने वाली और सर्वाधिक लोगों तक पहुँचने वाली विधा पर गम्भीरता से कार्य करें तो समीक्षा-लेखन को एक वैज्ञानिक प्रारूप भी दिया जा सकता है, प्रशिक्षण दे कर सक्षम साहित्य समीक्षक तैयार भी किये जा सकते हैं।

# पाक-विधि की हिन्दी

आज के विस्तृत होते भाषा-प्रकार्यों तथा भाषा विकास (लैंग्वेज डेवलपमेंट) और भाषा-परिवर्तन (लैंग्वेज चेंज) के प्रति तेजी से बदलती अवधारणाओं के सन्दर्भ में जब तक **शैली विज्ञान और समाज भाषाविज्ञान, शैली और भाषा-भेद, शैली और प्रयुक्ति का प्ररूपविज्ञान (टाइपॉलजी)** तथा **प्रयोजनमूलक शैली या प्रयुक्ति** पर विस्तार से चर्चा नहीं होगी, भारतीय भाषाओं के अध्ययन-विश्लेषण को सही दिशा न मिल सकेगी। इसमें अब कोई शक नहीं रह गया है कि शैलीविज्ञान और समाज भाषाविज्ञान दोनों ही **भाषा में अन्तर्भुक्त** उन वैशिष्ट्यों विचलनों और असंगतियों को अपने अध्ययन का विषय बनाते हैं जिन्हें **व्यवस्थापक भाषाविद्** न तो अपने अध्ययन में समेट पाये और न ही इनका अनुमान कर सके। **एकरूप भाषा-समुदाय** की क्षमता (कांपिटेंस) से सम्बद्ध इस मॉडल में न तो **समाज-सन्दर्भित भेदों** के लिए कोई जगह है और न ही **शैली वैशिष्ट्य** के लिए। समाज नियन्त्रित भाषिक रूपों के नकार के कारण इन भाषाविदों ने भाषा के समाज में प्रतिफलित भेदों (वैरिएशंस) को **अनियमित, अव्याकरणिक** अतः अस्वीकार्य माना और प्रयोक्ता की मनोभूमि, अनुभूति तथा समाज-सांस्कृतिक पृष्ठभूमि से सम्बद्ध शैलीय भेद को **सामान्य भाषा के नार्म से विचलित अतः उपेक्षणीय** घोषित किया। लेकिन **पाठ**, चाहे वह **साहित्यिक** हो अथवा **साहित्येतर**, भाषा के इस व्यावहारिक स्वरूप अथवा वैभिन्न्य से ही सृजनात्मक, पठनीय और प्रभावशाली बनता है।

अतः समाज-संदर्भित और शैलीय भाषा-भेदों से सम्बद्ध-समाज भाषाविज्ञान और शैलीविज्ञान, दोनों ही **भाषा-विभेद** के पाठगत गुणों को उद्घाटित और विश्लेषित करने का कार्य करते हैं। दोनों का लक्ष्य वे उक्तियाँ (अटरेंसेज़) हैं जो समान सूचनाएँ सम्प्रेषित करती हैं, जिनके अर्थगत मूल्य भी समान होते हैं लेकिन जो अपने अतिरिक्त सौन्दर्यगत (एस्थेटिक) सूचना के कारण एक-दूसरे से भिन्न हो जाती हैं। व्यक्ति, सामाजिक समूह और सामाजिक-क्षेत्रीय वर्ग भेद से उत्पन्न

भाषा भेद इन दोनों शास्त्रों (अनुप्रयुक्त भाषाविज्ञान की शाखाओं) के सम्बन्ध को और भी गहरा करते हैं।

यहाँ प्रच्छन्न रूप से अनुवाद की चर्चा भी कर ली जाय जो आज साहित्यिक और साहित्येतर दोनों प्रकार के पाठों को एक भाषा (समाज-संस्कृति) से दूसरी भाषा (समाज-संस्कृति) में अन्तरित करने का कार्य करता है। भाषा में निहित सामाजिक और शैलीय भेदों के कारण ही अनुवाद-शास्त्र में **समतुल्यता के सिद्धान्त** का आगमन हुआ और इस पर व्यापक बहस भी हुई। प्रसिद्ध अनुवाद शास्त्री नाइडा ने दो तरह की समतुल्यता की चर्चा की है—**औपचारिक (फ़ॉर्मल)** और **गत्यात्मक (डॉयनेमिक)**। अनुवाद-प्रक्रिया में पहले स्तर पर **पाठ में निहित संदेश** को रूप एवं कथ्य के धरातल पर **वाक्य दर वाक्य, संकल्पना दर संकल्पना रूपान्तरित करने का प्रयास किया जाता है** तो दूसरे स्तर पर **लक्ष्य भाषा में चयनित समतुल्य इकाई के प्रभाव पर बल होता है।** बात चाहे सन्देश के **औपचारिक रूपात्मक अन्तरण** की हो अथवा **प्रभावपरक अभिव्यक्ति के अन्तरण** की, लक्ष्य भाषा में ढलने की प्रक्रिया (अनुवाद प्रक्रिया) अनुवादक से भाषाई सजगता और भाषिक विश्लेषण की माँग करती है। अतः व्यापक होते अनुवाद-सन्दर्भों में भी हमें समाज भाषावैज्ञानिक तथा शैलीवैज्ञानिक प्रणालियों एवं परिणामों के प्रति अतिरिक्त सजग रहने की आवश्यकता है।

समाज भाषाविज्ञान जब **शैली, शैलीगत भेद, सामाजिक शैली, शैली परिवर्तन** की व्याख्या करते हुए इन्हें भाषाई विश्लेषण का आधार बनाता है, तब वास्तव में वह समाज भाषावैज्ञानिक समस्याओं का समाधान खोजने का ही यत्न कर रहा होता है कि **क्या कोई शैली विशेष किसी वर्ग, राजनीतिक समूह, शिक्षा वर्ग या प्रयोग क्षेत्र से बँधी या इन्हें व्यक्त करने वाली होती है।** इन दोनों शास्त्र को एक दूसरे में समाहित मानने और इनके सह-सम्बन्ध खोजने का प्रयास कई भाषावैज्ञानिकों ने बड़ी ही गम्भीरता के साथ किया है। इस सम्बन्ध में विडोसन (1974) का कहना है कि **शैलीवैज्ञानिक विश्लेषण का मूल प्रयोजन है, यह पता लगाना कि किसी सन्देश के उत्पादन में भाषा कोड के स्रोतों को किस तरह समायोजित किया गया है। इसका लक्ष्य पाठ में निहित प्रयोग की अभिरचनाएँ (पैटर्नस) होती हैं जिनमें सन्देश सामाजिक रूढ़ियों की व्यवस्था के अनुसार ढलते या ढाले जाते हैं। इस तरह शैलीविज्ञान एक प्रकार से भाषा के सामाजिक प्रकार्य का अध्ययन करता है अतः समाज भाषाविज्ञान की एक शाखा है।** क्रिस्टल (1981) के अनुसार **शैलीविज्ञान को समाज भाषाविज्ञान से ऊपर स्थान देना चाहिए क्योंकि समाज भाषाविज्ञान भाषा प्रकार और भाषा भेदों का ही विश्लेषण करता है जबकि शैलीविज्ञान भाषा के व्यवस्थापरक, परिस्थितिजन्य और आन्तरभाषिक**

**(इंटरालिंगुइस्टिक) विकल्पनों को भी अपने विश्लेषण का विषय बनाता है।**

इन दोनों को अच्छी तरह समझने के लिए **शैली और भाषा** के विविध प्रकारों और भेदों पर भी गहन विचार मिलते हैं। इन विचारों का केन्द्रीय अथवा मूलभूत सूत्र यह है कि **भाषा, संरचना में बँधी होने पर भी विषमरूपी (हेटेरोजेनस) होती है अतः पाठ के भाषिक भेदों को 'प्रकारों' के रूप में व्यवस्थित करके रखना-देखना चाहिए।** इस कार्य के लिए आधुनिक (अनुप्रयुक्त) भाषाविज्ञान ने कई उपागम (एप्रोच) विकसित किये हैं जिनमें मुख्य यह है कि **प्रकार परक स्तरण** (डिस्ट्रैटिक वेराइटीज़) की प्रासंगिकता **समाज भाषाविज्ञान** के साथ है और प्रकारपरक प्रावस्था (डाइफ़ेसिक वेराइटीज़) की शैलीविज्ञान के साथ। इन दोनों में अति व्याप्ति की सम्भावना पर भी विद्वानों ने विचार किया है कि **विषय केन्द्रित प्रकार परक भेद** समाज भाषावैज्ञानिक दृष्टि के भी संकेतक हो सकते हैं (बोली भाषियों का प्रभाव, बोली भाषियों की भाषा सीमा आदि) और शैलीवैज्ञानिक दृष्टि के भी (साहित्य में बोलियों का शैलीय प्रतिफलन आदि)। यहाँ यह तथ्य उल्लेखनीय है कि भाषाई भेद की अब तक उपलब्ध वर्गिकी (टेक्सोनॉमी) में न तो एक ही भाषा रूप के बीच बनते सम्बन्धों या भेदों का जिक्र है और न ही इनके विवरण या व्याख्या देने की कोई परिपाटी।

कलीन (1976) ने इस सीमा को पहचानते हुए ही सम्भवत : लेबॉव के हवाले से यह कहा था कि **लेबॉव द्वारा प्रदत्त सुव्यक्त परिवर्त नियम (एक्सप्लिसिट वैरिएबुल रूल्स) भिन्न प्रकारों में निहित वैभिन्न्य पर तो प्रकाश डालते हैं लेकिन समाज-संदर्भित भाषाई सामग्री और भाषाई परिवर्तों पर नहीं।** और इसी सीमा की ओर चैटमेन (1967) ने भी **शैली और पर्यायवाचिता** पर विस्तृत चर्चा करते हुए इंगित किया कि **शैली की कोटियों को प्रयोग क्षेत्र से जोड़कर देखना चाहिए तभी हमें भाषा की सुव्यक्त (एक्सप्लिसिट)/और अव्यक्त (इंप्लिसिट) शैली की अनेक स्थितियाँ दिखाई दे सकती हैं।** इसी सीमा को परखते हुए **एक ही भाषा की दो उक्तियों द्वारा लगभग समान सूचना सम्प्रेषित करने वाली** बहुप्रचलित परिभाषा (हॉकेट : 1958) पर टिप्पणी करते हुए यह कहा गया कि **यह देखना ज़्यादा जरूरी है कि किस स्थिति विशेष में दो भाषा उक्तियाँ समान सूचना सम्प्रेषित करती हैं।** और यह चेताया गया कि अध्येता इस ओर गम्भीरता से ध्यान दे कि इस सन्दर्भ में इनमें से क्या-कितना महत्वपूर्ण है—**मुख्यार्थ की पहचान, शब्दिम का समरूप अर्थ, पाठ का मंतव्य या उक्तियों का सम्प्रेषण परक प्रभाव।** कहने की आवश्यकता नहीं कि अनुवाद करते समय किसी भी प्रकार की सूचना (साहित्यिक या साहित्येतर) के सम्प्रेषण में इन चारों की पहचान महत्त्वपूर्ण और उपयोगी सिद्ध हो सकती है।

इन चर्चाओं की गहराई के चलते ही कालान्तर में शैलीविज्ञान को अर्थ विज्ञान के साथ समायोजित करते हुए **शैली** और **चयन** दोनों को महत्त्व दिया गया। यह प्रतिपादित किया गया कि शैलीय चयन **सायास** भी होता है और **अनायास** भी (स्पिलनर, 1974)। स्पिलनर ने यह भी कहा कि **शैलीय चयन पूरी तरह स्वतन्त्र नहीं होता,** क्योंकि इसका निर्धारण कुछ रूढ़ियों, नियमों और शैलीय प्रतिमानों के आधार पर होता है।

समाज शैलीविज्ञान (सोशियो-**स्टाइलिस्टिक्स**) की अवधारणा और मान्यताओं के प्रकाश में ही हम प्रयोजनमूलक शैली की चर्चा करेंगे। **भाषा प्रयोक्ता की प्रकारता (मॉडेलिटी) के आधार पर प्रयोग क्षेत्र (डोमेन) को केन्द्र में रख कर जन्मे शैली भेद को ही प्रयोजनमूलक कहा गया है।** इसे ही प्रमुख भाषाविदों ने **प्रयुक्ति** की संज्ञा भी दी है। सहज भाषा (कैज़ुअल स्पीच) और सजग भाषा (केयरफुल स्पीच) के द्वन्द्व से उपजी भाषा शैली, जिसे लेबॉव ने **सन्दर्भगत शैली** (कांटेक्स्चुअल स्टाइल) कहा है; **वास्तव में शैली नहीं, प्रयुक्ति है।** यदि ऐरॉन्स्टीन (1920) से लेकर मुलर (1981) तक **शैलीविज्ञान** पर व्यक्त विचारों को समेटा जाय तो शैलीविज्ञान की एक साफ़ तस्वीर उभरती है–

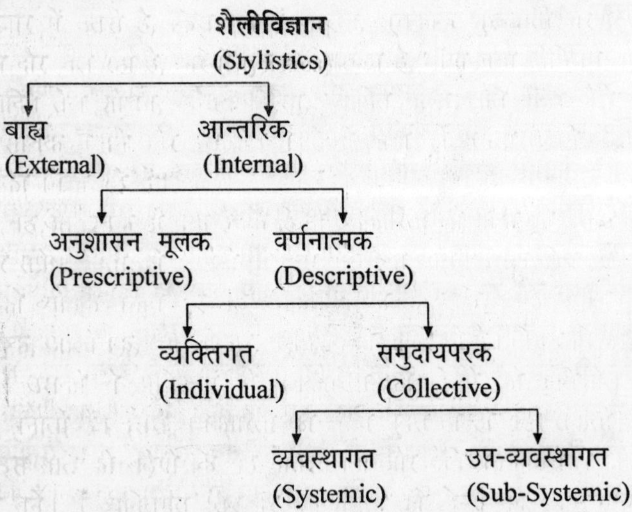


वास्तव में ये भाषा की उप-व्यवस्थाएँ हैं। इनमें से जिनका चुनाव स्थिति और संप्रेषण की आवश्यकता के अनुसार किया जाता है उन्हें **प्रयुक्ति** कहा गया है। इसे ही लेपॉक (1980) ने **वाक् गठन की रीति** (Mode of speech organisation) कहा था। प्रयोजनमूलक शैली का सिद्धान्त 1930 में प्राग स्कूल के भाषाविदों ने रूसी

रूपवाद के प्रभाव में विकसित किया था और यह प्रतिपादित किया था कि **प्राकृतिक भाषा की संरचनात्मक व्यवस्था प्रयोग के धरातलों** (Range) **और वाक् प्रयोजनों** (Functions) **के कारण बदलती रहती है।** इसी आधार पर रिसेल (1954) ने जर्मन भाषा की पाँच प्रयोजनमूलक शैलियों की चर्चा की–जन सम्प्रेषण की शैली, प्रेस पत्रकारिता की शैली, दैनंदिन भाषा व्यवहार की शैली, वैज्ञानिक शैली और साहित्यिक शैली। वास्तव में यहीं से प्रयोजनमूलक शैली और भाषा प्रयुक्तियों पर गम्भीर चर्चा शुरू हुई। जे. आर. फर्थ ने इसे विकसित किया तथा एम.ए.के. हैलिडे ने प्रयुक्ति को **प्रयोग सापेक्ष भाषा भेद** कहा। ग्रेगरी और कैरेल (1976) ने प्रयुक्ति को क्षेत्र (Field), रीति (Mode) और सरणि (Tenor) से जोड़ते हुए भूगोल (Field) पर भाषण (Mode and Tenor), पाककला (Field) पाकविधि (Tenor) पाक से सम्बन्धित पुस्तकें (Mode), व्यक्तिगत (Field and Tenor) बातचीत (Tenor and mode) जैसे प्रयुक्ति भेदों को प्रयोग के सन्दर्भ में देखा और इनके भाषिक स्वरूप पर दृष्टिपात किया। इस तरह प्रयुक्ति के सिद्धान्त ने समाज भाषाविज्ञान को भाषा विकल्पनों का विवरण देने में सक्षम बनाया। प्रयोजन और स्थिति से सम्बन्धित भाषा विकास की इस अनिवार्यता (प्रयुक्ति निर्माण) के अध्ययन को टर्नर ने इन शब्दों में पारिभाषित किया है–A systematic study of the situations which mould the various registers.

अब प्रयुक्ति को इस परिभाषा में बाँधा जा सकता है कि **प्रयुक्ति मूलरूप से प्रयोग-क्षेत्र से बँधी भाषिक शैली है। इसे सामाजिक व्यवहार के लिए प्रयुक्त सीमित कोड (रेस्ट्रिक्टेड कोड) भी** कह सकते हैं। किसी भी विकसित भाषा में वैज्ञानिक, धार्मिक, साहित्यिक, वैधानिक प्रयुक्तियों का अस्तित्व रहता ही है। इनके साथ ही **अखबारों की शीर्ष पंक्ति, पाकविधि, सिलाई-कढ़ाई, सौन्दर्य की देखभाल** आदि की भी अपनी प्रयुक्तियाँ हैं। इसमें सन्देह नहीं कि हर प्रयुक्ति का अपना भाषिक संसार है, यह कहें कि अपने निजी भाषिक स्वरूप से ही किसी प्रयुक्ति की पहचान बनती है। लीच (1966) ने इसी पहचान को अंग्रेजी विज्ञापनों के प्रयुक्तिपरक विश्लेषण द्वारा स्थापित किया था और सुरेश कुमार (1978) ने हिन्दी विज्ञापनों के विश्लेषण द्वारा।

हिन्दी की पाक-विधि की प्रयुक्ति को यदि विश्लेषित किया जाय तो शैली और प्रयुक्ति दोनों स्तरों पर उसके वैविध्य को देखा जा सकता है, परिस्थिति और सन्दर्भ के अनुसार इनकी अभिरचनाएँ (Patterns) तय की जा सकती हैं। उदाहरण के लिए पाक-विधि की हिन्दी में–**तड़का लगाएँ, चुटकी भर नमक, गर्मागर्म, उबाल आने दें, पलट दें, परोसें, एक कनी रहने तक उबालें, चावलों पर जमा दें, एक सार**

**कर लें, हल्के हाथों से मिला लें, जीरा डाल कर चटकाएँ, दरदरा कूट लें** जैसे प्रयोग शैलीय गठन (Stylistic organisation) को दर्शाते हैं जहाँ **तड़का, चुटकी भर, गर्मागर्म, एक कनी रहने तक, एकसार, जमा दें, हल्के हाथों से, चटकाएँ, दरदरा** के अपने विशिष्ट सन्दर्भार्थ हैं। यह शैलीय गठन अनेक स्थलों पर **शैली भेद या विकल्प** के रूप में भी दिखाई देता है जहाँ एक ही सन्देश के सम्प्रेषण के लिए मिलती-जुलती उपलब्ध भाषिक इकाइयों में से उपयुक्तता (appropriateness) की दृष्टि से किसी एक का चयन किया जाता है—**मिश्रण-घोल, मंद आँच-धीमी आँच, मिक्स करें-मिला लें, रोल-गट्टा, भरावन-मिश्रण, अंडे की जर्दी-अंडे की सफेदी, तीन चार फाँक लहसुन-तीन चार जवा लहसुन, मटर के दाने-छिले मटर, काला मसाला-गरम मसाला, पेट फाड़ लें-चीरा लगाएँ** आदि।

प्रयुक्ति की निजता या वैशिष्ट्य की दृष्टि से हिन्दी पाक-विधि में **निर्देशात्मक क्रिया रूप** की प्रधानता दिखाई देती है। ये क्रिया रूप सामान्य भी हैं और संयुक्त भी, जैसे : **निथार लें, लम्बे-लम्बे टुकड़े कर लें, दो तार की चाशनी बनाएँ, गोल काट लें, मैदा हल्का भूनें, प्याज सुनहरा करें, कड़ा गूँध लें, गहरे तेल में तलें, आटे से लोई तोड़ें, कचौड़ी का आकार दें** आदि। निथारना, दो तार की, हल्का भूनना, सुनहरा करना, गहरे तेल में जैसे प्रयोग इस प्रयुक्ति में हिन्दी की अपनी अभिव्यक्तियों के विकास का उदाहरण माने जा सकते हैं। निर्देशात्मक क्रिया-रूपों में भी शैलीभेद और चयन का स्तर कई स्थलों पर दिखाई देता है। जैसे विशेषण के स्तर पर **सुनहरा, गुलाबी, भूरा (भूनना)** और क्रिया के स्तर पर **परोस दें, (सामान्य) तथा पेश करें, सर्व करें (नामिक)।**

यहाँ यह भी ध्यान दें कि पाक-विधि की सम्प्रेषण परकता में स्त्री की भूमिका प्रमुख है। यहाँ सन्देश के प्रेषक और प्रेषिति (लेखक-पाठक) की भूमिका में स्त्रियाँ ही हैं। अतः क्रिया रूप का स्त्रीलिंग द्योतक रूप भी इस प्रयुक्ति में उजागर मिलता है जैसे—**अब-आप देखेंगी, आप पाएँगी, अचानक मेहमान आ जाय तो आप परेशान हो जाती हैं, आदि।** यह भी विचारणीय है कि निर्देशात्मक प्रोक्ति से बँधे इस शैली-वर्ग में लेखक-पाठक का सामाजिक स्तर समान है। फिर भी सर्वनाम **'तुम'** और **आदर रहित** क्रिया रूप के स्थान पर **'आप'** और **आदर सहित** क्रिया रूप का प्रयोग ही सर्वत्र दिखाई देता है। पाठक को आदर देते हुए **निर्देश** देने से वाक्य रचना में **आदेश** के स्थान पर **अनुरोध** का भाव व्यक्त होने लगता है जिससे कि लेखक-पाठक के बीच सद्भावना और विश्वास बढ़ता है। इसीलिए इस प्रयुक्ति में **ठंडा होने दें, रख दें, फैला दें, निकाल दें, दबा दें, भर दें, छिड़क दें, पकने दें** जैसे प्रयोग ही मिलते हैं **रख दो, फैला दो, दबा दो** जैसे नहीं।

पाक-विधि की प्रयुक्ति पाक-प्रक्रिया के विविध चरणों को क्रमशः अभिव्यक्ति करने से बनती है। यह प्रयुक्ति भाषा-प्रकार्य (Language function) की दृष्टि से नियामक प्रकार्य (Regulatery Function) का प्रतिनिधित्व करती है जिसके अन्तर्गत **भाषा का प्रयोग दूसरों के व्यवहार को नियन्त्रित करने के लिए किया जाता है**। हिन्दी पाक-विधि की प्रयुक्ति की अधिकांश वाक्य संरचनाएँ इन प्रक्रियाओं को **क्रिया+ने तक, क्रिया+ने पर, क्रिया+कर** रूप तथा **में** परसर्ग तथा **के साथ** अव्यय के प्रयोग द्वारा सम्प्रेषित करती हैं–

1. क्रिया+ने तक का प्रयोग : सीटी आने तक पकाएँ, नरम होने तक पकाएँ, पानी सूखने तक भूनें, गाढ़ा होने तक रख दें, तेल अलग होने तक इन्तजार करें, फूल जाने तक फेंटें आदि।
2. क्रिया+ने पर का प्रयोग : उबलने पर आँच मन्द करें, एक कनी रहने पर उतार लें, पारदर्शी होने पर दही डालें, ठंडा होने पर चौकोर टुकड़ों में काट लें, अच्छी तरह भुन जाने पर गोभी डालें, चटकने पर करी पत्ता डालें आदि।
3. क्रिया+कर का प्रयोग : चुकन्दर उबाल कर निचोड़ लें, प्याज डाल कर गुलाबी करें, पानी छिड़क कर ढक दें, मसाले डाल कर चलाएँ, पनीर मिलाकर मसलें, प्याज डाल कर भूरा करें, उतार कर हरी धनियाँ डालें, मक्खन लगा कर परोसें, अंडे उबाल कर छील लें आदि।
4. 'में' परसर्ग का प्रयोग : गोल-गोल टुकड़ों में काट लें, दो टुकड़ों में फांक करें, नमक मिले पानी में डालें, उबलते दूध में मिला दें, तिकोने आकार में काटें आदि।
5. 'के साथ' अव्यय का प्रयोग : दही के साथ परोसें, पराँठे के साथ परोसें, हरी चटनी के साथ परोसें आदि।

शैली के स्तर पर पाक-विधि की हिन्दी में अधिक संख्या प्रचलित शब्दों की है जिनका प्रयोग हिन्दी भाषी क्षेत्र की **रसोइयों** में लोकप्रिय है जैसे–**कसा, बारीक, गाढ़ा, खिलाखिला, लच्छे, छिले-कुटे, दरदरा, नरम, दम, लोइयाँ** आदि। इसमें **पारदर्शी, मिश्रण** जैसे संस्कृत शब्द भी हैं लेकिन इनकी संख्या अत्यल्प है। इस

प्रयुक्ति में विशेषण शब्दों का स्थान प्रमुख है क्योंकि **वस्तु और प्रक्रिया** दोनों के साथ इसकी अनिवार्यता अपेक्षित है अन्याथा सन्देश अपनी पूर्णता के साथ पहुँच ही नहीं पाएगा और परिणाम 'थू-थू' में बदल जाएगा। अतः इस प्रयुक्ति में हमें **बारीक कटा (पालक), उबले मसले (आलू), गाढ़ा मिश्रण (बना लें), बारीक (पीस लें), ठंडा (परोसें), भुना (बेसन), हल्का (भूनें), चौकोर (काटें), छिले कुटे (मटर), कसी (फूलगोभी) हल्का सुनहला (तल लें), उबले (चावल), पिसी (राई)** आदि जैसे प्रयोग भरपूर मिलते हैं।

इस प्रयुक्ति में हिन्दी-अंग्रेजी कोड मिश्रण भी अति प्रचलित है—**बड़े रोल्स बना लें, प्रेशर कुकर में पकाएँ, बेकिंग डिश में रख दें, दो सौ डिगरी सेल्सियस पर पन्द्रह मिनट तक बेक करें, उसी समय सर्व करें, सेट होने के बाद सर्व कीजिए, मोल्ड में इन्हें सेट कर लें, जमाने के लिए फ्रीजर में रखें आदि।** इस प्रकार के कोड-मिश्रण के परिणामस्वरूप ही हिन्दी पाक-विधि प्रयुक्ति में मिक्स करना, बेक करना, सर्व करना, सेट करना, स्टीम करना, ब्लांच करना, सिमर करना, रोस्ट करना, पेस्ट बनाना, ग्राइंड करना, ग्रेवी बनाना, फ्राई करना, डीप फ्राई करना, डेकोरेट करना जैसी अनेक नामिक क्रियाएँ अपनी जगह बना चुकी हैं।

स्वाभाविक है कि इस प्रयुक्ति में खाने-पीने की वस्तुओं के नाम बार-बार आते हैं जिनमें मसालों, सब्ज़ियों, मेवों के साथ अन्य कई चीजें सम्मिलित हैं। यही इस प्रयुक्ति की आधारभूत (बेसिक) शब्दावली है। बारम्बारिता (फ्रीक्वेंसी) की दृष्टि से बहुप्रयुक्त शब्दों की वर्गीकृत सूची देखना यहाँ जरूरी होगा :

**सब्जियों के नाम** : फूल गोभी, बन्द गोभी, पालक, शिमला मिर्च, पुदीना पत्ती, चुकंदर, अरवी, खीरा, हरे प्याज, प्याज, पत्ता गोभी, हरी मिर्च, तुलसी की पत्ती, मशरूम, अजवायन की पत्ती, सूरन, शलगम, अदरक, भिंडी, बैंगन, हरी धनिया, बीन्स, नीबू, मटर, आलू, गाजर।

**मसालों के नाम** : हींग, अजवायन, मेथी, राई, लाल मिर्च पाउडर, हल्दी पाउडर, धनिया पाउडर, लौंग, दालचीनी, बड़ी इलायची, छोटी इलायची, काला मसाला, सौंफ़, चाट मसाला, काली मिर्च, जीरा, करी पाउडर, रसम मसाला।

**आटों के नाम** : बेसन, मक्के का आटा, सूजी, मैदा, दरदरा रवा, गेहूँ का आटा।

**दालों/अनाजों के नाम** : चना, काबुली चना, राजमा, उरद दाल, तुअर दाल, चने की दाल, ज्वार, चावल, बाजरा, अंकुरित मूँग।

| | | |
|---|---|---|
| **आधुनिक वस्तुएँ** | : | सिरका, सफेद सिरका, सलाद तेज, कार्न फ्लोर, वेजिटेबुल स्टार, नूडल्स, चीज़, टमाटर सौस, सोया सौस, चिली सौस, सफेद सौस, पनीर के क्यूब्स, अजीनो मोटो, टमाटर प्यूरी, कस्टर्ड पाउडर, खसखस पेस्ट, बटर क्रीम, चॉकलेट चिप्स। |
| **दूध की वस्तुएँ** | : | दूध, दही, पनीर, छाछ, क्रीम। |
| **मेवे** | : | अखरोट, काजू, किशमिश, चिरौंजी, पिस्ता, बादाम, खरबूजे का बिया। |
| **फल** | : | संतरा, केला, सेब, चेरी, अमरूद, खजूर, आम, लीची, जामुन, फ़ाल्सा, बेल, पपीता। |
| **तेल** | : | देशी घी, रिफाइंड तेल, सरसों का तेल, वनस्पति तेल। |
| **अन्य** | : | चीनी, गुड़, शहद, सोंठ, गोंद। |

इस प्रकार के प्रयुक्ति-विश्लेषण से सम्बन्धित अध्ययन को प्रयोजनमूलक शैलीविज्ञान (Functional stylistics) भी कहा जा सकता है। यह तो आज सर्वस्वीकृत तथ्य है कि प्राकृतिक भाषा (natural language) की संरचनात्मक व्यवस्था एकरूपी नहीं होती, यह प्रयोग के धरातलों और वाक् प्रयोजनों के कारण बदलती रहती है। अपने उपवर्ग बनाती रहती है। यह भी अब स्वष्ट है कि मानक भाषा ही भिन्न-भिन्न प्रकार्यात्मक रूपों में प्रतिफलित हो कर मानव की सम्प्रेषणपरक अधुनातन ज़रूरतों को पूरा करती है। इस सन्दर्भ में हैवरेनेक (1964) ने मानक भाषा की चार प्रयोजनमूलक शैलियों की चर्चा की जिसे एक आरेख के माध्यम से इस तरह दर्शाया जा सकता है—

| **मानक के प्रकार्य** | | **प्रयोजनपरक शैलियाँ** |
|---|---|---|
| संप्रेषण | सं | वार्तालाप |
| (Communication) | प्रे | (Conversation) |
| दैनंदिन तकनीकी | ष | दैनंदिन सामान्य |
| (Workday technical) | ण | (Workday matter of fact) |
| सैद्धान्तिक तकनीकी | प | वैज्ञानिक |
| (Theoretical technical) | र | (Scientific) |
| सौन्दर्यपरक | क | व्याख्यपरक भाषा |
| (Easthetic) | | (Poetic language) |

यहाँ यह ध्यान रखना चाहिए कि प्रयोजनमूलक शैली भाषा की उप-व्यवस्था (Sub-System) है क्योंकि भाषा 'व्यवस्था' नहीं, **व्यवस्थाओं की** व्यवस्था है। यह

उप-व्यवस्था भाषा में निहित उन अनन्त सम्भावनाओं को उजागर करती है जिनके माध्यम से समाज विशेष प्रयोजनों की सिद्धि कर पाता है—इन्हें शैलीय वर्ग (Stylistic Category) भी कहा जा सकता है। पाक-विधि की भाषा एक ऐसा ही वर्ग; एक ऐसी ही उप-व्यवस्था है। यहाँ भाषा का भेद प्रयोग की आवश्यकता से उभरता है (language variety according to use)। भाषा को कोई भाषाई समाज किस तरह किसी परिस्थिति या परिस्थितियों के अनुकूल बनाता है, यह देख पाना ही प्रयोजनमूलक शैलीविज्ञान का अभिप्रेत है। हिन्दी-पाक-विधि की प्रयुक्ति के सन्दर्भ में इसी अभिप्रेत को संकेतित करने का प्रयास हमने किया है।

## सन्दर्भ


Corter, Ronald, A., 1984, Stylistics. IN Annual Review of Applied Linguistics.

Chatman, S., 1967, Stylistics : Quantitative and Qualitative IN STYLE.

—1971, Literary Style : A Symposium. London and New York : OUP.

Cicourel, A.V., 1973, Cognitive Sociology : Language and Meaning in Social Interaction. Penguin : Harmondsworth.

Cristal, David., 1981, Objective and Subjective in stylistic analysis. IN Direction in Applied Linguistics. Crystal, D. (ed.) London : Harlow.

Delany, S., 1974, Political style : Political Stylistics. IN STYLE. New York.

Enkvist, N.E., Spencer, J. and Gregory, J. 1973, Linguistics and Stylistics. Oxford : OUP

Giglioli, P.P. (ed.), 1972, Language and Social Context. Penguin : Harmondsworth.

Glim, Aesop., 1961, How advertising is written and why. New York : Dover Publications, Inc.

Gregory, M. and, Carroll, S., 1981, Language and Situations : Language Varieties and their social context . London : Penguin.

Halliday, M.A.K., 1971, Explorations in the function of language. London : Edward Arnold.

Halliday, M.A.K, 1964, The linguistic Science and language teaching, London : Longman

Mc intosh, A., Strevens, P.

Hockett, C.F., 1958, A Course in modern linguistics, New York.

Hough, Graham, 1969, Style and Stylistics. London.

Kumar, Suresh (ed.), 1987, Stylistics and text analysis. Bahari : Delhi.

—1988, Stylistics and language teaching. Kalinga : Delhi.

—1978, Hindi in advertising. Bahari : Delhi.

Labov. William., 1972, Sociolinguistic Patterns. Philadelphia.

Leech, G.N., 1966, English in advertising. London : Longman.

Sapir, E., 1951, The selected writing of Edward Sapir, Ed. D.G Mandella

baum, Berkeley and Los Angels : California Press.
Spillner, Bernd., 1974, The relevance of Stylistic methods for sociolingistics. Heidelberg.
Srivastava, R.N. (ed.), 1975, Functional Hindi. CHI : Agra.
—1994, Stylistics. Kalinga : Delhi.
Thakur, D., 1972, Towards a definition of style. IN Indian Linguistics. Poona.
Turner, G.W., 1973, Stylistics. Harmondsworth : Middle
Verma, S.K., 1996, Systemic grammer : Form and Function. Book links corporation : Hyderabad.
Widdowson, H.G., 1974, Stylistics. IN The Edinburg course in Applied linguistics. London.
Winter, Werner., 1964, Styles as dialects. IN Proceedings of the ninth International Congress of Linguists. The Hague : Paris.
पत्रिकाएँ : मनोरमा, गृहशोभा, वामा के अंक

# हिन्दी का विस्तार

दक्षिण भारत हिन्दी प्रचार सभा
हिन्दी भाषा का अन्तर्राष्ट्रीय सन्दर्भ

# दक्षिण भारत हिन्दी प्रचार सभा

हम जब भी यह कहने को होते हैं कि भारतीय आत्मा एक है, उत्ताल सागर की तरंगों के समान सारे भारतीय तत्त्व अपने अलग अस्तित्व को बनाये रखते हुए भी एक सूत्र में बँधे हुए हैं, तो इस बात को प्रमाणित करने के लिए हमें कभी भारतीय संस्कृति की अन्तर्धाराओं, कभी आदान-प्रदान की साहित्यिक परम्परा, तो कभी जीवन-पद्धतियों की सूत्रबद्धता को व्याख्यायित करना पड़ता है। इन सब में भाषा स्वतः अवस्थित है, इस ओर देखने का प्रयास भी हमने संकट की घड़ियों में ही किया है।

धर्मवीर भारती ने कहा था कि हमारे प्रथम स्वतन्त्रता संग्राम ने हमें पराजय का मुँह इसलिए दिखाया कि हमारे बीच सम्पर्क की 'एक भाषा' का अभाव था। इस कमी को बाद के राजनेताओं और विचारकों ने भी महसूस किया और 'राष्ट्रभाषा' हिन्दी को राष्ट्रीय एवं सांस्कृतिक एकात्मकता की भाषा के रूप में स्वीकार्यता और मान्यता प्रदान की। इस दिशा में स्वामी दयानन्द, केशवचन्द्र सेन, लोकमान्य तिलक, राजगोपालाचारी, महात्मा गाँधी ने पहल की और ये सभी हिन्दीतर भाषा-भाषी थे।

निश्चित रूप से स्वातन्त्र्य-संघर्ष में हिन्दी की भूमिका एक राष्ट्रीय प्रतीक के रूप में उभरी, जैसे राष्ट्रीय ध्वज, राष्ट्रगीत वैसे ही राष्ट्रभाषा। तभी तो दक्षिण भारत हिन्दी प्रचार सभा का प्रतीक चिह्न हृदयों को जोड़ता हुआ घोषित करता है "एक राष्ट्रभाषा हिन्दी हो, एक हृदय हो भारत जननी।" 'राष्ट्रभाषा' को राष्ट्रीय एकात्मकता और स्वतन्त्रता संग्राम का एक हथियार बनाकर पूरे राष्ट्र को एक सूत्र में पिरोने का जो स्वप्न महात्मा गाँधी ने देखा था, उनके इसी स्वप्न की परिणति दक्षिण भारत में सभा की स्थापना से हुई। इसकी भूमिका 1918 (इंदौर के आठवें अधिवेशन) में बनी, जिसमें महात्मा गाँधी ने हिन्दी के विस्तार का व्रत अपने विधायक कार्यक्रम में उसे राष्ट्रभाषा बनाकर लिया और इसके लिए उन्होंने व्यापक पैमाने पर देशव्यापी प्रयत्न किये।

और 1918 में मद्रास (अब चेन्नई) में सभा की स्थापना हुई। दक्षिण भारत

में हिन्दी का प्रचार इसका मुख्य उद्देश्य था। यह भी उल्लेखनीय है कि राष्ट्रीय एकात्मकता से प्रेरित इस संस्था की सर्वप्रथम कक्षा गाँधीजी के पुत्र देवदास गाँधीजी ने प्रारम्भ की थी। स्वयं महात्मा जीवन पर्यन्त इसके अध्यक्ष रहे। उस समय सभा के उपाध्यक्ष थे–चक्रवर्ती राजगोपालाचारी, जो हिन्दी के हिमायती नेता थे। दक्षिण भारत में हिन्दी प्रचार-प्रसार का यह स्वर्णकाल था। महात्मा गाँधी की प्रेरणा से देवदास गाँधी, हरिहर शर्मा, एस. महालिंगम, एन. वेंकटेश्वरन जैसे युवकों ने पूर्ण सेवा-भाव के साथ अपने जीवन के स्वर्णकाल को हिन्दी को अर्पित कर दक्षिण भारत में उसे प्रस्थापित किया।

तब से सभा बदलती परिस्थितियों के अनुरूप अपने को और हिन्दी भाषा को ढालते हुए भारत की एकता और अखण्डता में हाथ बँटाती हुई हिन्दी प्रचार का कार्य कर रही है। सभा ने सबसे पहले लोगों का ध्यान इस ओर आकृष्ट किया कि अखण्ड और स्वतन्त्र भारत के लिए एक सर्वसुलभ भाषा की आवश्यकता राष्ट्र को है। सभा का सौभाग्य रहा कि इसकी गतिविधियों से समर्पित और राष्ट्र-हित में सोचनेवाले विद्वान और राष्ट्रनेता निरन्तर जुड़ते रहे और 'राष्ट्रभाषा' के उत्थान में अपना योगदान देकर 'राष्ट्रीय' कार्य करने का गौरव महसूस करते रहे। 1920 में मोटूरि सत्यनारायण सभा से जुड़े। उनकी योग्यता, कर्मठता और कार्यकुशलता ने सभा की गतिविधियों को गति प्रदान कर दी। फिर तो 1921-22 तक योग्य और प्रगतिशील प्रचारकों को प्रशिक्षित करने के उद्देश्य से प्रचारक विद्यालयों की स्थापना हो गयी। जैसे-जैसे देश में राष्ट्रीयता की लहर जोर पकड़ती गयी, वैसे-वैसे दक्षिण भारत में हिन्दी प्रचार का कार्य भी अपना स्थिर आकार लेने लगा। प्रारम्भ में सभा, हिन्दी साहित्य सम्मेलन, प्रयाग द्वारा नियन्त्रित थी। लेकिन दक्षिण भारत में हिन्दी प्रचार और जनता में उसके स्वीकार की तेज गति को देखते हुए गाँधीजी ने पूर्ण दायित्व सभा को ही सौंपने का निर्णय लिया। तब दक्षिण भारत हिन्दी प्रचार सभा एक स्वतन्त्र-स्वायत्त संस्था के रूप में उभरी और इसी नाम से 1927 में पंजीकृत हुई। विकास की गति और तेज़ हुई। 1932 में इसके सुचारु संचालन के लिए कई समितियों-उपसमितियों का गठन हुआ जैसे परीक्षा समिति, साहित्य समिति। आज तो सभा का परीक्षा विभाग उसका प्रमुखतम विभाग है। आपको आश्चर्य हो सकता है यह जानकर कि प्रतिवर्ष सभा की विभिन्न परीक्षाओं में औसतन डेढ़ लाख विद्यार्थी सम्मिलित होते हैं। 1946 का वर्ष सभा का रजत-जयन्ती वर्ष था। एक भव्य समारोह मद्रास में आयोजित किया गया। समारोह की अध्यक्षता गाँधीजी ने की। वे सभा की आशातीत सफलता पर गद्गद थे। उसी समय उन्होंने सभा के कार्यों को बहुआयामी बनाने और उसे और गतिशील बनाने की योजना की घोषणा की। इसकी चार प्रान्तीय शाखाएँ–हैदराबाद,

धारवाड़, त्रिच्ची और एरणाकुलम में स्थापित हैं। मुख्य सभा भवन या सभा का मुख्यालय मद्रास में है। सभा का पुस्तकालय हजारों पुस्तकों से सुशोभित है। अन्तर्राष्ट्रीय हिन्दी पुस्तकालय की योजना भी विकास प्रक्रिया में है। सभा का साहित्य विभाग लगभग 300 पुस्तकें तैयार कर चुका है।

गाँधीजी नहीं रहे। बाबू राजेंद्र प्रसाद सभा के अध्यक्ष बने। सारी योजनाएँ उन्होंने निष्ठा से कार्यान्वित कीं। प्रचार कार्य बढ़ने लगा, परीक्षार्थियों की संख्या बढ़ने लगी, प्रकाशन और पाठ्य-पुस्तक निर्माण का कार्य प्रारम्भ हुआ। स्वतन्त्रता के बाद दक्षिण भारत में हिन्दी कार्य को नयी दिशा देनी थी। यह दौर मौलिक हिन्दी लेखकों को प्रोत्साहित करने का, भारतीय भाषाओं और हिन्दी के बीच अनुवाद द्वारा निकटता लाने का और हिन्दी की ऐसी पाठ्य पुस्तकें तैयार करने का था जो भारत की सामासिक संस्कृति को उजागर कर सकें। ऐसे में पाठ्य पुस्तक निर्माण की वैज्ञानिक चेतना का परिचय भी हमें सभा की पुस्तकों को देखने से सहज ही मिल जाता है। इसका संक्षिप्त विवेचन यहाँ असमीचीन न होगा। 'सप्तरत्न' नामक संग्रह में सात मनीषियों के व्यक्तित्व-कृतित्व का परिचय अति सरल हिन्दी में उपलब्ध कराया गया है। उल्लेखनीय है कि ये मनीषी उत्तर-दक्षिण-पूर्व-पश्चिम का प्रतिनिधित्व करते हैं —एक ओर ईश्वरचन्द्र विद्यासागर, रवीन्द्रनाथ ठाकुर हैं, दूसरी ओर चक्रवर्ती राजगोपालाचारी, सरोजिनी नायडू हैं तो तीसरी ओर राजेन्द्र प्रसाद, पं. मदन मोहन मालवीय हैं। यह प्रतिनिधित्व अखिल भारतीय स्तर पर मेधा व राष्ट्रीयता के स्वर को तो मुखरित करता ही है, इन विभूतियों के अनुकरणीय जीवन और ज्ञान-राशि से भी छात्रों को परिचित कराता है।

'निबन्ध-प्रवेशिका' नामक पाठ्यपुस्तक भी भारतीय सन्दर्भ और समाज को अपने संकलन में उद्घाटित करती है। यह विचार बड़ा मार्मिक है कि द्वितीय भाषा की पुस्तकों द्वारा और विशेषकर हिन्दी की पुस्तकों द्वारा भारतीय समाज, संस्कृति, उनके आदान-प्रदान और समानताओं का परिचय विद्यार्थी को देना चाहिए। इसी दृष्टि से आज सरकारी स्तर पर भी द्वितीय भाषा हिन्दी की पाठ्यपुस्तकों में इन तत्त्वों को समेटने की सिफारिश की जा रही है। सभा ने इस अनिवार्यता को बहुत पहले पहचान कर अपनी पाठ्य पुस्तकों में इन्हें यथोचित स्थान दिया। इन निबन्धों में नाटक और समाज, सिनेमा, समाचार-पत्र, सुर-लहरी जैसे निबन्ध हमारे सांस्कृतिक-विकास का परिचय कराते हैं। और एक ही संकलन में उगादि, होली, पोंगल, क्रिसमस, ईद, ओणम पर निबन्ध धार्मिक, साम्प्रदायिक और क्षेत्रीय सीमाओं से विद्यार्थी को मुक्त करके उसे भारतीय जन-जीवन की समानता के दर्शन कराते हैं। उल्लेखनीय है कि ये सभी निबन्ध द्वितीय भाषा के रूप में हिन्दी अध्येता की

क्षमता को दृष्टि में रखकर सरल-सहज रूप में लिखवाये गये हैं।

'आदर्श हिन्दी रीडर' और 'गल्प-संचयन' भी इसी तरह भारतीय और आधुनिक पक्षों को ध्यान में रखकर तैयार किये गये संकलन हैं। 'रीडर' में भारतीय संस्कृति, महाकवि भारती, रूस में शिक्षा, कम्प्यूटर आदि पर मौलिक लेख हैं। इस रीडर का उद्देश्य विद्यार्थी में हिन्दी भाषा के माध्यम से सांस्कृतिक और आधुनिक बोध जगाना है। गल्प-संचयन में भी भारतीय कथाकार स्थान पाते हैं और हिन्दी के आधुनिकतम कथाकार भी। इसका प्रमाण है इस संकलन में दी गयी कर्तारसिंह दुग्गल की कहानी 'श्यामसुन्दर' और कमलेश्वर की 'आदमी खुशी खोज लेगा' अर्थात कहानियों का चयन यहां सजगता से हुआ है। इसी प्रकार 'काव्य मंजूषा' में एक ओर सूर, तुलसी की सरल रचनाएँ हैं तो दूसरी ओर मैथिलीशरण गुप्त, सुभद्राकुमारी चौहान, दिनकर आदि की गेय रचनाएँ। इसके साथ ही उर्दू के प्रसिद्ध शायरों—इकबाल, हाली, सईद की गजलें-नज्में भी हैं। जबकि उत्तर-भारत के हिन्दी-भाषी क्षेत्रों में स्कूल स्तर की तो बात ही छोड़िए, उच्च स्तर पर भी हम उर्दू साहित्य को हिन्दी पाठ्यक्रम में स्थान देते संकोच करते हैं।

इस प्रकार की पाठ्य पुस्तकों को देखकर तेलुगु भाषी प्रसिद्ध हिन्दी लेखक रमेश चौधरी आरिगपूडि की ये पंक्तियाँ कितनी सार्थक लगने लगती हैं "भारतीय भाषाओं में हिन्दी का विशेष स्थान है, इस विशेष स्थान की अधिकारी वह तभी होगी, जब वह अपने कलेवर में, हाड़-मांस में, स्नायु जाल में दूसरी भाषाओं के साहित्य और जीवन मूल्यों के रक्त को संचारित करेगी। और भाषाएँ भी इसके उदाहरण का पालन करेंगी।" सभा ने हिन्दी के इस विशेष स्थान को प्रमाणित किया है, अपनी पाठ्य-पुस्तकों के माध्यम से। इतना ही नहीं सभा के प्रकाशनों में हिन्दी तथा दक्षिण भारतीय भाषाओं के व्याकरणिक पक्ष पर भी दृष्टि रखी गयी है। हिन्दी माध्यम से दक्षिण भारतीय भाषाएँ सहजता से सीखी जा सकें, इस उद्देश्य की प्राप्ति के प्रयास भी सभा ने किये हैं। इनमें तीन भागों में प्रकाशित 'हिन्दी-प्रयोग' नामक पुस्तिका हिन्दी के व्यावहारिक प्रयोगों को तेलुगु भाषा के माध्यम से प्रस्तुत करती है। इसी क्रम को व्याकरणिक धरातल पर विस्तार देते हुए हिन्दी और दक्षिण की चारों भाषाओं में सम्पर्क-सूत्र के रूप में हिन्दी-तेलुगु, हिन्दी-कन्नड़, हिन्दी-मलयालम, हिन्दी-तमिल, 'स्वबोधिनी' प्रकाशित की गयी है। इसी प्रकार हिन्दी भाषी दक्षिण भारतीय भाषाओं को सहजता से व्यावहारिक स्तर पर सीख सकें इसे ध्यान में रखते हुए सभा ने तमिल, तेलुगु, मलयालम, कन्नड़, 'स्वयंशिक्षक' तैयार किए हैं। इस दिशा में सभा द्वारा प्रकाशित 'सरल हिन्दी व्याकरण' भी एक उल्लेखनीय पुस्तक है। कहने की आवश्यकता नहीं कि ये पुस्तकें भाषा अध्येता की आवश्यकताओं को दृष्टि में रखकर

तैयार की गयी हैं और द्वितीय भाषा शिक्षण के अधुनातन सिद्धान्तों की कसौटी पर एकदम खरी उतरती हैं। यह प्रयास निश्चित ही हिन्दी और दक्षिण भारतीय भाषाओं को एक-दूसरे के निकट ले आ सका है।

जहाँ तक हिन्दी भाषा का प्रश्न है, सभा की दृष्टि सदैव हिन्दी के प्रयोजनमूलक स्वरूप की ओर रही है। सभा का यह भी मानना है कि प्रयोजनमूलता को आज भाषा-शिक्षण में केन्द्रीय महत्त्व देने पर ही भारतीय भाषाओं में तादात्म्य स्थापित किया जा सकता है। इस सन्दर्भ में सभा के पूर्व उपाध्यक्ष (स्व.) श्री बी.डी. जत्ती का कथन अति सार्थक है "साहित्य केवल कविता, उपन्यास, नाटक व कहानी ही नहीं है। आधुनिक ज्ञान का भी उसमें समावेश है।" स्वतन्त्रता प्राप्ति के बाद हिन्दी भाषा के इन आधुनिक सामाजिक दायित्वों को भी सभा ने सबसे पहले पहचाना। इसका प्रमाण माध्यमिक स्तर की परीक्षाओं में ही 'अभिनव पत्र-लेखन' जैसी पाठ्य पुस्तक का समावेश है जिसमें छुट्टी पत्र दफ्तर को, जवाब, छुट्टियाँ बिताने की योजना, कैफियत माँगते हुए पत्र जैसे शीर्षकों से पत्र दिये गये हैं। ध्यान देने की बात है। और जो इन शीर्षकों से भी संकेतित हो जाता है कि इन पत्रों की भाषा को जटिल संरचना और बोझिल शब्दावली से यथासम्भव बचाकर रखा गया है। 'अनुवाद-अभ्यास' नाम से सभा ने छः खण्डों में हिन्दी-तेलुगु अनुवाद के अभिक्रमित अभ्यास, निर्देश तथा व्याकरणिक-सामाजिक-सांस्कृतिक सन्दर्भों के साथ एक अभिक्रमित शृंखला तैयार की है। अनुवाद व्यवहार की दृष्टि से वैसे भी सामग्री का अभाव है अतः ये पुस्तकें भारत भर में चल रहे अनुवाद-पाठ्यक्रमों के छात्राध्यापकों के लिए सहायक-सामग्री का कार्य कर सकती हैं।

ये समस्त प्रकाशन हिन्दी को अखिल भारतीय स्तर पर एक सांस्कृतिक कड़ी के रूप में स्थापित करने का सद्प्रयास तो हैं ही, उस विचार शृंखला को भी पुष्ट करते हैं जिन्हें दक्षिण भारत के विभिन्न हिन्दी विद्वानों ने व्यक्त किया है और जिसे मोटूरि सत्यनारायण जी के शब्द इस प्रकार पिरोते हैं—"हिन्दी को राष्ट्रभाषा के रूप में हमने स्वीकार किया है। हिन्दुस्तान की सभ्यता में यह एक स्वाभाविक वस्तु हो गयी है। दक्षिण वालों को इससे बहुत लाभ होगा। अगर दक्षिण वाले हिन्दी सीखेंगे तो वे अपने विचारों का प्रचार सारे भारत में कर सकेंगे। दक्षिण के पास भी अपने विचार हैं, जो उत्तर में पहुँचने चाहिए।" निश्चित ही दक्षिण भारत के विचार, रीति-रिवाज, पर्व-त्योहार इस प्रकाशन के प्रत्येक पुष्प से सुवासित होते हैं। इन पुस्तकों की यह भी विशेषता है कि इनमें हिन्दी भाषा को उस पाठ्य पुस्तकीय या पुस्तकालीय भाषा के मोह से मुक्त रखा गया है जिससे जाने-अनजाने उत्तर भारत में तैयार की गयी पाठ्य पुस्तकें अपने को बचा नहीं पातीं। सभा का यह दृष्टिकोण

हिन्दी भाषा के स्वाभाविक प्रवाह को छात्रों तक पहुँचाने का हिमायती है, न कि उसके कृत्रिम या बनावटी रूप को। इस बात को दक्षिण भारत हिन्दी प्रचार सभा के पूर्व अध्यक्ष और भारत के माननीय प्रधानमन्त्री (स्व.) श्री पी.वी. नरसिंह राव ने सभा के लिए एक मार्ग-निर्देश की तरह रखते हुए कहा था—"हिन्दी के लिए उसकी शुद्धता पर अधिक ध्यान न देकर उसे निर्बाध गति से बहने दिया जाय। जो कुछ हिन्दीतर क्षेत्र के लोग लिखना चाहते हैं, पाठ्य पुस्तकों के रूप में अपने छात्रों को देना चाहते हैं, वे बेझिझक लिख दें, इसके लिए उन्हें हिन्दी प्रदेशों की ओर देखने की ज़रूरत नहीं है। अपने-अपने प्रान्तों की संस्कृति और भाषा को जब हिन्दी में लाया जाएगा तब हिन्दी का अखिल भारतीय स्वरूप निखरेगा।"

दक्षिण भारत में हिन्दी का कार्य इसी दृष्टि और दिशा के अनुरूप चला। सभा की इस गम्भीर कार्यप्रणाली और महती आकांक्षा को आँकने के बाद ही 1964 में इसे 'राष्ट्रीय महत्त्व की संस्था' घोषित किया गया।

अब सभा के समक्ष राजभाषा हिन्दी के प्रसार और प्रचार का संकल्प आ खड़ा हुआ। उचित प्रशिक्षण और मार्गदर्शन के बिना हमारा संवैधानिक स्वप्न पूरा हो भी नहीं सकता था। इसी वर्ष हिन्दी के उच्चस्तरीय अध्ययन-अध्यापन के लिए सभा का विश्वविद्यालय विभाग मद्रास में प्रारम्भ हुआ जिसे 'उच्च शिक्षा और शोध संस्थान' नाम दिया गया। 1978 में इसके हैदराबाद केन्द्र का उद्घाटन करते हुए श्री पी. वी. नरसिंह राव ने संस्थान के उद्देश्यों को सामने रखते हुए कहा—"आज देश-भर में स्नातकोत्तर स्तर पर जिस रूप में हिन्दी सिखाई जा रही है, विशेषकर दक्षिण में, उससे भले ही छात्रों को विद्वत्ता मिले, पर इससे हिन्दी का वह रूप नहीं निखर रहा है जिसकी हमें आवश्यकता है। दक्षिण में हमने अनुभव किया कि हिन्दी का यह जो रूप है, वह यहाँ की आवश्यकताओं के अनुरूप नहीं है।" संस्थान के लिए यह कम गौरव की बात नहीं कि आज माननीय नरसिंह राव जी के स्वप्नों को साकार करते हुए उच्च शिक्षा और शोध संस्थान ने व्यावहारिक हिन्दी के पाठ्यक्रमों को पूरे दक्षिण भारत में लोकप्रिय बना दिया है।

जिस आवश्यकता की बात ऊपर कही गयी वह हिन्दी के बढ़ते दायित्वों और संविधान की धारा 351 से पूर्णतः सम्बद्ध होकर ही सार्थक बनती है, जिसे नरसिंह राव जी ने इन शब्दों में व्यक्त किया—"हिन्दी को साहित्यिक रूप के साथ-साथ व्यावहारिक रूप में भी ढालना है। ऐसे लोगों को तैयार करना है जो हिन्दी को व्यावहारिक रूप में ला सकें। हिन्दी का जो व्यावहारिक रूप निखरना है, उसके लिए 351 के अनुसार प्रयत्न होना है।"

संस्थान के पाठ्यक्रमों में इसीलिए एम.ए. स्तर पर सामान्य भाषाविज्ञान,

हिन्दी भाषा की संरचना और इतिहास जैसे परिचयात्मक प्रश्न-पत्रों के साथ-साथ प्रयोजनमूलक हिन्दी, कार्यालय हिन्दी, अनुवाद सिद्धान्त व्यवहार, द्वितीय भाषा के रूप में हिन्दी शिक्षण, समाजभाषा विज्ञान जैसे स्वतन्त्र और पूर्ण प्रश्न पत्र भी हैं जिनसे अध्येता को हिन्दी भाषा के विविध रूपों-सन्दर्भों का व्यावहारिक ज्ञान होता है। कामकाज में इस प्रकार का पाठ्यक्रम छात्रों के अति-अनुकूल है। इसे निस्संकोच होकर हम 'जॉब-ओरियंटेड हिन्दी कोर्स' कह सकते हैं। लेकिन ऐसा नहीं है कि इस पाठ्यक्रम में साहित्यिक परम्परा का कोई स्थान ही न हो। व्यावहारिक और साहित्यिक पाठ्क्रम के बीच सन्तुलन रखा गया है कि दक्षिण भारत में इन दोनों में से किसकी कितनी जानकारी होनी चाहिए। इस सन्दर्भ में श्री पी.वी. नरसिंहा राव ने कहा था कि "यह सन्तुलन नहीं रहेगा तो हम केवल पण्डित बनकर रहेंगे या हिन्दी की परम्परा को ही खोएँगे। परम्परा की रक्षा करते हुए भाषाएँ बदलेंगी ही। नहीं बदलेंगी तो जीवित नहीं रह सकेंगी?"

जीवन्त भाषा हिन्दी को नवीनतम दायित्वों के अनुरूप पाठ्यक्रमों में स्थान देने का यह कार्य सबसे पहले दक्षिण भारत हिन्दी प्रचार सभा ने किया, वह भी दक्षिण भारत के चारों राज्यों में। आज भी उत्तर भारत के अधिकांश विश्वविद्यालय अपने को उसी पुराने परम्परागत ढाँचे में बाँधे रखना सुविधाजनक ही नहीं समझते बल्कि हिन्दी भाषा के व्यावहारिक पक्षों को पाठ्यक्रम में लाने का विरोध भी करते हैं। दक्षिण भारत हिन्दी प्रचार सभा ने इसके सारे संघर्षों को पार किया, रास्ते में आनेवाली कठिनाइयों को भली भाँति पहचानते हुए भी इसने समय की आवाज़ को वरीयता दी।

नये पाठ्यक्रमों की आवश्यकता पूरी करने के लिए पुस्तकों की एक सीरीज निकाली गयी, जिसका सम्पादन प्रसिद्ध भाषाविद् स्वर्गीय प्रो. रवीन्द्रनाथ श्रीवास्तव ने किया है। इस सीरीज में 'हिन्दी भाषा की सामाजिक भूमिका' (ले. भोलानाथ तिवारी), 'व्यावसायिक हिन्दी' (ले. दिलीप सिंह), 'तुलनात्मक साहित्य को भूमिका' (ले. इन्द्रनाथ चौधुरी), 'कोशविज्ञान' (ले. राम आधार सिंह) पुस्तकें प्रकाशित हो चुकी हैं और पिछले पच्चीस वर्षों से छात्रों में लोकप्रिय हैं तथा पूरे भारत में सराही गयी हैं। इसके साथ ही भारत सरकार के सहयोग से आयोजित संगोष्ठियों के आलेखों को भी पाठ्यक्रम के लिए उपयोगी बनाकर, सम्पादित कर प्रकाशित करने की परम्परा में 'अनुवाद : अवधारणा और अनुप्रयोग', 'शैली तत्त्व : सिद्धान्त और व्यवहार', 'साहित्य भाषा और साहित्य शिक्षण' तथा 'दक्खिनी हिन्दी' जैसी गम्भीर और विवेचनात्मक पुस्तकें सभा द्वारा प्रकाशित की गयी हैं।

उच्चस्तरीय हिन्दी शिक्षण में इस प्रकार के प्रकाशन सभा के दृष्टिकोण को साफ़ करते हैं। सीमित साधनों में ही जहाँ तक हो सका है उपयोगी और सार्थक

सामग्री सामने लाने का प्रयत्न सभा में होता रहा है।

सभा के अध्यक्ष पद और उच्च शिक्षा एवं शोध संस्थान के कुलाधिपति पद को श्री लाल बहादुर शास्त्री, श्रीमती इंदिरा गाँधी और श्री राजीव गाँधी ने सुशोभित किया है। श्री लाल बहादुर शास्त्री के कार्यकाल में ही सभा को 'राष्ट्रीय महत्त्व की संस्था' का सम्मान मिला और विश्वविद्यालय विभाग प्रारम्भ हुआ। इंदिराजी ने व्यक्तिगत रुचि लेकर उच्च शिक्षा और शोध संस्थान को मानव संसाधन और विकास मन्त्रालय से सम्बद्ध कर इसे वित्तीय दृढ़ता प्रदान की। श्री राजीव गाँधी ने केन्द्रों के भवन निर्माण और हिन्दी भाषा को आधुनिक सन्दर्भों से जोड़ते हुए 'कम्प्यूटर केन्द्र' स्थापित करने की योजना सभा को दी। श्री पी.वी. नरसिंह राव लम्बे अरसे से सभा से सम्बद्ध रहे हैं। एक प्रकार से अधिकांश विकास और गतिविधियों के पीछे इनकी ही सद्प्रेरणा निहित है।

इसमें सन्देह नहीं कि सभा ने हिन्दी को 'प्रेम की वाणी' के रूप में दक्षिण में प्रसारित किया है। हिन्दी को सभा के सभी सेवाव्रती कार्यकर्ता हृदयों को जोड़नेवाली भाषा मानते हैं। सभा ने समय-समय पर हिन्दी को राष्ट्रीय अखण्डता, भावात्मक एकता, भाषा, संस्कृति, लिपि और ऐतिहासिकता के पक्षों से जोड़कर देखा है। और यह निर्णय दिया है कि हिन्दी इन सारे दायित्वों को निर्विवाद रूप से पूरा करती है। इसलिए सभा के मंच से अनेकों बार यह घोषणा की गयी है कि "संघ की भाषा हिन्दी प्रान्तीय भाषाओं को साथ लेकर ही आगे बढ़ेगी। हिन्दी के विकास में प्रान्तीय भाषाओं का महत्त्वपूर्ण योगदान होगा तभी हिन्दी स्वाभाविक बनेगी।" यही कारण है कि सभा दक्षिण भारतीय भाषाओं की साहित्यिक परम्पराओं को हिन्दी के माध्यम से उपलब्ध कराने की चेष्टा भी करती रही है। तेलुगु की श्रेष्ठ कहानियों का हिन्दी अनुवाद, तमिल, कन्नड़, मलयालम के साहित्य का हिन्दी में अनूदित संकलन इसके प्रमाण हैं। आंध्र में ही 'पूर्णाहुति', 'एक कली खिल पड़ी', 'गोदावरी हँस पड़ी' जैसे तेलुगु कथा-संग्रह हिन्दी भाषियों को तेलुगु कथा-साहित्य के निकट लाते हैं। 'सहस्रफण' (अनु. पी.वी. नरसिंह राव), टूटती परम्पराएँ (अनु. आंजनेय शर्मा) जैसे कई हिन्दी में अनूदित तेलुगु उपन्यास भी इस तथ्य को उभारते हैं कि भारतीय भाषाओं का मूल चिन्तन समान है। उच्च शिक्षा और शोध संस्थान के चारों केन्द्रों में किये जा रहे शोध कार्यों के माध्यम से भी हिन्दी और दक्षिण भारतीय भाषाओं के विविध कालों के साहित्यों के तुलनात्मक अध्ययन भी इस सच्चाई को उभारते हैं। इसी प्रकार एम.फिल. और पीएच.डी. के शोध कार्यों में राजभाषा हिन्दी, व्यतिरेकी विश्लेषण, भाषा के सामाजिक सन्दर्भ, शैलीवैज्ञानिक अध्ययन, अनुवाद समीक्षा जैसे विषय हिन्दी और भारतीय भाषाओं की समानांतर परम्परा और उनके अन्योन्याश्रित सम्बन्धों का विवेचन करते हैं।

दक्षिण भारत में सभा हिन्दी को राष्ट्रीय धारा का सम्बल बनाकर चल रही है। निश्चित ही उसे सुविधाएँ और सहायता अपेक्षा से कम मिल रही हैं। उसके लिए कोई स्वतः विकास योजना नहीं है। विद्वान और राजनेता इससे सम्बद्ध तो हैं पर इसके शैक्षिक और परियोजनागत विकास पर उनकी पर्याप्त दृष्टि नहीं जा रही है। हजारों छात्र हिन्दी परीक्षाएँ पास कर रहे हैं और सैकड़ों उच्च शिक्षा में पारंगत हो रहे हैं। पर इनका भविष्य क्या होगा, इन्हें क्या दिशा मिलेगी, इस ओर भी हमें गहराई से सोचना होगा। आदर्शों के साये में सभा फली-फूली है, पर आज आदर्शों से अधिक उसे इस बात की ज़रूरत है कि वह हिन्दी के सामयिक सन्दर्भों को जन-आन्दोलन का रूप दे। इसके लिए अवश्य ही सभा को हिन्दी सम्बन्धी उन गतिविधियों से जोड़ना होगा जो उसे आधुनिक और प्रौद्योगिक विकास से सम्बद्ध कर उसकी आकांक्षाओं की पूर्ति कर सकें। वैसे सभा ने इस दिशा में सदैव अपनी क्षमताओं का परिचय हमें दिया है। नवीन दिशा-दृष्टि समेटने का साहस भी उसमें है, शक्ति भी और निश्चय भी।

दक्षिण भारत हिन्दी प्रचार सभा की शाखाओं में आंध्र शाखा का अपना महत्त्व और स्थान है। दक्षिण को हिन्दी क्षेत्र से जोड़ने का आंध्र प्रवेश-द्वार है। दक्खिनी हिन्दी साहित्य के विस्तार में भी आंध्र प्रदेश की केन्द्रीय भूमिका रही है। साहित्यिक और सांस्कृतिक दृष्टि से सम्पन्न इस राज्य में हिन्दी का वातावरण और हिन्दी के प्रति सद्भावना निरन्तर बनी रही है।

हिन्दी भाषा और साहित्य को दक्षिण में व्यापक स्तर तक फैलाने तथा भावात्मक और राष्ट्रीय एकता को हिन्दी के माध्यम से सिद्ध करने का जो स्वप्न महात्मा गाँधी ने देखा था, सभा उसी का प्रतिफलित रूप है। आत्मीय भावना का उद्वेलन इसमें घुला-मिला है। आंध्र सभा के पूर्व अध्यक्ष श्री बोयपाटि नागेश्वर राव ने अपने अध्यक्षीय भाषण में भावना के इस प्रवाह को बड़े मार्मिक ढंग से व्यक्त किया है कि '1946 में विजयवाड़ा में प्रचारक विद्यालय के भवन के शिलान्यास के लिए गाँधी जी नहीं आ सके, वे मद्रास की केन्द्र सभा में रजत जयन्ती उत्सव में भाग लेकर विजयवाड़ा होते हुए दिल्ली जा रहे थे। विजयवाड़ा स्टेशन पर उनसे बुनियादी पत्थर पर स्पर्श ले लिया गया और बाद में वही पत्थर इस भवन की बुनियाद बना। गाँधी जी का हिन्दी के प्रति जो भाव था, वह राष्ट्रीयता से जुड़ा हुआ था और उनका आशीर्वाद एक पत्थर को भी पारस बना देता था।'

राष्ट्रीय स्तर पर हिन्दी की भूमिका राष्ट्रभाषा और सम्पर्क भाषा के रूप में सभा ने पहचानी और इसके केन्द्र दक्षिण के चारों राज्यों में स्थापित हुए। इन्हीं में से एक केन्द्र विजयवाड़ा में है। विजयवाड़ा आंध्र प्रदेश की सांस्कृतिक राजधानी है और हिन्दी प्रचार की दृष्टि से एक लम्बे अरसे से विजयवाड़ा सर्वाधिक लोकप्रिय और महत्त्वपूर्ण

केन्द्र के रूप में अपनी प्रतिष्ठा बनाये हुए हैं।

आंध्र सभा का चतुर्थ विशारद पदवीदान समारोह (21 मार्च 1999) विजयवाड़ा में ही सम्पन्न हुआ जिसके दीक्षान्त भाषण में हिमाचल प्रदेश की राज्यपाल महामहिम श्रीमती वी.एस. रमादेवी ने यह गौरवपूर्ण घोषणा की, "दक्षिण भारत हिन्दी प्रचार सभा की छाया में करोड़ों दक्षिणवासियों ने हिन्दी सीखी और पदवी ग्रहण की। भारत की संसद द्वारा 'राष्ट्रीय महत्त्व की संस्था' के रूप में मान्यता प्राप्त सभा पिछले पैंतीस वर्षों से हिन्दी माध्यम में विश्वविद्यालय स्तर की शिक्षा दे रही है और उसे पदवी प्रदान करने का अधिकार भी प्राप्त है।" सभा के प्रचार कार्य तथा उच्च शिक्षा और शोध के कार्य को अब अखिल भारतीय स्तर पर उजागर करने की मुहिम भी सभा को छेड़नी चाहिए। इसका कारण यह है कि हिन्दी क्षेत्र में इन कार्यों को स्तरीय न मानने का हठ घर कर गया है। जब हम आदान-प्रदान की बात करते हैं तो सीधे तेलुगु से ही हिन्दी में अनूदित साहित्य का बड़ा भण्डार उपलब्ध है। अनुवाद का यह कार्य प्रमुखतः हिन्दी सीखकर तेलुगु भाषियों ने किया है। ऐसा ही कार्य तमिल, कन्नड़, मलयालम से भी हिन्दी में हुआ है। इन्हें भी स्वीकृति, मान्यता दिलाने का बीड़ा सभा को उठाना होगा।

भारत की भाषा नीति और उसमें हिन्दी की स्थित पर श्रीमती रमा देवी ने एक प्रेरक बात कही है कि आज युवा पीढ़ी पाश्चात्य संस्कृति और अंग्रेजी भाषा के अन्धे मोह में बँधती जा रही है। ऐसे में हिन्दी के सम्बन्ध में गाँधी जी के विचारों को सार्थकता और प्रासंगिकता के सन्दर्भ में उभारकर लोगों के सामने लाना भी सभा के उद्देश्यों में से एक होना चाहिए। उनका यह विचार भी गौरतलब है कि दक्षिण भारत में हिन्दी के प्रचार के कार्य को देश के अन्य भागों में अच्छी तरह नहीं लिया गया है। इस सन्दर्भ में भी मोटूरि सत्यनारायण, पी.वी. नरसिंह राव, प्रकाशन पंतुलु, श्री अय्यंगार जैसे लोगों के विचारों और उनके दृष्टिकोणों को प्रसारित करना होगा। तभी हमें इस प्रश्न का उत्तर भी मिलेगा कि आजादी के बाद हिन्दीतर क्षेत्रों में हिन्दी के प्रचार-प्रसार में शिथिलता क्यों आ गयी। इस शैथिल्य को दूर करने के लिए हिन्दी के आधुनिक सन्दर्भों को सामने लाने और उन्हें महत्त्व देने का कार्य सभा ने प्रारम्भ किया है। हिन्दी भाषा के साहित्येतर सन्दर्भों, अनुवाद विज्ञान, तुलनात्मक साहित्य और व्यतिरेकी भाषा अध्ययन जैसे पाठ्यक्रम सभा की परीक्षाओं में भी, और इसके विश्वविद्यालय विभाग में भी, प्रमुखता से स्थान पाते रहे हैं। इन उपलब्धियों को प्रचारित करने की आवश्यकता है। सभा ने हिन्दी के कार्य के लगभग सौ वर्ष, और आंध्र सभा ने लगभग अस्सी वर्ष, पूरे कर लिये हैं। रजत और स्वर्ण जयंतियों के अवसर पर सभा को शीर्षस्थ राजनेताओं और हिन्दी विद्वानों के आशीर्वाद मिले हैं,

लेकिन अन्य शैक्षिक संस्थाओं की तुलना में जितनी और जैसी आर्थिक और शैक्षिक सुविधाएँ अब तक सभा को मिल जानी चाहिए थीं, उनका नितान्त अभाव दिखाई देता है। यदि केन्द्र सरकार की मदद मिलती भी है तो उसके बदले उनकी शर्तों और बन्धनों में सभा को बाँध दिया जाता है। एक स्वायत्त और 'राष्ट्रीय महत्त्व की संस्था' होते हुए भी, हिन्दी के प्रचार-प्रसार और राष्ट्रीय एकता को साधने का माध्यम होते हुए भी, इसके प्रति उदासीनता का भाव खलने वाला है।

वास्तव में, हिन्दी की राष्ट्रीय सन्दर्भ में जो केन्द्रीय भूमिका है और उसे जिस रूप में सभा क्रियान्वित कर रही है—राष्ट्रभाषा, राजभाषा और सम्पर्क भाषा के रूप में, उसे प्रतिष्ठित करने, फैलाने की; उसमें अब सिर्फ दक्षिण भारत की नहीं बल्कि पूरे भारत की सहभागिता, सहयोग और सहानुभूति अपेक्षित है।

# हिन्दी भाषा का अन्तर्राष्ट्रीय सन्दर्भ

'हिन्दी सीखे बिना भारतीयों के दिल तक नहीं पहुँचा जा सकता'।

—डॉ. लोथार लुत्से (जर्मनी)

यह बात एकदम सच है। हिन्दी भारत की आत्मा ही नहीं, धड़कन भी है। यह भारत के व्यापक भू-भाग में फैली शिष्ट और साहित्यिक भाषा है। इसकी अनेक आंचलिक बोलियाँ हैं। इन बोलियों का हिन्दी भाषा पर प्रभाव या उपभाषाओं का प्रभाव तथाकथित 'हिदी भाषा क्षेत्र' के मौखिक व्यवहार में और इस क्षेत्र के साहित्यकारों के सर्जनात्मक लेखन में भी स्पष्ट लक्षित किया जा सकता है। वैज्ञानिक, शैक्षणिक, सामाजिक और ज्ञान-विज्ञान के विस्तार के साथ जीवन्त भाषा हिन्दी के नये-नये रूप उभरे हैं। इन रूपों के प्रचलन से हिन्दी में नये शब्दों, नयी अभिव्यक्तियों, नये सह-सम्बन्धों का आगमन हुआ है, इनके प्रयोग की दिशाएँ खुली हैं और इन्हें सामाजिक स्वीकार्यता मिली है। इस तरह हिन्दी भाषा एक निरन्तर गतिशील भाषा है।

हिन्दी भाषा की इस गतिशीलता या गत्यात्मकता (डायनमिज़्म) के प्रमाण हमें उसकी साहित्यिक परम्परा से भी प्राप्त होते रहे हैं। हिन्दी के आदिकाल और अमीर खुसरो से लेकर कबीर, जायसी, रहीम, रसखान, रसलीन आदि ने हिन्दी भाषा को विविध रूप-छटाएँ दी हैं। अपने अभिव्यक्ति कौशल और भारत की सांस्कृतिक आत्मा से अपनी गहरी संसक्ति के कारण ये साहित्यकार विदेशी अध्येताओं की रुचि का केन्द्र बने रहे हैं। इस साहित्य से ही पाश्चात्य हिन्दी प्रेमी यह जान सके हैं कि हिन्दी भाषा लोक जीवन के साथ संपृक्त एक सार्वदेशिक भाषा है। इसी तरह भारतेन्दु, प्रेमचन्द, भैरव प्रसाद गुप्त आदि का गद्य उन्हें यह भान कराता है कि उसकी अधीनस्थ बोलियों और उपभाषाओं का स्तरीकरण धीरे-धीरे खड़ी बोली हिन्दी में किस तरह होता गया है। मोहन राकेश, कमलेश्वर, मन्नू भण्डारी तथा कृष्ण चंदर, निराला, प्रसाद आदि का साहित्य विदेशी अध्येता को हिन्दी की तीन साहित्यिक शैलियों की शक्ति से परिचित कराता है और वे जान पाते हैं कि उच्च हिन्दी (हाई

हिन्दी), उच्च उर्दू (हाई उर्दू) तथा हिन्दुस्तानी, हिन्दी की तीन स्थिर शैलियाँ हैं। इस समस्त हिन्दी साहित्य के अवलोकन से वे हिन्दी की अनेकानेक सामाजिक शैलियों (सोशल स्टाइल्स) से भी टकराते हैं और हिन्दी भाषा के समाज-संदर्भित अथवा व्यावहारिक रूपों को पहचानते हुए हिन्दी भाषा के समाज सांस्कृतिक भेदोपभेदों के माध्यम से भारत की आत्मा के रू-ब-रू होते हैं।

हिन्दी भाषा की इसी अपरिमित शक्ति को रेखांकित करते हुए सुनीति कुमार चैटर्जी (भारतीय आर्य भाषा और हिन्दी) ने कहा था–'बोलने वालों एवं व्यवहार करने तथा समझने वालों की संख्या की दृष्टि से हिन्दुस्तानी का स्थान जगत की महान भाषाओं में तीसरा है, इसके पहले केवल चीनी भाषा की उत्तरी बोली तथा अंग्रेजी का रूप करता है। इस प्रकार हिन्दी या हिन्दुस्तानी आज के भारतीयों के लिए बहुत बड़ा रिक्थ है। यह हमारे भाषा विषयक प्रकाश का एक महत्तम साधन तथा भारतीय एकता एवं राष्ट्रीयता का प्रतीक रूप है। वास्तव में हिन्दी ही भारत की भाषाओं का प्रतिनिधित्व कर सकती है।'

हिन्दी के इस रिक्थ को पूरे विश्व ने स्वीकार किया, इसे भारतीय अस्मिता की भाषा के रूप में मान्यता दी और इस भाषा तथा इसके साहित्य के अध्ययन-अध्यापन की समुचित व्यवस्था की। किसी भी भाषा का अन्तर्राष्ट्रीय सन्दर्भ तब बनता है जब वह भाषा विश्व के कई देशों में पढ़ी-पढ़ाई जाती हो। उसके साहित्य में ऐसी सामग्री हो जो इतिहास, सभ्यता, संस्कृति, धर्म, दर्शन और लोक जीवन में अन्तर्राष्ट्रीय रुचि की हो। वह एक ऐसे अस्मिता प्रधान देश की हो जहाँ वह राष्ट्रभाषा, राजभाषा और सम्पर्क भाषा के रूप में प्रतिष्ठित हो। हिन्दी के साथ ये सभी बातें हैं। 1000 ई. से लेकर अब तक के भारतीय साहित्य, समाज, इतिहास, सभ्यता, संस्कृति, धर्म तथा दर्शन की काफ़ी महत्त्वपूर्ण सामग्री हिन्दी में उपलब्ध है। हिन्दी साहित्य अपने में भारतीय जीवन और दर्शन का हमेशा से प्रतिबिम्ब रहा है और भिन्न संस्कृतियों के समागम का संगम स्थल भी। यही कारण है कि समय-समय पर विश्व के भिन्न भागों के विद्वान इसकी ओर आकर्षित होते रहे हैं। भारत को विश्व में एक मूल और मौलिक चिन्तन के देश के रूप में मान्यता मिली हुई है। संस्कृति, भाषाविज्ञान, दर्शन आदि अनेक क्षेत्रों में दुनिया ने भारतीय चिन्तन को महत्त्व दिया है।

व्यवहार के स्तर पर भी हिन्दी का प्रयोग व्यापक है। फिल्म और टी.वी. ने हिन्दी के सम्पर्क भाषा रूप को भारत के हिन्दीत्तर क्षेत्रों में ही नहीं, विदेशों में भी लोकप्रिय बना दिया है। आज कई हिन्दी फिल्में विदेश में बसे भारतीय समुदाय की रुचि को ही ध्यान में रखकर निर्मित की जा रही हैं। इन फिल्मों में संयुक्त परिवार, रीति-रिवाज, प्रेम-त्याग जैसे भारतीय जीवन के मूल तत्त्वों को उभारा जा रहा है–**हम**

**आपके हैं कौन, दिल वाले दुल्हनिया ले जाएंगे, हम दिल दे चुके सनम** जैसी फिल्में अन्तर्राष्ट्रीय बाज़ार में लाखों-करोड़ों का व्यवसाय कर रही हैं। विदेशों में हिन्दी का व्यवहार या उपयोग मुख्यतः भारतवासियों द्वारा ही होता है। इनमें एक ओर भारतीय मूल के आप्रवासी समुदाय हैं जो प्रमुखतः फिजी, त्रिनिडाड, मारिशस, सूरीनाम आदि देशों में बसे हैं, दूसरे, कुछ उर्दू भाषी देश हैं—इण्डोनेशिया, जावा, सुमात्रा तथा टर्की जैसे अरब राष्ट्र और तीसरी ओर यूरोप और अमरीका में बसे भारतीय हैं। इन भारतीयों की नवजात पीढ़ी हिन्दी भाषा और भारतीय संस्कृति से अनजान होती है अतः परिवार के लोग चाहते हैं कि ये बच्चे हिन्दी पढ़ें और इसके माध्यम से अपने पुरखों के देश भारत को जानें-पहचानें। हिन्दी के अध्ययन-अध्यापन की दृष्टि से हिन्दी के अन्तर्राष्ट्रीय सन्दर्भ की दो दिशाएँ दिखाई देती हैं : (1) रूस, अमरीका, कनाडा, इंग्लैण्ड, जर्मनी, इटली, बेल्जियम, फ्रांस, जापान, पोलैण्ड, आस्ट्रेलिया, मैक्सिको आदि और (2) मारिशस, फिजी, गयाना, सूरीनाम, कीनिया, ट्रिनिडाड-टुबैगो, बर्मा, थाइलैण्ड, नेपाल, श्रीलंका, मलेशिया, दक्षिणी अफ्रीका आदि। इन्हें तीन दिशाओं में भी बाँटा जा सकता है।

विदेशों में हिन्दी के महत्त्व, प्रचार-प्रसार तथा शिक्षण की स्थिति एक-सी नहीं है क्योंकि सबकी जरूरतें और उद्देश्य अलग-अलग हैं। लेकिन एक लक्ष्य सभी का समान है कि इन सभी के लिए हिन्दी भारत की सभ्यता और संस्कृति को समझने की माध्यम भाषा है। इनमें से कई देशों के ऐसे हिन्दी विद्वान हैं या हुए हैं जो पूरी तरह हिन्दी और भारतीय संस्कृति के रंग में रंगे दिखाई देते हैं। यदि गहराई से हिन्दी भाषा और साहित्य के इतिहास को देखा जाय तो यह पता चलता है हिन्दी के प्रति विदेशी अध्येताओं और विचारकों की रुचि काफ़ी पहले से रही है। इसका तात्पर्य यही है कि हिन्दी भाषा और भारतीय अध्ययन का महत्त्व विश्व ने बहुत पहले से स्वीकार कर लिया था। गार्सां द तासी, जॉर्ज अब्राहम ग्रियर्सन, फ्रेंक ई., एडविन ग्रीव्स आदि के नाम और काम से हिन्दी का कोई भी गम्भीर अध्येता अपरिचित नहीं है। विदेशी विश्वविद्यालयों में हिन्दी भाषा और साहित्य पर शोध (पीएच.डी.) का क्रम भी नया नहीं है। कुछ अति महत्त्वपूर्ण शोध प्रबन्धों (अधिकतर प्रकाशित) का नामोल्लेख यहाँ असमीचीन न होगा—'थियालजी ऑफ तुलसीदास' (जे.एन.कारपेंटर, लन्दन विश्वविद्यालय-1918), 'हिन्दुस्तानी ध्वनि विज्ञान' (मोहिउद्दीन कादरी, लन्दन विश्वविद्यालय-1930), 'कबीर एण्ड हिज़ फॉलोअर्स' (फ्रेंक ई. लन्दन विश्वविद्यालय-1931), 'ब्रजभाषा' (धीरेन्द्र वर्मा, पेरिस विश्वविद्यालय-1930), 'रामचरित मानस के स्रोत और रचना-क्रम' (सी. बादवील, पेरिस विश्वविद्यालय-1950), 'ए स्टडी ऑफ अर्ली ब्रजभाषा प्रोज़' (आर. एस. मैग्रेसर, लन्दन विश्वविद्यालय-1965) आदि।

दुनिया के कई देशों में शोध के स्तर पर तुलसी सबसे लोकप्रिय कवि हैं। तुलसी पर विल्सन, ग्राउस, हिल, कामिल बुल्के, बारान्निकोव, ग्रियर्सन, एडविन ग्रीव्स, टैसीटोरी जैसे शोधार्थियों के अध्ययन यह स्पष्ट करते हैं कि अपनी लोकोन्मुख चेतना, मिथकीय अवधारणा, दार्शनिक धरातल और मार्मिक भाषिक अभिव्यक्ति के कारण ही तुलसीदास ने विदेशी अध्येताओं को अपनी ओर बार-बार आकृष्ट किया है। यह आकर्षण आज भी बरकरार है। इसी तरह हिन्दी व्याकरण-लेखन की दिशा में भी गिलक्राइस्ट, जॉन प्लेट्स, केलाग से लेकर लूडो रोशे (मैनुअल ऑफ माडर्न हिन्दी), एथरिंगटन (स्टूडेंट्स ग्रामर ऑफ हिन्दी लैंग्वेज), मोनियर विलियम्स (ऐन ईज़ी इंट्रोडक्शन टु हिन्दुस्तानी), दीमिशित्स (हिन्दी व्याकरण की रूपरेखा), मैग्रेगर (ऐन आउटलाइन ऑफ हिन्दी ग्रामर) तथा कई अन्य विदेशी विद्वानों ने अपना उल्लेखनीय योगदान दिया है।

अन्य भाषा (विदेशी भाषा) हिन्दी शिक्षण की व्यवस्था अनेक देशों में आज है। अध्यापकों और विद्यार्थियों के आदान-प्रदान से भी इस कार्यक्रम को गति मिली है। कुछ देश अध्यापकों-छात्रों को हिन्दी सीखने अपने खर्च पर भारत भेजते हैं जिनके लिए पाठ्यक्रम संचालन की व्यवस्था केन्द्रीय हिन्दी संस्थान के दिल्ली और आगरा केन्द्र में की जाती है। बनारस हिन्दू विश्वविद्यालय में भी इस तरह की व्यवस्था है कि विभिन्न देशों के जो छात्र अन्य विषयों की पढ़ाई करने आते हैं वे अपने खाली समय में हिन्दी भी सीख सकें। जर्मनी, इटली और अमरीका जैसे देशों ने भारत में हिन्दी शिक्षण के अपने केन्द्र भी स्थापित किये हैं। वे अपने विश्वविद्यालयों से (जिनमें हिन्दी कार्यक्रम चलते हैं) चुन कर हिन्दी भाषा का 'एडवान्स पाठ्यक्रम' पूरा करने के लिए विद्यार्थियों को भारत भेजते हैं। भारत में रह कर ये छात्र भारतीय जीवन को नजदीक से देख सकें और हिन्दी भाषा के परिवेश में रहकर (इस तरह के कार्यक्रम वाराणसी, जयपुर आदि ठेठ हिन्दी क्षेत्रों में चलाये जाते हैं) वे हिन्दी को व्यावहारिक स्तर पर सुन-बोल और सीख सकें; यह इस प्रकार के कार्यक्रमों का मुख्य उद्देश्य है। वाराणसी में अमरीका द्वारा संचालित 'विसकांसिन कार्यक्रम' तथा 'हिन्दी कार्यक्रम', अमरीकन इंस्टीट्यूट ऑफ इंडियन स्टडीज़, सराहे जाते हैं। कुछ विद्यार्थी भारत की छात्रवृत्तियों पर विनिमय योजनाओं के अन्तर्गत भारत आ कर हिन्दी पढ़ते हैं। कुछ देश भारतीय सांस्कृतिक सम्बन्ध परिषद (विदेश मन्त्रालय) के माध्यम से एक निश्चित अवधि के लिए भारत से हिन्दी अध्यापकों का चयन करके आमंत्रित करते हैं और अपने यहाँ के हिन्दी शिक्षण कार्यक्रम में इनकी मदद लेते हैं। इस तरह विदेशी भाषा के रूप में हिन्दी शिक्षण की ये अलग-अलग प्रकार की योजनाएँ इस बात का स्वतः प्रमाण हैं कि विश्व के अनेक देशों में हिन्दी सीखने-सिखाने की

प्रक्रिया भिन्न प्रकारों से फलीभूत हो रही है। इसका सबसे बड़ा प्रमाण हैं विश्व के कई देशों में चल रहे हिन्दी-भाषा कार्यक्रम। इन देशों की संख्या सौ से ऊपर है। यहाँ हम कुछ प्रमुख विकसित देशों में चल रही हिन्दी-गतिविधियों के माध्यम से यह देखने का प्रयत्न करेंगे कि हिन्दी-भाषा शिक्षण ही नहीं, बल्कि कोश-रचना, व्याकरण-रचना, शोध आदि दिशाओं में भी इन देशों के हिन्दी विद्वानों का कितना व्यापक योगदान है। यहाँ इस बात पर भी ध्यान देना जरूरी है कि द्वितीय महायुद्ध के बाद भारतीय भाषाओं के ही नहीं, बल्कि समस्त एशियाई भाषाओं के पढ़ने-पढ़ाने की स्थिति में गति आयी। जिन देशों में इसके पहले से हिन्दी-शिक्षण की व्यवस्था थी वहाँ भी शिक्षण-प्रबन्ध, शिक्षण-प्रविधि और सामग्री-निर्माण की दिशा में उल्लेखनीय और मौलिक परिवर्तन हुए। इस प्रकार के परिवर्तनों में (शिक्षण और सामग्री की दृष्टि से) भाषाविज्ञान के विकास ने अपनी महत्त्वपूर्ण भूमिका निभाई या यह भी कहा जा सकता है कि हिन्दी-भाषा-शिक्षण कार्यक्रमों में भाषाविज्ञान सहायक बना। एक तो भाषा की बनावट को समझने में सहायक शास्त्र के रूप में भाषाविज्ञान ने इस बीच भाषा-विश्लेषण की सूक्ष्म-दर्शी प्रणालियाँ विकसित कीं और दूसरे भाषाविज्ञान के अनुप्रयोग से उपजी कई शाखाएँ (समाज भाषाविज्ञान, शैलीविज्ञान, अनुवाद, मनोभाषा विज्ञान आदि) भी भाषा-शिक्षण की सामग्री-निर्माण प्रक्रिया और उनके अभिक्रमित (ग्रेडेड) उपयोग में सहायक ही नहीं बनीं, शिक्षण-प्रणाली, शिक्षण-पद्धति निर्धारित करने में भी इन्होंने अपना योगदान दिया। कई देशों में पहले जहाँ हिन्दी की पढ़ाई छोटे-मोटे संस्थानों के या व्यक्तिगत प्रयासों से होती थी, वहीं बाद में विश्वविद्यालयों में इनकी बाकायदा व्यवस्था की गयी। हिन्दी भाषा और साहित्य शिक्षण के त्रि-वर्षीय या चतुर्वर्षीय अध्ययन कार्यक्रम बने और हिन्दी-शिक्षण भी क्रमशः विकसित देशों की भाषाओं के शिक्षण को मिलने वाली अत्याधुनिक तकनीकी और यांत्रिक सुविधाएँ प्राप्त कर सका। कुछ विकसित देशों में चल रहे हिन्दी-शिक्षण कार्यक्रमों का यह आकलन इन बातों पर भी प्रकाश डालेगा।

**1. ब्रिटेन**—इंगलैंड में हिन्दी की पढ़ाई प्रमुखतः लन्दन (प्राच्य संस्थान), कैंब्रिज (विश्वविद्यालय) और यॉर्क (विश्वविद्यालय) में होती है। ये सभी हिन्दी की विविधतापूर्ण सामग्री का उपयोग करते हैं और बोलने के अभ्यास पर पर्याप्त बल देते हैं। नवीनतम अध्यापन साधन, भाषा प्रयोगशाला और यांत्रिक उपकरणों का उपयोग करते हुए भाषा-अध्येता को कम-से-कम समय में अधिकाधिक सक्षम बनाने का प्रयास यहाँ किया जाता हैं। ये सभी केन्द्र हिन्दी की अधुनातन शिक्षण सामग्री का निर्माण और उपयोग करते हैं। हिन्दी का कोर्स ब्रिटेन में तीन वर्ष का है। प्रत्येक वर्ष हिन्दी बोलने, अनुवाद करने और निबन्ध लिखने का अभ्यास सरल से जटिल

की ओर बढ़ते हुए कराया जाता है। साहित्य का अध्ययन पहले वर्ष के दूसरे सत्र से शुरू होता है। इसमें प्रेमचन्द और हिन्दी के नये कथाकारों की सरलतम भाषा में लिखी कहानियाँ चुन कर पढ़ाई जाती हैं। दूसरे वर्ष में अज्ञेय, महादेवी वर्मा, नागार्जुन, भारतेन्दु की कोई गद्य-रचना पढ़ाई जाती है। तीसरे वर्ष में कुछ छायावादी कविताएँ और विशेष रूप से मध्यकालीन साहित्य के रोचक और संप्रेषणीय पद और दोहे (मुख्यतः सूर, कबीर, तुलसी, नंददास) पढ़ाये जाते हैं। इनके अतिरिक्त दूसरे और तीसरे वर्ष में रेडियो, टीवी. और हिन्दी फिल्मों के सहारे भी शिक्षण किया जाता है। ब्रिटेन में हिन्दी साहित्य पर शोध-कार्य, हिन्दी व्याकरण-लेखन, हिन्दी से अंग्रेजी में अनुवाद, हिन्दी भाषा पर केन्द्रित भाषावैज्ञानिक लेख लिखने का क्रम भी निरन्तर चल रहा है। ब्रिटेन में अनेक भारतीय भी पूरी निष्ठा के साथ हिन्दी भाषा के पठन-पाठन के साथ अपने को जोड़े हुए हैं।

2. **अमरीका**–भारत की स्वतन्त्रता के बाद अमरीका में हिन्दी, तमिल और बंगाली भाषा के कार्यक्रम शुरू हुए। साउथवर्थ, गंपर्ज़, पीटर हुक, वॉन ऑल्फन, फ़ेयर बैंक्स आदि अमरीकी विद्वानों ने हिन्दी के लिए उल्लेखनीय कार्य किया है। ये सभी अमरीकी विद्वान पूरी तरह हिन्दी और भारतीय संस्कृति के रंग में रंगे हुए हैं। अमरीका हिन्दी भाषा के मूलभूत भाषारूप 'हिन्दुस्तानी' को अपने हिन्दी पाठ्यक्रम में महत्व देता है। सम्भवतः इसीलिए वहाँ हिन्दी और उर्दू को एक ही भाषा की दो शैलियाँ मान कर पढ़ाया जाता है। यहाँ के हिन्दी कार्यक्रमों में देवनागरी और फारसी दोनों लिपियाँ सिखाने की व्यवस्था रहती है। हिन्दी कोर्स के पहले वर्ष के प्रारम्भ के दो-तीन महीने सिर्फ बोलने-सुनने का अभ्यास कराया जाता है। लिपि सिखाना इसके बाद शुरू किया जाता है। प्रारम्भिक दो वर्षों में हिन्दी की बोलचाल की शैलियाँ मौखिक रूप में भी सिखाई जाती हैं और इन भिन्न-भिन्न शैलियों में रचित गद्य पाठ चुन कर पढ़ाये जाते हैं। अमरीका में संचालित हिन्दी पाठ्यक्रमों में 'भाषा प्रयोगशाला' का भरपूर उपयोग किया जाता है। आडियो-वीडियो पाठ इन कार्यक्रमों के हर स्तर पर बनाये और प्रयोग में लाये जाते हैं। इन अमरीकी विश्वविद्यालयों में हिन्दी भाषा के पाठ्यक्रम सफलतापूर्वक चलाये जा रहे हैं–एरिजोना, शिकागो, इलिनॉय, पेंसिल्वेनिया, कार्नेल, विसकांसिन, टेक्सास, कोलंबिया आदि। इनमें से कई विश्वविद्यालयों में हिन्दी में एम.ए. और पीएच.डी. की भी व्यवस्था है।

3. **सोवियत संघ**–प्राच्य अध्ययन संस्थान (मास्को) में 1920 से ही हिन्दी अध्यापन का कार्य प्रारम्भ हो चुका था। धीरे-धीरे यहाँ के कई विश्वविद्यालयों में हिन्दी शिक्षण कार्यक्रम चलने लगे। भारत की स्वतन्त्रता के बाद और विशेष रूप से छठे दशक से इसका खूब विस्तार हुआ। हिन्दी शिक्षण के साथ ही रूस में हिन्दी

भाषा और साहित्य केन्द्रित शोध भी बड़ी मात्रा में हुआ है। इस प्रकार के शोध-कार्य स्तरीय तो हैं ही, इन्हें रूस के हिन्दी विद्वानों ने मूल रूप से हिन्दी में लिखा है। भारत में भी रूसी विद्वानों के इन कार्यों को पर्याप्त सराहना मिली है। ए.पी. बारान्निकोव का हिन्दी व्याकरण, कोश विज्ञान अत्यन्त महत्त्वपूर्ण कृतियाँ हैं। बारान्निकोव ने 'मानस' का रूसी अनुवाद भी किया है। इसके अतिरिक्त कबीर, विद्यापति और मीरा पर वी.आई. बालिने और सूर पर वाई. त्स्वेत्कोव के अनुसन्धान स्पृहणीय हैं। भारतेन्दु, प्रेमचन्द, निराला, सुभद्रा कुमारी चौहान, पंत, वृंदावन लाल वर्मा, यशपाल, उपेंद्रनाथ अश्यक सम्बन्धी अनुसंधान भी प्रकाशित हैं। हिन्दी व्याकरण पर भी रूसी विद्वानों ने शोधपरक कार्य किये हैं। भाषावैज्ञानिक रूसी चिन्तन के परिप्रेक्ष्य में इन्होंने हिन्दी भाषा के भिन्न भाषिक स्तरों का सूक्ष्म विश्लेषण किया है। इनमें से कुछ अनूठे कार्य है—कृदंतों की वाक्य विन्यास सम्बन्धी विशेषताएँ (रोमशित्स), क्रिया के रूप और काल का परस्पर सम्बन्ध (चेलिजारेकोन्या), नामधातु से उत्पन्न सरल तथा नामिक संयुक्त क्रियाएँ (चेर्निशेव), संयुक्त वाक्यों का वर्गीकरण (उत्भातिफेरोव), व्याकरणिक लिंग और वचन (लिपेरोवस्की), पर्यायवाची शब्दों का शैलीगत प्रयोग (बारान्निकोव) आदि। मास्को, ताशकंद, लेनिनग्राद विश्वविद्यालयों के प्राच्य अध्ययन संस्थानों में हिन्दी भाषा और साहित्य में विशेषज्ञता प्राप्त अनेक रूसी विद्वान न केवल हिन्दी शिक्षण बल्कि स्तरीय शोध-कार्य भी कर रहे हैं।

4. **जापान**—रूस में हिन्दी फिल्मों के गीत बहुत लोकप्रिय हैं। इसी तरह जापान में भी हिन्दी फिल्में और उनके गाने लोग देखना-सुनना चाहते हैं। जापान में 1910 से ही हिन्दी की पढ़ाई की शुरुआत दिखाई देती है। 1959 से यहाँ बाकायदा हिन्दी शिक्षण को व्यापक मान्यता मिली। इसी वर्ष तोक्यो और ओसाका विश्वविद्यालय में हिन्दी विभाग खुले। जापान में हिन्दी का स्नातक कोर्स चार वर्ष का और स्नातकोत्तर कोर्स दो वर्ष का चलाया जाता है। यहाँ के हिन्दी पाठ्यक्रमों में भाषा और साहित्य दोनों पर समुचित बल दिया जाता है। प्रथम और द्वितीय वर्ष में सप्ताह में 12 घंटे भाषा, व्याकरण और भाषा-अभ्यास कराये जाते हैं। शेष समय में दोनों वर्ष हिन्दी साहित्य के रोचक तथा सरल पाठ और खड़ी बोली की कविताएँ पढ़ाई जाती हैं। सीनियर कोर्स के विद्यार्थी, अगर चाहें तो भाषा या साहित्य के किसी पक्ष के अध्ययन को अपना मुख्य विषय बना सकते हैं। जापान में हिन्दी सीखने वाले अधिकतर छात्र संस्कृत भाषा और साहित्य, भारतीय दर्शन, भारतीय प्राच्य इतिहास आदि विभागों के एम.ए. या अनुसंधान करने वाले विद्यार्थी होते हैं। जापान के हिन्दी विद्वानों में प्रो. सावा, प्रो. के. लोई और प्रो. तोमियो मिज़ोकामी का नाम

भारत में भी आदर के साथ लिया जाता है। इन विद्वानों ने अनेक पुस्तकों और शब्दकोश की रचना की है। तोमियो मिज़ोकामी ने रामानन्द सागर के सीरियल 'रामायण' का हिन्दी में लिपिबद्ध रूप दो खण्डों में तैयार किया है जिसे हिन्दी की कक्षाओं में भी पाठ के रूप में उपयोग में लाया जाता है।

**5. हंगरी**–हंगरी के बुडापेस्ट विश्वविद्यालय में हिन्दी शिक्षण कार्य सबसे पहले शुरू हुआ। बाद में यहाँ के कुछ और विश्वविद्यालयों में भी हिन्दी-कार्यक्रम प्रारम्भ हुए। 1980 के बाद हंगरी में हिन्दी-शिक्षण कार्यक्रमों का विकास हुआ है। यहाँ हिन्दी कार्यक्रम के प्रथम वर्ष में हिन्दी के विवरणात्मक व्याकरण और हिन्दी भाषा सम्बन्धी बुनियादी जानकारी दी जाती है। दूसरे साल हिन्दी के मौखिक और पाठ-पठन अभ्यास के सहारे हिन्दी अध्येताओं का शब्द-भण्डार बढ़ाने का काम किया जाता है। दृढ़ीकरण के लक्ष्य से बाधित इस वर्ष में बोलचाल की हिन्दी से लेकर कार्यालय और आलोचना तक की हिन्दी का परिचय देने और अभ्यास कराने का प्रयत्न किया जाता है। तीसरे वर्ष आधुनिक हिन्दी साहित्य, विशेष रूप से गद्य पढ़ाया जाता है। चौथे वर्ष में मध्यकालीन हिन्दी कविता का अध्यापन किया जाता है। पाँचवें वर्ष में छात्र अपनी रुचि के किसी विषय पर शोधप्रबन्ध प्रस्तुत करते हैं। हंगेरियन भाषा में हिन्दी रचनाओं के अनुवाद की परिपाटी भी शुरू हो गयी है। 'पंचतन्त्र' की कथाओं तथा बंगा इमरै द्वारा किये गये मीराबाई के पदो के हंगेरियन अनुवाद काफी चर्चित हैं। हंगेरियन विद्वान फ़िओक कारोप ने रामायण, महाभारत, मेघदूत और अभिज्ञान शाकुन्तलम् के कुछ अंशों के हंगेरियन भाषा में अनुवाद किये हैं जो वहाँ के लोगों के बीच बहुत लोकप्रिय हैं। हंगरी की हिन्दी विदुषी डॉ. मारिया नेज्यैशी का यह कथन हंगरी में हिन्दी-शिक्षण की स्थिति पर प्रकाश डालने वाला है– 'छात्र-छात्राओं की संख्या कम नहीं है। प्रथम वर्ष में बहुत से छात्र प्रवेश लेते हैं। भारतीय भाषाएँ और हिन्दी वे ही छात्र पढ़ते हैं जिन्हें भारत से प्यार है।'

**6. पोलैण्ड**–पोलैण्ड में 1955 से हिन्दी भाषा कार्यक्रम चल रहे हैं और निरन्तर विस्तार पा रहे हैं। यहाँ के वार्सा, क्राकूव और पोज़वान विश्वविद्यालय में हिन्दी-कार्यक्रम चलते हैं। हिन्दी-कार्यक्रम यहाँ भारत विद्या विभाग के अन्तर्गत चलाये जाते हैं। पाँच साल के हिन्दी-कार्यक्रम में यहाँ दो वर्ष हिन्दी व्याकरण पढ़ाया जाता है। तीसरे साल हिन्दी साहित्य पढ़ाया जाता है जिसकी शुरुआत प्रेमचन्द की कहानियों से की जाती है। चौथे साल में अनुवाद कराये जाते हैं तथा हिन्दी साहित्य का इतिहास, कबीर, तुलसी, सूर, मीरा आदि की रचनाएँ पढ़ाई जाती हैं। पाँचवें वर्ष में छात्र किसी विषय पर शोध-प्रबन्ध तैयार करते हैं। पोलिश भाषा में कई हिन्दी रचनाओं के अनुवाद किये गये हैं–सूत्कोव्स्का ने कबीर, पार्नोव्स्की और क्रिस्तोफर

ब्रिस्की ने प्रेमचन्द की कहानियों और सूत्कोव्स्का और कार्लिकोव्स्का ने मिल कर हिन्दी कहानियों का संग्रह अनूदित किया है। इस संग्रह में शतरंज के खिलाड़ी (प्रेमचन्द), मधुआ (प्रसाद), दो मित्र (इलाचन्द्र जोशी), कब्र (जैनेन्द्र कुमार), शत्रु (अज्ञेय), खोटे सिक्के (मन्नू भण्डारी) और वापसी (उषा प्रियंवदा) आदि कहानियाँ चुन कर पोलिश भाषा में अनूदित की गयी हैं। डॉ. तात्याना सूत्कोव्स्का का मानना है कि–'(हिन्दी रचनाओं के इन अनुवादों को पढ़कर) उन्हें (पॉलिश पाठकों को) समग्र भारतीय संस्कृति के मूल तक पहुँचना और भारत की आत्मा को समझना आसान हो जाता है।'

**7. चीन**–चीन में हिन्दी-शिक्षण कार्यक्रम की शुरुआत 1942 में खुनमिड़ के स्कूल ऑफ ओरिएंटल लैंग्वेजेज़ से हुई। प्रारम्भ में यह कार्यक्रम दो वर्ष का था, 1945 से तीन वर्ष का हो गया। 1949 से पेइचिड़ विश्वविद्यालय में भी हिन्दी कार्यक्रम शुरू हुआ, यहाँ अब हिन्दी में पीएच.डी. तक का कार्यक्रम चलता है। चीन के हिन्दी विद्वानों ने भी अनेक महत्त्वपूर्ण कार्य किये हैं। प्रो. चिन का हिन्दी व्याकरण (चीनी भाषा में लिखी 640 पृष्ठों की पुस्तक) चीन के हिन्दी कार्यक्रमों में एक अनिवार्य पुस्तक है। प्रो. चिन ने हिन्दी की पाठ्यपुस्तकें और 'स्वयं हिन्दी शिक्षण' (चीनी भाषा के माध्यम से) भी तैयार किये हैं और कई हिन्दी कृतियों के चीनी भाषा में अनुवाद भी, जिनमें 'झाँसी की रानी', 'संन्यासी' और 'जहाज का पंछी' के अनुवाद उल्लेखनीय हैं। जिन मिङ हान भी चीन के प्रमुख हिन्दी प्रेमी हैं। उन्होंने 'मानस' का अनुवाद किया है। वे कोशकार भी हैं (चीनी-हिन्दी, हिन्दी-चीनी कोश) और हिन्दी की पाठ्य-पुस्तकों के लेखक भी।

**8. फ्रांस**–फ्रांस यूरोपीय कला, संस्कृति और साहित्य का केन्द्र है, अतः भारतीय साहित्य, कला एवं संस्कृति के प्रति उसकी भावना स्नेहिल रही है। फ्रांस के साथ भारत के सांस्कृतिक और व्यापारिक सम्बन्ध बहुत पुराने हैं। अठारहवीं शताब्दी के प्रारम्भ से ही फ्रांस की रुचि भारतीय अध्ययन में बढ़ने लगी थी। पेरिस में 'आधुनिक विश्व पूर्वी भाषा संस्थान' 1795 में अस्तित्व में आया। इसमें अरबी के प्रोफेसर सिलवेंद सासी थे जिन्होंने अपने शिष्य गार्सा द तासी को 'हिन्दुस्तानी' भाषा के अध्ययन के लिए प्रेरित किया, इन्हीं गार्सा द तासी ने 'हिन्दुई साहित्य का इतिहास' लिखा। 1828 में तासी इस संस्थान में प्रोफेसर नियुक्त हुए। तासी और उनकी शिष्य-मंडली ने कई महत्त्वपूर्ण कार्य किये। 1921 से 1964 के बीच ज्युल ब्लॉक और टयेर मैये के नेतृत्व में आधुनिक भारतीय भाषा विज्ञान के विकास का चरण फ्रांस में प्रारम्भ हुआ। इससे फ्रांस में हिन्दी-शिक्षण को वैज्ञानिक आधार मिला और हिन्दी सीखने की प्रवृत्ति में तेजी आयी। विश्वविद्यालयीन विषय के रूप में

हिन्दी की पढ़ाई 'नेशनल इंस्टीट्यूट ऑफ ओरिएंटल लैंग्वेज एंड सिविलाइजेशन' में होती है। इसमें हिन्दी डिप्लोमा से लेकर स्नातकोत्तर और पीएच.डी. तक की व्यवस्था है। फ्रांस में हिन्दी-पाठ्यक्रम पूरी तरह आधुनिकीकृत है। संस्कृत भाषा पाठ्यक्रम के साथ ही हिन्दी-शिक्षण की व्यवस्था फ्रांस में है। संस्कृत के परिपूरक विषय के रूप में हिन्दी का अध्यापन पेरिस विश्वविद्यालय (न्यू सौरवोन) तथा 'एक्स एन प्रोपेंस' विश्वविद्यालय में किया जाता है। मैडम बौदवील और निकोल बलबीर के नेतृत्व में श्रवण-सामग्री और फोटो-चित्रों के माध्यम से वार्तालाप-सामग्री विकसित की गयी है। जे.के. बलबीर के साथ निकोल ने 'हिन्दी-फ्रेंच कोश' भी तैयार किया है। हिन्दी साहित्य के फ्रेंच अनुवाद की भी एक लम्बी परम्परा है। डॉ. बौदवील ने सूरसागर, रामचरितमानस, कबीर की रचनाओं और पद्मावत आदि ग्रन्थों की फ्रेंच भाषा में व्याख्या तैयार की। मीराबाई के पदों का अनुवाद (निकोल), प्रेमचन्द की कुछ कहानियों का अनुवाद (सी. थॉमस), 'गंगा मैया' का अनुवाद (निकोल), 'महाभोज' का अनुवाद (निकोल) आदि ने फ्रांस में हिन्दी साहित्य के प्रति लोगों की रुचि जगाई है। हिन्दी फिल्में फ्रांस में उत्साह के साथ देखी जाती हैं। पुरानी, नयी और कला फिल्मों का 'पुनरावलोकन' पेरिस में होता रहता है (फ्रेंच सबटाइटिल के साथ)। सामान्य फ्रांसीसी के लिए भारत 'सपनों का देश' है। हर तरह से वे भारत को अधिक से अधिक जानना-समझना चाहते हैं।

इनके साथ ही जर्मनी के हुम्बोल्द विश्वविद्यालय में हिन्दी-शिक्षण कार्यक्रम चलता है। अनुवाद, व्याकरण-लेखन, बातचीत के पाठ जर्मन में भी तैयार किये गये हैं। रेडियो बर्लिन से हिन्दी-प्रसारण भी होता है। रोमानिया के बुखारेस्ट विश्वविद्यालय में भी हिन्दी-कार्यक्रम चलता है। ऑस्ट्रिया के वियना विश्वविद्यालय तथा इटली के वेनिस, नेपल्स तथा रोम में भी हिन्दी पढ़ाई जाती है।

इन देशों के अतिरिक्त भारत के पड़ोसी देशों और आप्रवासी भारतीय बहुल देशों में तो हिन्दी पढ़ने-पढ़ाने भी व्यवस्था है ही। यूरोप-अमरीका के भी कई देशों तथा इन देशों से भी हिन्दी की पत्रिकाएँ प्रकाशित होती हैं। कुछ तो प्रतिवर्ष कवि सम्मेलन और गोष्ठी आयोजित करते हैं। अनेक देशों में चोटी के हिन्दी भाषाविद्, वैयाकरण हैं तो कुछ में हिन्दी में सृजनात्मक लेखन करने वाले रचनाकार। अनुवाद तो प्रायः सभी देशों में किये जाते हैं। विदेशी भाषा के रूप में हिन्दी का सन्दर्भ बहुरूपी और बहुआयामी तो है ही, इसका अपना इतिहास भी है।

पिछले कुछ वर्षों में अन्तर्राष्ट्रीय भाषा के रूप में हिन्दी के कई पक्षों पर गहराई से विचार किया गया है। इस वैचारिकता की पृष्ठभूमि में 'विश्व हिन्दी सम्मेलनों' की अहम भूमिका रही है जिनमें से अधिकांश विदेश में ही आयोजित किये गये।

जैसा कि प्रारम्भ में भी कहा गया कि अपने अन्तर्राष्ट्रीय सन्दर्भ में हिन्दी का पहला पक्ष त्रिनिडाड, मॉरिशस, फीजी, गयाना आदि देशों से सम्बद्ध है, जहाँ हिन्दी का व्यापक प्रयोग है। इन देशों के हिन्दी-प्रेमी हिन्दी को केवल एक भाषा के रूप में ही व्यवहार में नहीं लाते, बल्कि इसे अपनी संस्कृति का अंग भी समझते हैं। हिन्दी को वे अपने ऐतिहासिक सम्बन्धों की सांस्कृतिक कड़ी और अपनी भावात्मक एकता का मूल आधार मानते हैं। अपने दूसरे पक्ष पर हिन्दी का अन्तर्राष्ट्रीय सन्दर्भ अपने पड़ोसी देशों, यथा—बांगलादेश, श्रीलंका, इण्डोनेशिया, कम्बोडिया, बर्मा, मलेशिया, नेपाल आदि को सामाजिक, सांस्कृतिक और आध्यात्मिक प्रेरणा प्रदान करता है। तीसरे पक्ष पर हिन्दी ऊपर की चर्चा में समेटे गये देशों (अमरीका, फ्रांस, ब्रिटेन, चीन, जापान, रूस, जर्मनी, इटली आदि) में 'विदेशी भाषा' के रूप में अपना प्रमुख स्थान बनाये हुए है। हमने यह भी देखा कि हिन्दी व्याकरण लेखन, हिन्दी शिक्षण-सामग्री-निर्माण, हिन्दी साहित्य के अनुवाद आदि क्षेत्रों में विदेशी भाषा के रूप में हिन्दी को इन देशों के विद्वान बहुत पहले से समृद्ध करते आये हैं।

भारत की राष्ट्रभाषा तथा भारतीय जीवन की साक्षी भाषा होने के कारण पूरी दुनिया के लोग इस बात को भलीभाँति समझते हैं कि भारत और भारतीय संस्कृति को समझने में हिन्दी की अहम भूमिका है। पर हम भारतीय शायद इस बात को नहीं समझते। अपने ही देश में हिन्दी की इस उपेक्षा को हिन्दी-प्रेमी विदेशी विद्वान बड़े ही दुख के साथ देखते हैं—'जब तक भारत अपनी भाषाओं को नहीं अपनाता, उसे सही अर्थ में स्वतन्त्र नहीं कहा जा सकता', (ओदोनेल स्मेकल-चेक)। इसमें सन्देह नहीं कि यदि भारत में अंग्रेजी भाषा का ही वर्चस्व बना रहा और हिन्दी के प्रति हमारी दयनीय मानसिकता बरकरार रही तो दुनिया-भर में जो लोग हिन्दी सीख रहे हैं, उनका भविष्य क्या होगा? हंगरी की डॉ. मॉरिया ने ठीक ही कहा है कि 'यह (हिन्दी सीखना) घर फूँक तमाशा है क्योंकि नौकरियाँ नहीं मिलतीं।' बात सिर्फ नौकरियों की ही नहीं, हम भारत के लोग विदेशों में हो रहे हिन्दी सम्बन्धी कार्यों को भी अनदेखा किये हुए हैं। इन्हें न तो हम कोई पहचान देते हैं और न ही महत्त्व। इस तरह की उदासीनता को सक्रिय जागरूकता में बदले बिना हिन्दी भाषा (साथ ही विदेशों में चल रहे तमिल, तेलुगु, बांग्ला भाषा कार्यक्रमों को भी) के अन्तर्राष्ट्रीय सन्दर्भ को वह ऊँचाई नहीं मिल सकती जिसकी आकांक्षा है, उल्टा, इस तरह की मनोवृत्ति विदेशी भाषा के रूप में हिन्दी भाषा की गति-प्रगति बाधित होगी, नीचे की ओर ढुलकेगी।

विदेश में हिन्दी का ध्वज रामायण के परिवेश में फहरा है। शायद ही दुनिया की कोई ऐसी भाषा हो जिसमें वाल्मीकि कृत रामायण अथवा 'रामचरित मानस' का

अनुवाद या व्याख्यानुवाद न हुआ हो। मीरा, सूर, कबीर भी खूब अनूदित हुए हैं। रूसी भाषा में 'प्रेम सागर' (ए.पी. बारान्निकोव) का अनुवाद भी हुआ है। अपने अन्तर्राष्ट्रीय सन्दर्भ में हिन्दी भाषा, मात्र एक भाषा नहीं, भारतीय संस्कृति, दर्शन और अध्यात्म की संवाहिका भाषा है। इस भावात्मक लगाव के कारण ही विश्व का झुकाव हिन्दी की ओर हुआ। हिन्दी साहित्य के अनुवाद कार्य में तथा हिन्दी में सृजनात्मक लेखन में इन देशों का योगदान अपना ऐतिहासिक महत्त्व रखता है। आज हमें इन कार्यों का अवलोकन-आकलन करते हुए इन्हें प्रोत्साहित करने और इनसे सम्बद्ध समस्याओं का समाधान करने का प्रयत्न करना चाहिए। भारत के विश्वविद्यालयों में इन कार्यों पर शोध हों, महत्त्वपूर्ण व्याकरणों, रचनाओं को पाठ्यक्रम में स्थान दिया जाय और भारत सरकार इन कार्यों को प्रकाशित कर सस्ते दामों पर उपलब्ध कराये। विश्व हिन्दी के विस्तार को भारतीय जनता से परिचित कराने पर ही हर हिन्दी-प्रेमी भारतीय का आत्म-सम्मान बढ़ेगा और विदेशों में हिन्दी के लिए समर्पित प्रतिभाओं का उत्साह भी।

हिन्दी की शक्ति ने पूरे विश्व का ध्यान बरसों से अपनी ओर खींच रखा है। अभी कल ही की बात लगती है कि हिन्दी की स्वीकार्यता में भी संशय था। खड़ीबोली को पनपने में कितनी अड़चनें पैदा की गयीं। फिर हिन्दी-उर्दू का विवाद चला। हिन्दी के व्याकरण-लेखन की भी कई धाराएँ चलीं। जनशक्ति के सहारे हिन्दी आज कहाँ-से-कहाँ पहुँच गयी है। इतने कम समय में विश्व की कोई भी भाषा इतना बहुमुखी विकास और इस तरह की विश्वव्यापी व्याप्ति न पा सकी होगी जैसी और जितनी हिन्दी को मिल सकी है। हमें इसकी सम्भाल करनी होगी।

❑❑❑